中国南车年鉴

2011

《中国南车年鉴》编纂委员会

中国铁道出版社
北京

《中国南车年鉴》
（2011年）

编纂委员会

《中国南车年鉴》

（2011年）

● 5月11日，中共中央政治局委员、全国政协副主席王刚到四方股份公司视察

● 8月31日，中共中央政治局委员、天津市委书记张高丽到天津产业园区视察

● 6月11日，中共湖南省委书记周强到株机公司视察

● 7月7日，湖南省代省长徐守盛到株机公司视察

● 7月3日，国家发改委副主任、国家能源局局长张国宝到浦镇公司视察

● 9月8日，广东省委常委、常务副省长、广州市委书记朱小丹访问中国南车

● 9月7日，国有重点企业监事会主席国一民到株机公司检查指导工作

● 5月18日，国有重点企业监事会主席路耀华到长江公司检查指导工作

● 6月7日，股份公司董事长赵小刚到戚墅堰公司调研

● 12月7日，股份公司董事长赵小刚在出席第七届世界高速铁路大会期间会见外国客人

● 7月1日，股份公司总裁郑昌泓慰问四方股份公司上海服务站售后服务人员

● 7月13日，股份公司总裁郑昌泓到株洲电机公司调研

● 7月21日，股份公司副总裁唐克林到洛阳公司调研

● 4月15日，股份公司党委副书记、纪委书记刘化龙到眉山公司调研

● 6月23日，股份公司副总裁张军会见美国俄亥俄州商务促进代表团

● 9月2日，股份公司副总裁傅建国到戚墅堰公司调研

● 3月9日，股份公司副总裁、财务总监詹艳景到石家庄公司调研

● 8月10日，股份公司董事长赵小刚与独立董事到成都公司调研

● 12月28日，中国南车工作会议在北京召开

● 12月28日，中国南车集团公司二届三次党委全委会暨南车股份党委常委（扩大）会议在北京召开

● 9月28日，股份公司召开中国南车成立十周年庆祝大会暨劳模表彰大会

● 9月15～16日，中国南车企业文化与品牌建设工作会议在戚墅堰公司召开

● 12月22日，股份公司召开第一届三次职代会

● 8月10日，股份公司召开第一届董事会第十八次会议

● 12月27日，股份公司召开第一届董事会第二十二次会议

● 10月29日，中国南车召开投资者交流会

● 4月26日，中国南车2009年度业绩发布会在香港举行

● 6月17日，中国南车召开2009年股东大会

● 12月6日，第七届世界高速铁路大会在北京召开，股份公司董事长赵小刚、总裁郑昌泓、副总裁张军、傅建国出席会议

● 6月14～15日，铁道部高速动车组再创新工作会议在青岛召开

● 8月18日，中国南车高速动车组质量推进会在四方股份公司举行

● 2月4日，股份公司召开技术专家委员会工作会

● 10月13日，中国南车和谐型机车质量推进会暨质量年活动启动会在株机公司召开

● 10月17日，电动汽车关键技术突破及产业化应用科技成果鉴定会在株洲召开

● 6月21日，中国南车高峰论坛在苏州举行

● 8月18日，中央企业电动车产业联盟成立，中国南车作为发起单位，成为重要一员

● 3月16日，中国南车召开科技大会

● 11月22日，中国南车召开经营管理信息系统推进会议

● 3月29～30日，中国南车首次物资与供应链管理工作会议在青岛召开

● 6月27日，股份公司召开精益生产启动会议

● 1月21日，股份公司召开安全工作会议

● 7月13日，轨道交通电力牵引工程论坛在株洲所举行

● 12月2日，中国南车荣获“2010香港公司管治卓越奖”

● 7月23日，中国南车荣获中央企业科技创新特别奖和效益进步特别奖两项大奖

● 5月8日，株洲所城市客车摘取两项世界客车博览会大奖

● 1月22日，股份公司总裁郑昌泓代表中国南车捧回“2009最具责任感企业”荣誉——“责任之鼎”

● 1月14日，中国南车与安徽省政府签订战略合作框架协议

● 7月6日，中国南车与广西壮族自治区签订战略合作框架协议

● 8月25日，中国南车与浙江省政府签订战略合作框架协议

● 6月16日，中国南车与杭州市签订战略合作协议

● 6月17日，中国南车与中国银行签订战略合作协议

● 6月17日，中国南车与华能签订战略合作框架协议

● 10月15日，中国南车与广西玉柴集团签订合资合作协议

● 11月19日，中国南车与中国航天科工集团公司签订战略合作协议

● 3月31日，中国南车天津产业园项目部揭牌仪式在天津市北辰科技园区举行

● 4月30日，广州南车城市轨道装备有限公司成立

● 11月26日，中国南车集团投资管理公司揭牌仪式在北京总部举行

● 5月25日，中国南车株洲变流技术产业园举行奠基仪式

● 3月23日，洛阳南车城市轨道车辆有限公司举行开工奠基仪式

● 7月28日，昆明南车城市轨道车辆有限公司基地暨昆明轨道交通产业园举行开工仪式

● 5月2日，中国南车与沙特SBG集团签署合作协议

● 3月25日，浦镇公司签订苏州地铁1号线车辆采购合同

● 3月17日，戚墅堰公司与美国通用电气公司成立柴油机合资企业举行签字仪式

● 4月26日，四方股份公司签订广州轨道交通6号线直线电机车辆采购合同

● 8月26日，株洲所与大唐集团签订风力发电机采购合同

● 6月21日，株机公司与西门子签订印度新德里地铁订单

● 7月20日，戚墅堰公司与沙特签订内燃机出口合同

● 1月22日，戚墅堰所与东洋电机签订"CRH2型高速动车组驱动装置"技术转让合同

● 7月23日，株机公司与马来西亚在吉隆坡签署城际动车组购销合同

● 4月21日，株机公司研制的出口乌兹别克斯坦电力机车下线

● 4月24日，戚墅堰公司与浦镇公司携手制造的机、客车出口几内亚

● 12月31日，南车（天津）地铁车辆有限公司首列地铁车辆下线

● 10月21日，深圳4号线地铁二期首列车在浦镇公司下线

● 9月11日，株机公司为第26届世界大学生运动会研制的高端A型地铁车辆交车

● 7月23日，股份公司董事长赵小刚会见马来西亚交通部客人

● 9月10日，美国加利福尼亚高铁局客人访问四方股份公司

● 6月9日，伊朗国会参议员代表团访问长江公司

● 7月15日，阿根廷联邦计划部部长访问浦镇公司

● 11月2日，俄罗斯代表团访问长江公司武汉分部

● 12月6日，朝鲜铁道省代表团访问二七公司

● 5月19日，四方股份公司召开竞选高层管理者人选大会

● 8月5日，中国南车召开后备干部内部选拔演讲答辩会

● 4月15日，中国南车向中国红十字会捐款

● 4月13日，股份公司副总裁傅建国代表中国南车与定点帮扶的靖西、那坡两县签署扶贫协议

● 3月12日，四方有限公司举行《员工手册》颁布启动仪式

● 9月27日，戚墅堰公司举办“同一个中国南车”员工故事会

● 4月26日，股份公司领导接见南车系统全国劳动模范

● 11月11日，股份公司召开“八比八创”劳动竞赛现场推进会

● 11月19日，首届中国南车青年英语风采大赛在株机公司举行

● 12月12日，中国南车代表队获第九届全国万人健美操大赛总决赛冠军

● 11月20日，首届“南车杯”《普通人群体育锻炼标准》测试赛在桂林举行

● 6月11～13日，“南车杯”中国南车第二届员工羽毛球比赛在济南举行

● 9月28日，在沪杭铁路试运行期间，由中国南车研制的CRH380A高速动车组创造了416.6公里的世界铁路最高时速

● 12月3日，在京沪高铁先导段综合试验中，中国南车制造的CRH380A高速动车组以486.1公里时速再次刷新世界纪录

● 时速380公里高速动车组头车精彩亮相上海世博会

● 10月26日，沪杭高速铁路正式开通，和谐号CRH380A高速动车组投入运营

● 2月6日，时速350公里高速动车组在郑西高速铁路投入运营

● 中国南车制造的动车组行驶在沪宁城际高铁

● 7月1日，沪宁城际高速铁路正式开通，中国南车研制的25列时速350公里高速动车组上线运营

● 资阳公司生产的六轴7200千瓦大功率电力机车下线

● 株机公司为第26届世界大学生运动会量身打造的首列高端A型地铁车辆

● 戚墅堰公司自主研制的HX_{N5}型机车完工交车

● 四方股份公司研制的天津3号线地铁车辆

● 株机公司首台高原机车落车

● 洛阳公司生产的上海地铁轨道检测车完工落车

● 资阳公司自主研制的油电混合动力调车机车

● 株机公司制造的上海世博会地铁

● KZ_{70}型石砟漏斗车

● C_{70H}敞车

● 260吨凹底平车

● X_{70}集装箱平车

● C_{80BH}敞车

● SQ_6型凹底双层运输汽车专用车

● 长江公司武汉分部首列新造C_{70}敞车出厂

● GHA_{70}醇类罐车

● 长江公司生产的车辆运行在澳大利亚

● ϕ2m多功能土压平衡盾构机

● JD160A异步牵引电动机

● 株机公司研制生产的新一代出口乌兹别克斯坦电力机车

● MAN9L3240船用发动机

● 南车时代新材风机叶片出口智利、白俄罗斯

● 长江公司出口沙特磷酸盐漏斗车

● 为北京交通大学开发研制的公铁两用监测车

● TGC—3型公铁两用牵引车

● 四方股份公司研制的首批出口新加坡A型地铁车辆从青岛港装船启运

● 二七公司研制生产的TJ165型架桥机组在现场作业

编　辑　说　明

一、《中国南车年鉴》（2011 年刊）是中国南车年鉴编纂委员会编辑出版的第 10 部年鉴，主要记述中国南车总部及下属单位 2010 年 1 月 1 日至 12 月 31 日生产经营、科技进步等各项工作情况，是本年度内中国南车行政和党群各项工作活动的史册，是具有权威性和实用性的资料性工具书。

二、本年鉴设特载、专文、大事记、概况、经营与销售、技术管理、人力资源管理、党群工作、下属单位、人物与荣誉、统计资料、附录等栏目，栏目下设类目、条目。条目为年鉴基本单元和记述信息数据资料的主要形式，是全书主体。

三、本年鉴主要由中国南车总部及下属单位撰稿，经部门和单位领导审核。总部及各单位领导干部名单，以总部及各单位提供的名单为准。年鉴特约编委会成员，以各单位上报名单为准。人物荣誉栏目内的先进人物和先进集体以 2010 年度获得的荣誉称号为准，并由中国南车党政工团提供。

四、为了叙述简便，中国南车集团公司、中国南车股份有限公司在文中一般简称为“中国南车”，在有必要加以区分时使用内部简称，如中国南车集团公司简称为“集团公司”，中国南车股份有限公司简称为“股份公司”。下属单位的名称除类目标题使用全称外，文中记述时一般统称为“各一级子公司”，在有必要指明时一般使用内部简称，如××公司等。

五、按照年鉴条目署名要求，本年鉴凡多个条目或类目由一个部门或一个单位撰稿，仅在最后一个条目或类目末尾注明××部门或××单位供稿。

六、本年鉴在编辑过程中得到了中国南车各级领导和总部各部门、各子公司的关心和帮助，各特邀编辑人员在文稿修改和编辑工作方面做了大量细致的工作。在出版过程中得到了中国铁道出版社和中国北车大连机车研究所有限公司的支持，谨致谢意。

七、由于编辑人员水平所限，本年鉴在编辑过程中难免存在疏漏笔误之处，恳请读者指正。

目　　录

特　　载

专　　文

大 事 记

概 况

经营与销售

技 术 管 理

人 力 资 源 管 理

党 群 工 作

下　属　单　位

存续企业

合资合作经营企业

人物与荣誉

统 计 资 料

附 录

索 引

特载

坚持科学发展　转变发展方式　提高发展质量　促进中央企业做强做优做大

——中共中央政治局委员、国务院副总理张德江在中央企业负责人会议上的讲话（摘要）

（2010 年 12 月 23 日）

今年的中央企业负责人会议，是在“十一五”时期就要结束、“十二五”时期即将开始的重要时刻召开的，是在全党全国深入学习和贯彻落实党的十七届五中全会、中央经济工作会议精神的背景下召开的。这次会议是中央企业发展历程中一次十分重要的会议。这次会议任务完成得好，将成为中央企业推动科学发展、转变发展方式、提高发展质量的重要转折点。我希望各中央企业深入学习和贯彻落实党的十七届五中全会和中央经济工作会议精神，认真总结经验，深入查找差距，全面分析形势，科学谋划未来，通过“十二五”期间的努力，使中央企业发展实现质的飞跃。

一、“十一五”时期中央企业改革发展取得了显著成绩

“十一五”时期，是我国经济发展历程中极不平凡的5年，也是中央企业改革发展极不平凡的5年。面对极其复杂的国际国内形势，中央企业坚决贯彻落实中央的各项决策部署，在国务院国资委的领导下，积极应对各种挑战，改革发展取得新的重大进展，中央企业的活力、控制力和影响力进一步增强，在国民经济中的主导作用进一步发挥，为国家经济社会发展做出了突出贡献。这5年，中央企业资产总额、营业收入、上缴税收都实现了翻番增长，累计上交国有资本收益1371亿元。今年以来，中央企业继续保持快速增长的良好势头，1～10月中央企业实现营业收入同比增长36.5%，实现利润同比增长47.7%，上缴税费总额同比增长22.7%。世界500强企业达到30家，比2005年增加了20家，其中中国石化、国家电网、中国石油进入前10强。

“十一五”时期中央企业的工作成绩，突出表现在以下几个方面：

第一，有效应对国际金融危机，保持了企业平稳较快发展。面对国际金融危机的严峻挑战，中央企业认真贯彻落实中央“扩内需、保增长、保民生、保稳定”的重大决策部署，认真贯彻落实中央应对国际金融危机的一揽子计划和一系列政策措施，见事早、行动快，措施有力，很快遏制了发展速度和各类经济指标下滑的趋势，保持了整体平稳较快发展。中央企业生产经营形势的好转，带动了整个经济发展的回升向好，为“保增长、保民生、保稳定”做出了积极贡献，在紧急关头起到了稳定全局的作用。

第二，企业改革取得积极进展，进一步增强了发展动力和活力。建立现代企业制度改革继续推进，中央企业及其下属子企业改制面达到70%以上，30家中央企业开展了董事会试点，不少中央企业在国内外资本市场成功上市。企业重组整合步伐加快，中央企业由2006年初的169家整合到2010年的122

家。积极探索党管干部原则和市场化选聘相结合的有效方式，面向全球公开招聘高级经营管理人员，内部劳动、人事、分配三项制度改革不断深化。主辅分离辅业改制取得积极进展，企业历史包袱和历史遗留问题得到进一步解决。深化改革为中央企业在竞争中求发展奠定了体制机制基础，注入了强大动力。

第三，结构调整力度加大，产业产品结构得到优化。国有资本进一步向石油石化、电力、国防、通信、运输、装备制造等关系国家安全和国民经济命脉的重要行业和关键领域集中。中央企业加大在新材料、新能源、电动汽车等战略性新兴产业投资，正在形成新的经济增长点。促进产品升级，附加价值高的产品比重不断提升。大力淘汰落后产能，不仅增强了企业竞争力，也为“十一五”节能减排目标的实现做出了贡献。

第四，科技创新能力显著提高，在建设创新型国家中发挥了带动作用。中央企业加大研发投入，大力开展技术创新，取得一批重大科技成果，自主创新能力不断提升，在我国原始创新、集成创新和引进消化吸收再创新中发挥了积极的带动作用。中央企业科技研发投入由2006的1243亿元增加到2009年的2633亿元，年均增长37.3%。2005年以来的国家科技进步特等奖和国家技术发明一等奖全部由中央企业获得。世界上时速最快的动车组、首个特高压示范工程、首个煤直接液化示范工程都是由中央企业研制建设的，青藏铁路、三峡工程、载人航天、“嫦娥工程”、3G技术等成为我国自主创新的典范。33家中央企业被命名为国家级创新型企业，46.2%的国家重点实验室建在中央企业。

第五，积极履行社会责任，树立了中央企业的良好社会形象。中央企业大力推进节能减排，与2005年相比，2009年万元产值综合能耗下降15.1%；二氧化硫排放量减少368%，化学需氧量减少3304%，提前完成“十一五”主要污染物排放总量减少10%的目标，节能目标也有望按时完成。“十一五”期间，我国办成了一系列大事，办成了一系列好事，办妥了一系列难事，中央企业都发挥了关键作用。比如，在举办北京奥运会、国庆60周年庆典、上海世博会、广州亚运会等重大活动中，中央企业圆满完成了场馆建设、安保、通讯、电力等保障任务；在雨雪冰冻灾害、汶川和玉树地震、洪涝灾害等抢险救灾中，中央企业冲锋在前，勇挑重担，全力抢救受灾群众，全力抢修电力、通信、道路等基础设施，为夺取抗灾救灾重大胜利发挥了骨干作用。

五年来中央企业改革发展取得的显著成绩，充分证明中央关于国有企业改革发展的一系列方针政策是完全正确的，只要认真贯彻落实中央的方针政策，国有企业是完全可以搞好的；充分证明中央企业在我国现代化建设中具有举足轻重的重要作用，是我国经济社会发展的顶梁柱；充分证明中央企业拥有一支政治强、素质高、讲奉献、敢拼搏的干部职工队伍，值得党和国家信任与依靠。

二、科学分析“十二五”时期面临的新形势

“不谋全局者不足以谋一隅”，“不谋长远者不足以谋一时”。中央企业负责同志一定要以全球视野、全局眼光、历史观点，全面分析和科学把握国际国内形势，跳出企业看企业，尽可能站得高一点，看得远一点，想得深一点，这样，才能科学谋划企业未来，取得更大发展成绩。

当今世界，和平、发展、合作仍是时代潮流。世界多极化、经济全球化深入发展，世界经济政治格局出现新变化，世界科技创新孕育着重大突破并可能催生新兴产业形成发展，国际环境总体上有利于我国和平发展。

我国工业化、信息化、城镇化、市场化、国际化加快发展，人均国民收入稳步增长，经济结构转型加快，市场需求潜力巨大，资金供给充足，科技教育整体水平提升，劳动力素质提高，基础设施日益完善，体制活力显著增强，社会保障体系逐步健全，社会大局保持稳定，我国完全有条件促进经济社会发展再上一个新台阶。中央企业必须增强科学发展意识，珍惜机遇、抓住机遇、用好机遇，坚持发展第一要务，在“十二五”时期迈出更大、更扎实的发展步伐。

同时也要看到，今后一个时期我国发展的外部环境更趋复杂，国内制约发展的深层次矛盾依然存在，发展中不平衡、不协调、不可持续的问题依然突出，依然面临诸多可以预见和难以预见的风险、挑战和困难。

从国际看，国际金融危机影响深远，世界经济复苏内生动力不足，可能长期低迷甚至出现波折，影响我国外需持续增长；主要发达国家都提出扩大出口战略，力图振兴并促进制造业升级，一些发展中国家也利用生产要素成本更低等优势，积极承接国际制造业转移，与我争夺国际市场，国际上针对我国的贸易保护措施持续增加，我国在国际市场上面临“前有堵截、后有追兵”的严峻局面；发达国家的经济科技优势对我形成强大压力，西方跨国公司对重要产业的垄断越来越强，与碳排放等问题交织在一起，将进一步挤压我国发展空间。可以说，在未来五年，我们将面临更高层次、更高水平、更为激烈的国际竞争环境，给中央企业开拓国际市场，拓展发展空间带来新的困难。从国内看，我国已进入土地、原材料、劳动力等生产要素成本持续上升的发展时期，资源环境约束强化，传统经济增长模式面临新的挑战，过度依赖消耗能源资源求发展，难以为继；过度依赖简单劳动带动出口，难以为继；特别是以牺牲生态环境为代价的发展道路，走不通了。随着我国经济回升向好趋势不断巩固发展，宏观经济政策将从反危机为主转向保持经济正常运行，一些刺激经济增长的政策措施不可避免地要逐渐退出，如果不能及时适应国家政策调整，企业发展就会出现被动局面，保持平稳较快发展就没有保证。中央企业必须增强忧患意识，未雨绸缪，做好应对困难的各项准备。

一是发展方式粗放问题突出。不少企业仍然主要依靠外延扩张，主要依靠大量消耗能源资源、大量使用廉价劳动力实现生产规模扩张，投入产出效率低下，与资源节约、环境友好的要求不相适应。二是产品结构水平低。许多企业的产品长期处于国际产业链的低端，生产规模不小，利润水平很低，钱大部分让跨国公司赚去了，高端材料、关键设备、关键元器件等仍然主要依赖进口。我过去在中央企业负责人会议上讲过企业分五个档次，现在我们的中央企业只有极少数靠卖标准，少数企业靠卖专利，部分企业靠卖技术，大多数仍然处于卖产品的阶段，还有一部分企业主要靠出卖劳动力，这种状况必须加快改变。三是自主创新能力不强。中央企业研发投入水平远远低于国外大公司大企业集团，一些企业根本没有研发机构和研发活动，获批专利数量不少，但大多是实用改进型专利，真正的有效发明专利并不多，许多行业的核心关键技术受制于人，虽然有30家中央企业进入世界500强，但国际国内知名品牌屈指可数。四是企业改革相对滞后。一些中央企业母公司改革进展不大，一些国有独资企业投资主体多元化改革进展缓慢，一些已经改制的企业公司治理结构还不健全，国有大型企业改革的任务远远没有完成。这些都影响了企业经营机制转换，导致企业活力不足、适应市场变化能力不强。

中央企业要全面认识面临的新形势，既要看到有利条件，树立必胜信心；又要看到不利条件，增强忧患意识，为完成“十二五”目标任务付出更大努力。

三、努力实现中央企业发展质的飞跃

党的十七届五中全会总结了我国“十一五”时期经济社会发展取得的巨大成绩和宝贵经验，明确了“十二五”时期的指导思想、目标任务和工作部署，提出要以科学发展为主题，以加快转变经济发展方式为主线，深化改革开放，保障和改善民生，巩固和扩大应对国际金融危机冲击成果，促进经济长期平稳较快发展和社会和谐稳定，为全面建成小康社会打下具有决定性意义的基础。刚刚结束的中央经济工作会议，总结了2010年的经济工作，对做好明年的经济工作做出了全面部署。

国有企业是国民经济的支柱，是发展社会生产力、改善人民生活、实现国家长治久安和保持社会稳定的重要基础，是我们党执政的根基，是国家的脊梁。中央企业是国民经济的骨干，是经济社会发展的顶梁柱。建设中国特色社会主义，必须坚持和完善公有制为主体、多种所有制经济共同发展的基本经济制度，毫不动摇地巩固和发展公有制经济，充分发挥国有经济的主导作用，充分发挥中央企业的骨干作用。中央企业在加快转变经济发展方式、全面完成“十二五”各项任务、实现全面建设小康社会宏伟目标中肩负着光荣的历史使命，必须充分发挥主导作用、骨干作用、表率作用，深入贯彻落实科学发展观，全面贯彻落实党的十七届五中全会和中央经济工作会议精神，坚持以科学发展为主题、以加快转变经济发展方式为主线，坚持以深化改革开放为动力，以科技创新管理创新为支撑，以产业产品结构调整为关键，以加强企业党的建设、班子建设、人才建设为保障，努力把中央企业做强做优做大，实现发展质的新飞跃，为我国经济社会发展做出新的更大的贡献。

重点要做好以下几个方面的工作。

（一）着力推进企业科学发展。科学发展是“十二五”时期经济社会发展的主题，加快转变经济发展方式是“十二五”时期发展的主线。这为中央企业“十二五”时期发展指明了前进方向，也为中央企业“十二五”时期提出了明确任务。中央企业特别是领导班子成员要深化认识，深刻领会和准确把握好这一主题和主线，真正把认识统一到中央这一重大战略决策上来，在思想观念、决策方法、经营管理等方面实现彻底变革，更加自觉地走科学发展道路。要把贯彻落实主题和主线切实落到实处，增强忧患意识、机遇意识，增强主动性、责任感、紧迫感，抓住重要战略机遇期，结合企业实际，制定好企业“十二五”发展规划，大力促进企业发展方式转变，大力提高企业发展质量，增强企业的竞争力和可持续发展能力。

（二）着力深化企业改革。深化改革是中央企业发展壮大的强大动力，也是转变发展方式的强大推动力。目前，中央企业的体制机制与完善社会主义市场经济体制的要求还有很大差距，改革远远没有结束，不能因为当前日子还好过而忽视改革。今后一个时期，要按照党的十七届五中全会的要求，突出重点，全面推进企业改革，靠深化改革推动新发展。一是大力推进国有经济战略性调整。要健全有进有退、合理流动机制，推动国有资本向重要行业和关键领域集中，向优势企业集中，向企业主业集中。必须明确，发展国有经济，并不是要在所有行业、所有领域都占优势地位，但在涉及国家安全和国民经济命脉的行业、重大基础设施和重要矿产资源领域、提供重要公共产品和服务的行业，国有经济必须占据主导地位；在支柱产业和高新技术产业中，要有国有企业发挥骨干作用；在一些竞争性产业中，也需要有国有企业的排头兵，发挥引领作用。二是继续推进公司制股份制改革。要重点推进母公司层面改革，具备条件的要引入战略投资者、推进企业上市，实现投资主体多元化。要围绕现代企业制度的核心问题，加快完善公司治理结构。三是加大企业内部改革力度。要全面加强企业管理，提高企业现代化管理水平，提升服务质量。要着力建立更具活力、符合市场经济要求的经营机制，继续推进劳动用工和收入分配制度改革，加大市场化选聘经营管理人员的力度。要充分利用当前企业经营状况比较好的有利条件，继续推进分离企业办社会职能和厂办大集体改革，加快解决历史遗留问题。

（三）着力加快结构调整。中央企业结构调整的主要任务是优化产业结构和产业组织结构。主要讲三点。一是处理好发展战略性新兴产业和改造提升传统产业的关系。目前，世界科技创新正孕育着重大突破，可能催生一批新兴高技术产业形成发展，成为新的经济增长点。我们要抓住机遇，努力突破关键核心技术，加快培育发展战略性新兴产业，抢占未来经济科技竞争制高点。同时，我们要从我国现有产业基础出发，大力改造提升传统产业，提升制造业核心竞争力，充分发挥我国制造业基础雄厚的优势，加快推进我国工业化、现代化进程。二是正确把握生产经营形势。目前中央企业的产业结构状况与国内外市场需求环境基本适应，但必须看到，国际市场需求结构正在发生变化，我国资源环境约束加强，加快经济发展方式转变的要求十分迫切，年均增长10%以上的速度难以长期维持，大规模基础设施建设的时期终归要过去。现在相当数量的中央企业集中在能源、基础原材料、工程设备、工程建造等领域，以后的日子可能不会像目前这样好过。1998年以前的一个时期，许多国有企业生产经营困难，出现大面积亏损，对此大家应该记忆犹新。前事不忘，后事之师。中央企业要有前瞻意识，密切关注国际国内市场需求环境的变化，及时调整生产经营方向，保证企业持续发展。三是积极稳妥推进企业兼并重组。目前中央企业数量仍然偏多，产业集中度仍然偏低，企业平均规模仍然偏小，需要通过兼并联合重组优化产业组织结构，增强企业竞争力和抗风险能力。但是，在调整产业组织结构过程中，要经过周密科学论证，遵循产业内在联系，注意上下游产业及经济技术的互补、配套，发挥整体优势，形成一加一大于二的效应。

（四）着力推进科技进步和创新。中央企业的顶梁柱作用、骨干作用，不仅体现在资产、生产规模大小，实现利润、上缴税收多少，更重要的是要引领科技进步和创新，在建设创新型国家中发挥骨干作用，为提升国家创新能力、综合实力、国际竞争力、国家安全保障能力做出应有贡献。对此，中央企业必须要有所作为，有所突破，必须在国内以及在国际某些领域有所建树。要创新科技创新体制，形成产学研用相结合体系，整合共性技术研发资源，实现共性技术研发成果共享。要研究制定鼓励科技创新活动的政策体系和激励机制，加大风险投资、股权投资力度，充分调动企业家和科技领军人才科技创新积极性，培育鼓励创新、宽容失败的企业氛围。要完善考核办法，把科技创新情况作为考核所有中央企业的重要指标，作为科技型企业的核心指标，引导中央企业把更多资金、人才投入科技创新活动。要加大科技创新投入，将企业创新投入占销售收入的比例从现在的2%左右提高到2015年的3.5%左右。要突出重点，着力加强共性、核心技术的突破能力，大力推进国家重点科技专项，争取在制约我国产业转型升级的装备制造、生态环保、能源资源、信息网络、新兴材料等重要关键技术领域取得重大突破。

（五）着力加快“走出去”步伐。现在是中央企业“走出去”最佳时期。中央企业“走出去”的能力条件具备、环境时机有利并积累了丰富实践经验。“十二五”期间，中央企业要根据我国经济发展和企业发展战略，在国家政策支持下，在“走出去”方面迈出更大的步伐。要积极开发境外矿产资源，并购境外能源资源企业，提高国际资源配置能力，提升国际化运作水平。要扩大对外投资，将国内部分技术成熟、国际市场需求大的优势产业和传统产业向境外延伸，充分发挥现有生产能力。要扩大国外工程承包，带动国内设备、产品出口和劳务输出。要根据企业条件和需要在境外设立研发中心，并购境外研发机构，增强科技创新能力。要加强统筹协调，加强实施“走出去”战略的宏观指导，攥成有力拳头，发挥整体优势，避免恶性竞争和自相残杀。

（六）着力加强党的建设、班子建设和人才队伍建设。要加强中央企业党建工作，探索现代企业制度条件下发挥党组织作用的机制，充分发挥企业党组织的政治核心作用，积极推进反腐倡廉建设，将企业的政治优势转化为企业的竞争力。要切实加强领导班子特别是一把手建设，深入推进“四好”领导班子创建活动，进一步优化班子结构，提高班子整体素质。要深入开展“创先争优”活动，充分发挥基层党组织和广大党员的积极作用。要进一步落实国家重大人才政策，改进人才管理方式，抓好人才工程建设，营造育才、揽才、成才、用才的良好环境，推动中央企业高层次科技创新人才、企业经营管理专门人才、高技能人才队伍建设。要加强职工教育培训，完善职工培养体系，全面提高职工整体素质。

（七）着力履行好社会责任。中央企业要在履行社会责任方面做出表率。要结合企业实际，抓紧建立健全企业社会责任管理体系，主动发布社会责任报告，积极履行社会责任，树立负责任的良好社会形象，改善企业发展环境。要着力加大节能减排力度，继续在绿色发展、低碳发展方面走在全社会前列。要努力扩大就业，在吸收大学生和减轻社会就业压力方面做出更大贡献。要继续搞好电力生产、重要产品供应、重要物资运输等工作，为经济平稳运行和人民群众基本生活提供坚强保障。

2011年是实施“十二五”规划的开局之年，做好明年各项工作关系重大。这里我简单讲几点要求。一是要根据党的十七届五中全会精神，科学制定企业发展规划。企业“十二五”规划一定要体现科学发展这一主题，贯穿加快转变发展方式这一主线，不能穿新鞋、走老路。二是要按照中央经济工作会议的要求，研究部署好明年的工作，争取在转变发展方式方面迈出坚实的步伐，见到明显成效。三是要根据中央决定实施积极的财政政策和稳健的货币政策、部分反危机政策措退出的新形势，密切关注市场需求变化，保持中央企业平稳较快发展。另外，岁尾年初，大家要高度重视安全稳定工作。要切实加强安全生产管理，严格落实安全生产责任，加大隐患排查治理力度，严防重特大生产安全事故发生。要坚持以人为本，关心职工生产生活，帮助困难职工解决实际问题，预防群体性事件发生，维护好企业和社会的稳定。

同志们，国资委组建以来，在荣融同志带领下，积极探索国有资产监管体制机制，大力推动国有企业改革发展，做了许多开创性的工作，取得了显著成绩，为今后的工作打下了良好基础，中央对荣融同志和国资委的工作是满意的。现在组成了以王勇同志为班长的新一届国资委领导班子，大家要像支持荣融同志一样，大力支持王勇同志的工作。希望大家在国资委领导下，继续奋发努力，开创国资监管和中央企业改革发展新局面。

坚持科学发展 着力做强做优 培育具有国际竞争力的世界一流企业

——国务院国有资产监督管理委员会主任王勇在中央企业负责人会议上的讲话（摘要）

（2010年12月23日）

这次会议的主要任务是，全面贯彻落实党的十七届五中全会和中央经济工作会议精神，总结2010年工作和“十一五”经验，分析形势，研究提出“十二五”总体思路，部署2011年工作。国务院领导同志对这次会议十分重视，德江副总理百忙中亲临会议并作重要讲话，我们深受鼓舞，倍感肩负责任重大。我们要认真学习，深刻领会，抓好落实。下面，我代表国资委党委，讲三个问题。

一、2010年工作进展和“十一五”总结

今年是“十一五”收官之年，也是完成“十一五”时期各项目标任务的关键之年。今年以来，中央企业认真贯彻落实党中央、国务院各项决策部署，灵活应对复杂多变的国内外经济形势，抓住宏观经济回升的有利时机，进一步巩固和扩大应对国际金融危机的成果，开拓市场，调整结构，强化管理，改革创新，生产经营快速增长，经济效益大幅提升，一些经济指标创历史新高。

1—11月，中央企业累计实现营业收入14.9万亿元，同比增长34.7%；实现净利润8022.6亿元（其中扣除少数股东权益后归属母公司所有者的净利润5320.7亿元），同比增长50.1%；上交税金1.2万亿元，同比增长21.2%；成本费用利润率7.4%，同比提高0.6个百分点。截至11月底，中央企业资产总额达到23.9万亿元，同比增长15.6%；净资产9.3万亿元，同比增长14.8%。

一年来，中央企业着力“做强主业增实力，科学发展上台阶”，各项工作取得新的成效。

（一）开拓市场和配置资源能力进一步增强。

中央企业认真研究市场结构和消费需求变化，转变经营策略，创新商业模式，加强协同合作，发挥技术、品牌、网络等优势，市场开拓力度进一步加大。一汽集团、东风公司、兵器装备集团长安公司等企业抓住国家鼓励汽车消费的机遇，优化产品结构，市场份额进一步扩大。中粮集团全力打造从田间到餐桌的全产业链，品牌影响力不断扩大。华润集团积极开发内需市场，完善区域布局和业态布局。神华集团完善销售网络，把煤炭产运销产业链延伸到终端用户。中电科技集团推进军用技术民用化，承建国内最大的重庆视频管理系统和物联网工程。南航集团细分市场，率先推出高端经济舱，实现差异化服务。东航集团在与上航重组基础上，着力调整机队结构和航线结构，提高了运行效率。中央企业加快“走出去”步伐，国际化经营取得初步成效。中国三峡集团与中国水电集团、南方电网组成中方联营体，合作开发境外大型水电项目。中央航运企业与“走出去”中央企业联动发展，提供海外工程物资供应和物流服务。中国建筑、中国中铁新

签合同额超过100亿美元。中船集团抓住国际船舶市场局部回暖时机，积极抢订单，国际市场份额逆势提升。中航集团积极发挥航线枢纽网络优势，国际业务量大幅增长。部分中央企业积极实施海外并购，延伸产业链条，全球配置资源能力得到提升。中远集团以获得35年特许经营权的方式全面接管希腊PCT码头。中国石油、中国石化、中国海油、中化集团、宝钢、武钢等企业积极开发海外资源，增强了资源保障能力。

（二）结构调整和产业升级步伐进一步加快。

中央企业积极落实产业调整振兴规划，加快推进联合重组，优化资源配置，不断延伸和完善产业链和价值链。鞍钢和攀钢、东航集团和上航联合重组，上海医工院、中出服集团并入国药集团，新时代公司分拆并入中国节能和保利集团，船舶科研所并入中国海运，企业布局结构进一步优化。一些中央企业下大力气推进结构调整和产业升级。中国国电、中国大唐、中国华能、中国华电、东方电气集团、中船重工等企业积极发展风电、太阳能等新能源产业，中核集团、国家核电、中电投集团、中广核集团、中核建设集团等企业大力发展核电产业。中国建材积极发展新型建材、新型房屋和新能源材料。中国电信、中国联通和中国移动共同推进电信基础设施共建共享。一批中央企业进一步压缩管理层级，企业组织结构得到优化。国家电网大力实施电网建设、运行等核心业务专业化和人财物等核心资源集约化管理，主营业务管理层级进一步压缩。中国电子通过减层级、缩链条，企业户数缩减了40%。航天科工清理整合子企业，实现6家二级单位房地产业务的全部退出。中国国新控股有限责任公司正式成立，为中央企业改革重组搭建新的平台。

（三）体制机制改革进一步深化。

中央企业公司制股份制改革步伐加快。11家公司首次公开发行股票并上市，中国一重、西电集团等一批企业实现整体上市，中国五矿、中核建设集团等一批企业完成整体改制工作。建设规范董事会企业扩大到30家，董事会规范运作的制度进一步完善，外部董事队伍建设进一步加强，董事会在科学决策、风险防范和加强管理等方面的作用进一步显现。宝钢、神华集团等企业积极探索解决整体上市后母子公司管理构架重叠、职能交叉问题。航天科技、航天科工、中国钢研、有研总院等一批企业借助中关村科技园区的特殊政策，探索岗位分红权激励机制。中央企业劳动用工、收入分配等内部改革取得新进展，普遍推行公开竞聘、末位淘汰和新的用工制度，积极营造重能力、重业绩、重创新的氛围。新兴铸管集团总部机关和下属企业面向全社会公开招聘中高级经营管理人员，总部招聘的60多人中，80%以上来自集团外部。中铝公司严格实行月考核月兑现，收入分配向关键技术岗位和一线操作员工倾斜。

（四）自主创新能力进一步提升。

中央企业普遍加大研发投入，抓住行业关键技术，加大研发攻关力度，在一些重大项目方面取得新的突破。探月工程嫦娥二号任务取得圆满成功。大庆油田持续稳产高效勘探开发技术获得重大突破。中国南车、中国北车实现引进消化吸收再创新，列车制造技术达到国际领先水平。国家电网、南方电网全面掌握特高压核心技术，在世界电网科技领域实现了中国创造和中国引领。电信科研院主导提出的TD—LTE—A成功纳入4G国际标准。上海贝尔新一代宽带无线技术研发取得重大进展。一批中央企业加强合作，推进集成创新，取得积极成效。中广核集团与中国一重、中国二重、东方电气集团、哈电集团等企业通过引进消化吸收再创新，形成我国二代改进技术机型CPR1000。16家中央企业组成电动车产业联盟，积极发展电动车产业。武汉邮科院推进产学研结合，发起组建中国光谷物联网产业技术创新联盟。中国国电加大新能源研发力度，形成20多项拥有自主知识产权的核心技术。中央企业加强国家级技术中心、研发中心、重点实验室建设，设立海外研发基地，科研能力进一步提高。兵器装备集团长安公司在国内外建立汽车研发机构，形成“五国十地、各有侧重”的全球研发格局。中国商飞加快设计研发、总装制造、客户服务三大中心建设，大飞机项目研制取得积极进展。

（五）集团管控能力进一步加强。

许多中央企业进一步明确集团总部职能定位，调整组织架构，增强总部的战略规划和管控能力。中航工业进一步理顺母子公司管理体制，下放相关管理权限，增强总部战略投资和集中管控能力。兵器工业集团启动340项流程建设，逐步建立总部企业化服务型、成员单位市场化开放型的集团化管理机制。许多中央企业通过推行全面预算管理，加强资金集中管控，积极拓展融资渠道，有效降低财务费用。中国石油开展大司库系统建设，推进全球资金集中管理。中国联通推行资源使用效率评价对标体系，有效盘活了各类资产。中央企业全面推行经济增加值考核，资本成本管控和价值创造意识显著提高。中国海油、葛洲坝集团等一批企业在子企业推行经济增加值考核，增强主营业务持续盈利能力。许多中央企业完善全成本控制体系，大力推进精细化管理，有效降低了成本。华侨城集团加快推进重点项目建设，灵活安排销售进度，提升了资源变现能力和资产周转速度。中国有色集团全面开展管理缺陷诊断活动，进一步提升了基础管理水平。一批中央企业注重对新并购企业的业务整合、管理整合和文化融合，集团凝聚力和管控能力进一步增强。国投加快划转企业的业务结构调整，促进业务协同，增强综合竞争优势。中央企业建立健全总法律顾问制度和法律风险防范机制，抵御风险能力进一步增强。招商局集团全面梳理风险控制制度、职责分布、流程与工具，建立健全全面风险控制体系。中材集团以建立健全法律风险防范机制为重点，组织集团总部及所有三级企业开展风险管理体系建设工作。中央企业积极实施信息化登高计划，信息化管理水平进一步提升。港中旅集团建立统一信息平台，强化信息化手段，推进集团集约化和协同发展。

（六）履行企业社会责任进一步增强。

中央企业自觉把履行社会责任的要求融入发展战略，融入日常经营管理，发挥了表率作用。煤电油运和商贸、储备等行业的企业，认真落实国家宏观调控政策，切实采取有效措施，全力保障市场供应。电力、电信和涉农企业加强“三农”服务，为农业稳定高产作出积极贡献。中央企业在上市过程中将部分国有股转由社保基金持有，为充实社保基金、健全社会保障制度作出了积极贡献。中央企业积极落实国家节能减排政策措施，强化节能减排管理，发挥了示范作用。南方电网深入开展节能发电调度工作，推动了发电企业的节能减排。中国节能投资建设世界最大单体建筑光伏一体化项目。通用技术集团成功承办绿博会，发起设立国内首支环境产业基金。初步测算，“十一五”期间中央企业万元产值（可比价）综合能耗下降超过20%；二氧化硫排放量减少38%左右，化学需氧量减少33%左右，全面完成“十一五”节能减排目标。中央企业在保障国家重大活动、抗击严重自然灾害中发挥了关键作用。12家中央企业承建的上海世博会6个企业馆以安全有序的运营、细致周到的服务和极具特色的展项，赢得了各方面的高度评价和广泛赞誉。中国建筑、中国中铁、中国铁建、中国水电集团等企业克服高寒缺氧、交通不便等困难，在青海玉树恢复重建中发挥了重要作用。中央企业积极参与社会公益事业，参与援疆援藏、扶贫和西部大开发，为促进区域经济协调发展作出了贡献。中国黄金在建设西藏甲玛项目中，投入大量资金修路、引水、助学、帮扶困难群众，维护了民族团结。许多中央企业积极推进社会责任工作体系和制度建设，国家电网积极开展全面社会责任管理试点，中远集团、中国移动探索建立社会责任指标体系，47家企业编制发布了社会责任报告或可持续发展报告，中石油、中钢集团发布了国别报告。中国五矿作为中国企业代表，出席联合国全球契约组织领导人峰会，展示了中央企业良好国际形象。

（七）企业党的建设在改进中进一步加强。

中央企业把创先争优活动作为学习实践活动的继续和延伸，紧密结合实际，突出企业特色，围绕企业科学发展中心任务扎实推进，呈现出组织创先进、党员争优秀、企业上水平、职工提素质的良好局面。加强思想作风建设，积极开展学习型党组织建设，持续推动“四好”领导班子建设，领导班子整体素质进一步提升，形成团结和谐、共创佳绩的良好风气。大力实施“人才强企”战略，积极引进海外高层次人才，91人列入国家“千人计划”。高度重视班组建设和职工队伍建设，深入开展岗位练兵、技能培训和技能大赛，职工队伍素质明显提升。不断加强企业思想政治工作和企业文化建设，完善职工代表大会和厂务公开制度，企业凝聚力和职工积极性明显提高。进一步加强反腐倡廉建设，惩防体系框架建设取得明显进展，落实党风廉政建设责任制和“三重一大”决策制度，企业领导人员廉洁从业意识进一步增强。

2010年中央企业改革发展取得的成绩，为“十一五”画上了圆满的句号。“十一五”时期，是国有企业改革发展进程重要的五年，也是中央企业改革发展取得重大进展的五年。这五年，中央企业面对国际国内复杂多变的形势，成功应对国际金融危机等重大挑战，资源配置能力明显提高，经济效益和整体实力大幅提升，资产总额、营业收入、上交税金和税后净利润等主要经营指标实现了五年翻一番，年均国有资产保值增值率达到115%，进入世界500强的企业由10家增加到30家。这五年，中央企业布局结构不断优化，自主创新能力明显增强，管理水平显著提高，队伍素质明显提升，党的建设明显加强，适应市场经济要求的管理体制和经营机制进一步完善，改革发展迈出新的步伐，展现了新时代国有企业的风采。在这五年中，中央企业积极承担政治责任和社会责任，在贯彻落实国家宏观调控政策、保障市场供应、维护市场经济秩序等方面发挥了带头作用；在承担国家重大工程项目建设、支持国防现代化建设、保障能源资源安全等方面发挥了顶梁柱作用；在北京奥运会、国庆60周年庆典、上海世博会、广州亚运会等重大活动保障中，在雨雪冰冻灾害、汶川和玉树地震、旱涝灾害等抢险救灾中，发挥了骨干作用。

回顾“十一五”取得的显著成就，追溯国资委成立七年多来的不平凡历程，我们感慨万千。党中央、国务院的正确决策和坚强领导给我们指明了方向，中央各部门和各地党委、政府以及社会各界的支持和帮助给我们增添了力量。七年来，在荣融同志的带领下，在国资委和中央企业广大干部职工的奋力拼搏下，我们在积极探索中前进，在迎接挑战中成长，开创了国资监管和中央企业改革发展的崭新局面，为我们在新的历史起点实现新的发展打下了坚实基础。在此，我代表国资委向为国资监管和中央企业改革发展作出贡献的老领导、老同志，向中央企业广大干部职工表示衷心的感谢！

中央企业改革发展取得的成绩来之不易，创造的精神财富影响深远，积累的经验弥足珍贵。这些年的探索和实践，使我们进一步加深了对社会主义市场经济的认识，增强了搞好国有企业、发展壮大国有经济的信心，坚定了走中国特色社会主义道路的决心。有很多经验值得我们认真总结和继续坚持。

一是坚持基本经济制度，坚定不移地发展壮大国有经济。建设中国特色社会主义，必须坚持公有制为主体、多种所有制经济共同发展的基本经济制度。国有企业是全面建设小康社会的重要力量，是中国特色社会主义的重要支柱，是我们党执政的重要基础。我们必须时刻牢记搞好国有企业、发展壮大国有经济的历史使命，坚定搞好国有企业的信心，毫不动摇、理直气壮地发展壮大国有经济。

二是坚持国有资产管理体制改革的正确方向，牢牢把握出资人职责定位。实践证明，党的十六大作出的国有资产管理体制改革重大决策和确立的重大原则是完全正确的，必须始终坚持。我们既要依法履行好出资人职责，强化监管，维护好所有者权益；又要充分尊重企业的经营自主权和法人财产权，维护好企业作为市场主体和法人实体依法享有的各项权利，做到不缺位、不越位、不错位。

三是坚持市场经济的改革方向，深入推进国有企业改革。建立现代企业制度是深化国有企业改革的方向。必须加快推进国有大型企业公司制股份制改革，转换经营机制。推进规范的董事会建设，积极探索中国特色国有企业公司治理结构。进一步深化企业内部改革，使企业机制与职工观念符合中国特色社会主义市场经济的要求。

四是坚持遵循市场规律和企业发展规律，推动企业科学发展。必须按照市场化原则合理配置资源，充分调动和发挥企业的积极性和能动性。层层落实责任，建立有效的激励和约束机制。坚持主业发展方向，提高集团管控能力，有效防范经营风险。推进体制创新、技术创新和管理创新，形成适应市场经济要求的管理体制和经营机制。

五是坚持党对国有企业的领导，加强和改进企业党建工作。党对国有企业的领导、党组织发挥政治核心作用、职工民主管理，是国有企业的独特政治优势。要深入探索现代企业制度条件下发挥企业党组织政治核心作用的有效方法与途径，努力把企业党组织政治优势转化为核心竞争力。要营造优秀人才脱颖而出的良好环境，增强领导干部能力，提高职工队伍素质。要把反腐倡廉建设贯穿于国资监管和企业改革发展的全过程，为国有企业持续健康发展提供有力保障。

二、“十二五”时期中央企业改革发展的总体思路

“十二五”是中央企业贯彻落实科学发展观、加快转变发展方式的重要时期。我们要深入贯彻落实党的十七大和十七届历次全会精神，全面分析面临的形势和存在的问题，精心谋划“十二五”时期的目标任务和主要措施，扎实推进中央企业改革发展各项工作，在新的历史起点上努力取得新的更大成绩。

（一）深入分析面临的形势和问题。

关于当前以及今后一段时期面临的形势，党的十七届五中全会和中央经济工作会议作出了深刻分析。总体上看，国际国内形势正在发生新的复杂变化，我国发展既面临难得的历史机遇又面对新的风险和挑战。从国际看，世界经济将继续缓慢复苏，但受政治、经济、安全等多种因素影响，不稳定、不确定因素仍然较多，复苏进程仍将艰难曲折。从国内看，我国仍处于重要战略机遇期，经济发展长期向好的趋势没有改变，各种有利条件依然存在，但面临的矛盾和问题也不少。面对复杂多变的国际国内经济形势，中

央企业既面临新的发展机遇，也面临一系列新的挑战和困难。

当前及今后一个时期，我国工业化、信息化、城镇化、市场化、国际化深入发展，国内市场潜力巨大；加快转变经济发展方式、调整布局结构、发展战略性新兴产业，给企业发展提供了广阔的空间；劳动力素质改善，科技创新能力不断增强，基础设施日益完善，发展的物质、技术和体制基础更加牢固；全球产业结构的深度调整，新一轮科技革命的孕育发展，为我国企业在一些领域实现跨越式发展创造了条件。我们要坚定信心，抓住机遇，努力在新一轮国际竞争中赢得先机，赢得主动。

在看到有利条件的同时，我们更要保持清醒的头脑，冷静分析面临的一系列新的重大挑战和问题。从国际经济运行环境看，国际金融危机促使全球治理结构面临重大调整，世界多极化、经济全球化速度加快，气候变化以及能源资源安全、粮食安全等全球性问题更加突出。国际资本加速流动，主要货币汇率持续较大波动和金融市场动荡，国际大宗商品价格高位震荡，资产价格泡沫和通货膨胀风险增大。从国内经济发展环境看，经济结构调整压力加大，经济增长的资源和能源约束进一步加强，完成节能减排的任务更加艰巨，投资和消费关系失衡，就业总量压力和结构性矛盾并存，制约科学发展的体制机制障碍依然较多，改善民生和维护社会稳定任务十分艰巨。从产业发展环境看，国际金融危机正在催生世界范围产业新发展，全球进入空前的创新密集和产业变革时代，主要发达国家已经开始研究并进行后危机时代的战略部署，抢占科技制高点。我国部分产业产能过剩矛盾突出，企业自主创新能力不强，关键技术自给率低，主要分布在国际产业链中低端环节。战略性新兴产业还处于发展初期，缺乏自主知识产权、市场配套体系不完善、政策标准体系尚未健全等问题亟待解决。从市场竞争格局看，国际金融危机发生后，发达国家的优秀企业及时进行战略调整和组织架构调整，反应速度更加敏捷，而我国国有企业调整速度相对较慢。随着社会整体收入的提高，企业的人力成本将进一步增加。各种形式的贸易保护主义愈演愈烈，国际市场竞争更加激烈。总体来看，中央企业改革发展面临的外部形势日益复杂，难度和压力不断加大，对此我们要有清醒的认识，提前做好应对更大挑战和困难的准备。

同时我们还要看到，中央企业改革发展中还存在一些不可忽视的问题，经济运行中的困难还很多，发展质量不高、后劲不足的问题还比较突出。一是缺乏真正具有国际竞争力的大公司大企业集团。整体上看，中央企业的核心竞争力和国际竞争力还不强，缺乏具有较强影响力的国际知名品牌，国际化人才严重不足，组织框架和经营模式不能适应国际化经营的需要。在国际标准和竞争规则的制定中，影响力还比较小。一些企业在国际市场恶性竞争十分严重。二是布局结构调整任务仍然十分艰巨。国有资本分布面仍然过宽、过散，有进有退、合理流动的机制尚不健全。组织结构不合理，大而不强的问题比较突出。许多行业还处在国际产业链低端，一些企业仍然延续高投入、高消耗的发展模式。三是技术创新能力不强。中央企业普遍面临自主创新能力不强，研发投入、研发能力和水平与跨国公司相比有很大差距的问题。重要产业对外技术依赖度比较高，不少核心关键技术还受制于人，创新型人才比较缺乏，科技创新尚未成为中央企业发展的支撑力量。四是管理水平和资源配置效率不高。一些企业管理链条过长，集团管控能力弱，缺乏对重要子企业和境外资产的有效监控和管理，重大资产损失时有发生。一些企业盲目铺摊子，主业不够突出，主营业务盈利能力较弱或盈利基础不牢固，财务风险和经营风险大。五是现代企业制度需要进一步完善。中央企业母公司公司制股份制改革相对滞后，公司治理结构还不完善，适合国情的治理模式有待进一步探索和完善，转换企业经营机制还有大量工作要做。六是企业历史包袱仍很沉重。中央企业办社会等各种负担仍然比较重，厂办大集体改革试点进展缓慢，一些企业主业优质资产上市后存续企业十分困难，一些历史遗留债务、人员安置等问题尚未完全化解。

总之，中央企业改革发展正处于一个关键的历史阶段，机遇和挑战并存，希望与困难同在。我们要增强忧患意识、风险意识、责任意识和大局意识，准确判断形势，充分利用国内外有利条件，克服不利因素影响，解决制约科学发展的问题，推动中央企业更好更快发展。

（二）“十二五”时期中央企业改革发展的指导思想和总体思路。

根据党的十七届五中全会和中央经济工作会议精神，“十二五”时期推进中央企业改革发展的指导思想是：**高举中国特色社会主义伟大旗帜，以邓小平理论和“三个代表”重要思想为指导，深入贯彻落实科学发展观，坚持基本经济制度，以科学发展为主题，以加快转变发展方式为主线，深化企业改革，完善监管体制，优化资源配置，围绕做强做优中央企业、培育具有国际竞争力的世界一流企业，深入实施转型升级、科技创新、国际化经营、人才强企、和谐发展战略，加强和改进企业党的建设，全面提升中央企业整体素质和发展质量，增强活力，壮大实力，为经济社会发展作出新的更大贡献。**

“十二五”时期的总体思路，概括起来是：围绕“一大目标”，实施“五大战略”，加强“三大保障”。

“十二五”时期，中央企业改革发展的核心目标就是：做强做优中央企业、培育具有国际竞争力的世界一流企业。这一目标是基于中央企业的地位作用，立足国家整体发展战略所提出来的。中央企业大多处在关系国家安全和国民经济命脉的重要行业和关键领域，做强做优中央企业，是加快转变经济发展方式、实现科学发展的必然要求，关系经济社会发展的全局，关系全面建设小康社会宏伟目标的实现。本世纪的第一个十年，我国成功抓住了重要机遇期，经济社会发展取得了举世公认的巨大成就。国际金融危机以来，世界政治经济格局发生了重大变化，我国在国际政治经济中的影响力越来越大，必须有一批与之相匹配的大企业大集团。中央企业大多是行业排头兵，经过多年来的改革发展，活力和竞争力大幅提升，许多企业在某些方面接近或达到世界先进水平，有的已经达到世界领先水平，具备了发展成为具有国际竞争力的世界一流企业的基础和条件。我们一方面要做强做优中央企业，更好地发挥在经济社会发展中的骨干中坚作用；另一方面要集中力量，集中资源，培育一批在国际市场上能与跨国公司同台竞争的大企业大集团。

做强做优是对每一个中央企业提出的要求，具体来说要做到“四强四优”。“四强”就是自主创新能力强、资源配置能力强、风险管控能力强、人才队伍强；“四优”就是经营业绩优、公司治理优、布局结构优、社会形象优。在做强做优的基础上，要着力培育一批具有国际竞争力的世界一流企业。这些企业应该具备以下主要特征：主业突出，公司治理良好；拥有自主知识产权的核心技术和国际知名品牌；具有较强的国际化经营能力和水平；在国际同行业中综合指标处于先进水平，形象良好，有一定的影响力。我们要通过“十二五”乃至更长时期的努力，加快培育一批这样的世界一流企业。

做强做优中央企业、培育具有国际竞争力的世界一流企业，是一项长期性、战略性的目标任务。实现这一目标，必须把着力点始终放在做强做优、提升综合素质和主业核心竞争力上，切不可盲目追求规模扩张。根据中央企业改革发展实际，“十二五”时期要重点实施转型升级、科技创新、国际化经营、人才强企、和谐发展“五大战略”，力争取得新的突破。

大力实施转型升级战略。国有经济的转型升级是加快转变经济发展方式的迫切要求，也是做强做优中央企业、培育世界一流企业的关键所在。要推进增长方式由主要依靠要素投入、规模扩张向主要依靠科技进步、劳动者素质提高、管理创新转变。推进国有资本向关系国家安全和国民经济命脉的重要行业和关键领域集中。推进产业布局向产业链高端发展，向战略性新兴产业发展。推进产权结构向股份化、多元化、证券化转变。

大力实施科技创新战略。科技进步和创新是加快转变经济发展方式的重要支撑，也是做强做优中央企业、培育世界一流企业的重要举措。要加大研发投入，建立健全技术创新投入、研发、转化、应用机制，建设以企业为主体、市场为导向、产学研相结合的技术创新体系。推进科技资源优化配置，着力打造一批具有前瞻性的重大、共性技术研发平台，形成基础研究、预先研究、工程技术研究、应用研究相配套的梯次研发结构。力争在一些关键领域有重大技术突破，培育一批高附加值的尖端产品，打造一批国际知名的高端品牌。

大力实施国际化经营战略。提升国际化经营能力和水平是做强做优中央企业、培育世界一流企业的必然要求。加快“走出去”步伐，积极开展海外业务，提升国际市场份额，优化产业链和价值链。培养全球化的战略思维和开放视野，立足全球配置资本、人才、技术、市场等各类资源，逐步实现战略、运营、管理、文化全球化。深化国际经济技术的交流与合作，掌握国际竞争规则，融入世界经济主流。

大力实施人才强企战略。人才是中央企业加快转变发展方式、实现科学发展的第一资源、第一推动力，是做强做优中央企业、培育世界一流企业的重要基础。要创新人才发展机制，优化人才发展环境，积极开发利用国内国际两种人才资源，大力推进人才职业化、市场化、专业化、国际化，大幅提高人才创新能力。坚持高端引领、整体开发，统筹推进出资人代表、经营管理人才、党群工作者、科技人才和技能人才队伍协调发展，结构不断优化，素质明显提升。

大力实施和谐发展战略。保障和改善民生是加快转变经济发展方式的根本出发点和落脚点，企业在追求经济利益的同时，实现与社会、环境的和谐发展，是做强做优中央企业、培育世界一流企业的客观需要。要建立健全企业社会责任战略、治理、融合、绩效、沟通机制，推进中央企业模范履行社会责任，努力做依法经营、诚实守信的表率，做节约资源、保护环境的表率，做以人为本、构建和谐企业的表率。

“十二五”时期，我们在大力实施好“五大战略”的同时，必须进一步深化国有企业改革、完善国资监管体制、加强和改进党的建设，为实现做强做优中央企业、培育世界一流企业的目标，提供持续的动力、体制和组织“三大保障”。

继续深化国有企业改革，增强企业活力。坚持把深化改革作为做强做优中央企业、培育世界一流企业的强大动力，建立健全适应市场经济要求、具有活力的经营机制。加快推进公司制股份制改革，建立比较完善的现代企业制度和科学有效的公司治理结构。建立健全市场化选人用人和激励约束机制。加快解决历史遗留问题，为国有企业改革发展提供良好的环境。

不断完善国资监管体制，增强监管有效性。坚持把完善国资监管体制作为做强做优中央企业、培育世界一流企业的体制保障，建立健全国资监管快速反应、协同有效机制。进一步完善国资监管组织体系、法规体系和责任体系。整合监管资源，加强监管协同，增强监管的前瞻性、及时性、针对性和有效性。围绕做强做优中央企业、培育世界一流企业的目标，加大国有资本经营预算的支持力度，探索完善分类监管和分类考核。

加强和改进企业党建工作，充分发挥党组织的政治核心作用。坚持把发挥国有企业党组织的独特优势作为做强做优中央企业、培育世界一流企业的组织保障，建立健全企业党建创先争优、发挥政治核心作用机制。深入开展创先争优活动，推进学习型党组织建设，不断增强党组织的凝聚力和党员的战斗力。探索现代企业制度条件下党组织参与决策、带头执行、有效监督的有效途径。加强"四好"领导班子建设，推进以惩防体系建设为重点的反腐倡廉建设。加强企业文化建设、工会共青团等群团工作和职工队伍建设。

三、2011年要着力抓好的几项工作

2011年是国家"十二五"规划的开局之年，也是实现中央企业"十二五"发展目标的起步之年。当前要抓紧做好中央企业"十二五"发展规划的制订和组织实施工作，落实国家"十二五"规划，并与各专项规划以及地方规划衔接，按照中央企业"十二五"发展规划的要求，抓紧制订、修订和完善本企业"十二五"规划，分解落实各项工作目标。要按照中央经济工作会议的部署和要求，结合本行业、本企业实际，进一步研究工作思路，完善措施，狠抓落实，把各项工作做得更扎实、更有效，为全面实施"十二五"各项任务开好局、起好步。要着力做好以下工作：

（一）巩固和扩大生产经营平稳向好态势。

一是深入研判形势。密切关注宏观调控政策取向和市场竞争格局变化，加强经济运行监测分析和预警，切实组织好生产经营，及时防范风险，保持平稳较快发展。二是加大市场开拓力度。利用中央扩大内需的相关政策，深入了解市场需求和产业发展动态，加快调整产品结构，加大营销力度，提升服务水平，巩固和扩大市场份额。三是提升"走出去"水平。稳定海外市场，控制成本，提高效益。加强对境外工程建设项目的管理。加强"走出去"的协同合作，避免恶性竞争。

（二）深入推进中央企业布局结构调整。

一是推进联合重组。按照战略协同、资源配置有效的原则，规范推进与各类所有制企业的并购重组。围绕"培育世界一流企业"的目标，促进中央企业的资源向重要行业的优势企业集中。二是强化资源整合。加大企业内部资源整合力度，优化业务结构和组织结构。采用多种方式剥离重组非主业资产。支持具备条件的企业探索产融结合。三是推进产业升级。优化产品结构，改善品种质量，增强产业配套能力，淘汰落后产能，实现传统产业优化升级。集中力量重点支持有较好基础的企业发展战略性新兴产业。

（三）继续加大企业改革力度。

一是加快公司制股份制改革步伐。鼓励中央企业进行不留存续资产的整体上市，主业资产已经整体上市的，通过多种途径实施集团层面整体上市；涉及国家安全和国民经济命脉、必须采取国有独资形式的企业，要进行公司制改革；其他行业和领域的中央企业，要积极引进各类投资者，实现产权多元化。二是进一步建设和完善规范董事会。加快推进符合条件的中央企业建设规范的董事

会。进一步健全规范董事会运作的制度体系，完善外部董事制度和职工董事制度，加强董事队伍建设，优化董事结构，提高董事会运作水平。理顺国资委和董事会之间的运作关系，健全董事、董事会与国资委沟通和交流机制，完善董事会与监事会的工作关系。三是加快解决历史遗留问题。继续推进分离企业办社会职能和厂办大集体改革，做好政策性关闭破产收尾和债转股后续工作。抓紧清理解决一批历史欠账，加快处理低效无效资产和微利亏损企业。

（四）加强自主创新和品牌建设。

一是加快推进企业科技资源整合。积极推进科研院所与大企业集团有效结合，抓紧建设一批具有超前性的重大技术研发平台。继续推进创新型企业建设和产学研结合，推进技术创新引导工程，完善技术创新信息平台，增强科技服务功能。二是加强创新人才培养。建立创新人才培养有效机制，培养科技领军人才，大力引进海外高层次科技人才，以未来科技城为重点加快建设人才创新创业基地，探索设立人才基金和科技奖励基金。三是加强自主知识产权和知名品牌建设。加大研发投入，努力突破一批居于领先地位的关键核心技术。加大知识产权创造、应用、管理和保护力度。采取积极有效措施进一步提升品牌价值。

（五）强化企业管理。

一是进一步提高集团控制力。加强总部建设和内部管理体制调整，压缩管理层级，建立健全集团化运作体系。加强战略和规划管理，强化投资决策管理，统一配置集团资源，提升集团化运作水平。二是加强财务管理体系建设。推进全面预算管理，建立全员、全成本管理体系，提升控制成本的能力。加大集团资金集中管理力度，严控对外担保，严控借贷规模和资产负债率。强化总会计师职责落实。三是加强内控机制建设。优化内部控制流程，强化内部审计，推动内审工作向管理审计、风险审计转型。四是加强风险管控。健全全面风险管理体系，加强重大风险管控、效能监察和过程监督，完善风险监测识别与防范体系。切实加强金融衍生品等高风险业务的风险防范与控制。建立健全企业法律风险防范机制。五是提升管理现代化水平。继续加强信息化建设，不断提高管理信息化水平。加强与国际同行业先进水平对标。总结推广企业管理典型经验，强化管理创新。

（六）进一步加强国资监管。

一是继续完善国有资产监管体制和制度。加快企业国有资产基础管理条例等重点立法。深化经济增加值考核，强化全员业绩考核，调整不适应科学发展要求的分类指标，增强考核的针对性、有效性。合理调控中央企业职工收入分配水平，完善中央企业负责人薪酬管理和福利保障制度，规范职务消费，严肃分配纪律，增强执行收入分配政策的自觉性和严肃性。完善国有资本经营预算管理制度，加强国有资本收益管理，强化预算执行监督，发挥国有资本经营预算对企业重组、科技创新等的引导作用。二是进一步完善出资人财务监督和产权管理。进一步完善财务预决算、绩效评价、审计监督、监事会监督成果运用等工作，健全财务信息管理体系，增强财务信息的及时性、准确性。继续完善产权管理制度，强化国有产权交易监管，进一步规范上市公司国有股东行为。三是整合监管资源，切实提高监管的有效性。建立有效的协调机制，加强监管协同性，形成监管信息互通、检查成果共享的工作机制。建立快速反应机制，充分利用信息化手段，加强对重要子企业、境外企业重大事项的监管。进一步加强监事会当期监督，完善外部监督机制。定期向社会发布国有企业改革发展信息和国有资产的经营情况，稳步推进中央企业财务信息公开。

（七）积极履行企业社会责任。

一是在经济社会发展中积极履行责任。带头贯彻落实国家宏观调控政策，自觉维护市场经济秩序。维护职工合法权益，建立职工收入正常增长机制，改善困难职工生活条件。支持“三农”建设，做好援疆援藏和扶贫工作，做好青海玉树灾后重建工作，积极参与社会公益活动，规范对外捐赠。二是强化节能减排工作。加强节能减排组织、监测、考核体系和相关制度建设，强化重点企业节能减排监测与分析。加快节能技术改造，淘汰消耗高、污染重、技术落后的工艺和产品，全面推行清洁生产。三是建立完善社会责任工作体系。研究制订中央企业社会责任工作指引，建立完善社会责任报告发布制度。推广宣传优秀社会责任实践，积极开展利益相关方沟通。

（八）加强和改进企业党的建设。

一是以开展创先争优活动为重点推动党建工作。紧扣落实“十二五”规划目标任务，围绕加强基层党组织建设和发挥共产党员的先锋模范作用，不断深化创先争优活动。创新基层党组织活动内容、方式和载体，增强基层党建工作活力，提升党组织的创造力、凝聚力和战斗力。二是进一步加强企业领导班子建设。不断深化中央企业“四好”领导班子创建活动。继续加强中央企业领导班子的组织建设、作风建设和思想政治建设，优化班子结构，提高综合素质，增强整体功能。全面开展中央企业领导班子和领导人员综合考核评价工作，强化综合考评结果运用。加大竞争性选拔高层经营管理者工作力度。三是加强宣传思想工作。贯彻落实好中办、国办转发的《中央宣传部、国务院国资委关于加强和改进新形势下国有及国有控股企业思想政治工作的意见》。按照中央关于推进学习型党组织建设的战略部署，持续深入推进学习型党组织建设。大力推进精神文明建设，进一步宣传中央企业改革发展中涌现出的郭明义等先进人物和先进事迹。继续推进企业文化建设。四是加强反腐倡廉建设。积极推进惩防体系融入经营管理工作，对“三重一大”决策制度和廉洁从业规定执行情况实施有效监督；切实加强纪检监察组织建设；坚决查办违规违纪违法案件。健全巡视机构，完善巡视制度，提高巡视成效。五是加强对群众工作的领导。指导推进工会、共青团等群众组织开展创先争优活动。建立健全职工代表大会制度，推进企业民主管理。切实推进班组建设，积极开展岗位练兵、技能大赛、国际化职业资格认证等活动。

这里，我还要对企业领导班子提几点工作上的要求。

一是进一步加强学习研究。企业能否实现科学发展，关键要看领导班子的能力和水平。领导班子要带头加强理论学习，提高理论素养，不断增强把握规律、运用规律的能力。要认真学习党和国家的路线方针政策，掌握与工作相关的各项法律、规章和制度，增强工作的政策性和合规性。要注重学习跨国经营的理论和知识，着力培养全球化视野和国际化经营能力。要深入研究、全面分析企业发展中的薄弱环节和突出矛盾，集中力量解决一些长期存在的、绕不开躲不过的重点难点问题。

二是进一步抓好转变作风。要切实增强对党和国家有关政策、制度和决策的执行力，大力发扬真抓实干精神，既要有思路、有部署，又要抓实施、抓落实，确保取得成效。要扑下身子抓工作，深入基层搞调研，广泛了解实际情况，集思广益，谋划发展。要深入一线体察职工冷暖，了解职工诉求，千方百计为职工办实事、办好事，切实关心和帮助低收入和下岗职工等生活困难群体，想方设法为他们解决实际困难，改善生活。

三是进一步加强宣传引导。要高度重视新闻宣传工作，积极宣传企业改革发展中好做法好经验，宣传基层企业在完成急难险重任务中的先进事迹。积极开展正面引导，由被动应对向主动宣传转变，邀请有关部门、专家学者、媒体记者走进中央企业，向他们介绍中央企业改革发展情况。要切实转变观念，善待媒体，善用媒体，主动加强与新闻媒体的联系和沟通，建立交流合作平台，勇于接受新闻媒体和社会的监督。要建立健全宣传工作体系，牢固树立中央企业“一盘棋”思想，整合宣传资源，形成工作合力。加强舆论引导特别是网络舆论引导，提高应对媒体突发事件和公关危机的能力，第一时间向公众发布真实信息，掌握主动权，避免恶意炒作。

四是进一步关注安全和稳定工作。安全和稳定是一把手的责任，也是硬任务。要认真贯彻落实《国务院关于进一步加强企业安全生产工作的通知》，按照“安全第一、预防为主、综合治理”的方针，切实加强对安全生产的组织领导，加大隐患排查治理力度，突出作业现场管理，完善应急管理体系，提高安全风险防范能力，遏止重特大生产安全事故发生，实现安全生产形势的根本好转。要从源头上预防不稳定事件发生，严格按照《关于建立国有企业改革重大事项社会稳定风险评估机制的指导意见》，对企业重大改革进行社会稳定风险评估，明确责任主体。要建立健全信访工作长效机制，及时解决职工群众的合理诉求。要进一步加强群体性事件预防和处置工作，做好不稳定信息预警，抓早、抓小、抓苗头，力争将隐患消除在基层，消除在萌芽状态，维护好企业和社会的稳定。

同志们，新的历史时期赋予我们新的历史使命，党和国家对我们中央企业寄以厚望。让我们紧密团结在以胡锦涛同志为总书记的党中央周围，高举中国特色社会主义伟大旗帜，解放思想，开拓创新，积极探索，扎实工作，为“十二五”良好开局打好基础，以优异的成绩迎接建党90周年。

专 文

如何打造一个有深远影响力的上市公司

——集团公司总经理、股份公司董事长、党委书记赵小刚在中国南车集团公司暨中国南车股份有限公司工作会议上的讲话（摘要）（2009 年 12 月 25 日）

提高自主创新能力　打造世界知名品牌

——集团公司总经理、股份公司董事长、党委书记赵小刚在中国南车机关党委纪念中国共产党成立 89 周年对广大党员进行党课教育的讲话（摘要）（2010 年 7 月 1 日）

以史为鉴　开创未来　为打造国际化的跨国公司而努力奋斗

——集团公司总经理、股份公司董事长、党委书记赵小刚在中国南车成立十周年庆祝大会暨劳模表彰大会上的讲话（摘要）（2010 年 9 月 28 日）

加快创新步伐　提升管理水平　打造更具竞争实力和发展活力的国际化南车

——集团公司党委书记、股份公司总裁郑昌泓在中国南车集团公司暨中国南车股份有限公司工作会议上的报告（摘要）（2009 年 12 月 25 日）

坚定信心　坚守精益　持之以恒地推进精益生产

——集团公司党委书记、股份公司总裁郑昌泓发表在《中国南车》报纸上的文章（摘要）（2010 年 6 月 21 日）

从战略高度加快推进供应链管理　按精益思想构建富有南车特色的供应链管理体系

——集团公司党委书记、股份公司总裁郑昌泓在 2010 年物资与供应链管理工作会议上的讲话（摘要）（2010 年 3 月 30 日）

高速增长中的资源整合与技术创新之道

——副总裁唐克林在《2010 中国南车高峰论坛》关于资源整合与技术创新的讲话（摘要）（2010 年 6 月 21～22 日）

落实四中全会精神　推进反腐倡廉建设　为中国南车又好又快发展新局面提供坚强保证

——党委副书记、纪委书记、工会主席刘化龙在中国南车纪检监察工作视频会议上的报告（摘要）（2010 年 2 月 23 日）

加快市场拓展　做强做大南车城轨产业

——副总裁张军在中国南车股份有限公司城轨工作会议上的报告（摘要）（2010 年 2 月 8 日）

审时度势　以人为本　创导精益　再创南车安全工作新局面

——副总裁傅建国在中国南车安全工作会议上的讲话（摘要）（2010 年 1 月 21 日）

规范管理　扎实工作　努力提升中国南车价值创造能力

——副总裁、财务总监詹艳景在中国南车财务工作会议上的报告（摘要）（2010 年 3 月 15 日）

如何打造一个有深远影响力的上市公司

——集团公司总经理，股份公司董事长、党委书记赵小刚在中国南车集团公司暨中国南车股份有限公司工作会议上的讲话（摘要）

（2009 年 12 月 25 日）

2009 年，南车做了很多奠定行业领导地位的工作，距离行业三强的目标越来越近。作为上市公司，南车在行业内外的影响力都在持续增强。党中央和国务院以及各地党政机关对南车的发展和创新高度关注，先后有多名党和国家领导人到南车的子公司视察；许多省市领导纷至沓来寻求合作，希望南车投资推动当地经济建设；上市后第一个财年的稳健运营，吸引境内外战略投资者不断前来实地调研，持续增持股份，看好南车未来前景；时速 350 公里动车组和 7200 千瓦大功率电力机车等代表行业高端水平的新产品接连推出，彰显自主创新实力；精益管理全面铺开，管理步入国际化轨道；海外市场订单快速增长，出口产品趋于高端化；公司治理不断完善，股东利益得到体现；南车品牌在用户和公众心目中的地位得到提升。可以说，2009 年是南车快速发展的一年，作为国际化公司的内涵要素得到了很大提升。

虽然成绩斐然，但要看到，南车现在与阿尔斯通、西门子、庞巴迪等国外同行先进企业相比，某些方面还存在较大差距，各方面的影响力与国际知名公司都还不在一个平台上，因此，我们任何盲目自大和浮躁心态都是有害的。一个上市公司，只有在产品技术和企业管理方面持续独树一帜、经营规模和运营质量方面持续名列前茅、经济社会责任方面持续表现活跃、在海内外始终保持较高的知名度和美誉度，它的影响力才是稳定和深远的。以此衡量，南车目前的影响力还远远不够，存在一些软肋需要克服。如：行业核心地位不很牢固、产业结构相对单一、盈利模式不够成熟、管控波动较大、品牌影响力与企业实力明显脱节、经营规模和运营质量有待提高，等等。成为一个真正有深远影响力的上市公司，南车还有很长的路要走。

一、洞彻的决策力是南车未来傲视群雄的战略砝码

对于南车来说，2010 年很关键，“十二五”也非常非常关键。现在市场格局是多雄并存，将来南车能不能突出重围，让市场的天平倾向我方，做行业排头兵，傲视群雄，这几年是关键。要有洞彻的决策力，及早谋划，谋定而后动。制订“十二五”发展规划是南车明年的重要工作，必须精心谋划新一轮战略抉择。这次金融危机之后，国际知名公司经过了洗礼，突出了主业，集中了精力，成本下来了，效率提高了，所谓被动中突显了主动，而南车虽未受金融危机大的冲击，但主动中却有不少被动，所以，未来的竞争一定是更高层次、更为激烈的竞争。如此以来，南车实现既定战略目标的难度必然加大，我们要有充分的心理准备。如何制订好“十二五”规划？如何描绘南车未来的发展蓝图？必须认真分析经营环境及市场变化趋

势，客观冷静研究对手，清楚自身的优势和不足，找准努力的方向。

1．以大视野、大胆略来制定“十二五”发展规划，利用好历史机遇。当前轨道交通装备行业处于千载难逢的历史机遇期。当今的黄金市场，对我们是机会，对别人同样也是机会。抢夺“十二五”的市场蛋糕，我们要有狼吞虎咽的劲头，要有清醒的头脑，保持那种时不我待的紧迫感和危机意识。没有大视野、大胆略，就不可能充分利用好当前的历史机遇，难免丧失机会。丧失了绝好机会，无疑于坐以待毙。“十一五”期间，南车始终保持良好的发展态势。“十二五”的良好经济背景和市场环境，更支持南车有大作为、大发展。我大致做了一个计算，同时对比分析了我们的主要对手，“十二五”期间，2012年南车营业收入应达到1000亿元，2015年营业收入应达到1500亿元左右。2007年到2009年这几年，我们每年的增幅是20%多，今后三年的增速可以在30%。2012年以后，考虑铁路发展曲线有可能在高位趋于平滑的因素，每年增幅从30%下调到15%左右，如此测算，到2015年营业收入也可以达到1500亿元左右。这样，可以提前三年实现原定的“2015年实现营业收入1000亿元”的战略目标；同时，1500亿人民币的销售收入有希望让南车在2015年挤进世界500强（考虑到人民币汇率上升因素），从而实现我们另一个战略目标。做出这样的估计，基于这样一个基本判断，那就是轨道交通未来若干年，不论是中国还是全球都面临一个高速发展期。中国的市场，大家比较清楚我就不说了；欧洲铁路行业联合会（ONIPE）预测，2014-2016年全球市场达1110亿欧元。为什么“十二五”末要做到1500亿？我觉得，只有达到这个营业收入，你才能巩固住在行业里原有的市场份额，不被人蚕食掉，同时略有增长，这样才能说南车在行业领先。如果达不到这个目标，我们的市场份额就有可能缩小，这是很不利的。

大视野需要洞察力，大胆略源于自信心。这次中央经济工作会议后，我坚定了这样一个判断，轨道交通装备市场的黄金期现在是刚开始，不会在短短几年里就结束。这个行业在国内外的景气周期都将持续较长时间，会出乎很多人的预料。在能源危机和环保压力日益加大的今天，大力发展轨道交通运输，将是我国乃至全世界首选的交通方式。我国是典型的大陆型国家，地区经济发展不平衡，制造业与资源布局错位，加之城镇化和重工业化进程，快捷高效、节能环保的轨道交通铁路运输，与公路、水运、空运比，凸显其优势。同样，低碳经济在全球兴起，轨道交通再获青睐，海外轨道交通装备也进入新一轮更新换代期。美国铁路历史上经历了70、80年的持续兴旺期，铁路公司一度是市值最大的美国公司。这段历史有可能在中国重演。

有人担心，2013年前后我国铁路发展的曲线会在高位走缓，从而减弱南车快速发展的推进动力。但那时，南车若干延伸产业将已成气候，对南车发展形成新的支撑，增添发展新动力。

分析对手的状况，我们也是信心百倍。阿尔斯通和西门子今年在轨道交通装备领域的销售收入和利润较去年虽有增加，但主要是吃老本，新增订单数量均有不同程度的减少；庞巴迪受货币和汇率负面影响，订单增长的势头也不强，虽利润有所增长，但总体销售收入较去年有所降低。少了中国市场这个战略砝码，这三家应该说难以大幅增长，对南车实现目标的战略性威胁在减弱。国内两大集团受惠于国家四万亿投资和铁路大发展，目前均实现了阶段性的高速发展。但南车的战略谋划、运营管理、财务筹划和运作以及观念意识方面，应该说还是有自身的优势。只要我们趋利避害，克服自身不足，做到不断领先一步，取得市场的主动权是毫无问题的。

更为重要的是，南车这些年之所以发展得顺利，和南车人的“坚持”有关。南车人一直有一个信念，要当行业的排头兵，永远要争第一，而且一定是一个全优的第一。有了这种坚持，有了这种信念，就会激励我们不断站在更高的位置上给企业定位，尽力把工作做到极致，永不满足，去追求更高的目标和远大的理想。

2. 充分思考高速重载时代全面到来的革命性影响，抢占新一轮发展的战略制高点。明天武广高铁开通，标志着中国高铁时代全面到来。大面积开通6000吨以上货物列车也标志着中国全面进入重载时代。我们制定“十二五”规划，要充分考虑高速重载时代全面到来给经济、社会带来的革命性影响，给行业状况带来的深刻变革，从而把握先机。高铁的革命性影响，我初步想到三点：一是将成为人们最普遍、最依赖、最重要的交通方式，会拉动相关服务链条增值，有可能构筑商业帝国，蕴涵更多商机；二是高铁装备产品要求严格，尖端科技广泛采用，会推动企业研发加速提升；三是中国高铁模式在世界复制，会带动相关企业走出去，称雄国际轨道交通装备市场。

高速铁路备受重视与推崇，缘于其在技术和社会经济方面具有独特优势。首先是在速度、运输能力、安全性与舒适性等方面优势突出。在200-1000公里的距离范围内，与航空、公路相比，高速铁路的总旅行时间是较短的，高速列车内宽大的空间为旅客提供了更为舒适的旅行环境。其次，是对经济社会发展的巨大作用。日本新干线对日本经济的高速发展起到了直接推动作用，欧洲高速铁路的发展促进了欧洲经济一体化。同时高速铁路的经济效益也十分可观，比如，日本的东海道新干线开通仅7年就收回了全部建设资金，自1985年以后，每年纯利润2000亿日元。再者，从环保的角度看，高速电气化铁路基本上消除了粉尘、油烟和其他废气的污染，与公路、航空相比噪音也是最低的。此外，高速铁路能耗低和可替代能源丰富的特性，也是其备受青睐的重要原因之一。日本近年来的一系列统计表明，乘小汽车和飞机出行，每人每公里能耗分别是高速铁路的5.77倍和5.24倍。我还算了一笔帐，9600千瓦电力机车在大秦线可拉1万吨煤，这个运量用10吨载重量的卡车需要1000辆，10吨卡车功率是134千瓦，1000辆就是13.4万千瓦，是9600千瓦电力机车的14倍。可以说，在饱受经济低迷、环境污染和能源危机困扰的今天，高速和重载铁路有着广阔的发展前景。有幸身处这个时代最主要的受惠行业，我们要做哪些准备工作呢？

第一个准备，高速重载时代管理为王，管理要上新轨道。高速重载产品必须做到零隐患、零缺陷，既是为社会、为人民群众生命财产着想，也是为企业生存考虑。在这么高的速度下，这么大的载重下，要想零事故，首先是零隐患，以管理的一丝不苟来保证产品的一丝不苟。产品的要求不一样了，管理当然也不一样。严格管理，这完全是质的飞跃，而不只是量的概念。精益管理，我们先人一步了，但必须做扎实。今年南车出过质量问题，出过安全问题，这是信号，老出这些问题说明已经超出我们的管理能力了，在能力的边缘就要好好整顿一下，把队伍搞整齐了再往上走。要尽快适应新的体制、新的标准，把现有的队伍带上新的轨道。要下狠决心打造一流员工队伍，昌泓同志在报告中强调的培训问题，是打造的核心和关键。有了一流队伍，订货量再大也不怕，如果没有这支队伍，量大就麻烦，产品出厂后就会揪着心，总是睡不着觉。出了事故，后面的订单量马上就下去，所以要万无一失。

第二个准备，打造自己的品牌特色。除了做好募投扩能项目，快速提高产能，完善我们的高速重载产品的能力外，还要在研发设计平台的打造上再下功夫，把技术引进消化吸收再创新的工作，更向前推进一步，加大核心、关键技术的研发力度，巩固和保持核心技术优势。推出的新产品更加智能化、人性化，真正做到用户第一，让南车有明显的品牌特色。高速重载时代，产品的高端，要通过品牌特色体现差异化。要精心琢磨服务对象的需求是什么，在用户的需求里寻找设计的思路。我们造的车比别人的人性化一些，这就是南车给用户的温馨。以设计用心来带动服务用心，就会赢得更多的市场份额，牢牢把握住高速重载市场。

第三个准备，以快速能力提供增值服务。快速是现代铁路的中心词。快速不仅仅指快速客运，也包括快速货运。随着高速客运网的建成，既有铁路的货运能力大大提升，货运快捷以各种专业化的运输方式出现，我们的研发提前做好准备了吗？南车能否为整个运输体系提供增值服务，关键在于快速响应能力。下一步我们要重点研究制定主机企业和配套企业间的协调运作机制，提高协作效率；建立健全以快速为主的产品全寿命周期的售后服务体系，提高售后保障能力；从而为客户提供有力的运营支持，开辟新的生存空间。

3. 充分借鉴“十一五”快速发展的成功经验和创新智慧，坚决推进业务结构调整。“十一五”期间南车得以快速发展，主要有三条成功经验和创新智慧：一是战略管理，二是产权变革，三是结构调整。对于大公司来讲，能够做并购重组，并且能够做好，是其发展的一项基本功。如果南车贯穿“十一五”的工作主线是产权变革、整体上市，那么，南车贯穿“十二五”的主线应该是结构调整、业务重组。这是打造更具国际竞争力的南车的重要途径。“十一五”期间，为提高货车产业的竞争力，我们对内部货车造修资源进行整合，组建了长江公司。虽然整合的难度比想象得大，整合过程中遇到了一些问题，但整合的方向是对的，出现的问题是前进中的问题，我们要有耐心、有韧劲，把出现的问题一个个解决。这种大规模、跨区域的整合有着重要的积极意义，为今后的业务整合积累了宝贵经验，为企业培养了一批整合的人才，也为今后可能发生的国际整合打下基础。

调整业务结构是南车一个紧迫而现实的课题。要围绕“立足轨道交通发展南车、走出轨道交通谋划南车”，提高各子公司、各业务板块之间的战略协同效应，更高效率地配置资源。集团整体资源实现了最优化利用，实现“十二五”的规划目标才更有把握。业务结构调整，我们主要集中在两种：为完善产业链的企业重组，和以优扶弱的调整。

努力实现各子公司发展协调均衡。南车发展到目前的规模和实力，已经能够通过集团调控来促进内部均衡发展，这也是打造一个有影响力的上市公司所必须做的。当前，各子公司由于发展基础和水平参差不齐，两极分化有加剧之势，已经逐步分化为弱势企业、成长企业和龙头企业三个等级。在“十二五”期间，龙头企业的年营业收入将超过300 亿元的规模，成长性企业也将达到 100 亿元以上，差距可能还会拉大。目前发展好的企业需要投资扩能，而发展不好的企业，其资产可能处于低效运转甚至闲置状态，整个集团的资源利用效果还不理想。今后，要更多地发挥龙头企业对弱势企业的带动作用，通过技术、产品、能力的平移，来进一步加强内部协作分工，在集团内提升大部件的专业化和自我配套能力，形成核心关键零部件的内部供应体系，建立以产品为纽带的企业集群，以此解决弱势企业的发展问题，提升其资产的运营效率问题，最终促进整个集团形成全面协调发展的良好局面。集团的本事，就要体现在提高资源利用效率。集团这么多资源，一块一块都要加以很好的利用，最终达到总体提高的目的。以前我说过，“不谋全局者不足以谋一域”，特别是龙头企业一定要有全局观念，弱势企业也不能有宁做鸡头不做凤尾的思想。

加速产业整合和产业链打造。像我们这样的国有企业，过去缺乏市场优化和塑造的过程，资源配置不合理的问题不同程度存在，所以，需要通过一系列重组，包括企业之间的重组，也包括企业自身内部重组，逐渐把企业的资源根据市场竞争的要求进一步优化配置。要深入研究产品规划布局方案，积极推进动车组东扩、电机、制动机等业务整合，完善内部价值链和产业链，最大限度地激活存量资产，进一步提高整体资产运营的质量和效益。加强对工程机械、电动汽车产业的发展模式的研究，积极探索适应新产业特点的管理架构模式，促进新产业快速扩张发展。业务整合，需要创新智慧。要研究用一种创新的管理结构来促进和鼓励内部的业务结构调整，特别是要从考核机制上充分调动相关利益者的积极性。在业务结构调整做出大贡献的、做出了牺牲的，要奖励、要有补偿机制，通过制度设计，根本解决“各自为政，本位主义”的问题。

有人做过研究，当中国经济增长速度低于7%或者低于6%的时候，我们大部分企业是亏损的，整个国民经济是不盈利的。而美国的经济、发达国家的经济，增长1%、2%是一个常态，但是企业是可以盈利的。为什么？因为我国的企业主要靠资金和人力的要素投入，主要靠市场容量快速扩张；在市场需求增长放慢以后，这些企业不会靠技术进步，提高劳动生产率来盈利。未来10年，我国经济可能是中低速增长，依靠资金和人力的要素投入和市场扩容的企业将面临能否生存的考验。这几年，南车进行了大量投资，2008、2009年的投资是前五年的总和。但这种高强度投资是难以持续的，依靠单纯投资拉动的增长也是难以为继的。南车要想可持续发展，就要转变增长方式，从上到下都要坚决把心思放在搞创新、抓管理、调结构上。

二、强大的品牌力是南车未来拓展市场的不二法门

南车发展，已经进入了品牌助推的阶段，品牌建设是当务之急，刻不容缓。就当前市场环境而言，国内两强胶着抗衡的态势短期内不会改变。在双方产品、技术、资源、市场等方面差距不大的情况下，南车怎样更快地形成自己独特的竞争优势？答案就是品牌建设。品牌建设是一个战略行动，是南车“十二五”的一项重大工程。她的重要性可归结为以下几点：一是品牌建设在国内市场有利于差异化竞争。南车把业务实力、技术创新等方面的优势凝结成品牌，通过品牌传播南车健康向上的、有凝聚力的、激发创造力的企业文化，更易于在政府、客户、社会公众层面，加深对南车人的核心价值理念的认同和共鸣，进而影响和推动对南车产品的倚重。这种文化导入形象的品牌策略，有利于逐渐避开低价格的同质竞争，创造价值、创造市场。二是品牌建设有利于加速拓展国际市场。国外同行先进企业海外业务收入占其总收入的比重是相当大的。以阿尔斯通和庞巴迪2009年2月～7月份的销售收入为例，其在欧盟以外的市场业务收入占总收入的比重分别为32%和27%，远远高于南车。这种差异的一个重要因素就是品牌的作用。南车走向全球化，从制造企业转向全球化运营的大公司，相对而言就失去了在国内的“主场优势”。要想在国际市场上取得成功，就要在脱离主场优势之后，能够进行独立竞争。其中一个

有力的武器就是品牌。南车要力争在国际上打造一个专业权威的品牌形象，同阿尔斯通、西门子、庞巴迪等知名企业在国际舞台上同台竞技。在金融危机的情况下，今年我们海外签约额突破12亿美元，说明我们正处在一个开拓海外市场的有利的“时间窗口”，品牌推广更要趁势而上，互为促进。三是品牌建设有利于实现内涵式增长。现在我国人力成本逐渐走高，人民币升值压力加大，单纯依靠低成本竞争优势获得增长，已经越来越难以为继。企业下一步必然走高层次的品牌竞争之路。高影响力的品牌附带着一种文化价值理念，可以带给用户一种切合其潜在心理需求的独特消费体验。“中国南车 CSR”的牌子到了这个程度，用户就愿意付出比同类产品更高的价格来购买南车的产品，或同等价格下更倾向于选择南车的产品，无形中产品就有了一个好价格，企业就有了一个好效益，实现了经济增长方式的转变。

这些年我们始终不渝在培养“中国南车CSR”这个自主品牌。经过不懈努力，“中国南车CSR”在国内外有了相当的知名度，但总体来说，培育的力度还远远不够，“CSR”离具备全球影响力的知名品牌还有相当距离，与我们的期望也有一定距离。主要原因是：一是系统的品牌建设起步晚。相对于国外同行先进企业而言，南车以前的主要精力在技术引进消化吸收再创新和产权体制改革，无暇进行品牌的系统思考和建设。现在我们成功登陆境内外资本市场，有了代表国际先进水平的高端产品，具备了品牌推广的基础条件和良好平台，同时也具备了扩大品牌影响的市场需求。因此我们应该趁热打铁，利用好这些影响力，快速树立自己良好的品牌形象，在未来产品市场和资本市场上获得更好的发展和价值表现。二是统一品牌的工作力度不够。由于历史原因和南车发展水平的局限，各子公司从自身发展考虑，过去也做了一些自身品牌建设的工作。但随着南车影响力的扩大，这种各自为政的品牌建设策略，日益显出其消极的一面，客观上对“CSR”大南车品牌和影响力也是一种弱化。不过，各子公司在各自目标市场和相关领域内积累形成的影响力，经过集团有力的统一品牌的工作，将会迅速转化为南车品牌的影响力，从而加快南车品牌的建设和推广。三是品牌建设的投入不够。思想认识上的模糊，导致了始终没有大的品牌建设投入。比如，觉得南车是 BtoB 品牌，推广的必要性不大。一方面客户对我们很了解，没必要宣传；另一方面社会公众不会买我们的产品，宣传也没有现实的意义。再如，把品牌形象的统一简单地等同于标识的统一，或者把品牌建设简单地等同于产品推广等等，也导致了不能系统地、持续地投入资金，宣传推广“CSR”品牌。

目前，在咨询机构的帮助下，南车品牌战略规划的编制工作已经结束，2010年开始将分三个阶段强力推进品牌建设工作。其核心内容，就是实行统一品牌管理模式，各一级子企业统一使用中国南车品牌，取消诸如“南车四方”、“南车株洲”等品牌传播形式。最终达到让“南车CSR”成为占据行业领先地位、有社会责任感、具备全球影响力的知名品牌的目的。

1. 积极推进品牌战略规划的实施。企业品牌建设是一项长期的系统工程，这项工作做得越早、做得越好，受益就会越多、越快，而且受益是方方面面的。要按照规划要求，尽快统一思想，配置好资源，调动企业各方积极性，加快工作的执行落实。这次我们要求从集团到子公司都成立品牌管理委员会和品牌执行委员会，落实品牌管理职能，落实具体品牌建设的执行工作。明确提出子公司主要负责人要担任本企业品牌执行委员会的负责人。基本思路就是要让党政主要负责人都从战略高度来抓品牌建设，给予适当的资源投入，消除工作推进的障碍，为品牌建设营造一个良好的氛围。2010年要以“同一个中国南车”为主题，做好中国南车品牌战略及四大体系的宣传、贯彻。在中国南车品牌理念的统领下，根据不同的目标群体，选择其最为关注的中国南车品牌层面的内容传播，将每一个传播内容的效用都尽可能发挥到最大最优；根据不同业务单元的市场需求不同，配合相应的产品和服务种类，辅以相关宣传物料的支持，进行有针对性的品牌传播。这样做，因为统一了品牌管理，实际上就意味着开始了统一“大营销”和“大市场”的工作。海外市场和国内的路外市场，营销的主体可以是各子公司，但出现的品牌只能是中国南车，不能出现其他品牌名称。而且，南车相同的业务板块，今后也将有意识地慢慢形成一致的研发平台，并整合相应的资源，通过标准一致的产品、技术、服务，增强中国南车品牌的统一形象和实力，坚持不懈地对品牌进行正向积累。

2. 通过南车文化的传播加速统一品牌的形成。经过这些年的锤炼，南车文化作为一个时代感强、先进的文化，促进了南车的大发展。“时代列车，南车创造”这句话集中阐释和体现了南车文化，让人体会到是一个紧跟时代进程，不断突破自我，努力领跑世界轨道交通行业的文化，是一个社会责任感强的、绿色的文化。作为南车的核心价值理念，“时代列车，南车创造”和南车的标识相得益彰，结合得是比较完美的。现在可以说，很多人看到标识，就会想起“时代列车，南车创造”这句话；说起这句话，脑子里也会浮现南车的标识。两者已构成了南车品牌的有机组成部分。南车文化的传播，同时在传播着南车品牌的核心要义。把文化传播和品牌传播有意识地结合开展，能够加速南车统一品牌的形成。今后，要进一步规范企业的视觉系统。各子企业要严格按照南车 VI 手册，任何方面使用品牌名称和 LOGO，如：建筑物、纸袋、名片、服装、办公环境等等，都做到标准与规范统一；集团内所有人员的对外形象、行为及中国南车介绍术语，也要逐步统一。比如说，要让人们在株洲看到的、听到的，和在青岛看到的、听到的都是一样的。这样南车的立体形象就出来了，无形中也渲染了品牌。

3. 让品牌推动公司长期成功。品牌如人。南车品牌能否树立起来，来自于各层面对南车做事的评价和认可。所以，南车树立品牌，扩大品牌的影响，是在追求公司长期成功，或股东长期价值。品牌无处不在，我们做的任何事都可能和品牌有关，在为品牌建设服务。比如平衡各种利益相关者的利益。利益相关者不仅指股东、员工或客户，而且还包括公司运营地点附近的居民、业务所在地的政府或国家。成功地平衡了这些利益，就是创造了长期的股东价值，既做到了让客户满意、让员工满意、让社区居民满意，又树立了很好的声誉。社会对大型企业所扮演的角色是期待的，比如就业方面、环保方面，希望企业有社会责任。如果我们敏锐关注到了其他各个利益相关者，赢得了支持，就可能从中获得竞争优势。

三、持续的领导力是南车未来长期成功的关键要素

“有力的领导”通常是衡量伟大公司在挑战中持续成长、变革和再生最重要的关键因素之一。越是危机，越要重视领导力培养。今年金融危机，领导力建设倍受企业关注。今年6月中组部组织中国高级管理人员研究班赴美国通用电气公司（GE）进行培训考察。研究之后认为，GE公司长盛不衰的一个关键性因素在于不断加强领导力建设。南车上市路演时，我这方面印象也很深刻，投资者对

我们管理团队很关注、很认可，导致下单踊跃。研究表明，拥有强大领导力培养能力的公司，在市盈率上要高于一般公司。国际上知名领导力品牌的公司，如通用电气、强生、百事、波音、迪士尼、宝洁等，这些公司在过去10年的市盈率水平，始终高于所在行业的平均水平。国内领导力建设开展得有特色的一些公司，比如万科、招商银行、海尔等，它们3年的市盈率也是高于行业的平均水平。

前些年，南车上下都充满了激情，大家都愿意积极行动去实现目标，而现在这种激情在消退。因为少了这种激情，所以对情势的变化，比如行业两大集团的变化，就显得没有感觉、不敏感、行动迟钝，这样就会落伍。为什么会这样？应该和南车在领导力建设方面的不足有一定关系。在领导力建设上，我们和国际一流公司相比还有很大差距。现在只有把领导力建设摆在突出位置，坚持不懈地抓，南车才可能在5～10年后持续受益。

1．进一步增强领导班子整体合力。衡量一个企业领导力强不强，看的是整个领导团队的整体合力，而不仅仅是某一个人的能力。今年提升领导力，增强领导班子整体合力是其中的核心和龙头。一是加强集体领导。推进班子成员之间互相支持，加强协调，特别是推进党政正职之间的密切配合，真正做到优势互补；力戒独断专行、一言堂。二是增进班子团结。推进班子成员之间坦诚交流、加强沟通，合作共事、及时补台，处事磊落、相互尊重；力戒袖手旁观、相互拆台。三是强化大局意识，服从服务于大局，提高执行力。四是强化岗位责任。有强烈的事业心和历史使命感，敢于面对矛盾、勇于负责，力戒放弃原则的一团和气。五是加强作风建设。要通过提升领导班子整体合力，确保我们领导班子具有高度的敬业精神，严谨的工作风格，高雅的气质风貌，丰富的管理实践，统一的价值认同，成熟的公众表现，是一支能够担当国际化南车重任的企业家队伍。

2．打造人才工厂。领导力建设，是各层级领导人培养。南车各子公司这方面工作参差不齐，有的眼光超前做得好，有的动作迟缓没有系统规划，发展过程中就体现出了差距。南车的快速发展，人才需求很大。关键人才的缺乏，已让南车发展受到了实质性的影响。很多海外项目，比如海外建厂，心里没底，就是因为缺人。这几年我们一定要一边做项目，一边打造人才工厂，通过做项目把人才队伍快速培养起来，有目的、有步骤地建立一个强大的人才管理支持系统，努力实现人才管理的国际化。将来无论何时，无论何地，无论何职，只要需要，强大的人才库都会在最短的时间匹配到最合适的人才。人才工厂重点是职业经理人的培养。2009年我们进行了两期培训，这只是开了个头，今后还要进行全方位、多层次培训。如何突出培训的重点内容，在前面提升班子整体能力这一段我已讲了。

3．领导力建设要突出大局意识和风险控制能力。现在南车上下都有一个共识，那就是集团的控制力不足，投资回报、利润指标等落实下去很艰难，许多重大工作上下步调不很一致，总部有这种感觉，子公司也有这种感觉，同时，总部和子公司都认为这样下去肯定不行。南车作为大型国有企业，和其他央企一样，在快速发展的过程中，管理难度势必越来越大，执行的要求势必越来越高。“十二五”任务很艰巨，市场不确定因素很多，要想灵活应对，让大象能够起舞，需要强有力的执行力。执行力主要体现在领导班子。南车高管团队的任何一分子，不论身处什么位置，只有依靠整体的力量、依靠团队的力量，事业成功的可能性才更大，离开了组织很难成功，这是趋势。如何把握住自己职业生涯中这个当前最大的机遇？要么成为未来成功的一部分，要么成为拖后腿的人，关键在于大局意识和合作精神。因为南车是你事业成功、体现价值的最大靠山和源泉，南车目标实现了，你也才能功成名就。当然，集团也会认真研究制定一套有利于树立全局观念的配套机制，通过制度让大家自觉从南车大局出发，维护南车整体利益。比如加大干部交流力度，换位体验等。

南车在快速发展之中同时也孕育着巨大的风险。我们一定要保持清醒的头脑。南车现在有两大风险。一是投资风险。巨大的投资能否产生预期的回报在一些企业并不明朗。二是经营风险。部分新产业的市场问题，修理企业的出路问题，销售款回笼问题等。董事会将会全面关注这些风险，希望各级经理人员认真对待，在较短时间化解这些风险。

4．进一步提高领导干部的拒腐防变能力。今年南车出了一些案件，必须警钟长鸣。领导人员出了问题，对南车的整体领导力是一个极大的损害。组织上培养一名优秀的管理人才非常不容易，培养成本是巨大的。我们必须站在保护干部、爱护干部的角度，下大力气做好思想教育工作。不久前中纪委和国资委联合召开了国有企业查办案件工作座谈会，指出国有企业反腐倡廉形势不容乐观，有的企业领导人员擅自违反决策程序，独断专行，搞个人说了算；有的贪图享受、铺张浪费、骄奢淫逸；有的利欲熏心、见利忘义，利用职务上的便利谋取不正当利益。领导人员一旦作风上放松要求，降低标准，就会丧失拒腐防变能力，甚至解除思想武装，堕入腐败的深渊。为此，一要加强警示教育。推进企业廉洁文化建设，教育引导领导人员坚定理想信念、加强党性修养，正确对待手中的权力，自觉做到廉洁从业。二要健全制度。要抓住决策、管理和生产经营过程中腐败现象易发多发的重点领域、关键岗位和环节，如基本建设、物资、设备、配件采购等岗位，深刻分析案件发生的深层次原因，注意发现体制机制和制度方面存在的问题，不断建立和完善内部控制和风险管理制度。真正做到用制度管权、管事、管人。三要加强对权力运行的制约和监督。要适应完善现代企业制度和公司治理结构的总体要求，突出规范和制约权力运行这个关键，科学配置企业决策权、执行权和监督权。今年，我们将在领导干部中开展一次集中的思想教育活动，结合南车发展的实际，重点解决理想信念、世界观的问题，让大家牢固树立正确的价值观、人生观，进一步培养高尚的道德情操，把好政绩关、欲望关，能够抗得住诱惑，自觉守望廉洁。

最后，再从党建的角度来谈一下领导力的作用。领导力如何体现？就是要实现组织的目的，把员工的力量凝聚起来，创造力激发出来。作为领导者，我们必须能够让普通人变得非同凡响：让他们变成能够做出非凡事业的佼佼者，能够把我们想象不到的事情变为现实。我们并非每天都能做出非凡的事情，可有时确实做到了。看看我们所取得的成就——当造出像动车组、7200千瓦机车等一流水平的产品时——这就是非凡的事。这些事情不是哪一个人能够单独全部完成的，这需要集中全部的资源，共同合作，齐心协力。在企业里，我们总是有一些非常杰出的人，他们能够推动其他人前行，激励他人向着他们认为自己无法到达且也不会前往的目标前进。我们的高管、党建工作者应该成为这种杰出的人。我们要让员工始终处在一种被充分激励的状态，为当一个南车人而自豪，为在一个有影响力的上市公司里工作而光荣。只有广大党员群众的积极性都被调动起来了，这样的企业才会像一棵根深叶茂的大树，基业长青。

提高自主创新能力　打造世界知名品牌

——集团公司总经理，股份公司董事长、党委书记赵小刚在中国南车机关党委纪念中国共产党成立89周年对广大党员进行党课教育的讲话（摘要）

（2010年7月1日）

今天，是中国共产党成立89周年的纪念日，这是个非常有纪念意义的日子。回顾党的近90年的发展历程，不难发现我们的党是一个不断创新的党。1921年，我们的党应运而生。在中国共产党的领导下，无数的共产党员抛头颅、洒热血，不断探索救国之路。经过28年的浴血奋战，经历了土地革命、抗日战争、解放战争等，建立了人民民主专政的中华人民共和国。新中国成立后的29年里，中国共产党领导全国人民进行了生产资料私有制、农业和手工业的社会主义改造，不断进行社会主义现代化建设的有益探索和实践，取得了一系列的成果，也经历了失败的教训。十一届三中全会以后的32年，中国共产党与时俱进，不断创新，及时进行了战略方针的转移，提出了创新型执政党的建设，使我国经济高速发展，经济总量大幅增加，综合国力显著增强。目前，中国已经是一个屹立在世界东方，在全球政治、经济、文化中扮演着越来越重要角色的国家。从我们党的发展经历的三个大的阶段来分析，可以看出我们的党是为创新而生、为创新而建立，是一个创新型的执政党。

今年，在全党深入学习实践科学发展观活动总结大会之后，中共中央办公厅转发了《中央组织部、中央宣传部关于在党的基层组织和党员中深入开展创先争优活动的意见》。目前，在党的基层组织和党员中深入开展的创先争优活动正在各地陆续启动，中国南车也启动了这项工作。前不久我在株洲陪同湖南省委书记周强到南车株洲基地调研创先争优活动时提出，南车的活动要做到“三个一”：一是开展创先争优活动，要体现一个成果。即：将国有企业的政治优势转化为市场的竞争优势。具体体现在四个方面：一是在市场的拓展上发挥作用;二是在人才的聚集方面发挥作用;三是在党组织的执行力上发挥作用；四是在党员的先锋模范上发挥作用，影响和带动广大员工。二是开展创先争优活动，要树立一个目标。这个目标就是：实现南车战略目标，打造全球最具竞争力的轨道交通装备企业。三是开展创先争优活动，要开展一个实践。即：调结构、转方式，积极实践科学发展观。调整结构，转变发展方式，具体有两个载体：一是坚持“两条腿走路”，即引进消化吸收再创新和自主创新同时进行。二是坚持“两手抓”，即抓整机和抓零部件。在具有国际先进水平的整机厂的带动下，形成一大批科技含量非常高的零部件生产基地。

今天，在隆重纪念我们党的生日的时候，机关党委安排我给大家上一次党课，也是一次形势任务教育。我主要结合南车自主创新以及“十一五”目标完成情况，“十二五”发展以及将中国南车打造成为世界知名品牌谈一些看法。

一、南车自主创新及“十一五”战略目

标完成情况

1．自主创新情况。

首先大家要树立一个概念：中国南车具有完全自主知识产权的高速重载装备技术已创世界领先水平。几个月前，英国《金融时报》刊登了一篇采访日本某铁路公司总裁的文章，该总裁对中国高速铁路安全性和知识产权颇有微词。这引起了境内外媒体的关注，不久前我接受了美国华盛顿邮报、英国BBC广播公司和德国明镜周刊的采访，阐明了事实的真相。

2004年提出的铁路装备现代化的目标，在今年年末（“十一五”末）可以基本实现。目前来看，我们掌握了世界一流技术，生产出世界一流的产品，建成了世界一流的基地。从软件来看，我们搭起了三大技术平台，构建了技术标准体系，锤炼了一支高素质的员工队伍。

动车组实现从200公里到300公里再到380公里的跨越。在中国6552公里高铁上，南车提供的时速350公里的高速动车组已安全运行了1500万公里，相当于绕地球375圈。经测试各项性能指标达到了世界领先水平。安全性指标：国际铁路联盟标准（UIC518)，脱轨系数小于0.8，引进时速250公里动车组为0.72，而自主创新的时速350公里高速动车组为0.34（在386.3 km/h测得），舒适性UIC518＜2优，2～2.5良，2.5～3合格，引进产品为2.3，我们为＜1.8。噪声：我们为67（dB）～69（dB），波音80 dB，奥迪为76 dB。今年我们为京沪高铁研制的时速380公里动车组已投入试验。各项设计标准比时速350公里动车组又有了一个很大的提升。

大功率电力机车从8轴9600千瓦到6轴9600千瓦到6轴7200千瓦。目前我国最大的运煤通道大秦铁路是世界上运量最大的重载铁路。其中开行的1万吨和2万吨列车，70%以上的大功率电力机车是由南车株洲基地生产的。这款机车也是目前世界上功率最大的机车。

和谐N5型大功率内燃机车首批300台已经全部交付，国产化率达到85%。研制出具有世界先进水平的青藏客车。货车从60吨级升级到70吨级。城轨地铁车辆已经能够生产A、B型车，掌握了控制系统核心技术。南车产品在世界上总体处于先进水平，技术能力实现质的飞跃。六年走过了发达国家需要二三十年走过的路。

这些成绩的取得，主要源于我们在开展自主创新的过程中牢牢抓好了7个方面的工作。

一是抢抓机遇的创新意识。

2004年以来，大的创新机遇有三个：一是2004年党中央国务院决定实施铁路技术装备引进消化吸收再创新工程，启动了建国以来最大规模的铁路技术引进的进程。二是2006年以来，国家实施自主创新战略，把自主创新提升到国家战略层次，为我们提供了有利的政策环境、外部资源和舆论氛围。三是2008年爆发全球金融危机，国家作出了大力发展铁路和城市轨道交通基础设施建设的决策，带动了轨道交通装备产业的发展。这三大机遇，每个机遇都环环相扣。从现在来看，我们都抓住了，做的比较好。

目前，我们面临着第四个自主创新的机遇，就是转变经济发展方式的机遇。今年是“十一五”最后一年，提出这样一个大的发展战略问题，目的就是要以此引领“十二五”发展战略的制定，并在“十二五”期间认真贯彻。可以说，调整和转变，是“十二五”期间整个国家的发展特点和总的思路。在这个机遇中，有很多我们可以抓住的机会，比如低碳经济，比如改善民生，比如发展战略性新兴产业，比如走向国际市场，等等。

二是以我为主的创新目标。

自主创新的关键在于自主，标志就是掌握核心技术和具有自主创新能力。自主创新必须坚定地坚持以我为主，兼收并蓄，在核心技术上要努力攻关，牢牢掌握，不拱手相让。这一点我们无论是在动车组还是大功率的电力、内燃机车的引进中都坚持并做得很好。目前我们已经掌握了交流传动、网络控制等动车组和大功率机车的核心技术。

在引进中过程中面临许多陷阱和诱惑，比如外方提出的合作方式、某些优惠条件等，背后是双方的复杂的利益搏弈和实力的较量。核心技术能够取得一系列重大突破，基础是我们几十年来积累形成的实力，包括体制、人才、产品、技术积累等。比如我们之前的中华之星、中原之星等原始创新产品为我们引进消化吸收再创新作了非常好的技术积淀。要做到以我为主，需要我们有报国的志气、清醒的头脑、必要的实力和立足于自力更生艰苦奋斗的坚强意志，才不会在引进的过程中迷失方向，迷失自我，滋生惰性。引进消化吸收不是不要自力更生，恰恰相反，形成再创新能力更需要自力更生艰苦奋斗。

三是齐头并进的创新理念。

在技术创新的同时，开展管理创新、体制创新。管理创新、体制创新和技术创新是互相融合、互相促进的。在设计技术平台、制造技术平台和产品技术平台三大平台建设中，很多都是管理创新的内容。近年来，南车的各项改革不断深化，对企业的内部技术资源进行了整合，科技管理创新和体制创新成效明显，为技术创新提供了体制基础、机制导向和人才保证。比如我们的上市就是体制创新，我们开展精益生产就是管理创新。

四是科学明智的创新策略。

选择引进、消化、吸收再创新的自主创新方式是实现跨越式发展的最佳方式。但改革开放30年来，采用这种方式发展的企业失败的案例比比皆是。它们有的失去了自主研发的能力，有的科技人员流失，有的失去了自己的品牌，有的甚至失去了自己的企业沦为别人的加工厂。有的企业进入了引进、消化、吸收、再引进的怪圈。我们具体做法是：一是坚持具有国际视野的开放式创新。在引进消化吸收中引进最先进的平台（最初引进的日本动车组是250公里等级中最先进的），在集成创新中集成全世界最先进的部件（四方股份的广州直线电机地铁车辆配套核心部件均为世界上最先进的），在原始创新中瞄准最先进的技术（青藏客车）。同时和科研单位和高校进行广泛合作，充分利用外部科研力量和科技成果。二是在引进的同时就做再创新，坚持两条腿走路，边学边走。这种创新的优点是效率高，学用结合，学的效果好。缺点是比较艰苦，工作量大，难度大，复杂程度高。但是只学不走，永远不会走。先学后走，又会失去市场机会。坚持两条腿走路，才能避免陷入引进即落后、落后又引进的怪圈。我们引进时速250公里动车组的技术，同时启动自主开发时速350公里的技术。我们引进了9600千瓦大功率电力机车技术，同时自主开发7200千瓦大功率机车技术。一套人马跨两边，非常辛苦。但在整个自主研发过程中，中国南车一直起着主导作用。三是以小市场份额引进关键技术，并预留再创新空间，然后通过再创新产品获得大市场订单，取得自主创新能力和市场的双丰收。四是先人一步搭建三大平台，在引进的过程中注意形成自己的技术标准体系，为掌握核心技术打下坚实基础。五是不失时机地利用资本运作，收购掌握核心技术的企业为我所有为我所用，如株洲所收购丹尼克斯。

五是融会贯通的创新模式。

创新有三种模式：原始创新、集成创新、引进消化吸收再创新。原始创新：主要作用是形成企业内部的创新机制，是高回报的创新。集成创新：主要作用是利用企业外部的创新资源，是国际流行方式。引进消化吸收再创新：是一种更具体的商业模式，主要作用是快速形成产品占有市场，是一种快捷创新方式。

南车的创新是三种创新模式的融会贯通。我们有原来的原始创新体系，是引进消化吸收的基础。能不能形成引进消化吸收后的再创新，最终还是要看原始创新能力。再创新可以看作是在引进消化基础上的原始创新。引进消化的同时进行的三大平台建设，又是对原有的原始创新体系的提升。

集成创新也要辩证的看待。要避免走两个极端：一是集成创新能力我们有，所有的零部件我们也都能生产。这样固然技术强大，配套能力强，但不太符合开放式创新的特点，缺乏对外部资源的利用，也未必能做到成本和效率最优化。二是只有集成能力，但不掌握重要零部件技术。这样做无异于散件组装（CKD），企业的技术能力、赢利能力也不会很强，仍然会在相当大的程度上受制于人。所以我们要坚持集成能力和重要零部件的核心技术两手都要抓，两手都要硬。目前这方面我们还有很多项目，比如信号系统、信息系统、制动系统等，还需要一一攻克。

针对不同的市场，采取不同的创新方式也至关重要。例如我们开发青藏高原列车，就是采用的原始创新方式，因为世界上没有先例，其他国家也没有这个条件试验。而我们在建青藏线时就派遣科研人员在高原进行相关试验，并获得大量数据。所以我们有把握采取原始创新方式。又比如，在开发城市地铁车辆时，和出口国外机车时，我们大多采取集成创新的方式，因为不同城市、不同国家的需求是不同的。

2009 年，是全球金融危机影响最大的一年，这一年南车营业收入增长了 30%，其中高技术新产品占了我们所有产品的 68%。

六是集中资源的创新支撑。

企业的发展，集中体现在产品上，纵向要经过成果、产品和产业三个层次，横向需要产品背后有人才、技术、资本（资金）三大资源要素的联动支撑。近年来我们下定决心加大在引进消化吸收再创新中的投入，引进技术资金和消化吸收资金比例达到 1：3，在国内是比较高的。大力加强人才队伍建设，利用先进平台培养科技人才，研制队伍整体素质有了飞跃性的提高，一大批技术专家涌现出来，青年人才脱颖而出。南车上市后，把大量募集资金投入科研和扩能改造，为企业抓住市场机遇提供了资金支持。

在上市过程中，由于我们技术水平提高很快，得到了资本市场的认可，上市后来自资本市场的压力，促进企业去追求完美，转化成技术创新的动力；产学研联合创新的模式为企业培养了大量高科技人才；充足的人才储备为创新成果的诞生并顺利转化为产品提供了保障；顺利转化成产品，并形成产业又为股东创造了源源不断的价值，这就是南车拥有不竭创新动力的原因所在。

七是市场检验的创新原则。

市场换技术不是把全部市场都让出来，是在得到技术的前提下，让得越少越好。在这次技术引进过程中，我们坚持引进消化吸收为途径，打造自主创新能力为内涵，占领市场取得收益为目的。

要始终面向市场开展研发，用市场检验研发的成果。企业不是大学，不是政府，是以赢利为目的组织，企业经营管理的一切活动必须反应到市场和赢利上来。

党中央国务院对这次引进消化吸收再创新的要求是：引进先进技术，联合设计生产，打造中国品牌。关键词是三个：先进，联合，中国。从目前来看，引进先进技术我们做到了，而且掌握了更先进的技术；联合设计生产我们超过了，现在可以独立生产，独立开展售后服务；打造中国品牌我们也实现了，现在正在向世界知名品牌的更高目标前进。

2．“十一五”的目标我们做得如何？

坚持不懈走自主创新之路，不仅仅给企业带来发展的原动力，也给企业带来源源不断的经营成果和效益。2008 年 3 月 17 日，南车发布了新版战略，其中对“十一五”（2010 年末）的主目标描述为：到 2010 年年销售收入突破 500 亿元，实现净利润超过 25 亿元。南车进入全球行业“三强”。“南车”成为全球业内较高知名度的目标。

这个目标的第一关键词：500 亿，25 亿。

到今年年底实现基本没有问题。今年，我们预算营业收入为 620 亿元，如果实现 620 亿，将超过战略目标值 500 亿的 24%，净利 25 亿，去年我们完成近 20 亿。如果净利与营业收入保持同步增长，确保完成 25 亿是有把握的（净利完成 25 亿，比去年超 25%，而营业收入 620 亿比去年 478 亿超 30%）。今年 1—6 月，南车集团预计实现销售收入 280 亿，完成计划的 45.2%；利润总额 17.6 亿元，完成计划的 55%，净利润 14.8 亿，完成计划的 56.9%。

第二关键词：南车进入全球行业“三强”。

可从三个方面衡量：一是营业收入。国际知名投行预测 2010—2011 财年，庞巴迪为 712 亿元（104 亿美元），阿尔斯通为 562 亿元（61 亿欧元），西门子约为 593 亿元（64.4 亿欧元）。南车预计 620 亿元，在全球轨道交通装备企业中名列第二。

二是市值。南车的市值 09 年以 640 亿人民币已超过庞巴迪、阿尔斯通、西门子、GE 的交通运输板块的市值居全球第一。

三是研发水平。刚刚前面介绍了，我们的产品水平、制造水平和能力等已经进入世界一流水平。

第三关键词：全球业内有较高知名度的品牌。

继 2008 年中国南车被评为亚洲知名品牌后，2009 年被国际五大品牌咨询顾问公司之一的 Brand Finance 评为世界最具价值 500 品牌，品牌价值近 20 亿美元，列 476 位。全球轨道交通知名企业进入 500 强的只有 GE、西门子、庞巴迪和南车 4 家。

二、未来铁路及技术创新发展趋势

中国政府已正式对外宣布到 2020 年单位 GDP CO_2 排放比 2005 年下降 40%～50%，这是中国走向低碳经济的重大决策。交通运输业是能耗大户，其产生的 CO_2 占全球温室气体排放的 30%以上，所以发展低碳交通至关重要。

日本通产省统计：1 个人公里能耗，铁路是 1，航空 4，汽车 6；1 个人公里 CO_2 排放，铁路 1，航空 6，汽车 10。

欧盟统计显示，欧盟 27 国交通运输产生的 CO_2 来源分布：公路 72%，其它 26.4%，铁路只有 1.6%（完成运量 7%～10%）。

中国 2009 年已有 8.6 万公里铁路，计划到 2012 年达到 11 万公里，其中高速铁路达到 1.3 万公里。但按中国单位国土面积和人均拥有铁路来计算，中国与发达国家比相差还很远，其发展空间还很大。

此外，中国城市化水平发展很快，城市人口将上升到 6.3 亿，城市化水平将接近 50%。世界主要大城市中，轨道交通运输占公交运量的 50%以上，有些甚至达 70%以上。巴黎 1000 万人口，轨道交通承担 70%的公交运量。这一比例莫斯科市为 55%，日本东京大都市圈高达 86%。目前上海为 35%，北京为 50%。目前国家已累计批准建设城市轨道交通的城市为 32 座。但中国 100 万人口的城市有上百座。发展城轨交通潜力巨大。

欧洲、美国、俄罗斯、印度、巴西、中东等国家和地区正在制定高铁的发展计划。可以说，低碳经济给全球轨道交通带来发展的春天。

在良好的发展趋势下，未来铁路产品技术创新应该注意以下几方面的工作：

1. 智能化铁路的发展。基于物联网和云计算技术的智能化铁路是未来发展趋势。"物联网"，是指将各种信息传感设备，如射频识别（RFID）装置、红外感应器、全球定位系统、激光扫描器等各种装置与互联网结合在一起，形成一个巨大网络。"物联网"可以使现实世界中的所有物品与网络进行连接，实现了智能化识别、定位、跟踪、监控和管理。

智能化铁路是基于运输系统、全球卫星定位系统、遥感及空间数据库信息化领域技术研究中国铁路基础设施、移动装备及铁路环境的数字化及实现铁路资源的全面管理，对于支持运输组织客货营销、经营管理及支持货主查询的直观展示，为各级管理都提供可视化的决策支持。今年的全路科技工作会议和以往的会议相比较，提出了要建立具有自检测、自诊断、智能化决策功能的铁路运输体系，初步提出了未来智能化铁路的发展方向。

京沪高铁的建成，将标志着我国铁路智能化建设方面，开始朝着世界先进水平迈进。从利用现成管理程序，编制列车时刻表、编组站调车自动化系统、实现列车速度智能控制，发展成为应用计算机系统，模拟人类的理解能力，完成复杂环境下的决策。如综合调度系统、综合营运管理系统、列车自动驾驶系统等。

从大的环境来看，首先是大的社会物流体系，其次是物流体系中的物流运输，再其次是铁路运输系统，而机车车辆是铁路运输系统中的一个组成部分。机车车辆要适应现代物流管理，要适应综合运输体系的特点，要适应智能化铁路的发展。

2. 信息系统和信号技术的发展。自动化的发展方向，信号和信息系统越来越成为行业中高层的控制技术。信息系统、信号系统都包括车载和地面两个系统。信号系统和信息系统在铁路运输系统中所处的地位类似大脑和中枢神经，有可能成为我们机车车辆研发必须遵守的前提条件，直接影响我们的产品性能。随着信息技术的发展，今后信息系统和信号技术的发展会更先进。比如现在信号是通过轨道来传递，将来也许会摆脱对轨道的依赖，实现无时空限制的传递，而且更加可靠。我们要超前研究这些技术，使移动装备能够及时适应信息系统和信号系统的发展。

3. 机车车辆产品的实时化监控。今后对铁路运输安全的要求更高，对机车车辆产品运行状态的实时化监控将成为必然。这种实时化监控将广泛运用传感技术、计算机技术和网络技术，组织一个大的动态性的机车车辆物联网，我们生产的每一台机车、客车、动车组、货车、城轨车辆都将通过这个系统，把实时运行状态传递到企业，以便我们更好的监控、调整、维护设备状态，确保安全可靠运行。

三、提高自主创新能力，打造世界知名品牌

（一）南车要有更加催人奋进的愿景和目标。

南车的愿景已用了近 10 年，要不要调整，去年贾庆林主席到南车考察时提出希望：中国制造，装备世界。这是一句非常响亮的口号，顺着这个思路我们能否提"南车创造，装备世界"。愿景就是理想和梦想。装备世界已涵盖过去愿景的全部内容，并且"装备"的领域比轨道交通更宽阔，也更符合南车产业结构特征和发展方向。

在前不久的战略务虚会上，公司领导班子成员和战略委员会的两位独立董事结合自己的分析都作了发言，大家全面探讨了南车

未来的发展。会上，我从全球尤其是中国轨道交通装备的发展态势和各子公司上报的“十二五”目标来分析，认为2015年中国南车销售收入目标1500亿，阶段性目标：2012年达到1000亿，且到2015年成为世界500强的目标也有可能实现。经过务虚会的研讨、各子公司到总部汇报“十二五”发展计划、党委常委在中心组学习时候的调研报告，以及刚刚举办的高峰论坛等一系列的研究和探讨，我认为我们的目标是切实可行的。

（二）“差异化”是制定“十二五”战略的基本出发点。

差异化并不是什么新东西，在市场竞争中，竞争者总是在不停地寻找自己与对手的不同点，从而占据竞争的主动权，这就叫“差异化”。然而当你明显通过“差异”处于优势时，竞争对手立刻就会效仿你，最后竞争者们又会趋同，这叫“同质化”。在激烈的市场竞争中，差异化和同质化总是交替出现、循环往复。当前我们与国外对手比，通过引进、消化、吸收与再创新，通过研发队伍和基地的建设，我们的产品水平与他们比已相差无几。由于技术的大幅提升，成本的绝对优势在逐渐缩小。加之在全球市场拓展的投入，更缩小了成本的差距，与国外对手“同质化”趋势明显。与国内对手比，“同质化”趋势更加明显：一是执行铁路的统一标准和采购要求。二是对手的追随战略。从资本市场看，投资者对南北车认识趋同，互为影子股已是不争的事实。用“差异化”的战略思维来寻求南车未来发展的方略，已迫在眉睫。

（三）进一步做好技术创新工作。

“十二五”期间，科技创新面临新的形势。我们要用全球的眼光、未来的眼光来规划南车的科技战略。首先我们要有一套涵盖全球市场的企业技术标准，这套标准融合了欧洲标准、北美标准的相关国际标准和中国标准。有了这套标准，就是在真正的展开标准化工作。我们的研究、设计、工艺、服务等技术工作才会大大提升效率和水平。其次，我们要针对全球市场搞一个完整的产品型谱。型谱就是我们通常所说的“模块化”。没有产品型谱要搞“模块化”那是不可能的。把型谱搞出来了，我们就可以针对型谱中的缺项分轻重缓急进行开发了。占领市场讲一个“快”字。有了型谱化的产品，我们就能像搭积木一样来组织研发，效率将会大大提升。

从机、客、货、动车组、地铁板块的产品上来讲，我们必须完善它的覆盖面，从速度等级到功率等级到轴式等等。当前正谋划低地板和中低速磁悬浮。从技术上讲，通讯信号系统、牵引系统、制动控制系统，全世界还没有一家公司对这三大系统拥有独立的自主权，未来的南车应该具备这种能力。从现在就要开始谋划。信息技术是最能够给传统产品带来价值的技术。南车也应在这方面倾注大的开发力量。精密机械加工技术也是南车的独有优势，特别是在曲轴、齿轮传动装置、制动阀类等方面，已形成了规模和能力，要继续保持优势。

1. 技术策略上，实现从跟随到领先的转变。向世界最先进的轨道交通装备技术进军。形成先进的研发体系、研发手段，加强对先进技术的主动研发和未来技术储备。

2. 技术宽度上，实现从移动设备到控制系统的拓展。积极进入信息系统和信号系统领域，能够向用户提供更全面的轨道交通装备解决方案。

3. 技术深度上，实现从现有技术到更全面的技术掌握。攻克牵引、制动等方面的核心技术，和南车非常全面的产品类别相匹配，形成市场竞争中的技术优势。

4. 技术标准上，实现从中国标准到国际标准的迈进。在一个完全不同于国内的环境中，通过对市场的考察、商务的运作，利用先进的技术平台打造出一个个满足特定市场的产品，也是创新。利用现有技术，适应多种国际标准，实现产品系统化、信息化、模块化、型谱化。

（四）进一步做好商业模式创新。

1．在经营领域上，实现从制造到制造＋服务的转变。提高咨询能力、设计能力和售后服务能力，把南车的服务能力充分发挥出来，推动南车从销售产品向推广标准和南车品牌升级。如成立铁路服务公司。租赁业务的发展。

2．在产品类别上，实现轨道交通装备到轨道交通装备＋延伸产业的转变。高度重视轨道交通装备专有技术延伸产业，真正把延伸产业当作增长的战略产业来做，推动轨道交通装备核心技术向绿色装备的发展。

3．在竞争地位上，从分供方到联合体＋总包商的转变。原来参加投标都需要和外方联合，现在可以独立投标，今后向联合体和总包商转变。沙特项目的尝试。

4．在市场地域上，从国内为主到国内＋国际的转变。南车国际化面临的机遇和优势：技术和生产能力要向市场更有效的释放。投入要产出，投资要回报；轨道交通装备在国家产业中的地位、影响力在提升，会进一步促进出口交流合作；低碳经济节能环保使轨道交通运输成为全球认可的朝阳产业。

5．在资源运用上，从资产经营为主到资产经营＋资本运作的转变。充分发挥海内外上市优势，使资本经营更好地为企业市场拓展、并购、融资发挥作用。

（五）打造世界知名品牌。

1．微笑曲线提醒我们什么？

上世纪90年代，台湾宏基的施振荣提出“微笑曲线”（Smiling Curve）的概念，用一个开口向上的抛物线来描述个人电脑在制造过程中各环节的附加价值。

我们可以用大量的事实来证明在轨道交通装备制造行业也同样存在这种微笑曲线。为什么同样功能的产品GE和西门子的就比别的更贵些，就是知识产权和品牌的作用。中国地铁A型车的价格，也说明了这个道理。南车自己也开发出了A型车，但价格要比西门子及庞巴迪的低。

中国产品在国际市场上给别人总是低质廉价甚至优质廉价的深刻印象，这就是中国产品一缺知识产权、二缺知名品牌的结果。中国南车的产品要真正叫响全球，体现其价值，就必须在品牌推进下大功夫不可。

2．全面提升南车品牌的影响力。

南车要真正成为全球知名品牌，要走的路还很长，因为知名品牌本身就是一个时间积累的过程，不可能一夜之间就成为受众信赖的品牌。全球一共有五大品牌评估机构。评估的方法也不相同，如果在未来的五年，能有三家以上的知名机构将南车评估为世界500强品牌，我们说南车的品牌战略又向前迈了一步。

品牌价值是品牌影响力的数字化的结果。南车品牌价值已接近20亿美元。那么到“十二五”末，这个价值要提升到多少作为我们的目标呢？我感觉应该达到50亿美元以上。

南车的品牌战略已经开始全面推进了。在总部层面，我认为统一认识已不是大问题，主要问题是在共识下如何将品牌建设变成本部门、每个人工作中的一种习惯。在子公司层面统一认识，即“同一个南车”的认识，还需要一个过程。在这个过程中我们既不能“无为而治”，也不能操之过急。不久前中国南车2010高峰论坛，主题就是“同一个南车下的发展”，与会人员围绕这个主题作了非常精彩的发言，也达到了进一步统一认识的目的。我们应该将国际知名企业品牌建设中的规律和经验向大家解释清楚，在思想上高度统一，在行动上才能形成合力。

一要提高用户和社会对南车品牌的认知。以过硬的产品质量和服务提高用户对南车的认知和对中国制造的认可。到2015年，成为行业内品牌前三强，全球具有较高知名度。二是加强品牌传播力度。处理好品牌传播的三个关系：产品宣传与品牌宣传的关系，新闻宣传和广告宣传之间的关系，国内和国际区域性传播的关系。以产品销售的全球化，带动中国南车品牌传播的全球化，品牌形象树立的全球化，助推中国南车2015年战略目标实现。三是为品牌提供强力支撑。品牌是企业市场竞争能力和管理水平的综合反映，是企业实力和市场地位的象征。知名品牌的背后，是企业资本、人才、技术等各个方面的有力支撑。要做好市场经营，努力实现2015年销售收入目标，为南车发展和南车品牌提供有力支撑。

3．从“走出去”到“豁出去”的思考。

走出去，是中国南车成为国际化公司、打造世界知名品牌的必由之路。从“走出去”到“豁出去”一字之差，差别很大，“豁出去”的力度和决心要大得多。

单位：亿元

	2008A	2009E	2010E	2011E	年复合增长率
CSR	351	465	647	852	34%
Bombordier	665	678	712	747	4%
Alstom	524	548	562	576	3%
Siemens	538	553	572	582	3%

从麦格理分析可以看到：南车的全球市场份额在快速增长。到2010年，南车排全球同行业第2，2011年排全球行业第1。

从海外签约额与北车比，2009年达12亿美元，与北车接近，但前几年实际出口额低于北车，说明未来几年实际出口有可能超过北车。

全球铁路特别是高铁快速发展，南车应该拿到更大的市场份额，到2015年南车出口额应超过35亿美元。

南车产品出口由游击队作战方式到集团军作战方式条件已经成熟：一是国家政策导向支持“走出去”，铁道部全面行动帮助“走出去”；二是南车主机产品水平与世界接轨；三是推动延伸产品出口；四是南车产品制造能力大，需要新市场释放。

游击队作战的特点是缺乏战略部署，随意性强，而集团军作战有长期的战略意图，主动出击，开疆拓土。所以，我们在未来的市场筹划中要把海外市场作为重点来攻破，要组织更强的队伍，集中在潜力大的市场率先突破，如中东、美国、东南亚的高铁市场，以高端产品的突破带动机、客、货、地铁产品的更大发展。

“豁出去”不是蛮干，不是不按科学态度干，而是树立决心，树立勇气，加大市场开拓和人才培养的投入。

我们正在规划一幅波澜壮阔的宏伟蓝图，一幅有感召力、催人奋进的蓝图。这幅蓝图会更加激励我们的员工奋发向上；这幅蓝图会更加吸引八方人才；这幅蓝图使企业明确方向，同时也使员工看到自己未来的舞台。集体主义精神和人本主义倡导的个人奋斗的完美结合，是我们与时俱进的价值观，“为员工搭建实现个人价值的舞台，是企业领导者的重要职责。”这是我们重要的管理哲学。我相信经过“十一五”的埋头苦干、储能蓄势，“十二五”中国南车一定能够为中国品牌在世界的崛起，为全球铁路运输业的复兴做出贡献。在这场伟大的事业中，也一定能够使我们的员工工作得更加舒心和生活得更美好。

以史为鉴　开创未来
为打造国际化的跨国公司而努力奋斗

——集团公司总经理，股份公司董事长、党委书记赵小刚在中国南车成立十周年庆祝大会暨劳模表彰大会上的讲话（摘要）

（2010 年 9 月 28 日）

在金秋收获的日子里，我们迎来了中国南车重组成立十周年、阔步迈入国际先进行列的美好时刻。今天，我们召开会议，纪念中国南车成立十周年，表彰为南车改革发展作出重大贡献的劳动模范和先进集体，总结十年成绩，弘扬劳模精神，进一步激励和动员广大员工，为全面实现“十一五”战略目标、开创“十二五”发展新局面而努力奋斗。在此，我代表中国南车党政工团，向所有为企业改革发展作出突出贡献的各类先进模范人物和广大员工，致以崇高的敬意和衷心的感谢！

2000 年 9 月底，中国南车在我国机车车辆工业改革的序曲中重组成立，之后又在市场经济的大潮中不断发展壮大。十年来，各级党政工团组织和广大员工开拓创新、奋勇争先，创造了令人瞩目的辉煌成绩，铸就了一个成功登陆境内外资本市场、跻身全球行业三强、具备较强国际竞争力的知名企业。

十年中，我们积极实施战略创新，全力推进南车由国内知名向国际知名跨越，为企业发展明确了方向。中国南车组建后，我们提出了“国内一流，国际知名，具有国际竞争力的轨道交通装备企业”的奋斗目标，指明了企业发展方向。按照“主机产品集约化、重要零部件专业化、一般零部件市场化、后勤辅助社会化”的要求，先后开展了电机、电力机车、内燃机车、货车、传动齿轮等产业整合，使产品和产业结构进一步优化，主业更加突出，集约化经营、规模化生产、专业化分工越来越清晰。特别是上市后通过募集资金对企业进行改造，涌现了一大批国际领先、世界一流的研发制造基地。南车已初步形成了轨道交通装备产业、专有技术延伸产业以及资本运作“三足鼎立”的经营格局。2010 年，中国南车将真正成为全球轨道交通装备业内三强，提前 10 年实现战略目标。

十年中，我们大刀阔斧实施改革，大力推进南车由计划体制向市场体制跨越，为企业发展增强了动力。中国南车高度重视以改革出活力、以改革促发展，从加强集团的控制力、影响力和活力等入手，走出了一条有自己特色的改革之路，形成了“管理者能上能下、员工能进能出、收入能增能减”的局面。与此同时，把开展主辅分离、改制分流作为深化企业改革、打造核心竞争力的一项重要举措全力推进，促使企业轻装上阵，建立与市场经济体制相适应的运行机制，加快与市场接轨的步伐。在劳动用工改革方面，加强劳动合同管理，加大瘦身强体力度，企业劳动生产率成倍增长。在人事制度改革方面，实现了从“相马”到“赛马”的转变，将公开竞聘推广应用到各级领导干部的选拔任用中。在分配制度改革方面，建立起具有南车特色的分配制度，逐步接轨市场。

十年中，我们加速技术创新，加快南车引进消化吸收再创新的步伐，为企业发展积蓄了能力。“振兴民族工业、赶超世界一流”一直是中国南车的理想境界。按照国务院“引进先进技术、联合设计生产、打造中国品牌”的要求，始终坚持把握好引进技术和合资合作的关系、引进技术与消化吸收的关系、引进技术与自主创新的关系，先后与国外知名公司合作，引进先进技术，搭建了三大技术平台，构建了技术标准体系，锤炼了一支高素质的员工队伍。中国南车在开放竞争中实现合作多赢，创造了一个又一个的奇迹，赢得了国人的喝彩，世人的关注。如今，高速动车组和大功率机车的十大核心技术和九大核心部件，均在南车实现自主化。飞驰在祖国大地的动车组有70%为南车制造。自主研制的时速380公里的新一代高速动车组已实现批量生产，即将运用于沪杭和京沪高铁。从时速160公里到时速380公里的巨大飞跃，中国南车仅仅用了6年的时间。拥有自主知识产权的7200千瓦六轴大功率电力机车仅用6个月时间就完成了设计、生产到批量投放市场，9600千瓦六轴大功率电力机车和6000马力大功率内燃机车分别顺利通过试验验证并率先量产，标志着中国南车已经成为世界级的机车装备系统集成商。与此同时，青藏铁路高原客车、40吨轴重矿石车等产品主要通过原始创新迈向技术高端。直线电机地铁列车、80吨级重载货车等一批集成创新产品，以及自主创新的A型与B型地铁车辆，满足了中国轨道交通运输的多样化需求。近三年的国内地铁市场份额达到64%。

十年中，我们实施制度创新，全力推进百年国企向现代企业跨越，为企业发展激发了活力。进入新的发展时期后，南车高层敏锐地意识到，传统国有企业产权单一的组织形式，已经制约了企业发展的步伐，必须以更大的气魄和手段推进企业改革，才能更好地推进南车的发展。2007年12月28日，中国南车股份有限公司成立，建立了规范的法人治理结构，企业的领导体制向公司治理结构转变，促进了股东大会、董事会、监事会、党委会、职代会和经理层的高效协调运转。各子公司也全部完成了由工厂制到公司制的改革。同时，加强科学管理和内部控制，在三大技术平台建设、精益生产、信息化建设、财务监管、风险管控等方面得到了很大的提升。2008年8月，中国南车先后在上海和香港成功实现A+H上市，彻底完成了国有企业产权制度改革，成为了国际化的上市公司。中国南车先后获得最稳定增长公司排行榜第1名、中国上市公司价值百强、金牛百强、中国证券市场“金鼎奖”等荣誉称号。2009年中国南车市值达640亿元人民币，居全球行业第一位。

十年中，我们大力推进企业文化建设，努力将南车打造为具有国际影响力的品牌，为企业发展提供原动力。通过企业文化建设，实现了全体员工对南车价值观的高度认同。尤其是致力于南车品牌的建设、宣传和推广，整合企业文化，统一VI，规范品牌传播。无论在产品研发、品质保证、市场开拓、用户服务上，还是在改革改制、管理创新、资本运作、文化构建、社会责任上，均取得一系列的突破。一个国际化的具有广泛公众认知度的“中国南车（CSR）”品牌正在逐步迈出国门走向世界，并被评为亚洲品牌500强。2010年2月，作为19家中国公司中唯一的重大装备制造企业，中国南车被英国品牌价值咨询公司 Brand Finance 评为“全球最有价值500品牌”，品牌价值20亿美元。

十年中，我们切实加强改进党的建设，充分发挥政治核心作用，为企业改革发展提供坚强保障。将发挥企业党组织的政治优势与利用市场机制、依法治企有机结合，不断把政治优势转化为企业核心竞争力。通过不断更新观念、转变机制、创新方法，探索了一条企业党建工作与生产经营有机结合的有效途径，为企业提供了坚强的思想政治保证。坚持党管干部、党管人才与市场化配置人才有机结合，集聚各类人才建功立业，为企业提供了重要的组织保证。组织开展了“三讲”教育、党员先进性教育、学习实践科学发展观等学习教育活动。各级党组织融入中心、服务大局，充分发挥党组织的政治核心、党支部的战斗堡垒和党员的先锋模范作用，为企业改革发展提供了强有力保障。工会、共青团等群众组织也都充分发挥了自身的特点，为南车的发展作出了贡献。

十年风雨兼程，十年奋发有为。伴随着我国经济社会的不断进步和轨道交通建设的快速发展，南车的经营规模和效益年年攀升。2010年营业收入预计达到650亿元，是2000年103亿元的6.3倍，将位列全球行业第二；利润总额由2000年的亏损7800万元提升到今年的30亿元；总资产将超过700亿元，是2000年的4倍；上市两年时间，南车市值增长了1.3倍，国有资产得到极大增值；员工人均收入也增长了3倍多。在《财富》公布的2010年“中国500强排行榜”中，中国南车名列总榜第49位，并在机械设备制造业分榜中位居第2位。中国南车的国际竞争力大大增强，成为我国打造轨道交通装备强国的主力军。

回顾十年来的奋斗历程，我们感到无比骄傲和自豪。中国南车十年所取得的显著成绩，是国民经济快速发展和社会全面进步的一个真实缩影，是中央加快国有企业改革发展步伐、各级领导关心支持南车各项工作的具体体现，更是南车广大员工、离退休老同志和各位先进模范人物团结一心、顽强拼搏的奋斗结晶。

今天受到表彰的劳动模范就是南车近九万员工的杰出代表。你们凭着振兴中国装备制造业、赶超行业世界一流的坚定信念和执著追求，在平凡的岗位上创造出了不平凡的业绩，为南车的发展作出了不可磨灭的贡献。在你们身上，特别突出地体现了南车的劳模精神——**以振兴民族工业为己任，自强不息、无私奉献、融身群体、爱岗敬业的“螺丝钉”精神；以高度的主人翁责任感，淡泊名利、艰苦奋斗、诚实守信、埋头苦干的“老黄牛”精神；以赶超世界领先技术为动力，不断学习、刻苦钻研、锐意进取、追求卓越的“千里马”精神；以争创一流业绩为目标，敢为人先、善打硬仗、精益求精、超越自我的“火车头”精神**。这种顽强拼搏的毅力、百折不挠的意志、艰苦创业的精神、与时俱进的追求，是当代工人阶级先进性的集中体现，是推动我们企业不断前进的强大精神动力。你们以创造性的劳动、非凡的工作业绩和崇高的劳模精神，为南车全体员工树立了学习的榜样。各级党政工团要采取有力措施，结合南车十年系列活动，大力弘扬劳模精神，深入宣传和学习他们那种高度的主人翁责任感和艰苦创业精神，良好的职业道德和爱岗敬业精神，忘我的劳动热情和无私奉献精神，强烈的开拓进取意识和创新求实精神，充分发挥劳模的示范和导向作用，团结动员广大员工为加快企业发展再创新的辉煌。

十年奋斗，垒石成丘，十年奋斗，众志成城。十年来，中国南车通过不懈追求、大胆探索、勇敢实践，初步实现了赶超世界一流企业的战略目标，跻身于全球业内三强。我们已经拥有了高起点的产品平台、可延伸的产业平台、多个境内外的融资平台、富有活力的公司治理平台、充满创新激情的人才队伍……十年改革、创新的积累，为南车搭建了向更高层次发展的基础。

“十二五”期间，南车面临着一举成为

全球轨道交通装备行业领跑者的大好机遇。随着我国基础设施和公共交通建设力度的不断加大，铁路网、城际铁路网和城轨地铁网将逐步实现“三网融合”，轨道交通装备产品的发展空间非常广阔。低碳经济的兴起，给节能环保的轨道交通带来了发展的春天，轨道交通越来越受到世界各国的青睐，世界轨道交通装备行业正步入新一轮景气周期，为南车的国际化发展带来了巨大的市场容量。而随着中国高铁在全球的崛起，我国铁路积极实施“走出去”战略，南车产品已逐步成为“中国制造”的名片，代表国家实现高端装备的出口。目前，国家确定了七大战略性新兴产业，南车的产品属于其中的高端装备制造、新能源、新能源汽车行业，关系国计民生和国家经济安全，都是国家大力支持的产业，我们的轨道交通装备产品和专有技术延伸产品有着极好的发展前景。可以说，我们占据了天时、地利、人和，通过我们的努力，南车将迅速实现向全球行业优势企业的快速跨越，将以全球行业第一的身价，进入央企 30～50 家具有国际竞争力的企业集团之列。

为此，我们确立了“十二五”战略目标：2015 年实现营业收入 1500 亿元，迈进世界 500 强；成为轨道交通装备行业世界第一，树立国际知名品牌。中国南车又将开始新一轮征程，一个目标更高远，前景更美好的蓝图正等着我们去实现。我们必须进一步解放思想，深化改革，抓住机遇，加快发展，为中国南车攀登行业世界之颠、尽快迈入国际化跨国公司的行列而努力奋斗。

——以史为鉴，展望未来，我们必须牢固树立和落实科学发展观。树立和落实科学发展观，关系着党和国家工作的大局，也关系着企业的兴衰，更关系着员工的切身利益。我们必须进一步增强紧迫感和责任感，进一步调动广大员工的积极性、主动性和创造性，充分发挥主人翁和主力军作用，不断丰富发展内涵、创新发展观念、开拓发展思路、破解发展难题，努力把科学发展观的要求落实到致力发展国家战略性新兴产业，保证国家经济安全，促进经济发展方式转变上来；落实到引领世界高铁发展潮流，实现高端装备出口，树立中国外贸新形象上来；落实到实现企业发展战略，调整产品结构、深化内部改革、提高经济效益上来；落实到增强自主创新能力，创新人才工作机制、提升企业核心竞争力上来；落实到加强科学管理，实现以人为本，使员工群众从改革发展中获得更多实惠上来，从而不断推动企业全面进步，快速步入创新驱动、内生增长的良性轨道。

——以史为鉴，展望未来，我们必须不断加快企业改革发展步伐。企业的改革没有终点，市场竞争不进则退。对于企业来说，只有发展，才能不断壮大国有经济，实现国有资产保值增值；只有发展，才能不断适应经济全球化的新形势，进一步做强做大企业；也只有发展，才能不断提高广大员工群众的生活水平，更好地维护员工群众的切身利益。因此，我们要充分认识加快企业发展的重大意义，紧紧抓住当前及今后一个时期企业发展难得的重要历史机遇，着力在“十二五”期间实现五大转变：**一是在经营领域上，实现从制造到制造＋服务的转变。**以全球化视野谋划产业布局，优化资源配置，建立适应南车高速发展和国际化要求的新业务结构体系。提高咨询能力、设计能力和售后服务能力，充分发挥南车的服务水平，推动南车从单一的销售产品向推广标准和扩大南车品牌影响的多维度商业模式发展。建立产品维修保养服务基地和海外营销网络，确立南车国际化跨国公司的技术和服务地位。**二是在产品类别上，实现轨道交通装备到轨道交通装备＋延伸产业的转变。**高度重视轨道交通装备及专有技术延伸产业，把握和落实好国家战略性新兴产业政策，加快高端装备制造、新能源、新能源汽车产业的发展步伐，并向节能环保、新一代信息技术、新材料等其他有协同作用的新兴产业渗透，推动轨道交通装备核心技术向绿色装备的发展。**三是在竞争地位上，实现从分供方到联合体＋总包商的转变**。我们已从原来与外方联合投标，发展到了独立投标，今后要进一步向联合体和总包商转变，真正成为“轨道交通系统全面解决方案的供应商”。**四是在市场地域上，实现从国内为主到国内＋国际的转变**。抓住国际化发展的良好机遇，通过产品销售、项目总包、合资合作、兼并重组、产业链融合、海外建厂等多种模式，创新国际化经营模式，推动南车产品、技术、服务、资产快速进入国际市场。加强“集团军”作战能力，集中在潜力大的市场率先突破，以高端产品的出口带动机、客、货、地铁等产品的更大发展。**五是在资源运用上，从资产经营为主到资产经营＋资本运作的转变**。充分发挥海内外上市优势，使资本经营更好地为企业的市场拓展、并购、融资发挥作用。选择有良好合作关系、有较强互补性的同行业国际知名公司，持股或交叉持股，推动南车建立国际战略联盟、参与国际合作分工。

——以史为鉴，展望未来，我们必须进一步推进企业的自主创新。南车快速发展的过程充分说明，坚持引进消化吸收再创新和自主创新“两条腿”走路，是我们企业面对日趋激烈的市场竞争、不断适应国际化发展的必然选择，是进一步做强做大主业、增强企业核心竞争力的迫切需要。我们要用全球的视野、前瞻的眼光、开放的思维来规划南车的自主创新战略，快速适应全球新一轮技术革命和全球产业转移的发展趋势。**技术策略上，要实现从跟随到领先的转变**。向世界最先进的轨道交通装备技术进军，形成先进的研发体系、研发手段，加强对先进技术的主动研发和未来的技术储备，确保轨道交通装备、新能源汽车、新能源等产品的设计、制造、产品技术处于国际领先水平。**技术宽度上，要实现从移动设备到控制系统的拓展**。积极进入信息系统和信号系统领域，能够向用户提供更全面的轨道交通装备解决方案。**技术深度上，要实现从现有技术到更全面的技术掌握**。攻克牵引、制动等方面的核心技术，与南车全面的产品类别相匹配，形成市场竞争中的技术优势。加大新能源技术、节能减排技术、信息技术等重要领域的研究，适应国家战略性新兴产业的政策要求，取得新的突破。**技术标准上，要实现从中国标准到国际标准的迈进**。建立融合欧美等相关国际标准和中国标准的、涵盖全球市场的企业技术标准体系；针对全球市场研发出完整的轨道交通装备产品平台。利用现有技术，适应多种国际标准，实现产品系统化、信息化、模块化、型谱化。

——以史为鉴，展望未来，我们必须全面提升南车品牌的影响力。品牌是企业核心竞争力的重要组成部分，目前我们已经在统一品牌、传播品牌方面打下了很好的基础，南车品牌已经有了较高的知名度。但是，品牌建设是一个长期的过程，是一个日积月累的过程，我们要继续加大品牌建设力度，着力打造世界知名的中国南车（CSR）。**一要提高用户和社会对南车品牌的认知**。以过硬的产品质量和服务提高用户对南车的认知和对中国制造的认可。到2015年，成为行业内品牌前三强，在全球具有较高知名度。**二要加强品牌传播力度**。处理好品牌传播的三个关系：产品宣传与品牌宣传的关系，新闻宣传和广告宣传之间的关系，国内和国际区域性传播的关系。以产品销售的全球化，带动中国南车品牌传播的全球化、品牌形象树立的全球化，助推南车快速实现“十二五”战略目标。**三要为品牌提供强力支撑**。品牌是企业市场竞争能力和管理水平的综合反映，是企业实力和市场地位的象征。知名品牌的背后，是企业资本、人才、技术等各个方面的有力支撑。我们要全力做好经营管理等各方面工作，努力实现“十二五”发展目标，为南车发展和南车品牌提供有力支撑。

——以史为鉴，展望未来，我们必须积极建设高素质的员工队伍。员工群众是企业的主体，劳动模范是企业的中坚。广泛开展向劳模学习活动，大力弘扬劳模精神，努力营造学习劳模、尊重劳模、崇尚劳模、争当劳模的浓厚氛围，从本质上讲就是要进一步提高广大员工的思想政治素质、技术业务素质、职业道德素质，使员工群众的主力军作用在推进企业改革发展的进程中得到充分发挥。这既是我们企业参与市场竞争的立身之本和取胜之道，也是企业保持旺盛的生机和活力、实现持续快速发展的必然要求。我们要牢固树立人才资源是第一资源的观念，不断创新用人机制，优化人才环境，改善人才服务，大力营造吸引人才、培养人才、用好人才的良好环境，努力建设一支高水平的职业经理人队伍、高层次的专家队伍、高素质的政工队伍、高标准的技能人才队伍。切实加强企业文化建设，积极倡导“诚信、敬业、创新、超越”的企业精神，进一步引导员工主动适应时代发展的要求，为实现企业和个人的共同价值不懈努力。深入推进学习型企业建设，不断增强学习能力、创新能力、竞争能力和创业能力，加快推进员工队伍的知识化进程，为企业取得又好又快发展提供人才保证和智力支持。努力形成共谋企业发展、共享改革成果、共创美好生活的良好局面。

——以史为鉴，展望未来，我们必须充分发挥党组织的政治优势。中央企业是共和国的长子，企业党组织发挥政治核心作用，承担着坚持企业的社会主义方向，适应完善社会主义市场经济体制要求的重大政治责任。我们要继续通过加强企业党的建设，把国有企业的政治优势充分发挥出来，并切实转化为企业的管理优势、竞争优势和发展优势，不断增强核心竞争力。要坚持把发挥党的政治优势与利用市场机制、依法治企结合起来，在建立现代企业制度、规范法人治理结构中体现党组织的政治核心作用，坚持把党组织的工作制度与公司治理结构的工作规则结合起来，形成各级组织的整体合力，凝聚全体员工的共同意志，以坚定的信心和决心，促进企业又好又快发展，为国民经济建设作出重要贡献。

同志们，前进的道路上，希望与艰辛同在，机遇和挑战并存。我相信，经过“十一五”的埋头苦干、储能蓄势，在“十二五”期间，中国南车一定能够站上行业世界之颠，CSR 品牌必将享誉全球。让我们团结一致，开拓奋进，积极投身这场伟大的事业，开创中国南车更加璀璨的明天，使广大员工工作得更加舒心，生活得更加美好。

加快创新步伐 提升管理水平 打造更具竞争实力和发展活力的国际化南车

——集团公司党委书记，股份公司总裁郑昌泓在中国南车集团公司暨中国南车股份有限公司工作会议上的报告（摘要）

（2009 年 12 月 25 日）

这次工作会议的任务是，认真贯彻党的十七届四中全会精神，落实中央经济工作会议和中央企业负责人会议要求，总结 2009 年工作，部署 2010 年任务，组织动员全体员工，顺应国民经济积极向好、铁路和城轨交通建设高速发展的形势，戒骄戒躁，趁势而上，打好“十一五”收官之战，全面实现发展战略目标，为打造更具竞争实力和发展活力的国际化南车而努力奋斗。

一、攻坚克难，降本增效，圆满完成各项任务的 2009 年

2009 年是中国南车上市后的第一个整年，经过全体员工的共同努力，我们克服了重重困难，取得了优异成绩，展示了良好形象，为南车跻身世界业内三强奠定了坚实基础。

（一）圆满完成目标，经营业绩持续增长。今年以来，中国南车及各单位认真落实发展战略，积极应对金融危机，生产经营整体运行良好，营业收入稳步增长，经营效益同比大幅提高。集团公司全年预计实现营业收入 470 亿元，同比增长 23.7%；实现净利润 8.6 亿元，净资产收益率 7.58%，成本费用占营业收入比率 96.25%。其中南车股份全年预计实现营业收入 457 亿元，同比增长 27.7%；净利润 16.4 亿元，净资产收益率 9.08%，成本费用占营业收入比率 95.84%。各项指标再创历史最好水平，预计全年可全面或超额完成国资委的经营业绩考核指标和董事会制定的目标。特别是涌现出了株机公司、四方股份等营业收入超百亿的企业，株洲所、浦镇公司等营业收入超 50 亿的企业；许多企业采取有力措施，增收节支，挖潜提效，为南车的利润增长和快速发展作出了突出贡献。上市一年多来，中国南车发展稳健，广受关注，A+H 总市值稳定持续增长，得到了资本市场的充分肯定。

（二）夯实发展基础，市场领域不断拓展。紧紧抓住铁路和城轨交通建设大发展的有利时机，努力拓展市场，各项业务签约金额累计超过 1000 亿元。积极适应市场要求，全力抓好国铁市场，在一些重点市场订单上取得重大突破，签订了时速 350 公里速度等级动车组 220 列（16 辆编组 160 列，8 辆编组 60 列）共 724 亿元（四方股份、BST）、7200 千瓦大功率电力机车 400 台共 58.3 亿元。在国内城轨地铁市场招标中，先后中标北京、上海、深圳、苏州、广州、杭州、成都等城市的地铁车辆项目，合同总金额 108.4 亿元，占签约总量的 53.3%。新产业累计签约 82 亿元，其中签订风电整机 280 台共 24.8

亿元，长株潭混合动力公交车502台。海外市场成长迅速，出口产品结构不断调整优化，高附加值产品比例显著提高，全年出口签约金额达到12.4亿美元，同比增长66%。其中，高速动车组和城轨地铁项目占总签约金额的77%，实现了市场拓展和产品拓展的双突破。中标突尼斯内燃动车组，首次利用中国政府优惠贷款获得项目；中标沙特货车，新造货车首次进入中东市场；中标土耳其轻轨车辆，打开了通往欧洲的大门；中标新加坡铝合金地铁车辆，进入世界地铁技术准入标准最高的国家之一。

（三）突出技术创新，科技研发硕果累累。加快三大技术平台建设速度，协同仿真平台建设取得较大进展，货车协同仿真平台已投入运行。完善中国南车技术标准体系，全面推行17项工艺标准；国际标准制订工作取得重大突破，主导制订了IEC两项国际标准。知识产权管理不断深化，截止目前申请专利572项，3项发明专利获得第十一届中国专利优秀奖。积极适应市场发展和用户需求，加强与科研机构、高等院校的技术合作，加大科技投入和研发力度，科研项目和新产品接连不断。9600千瓦大功率交流传动六轴货运电力机车成功下线，标志着我国在大功率交流传动电力机车系统集成等关键领域的技术已达世界领先水平，受到中央领导的关注，各大媒体广泛宣传，提升了南车形象。在铁道部组织下，拥有自主知识产权、具有世界先进水平的高速动车组批量生产即将投入武广客运专线运营，并在郑西客运专线试验中创造了394.2公里的最高时速；新一代高速动车组的整体设计通过审查。特别是7200千瓦大功率电力机车在短短半年内完成了从设计到样车下线的工作，并批量交付用户，产品性能达到国际先进水平，受到铁道部领导的肯定。大功率内燃机车引进技术国产化工作步伐加快，目前已交车200台，实现了大批量生产。拥有了大功率IGBT核心技术，并成功实现国内封装，得到中央领导、铁道部的充分肯定和高度关注。南车自主化A型地铁车辆入选首批国家自主创新产品；北京四号线地铁车辆投入运营，为建国60周年献礼。

（四）大力发展新产业，经营规模迅速扩大。注重发挥科技型企业的优势，积累了大量发展轨道交通装备专有技术延伸产业的经验，培养了一支专业人才队伍；按照专有技术延伸产品重点发展方向，进一步做好项目、市场和产品的筛选和优化，形成了一批具有较大规模的新产业集群。风力发电机组、齿轮传动、工程机械等产业发展迅速，基本形成了内部产业链的协同发展机制。混合动力公交车经营规模有了较大突破，研发水平大幅提升。建成中国最大的大功率半导体产业基地，大功率IGBT产业化进程取得较好成果。首台盾构机成功下线，直径10.2米掘进机年底竣工，将填补我国大直径隧道掘进机制造空白。船用发动机引进新技术，扩大了生产规模，市场前景看好。新产业的快速扩展，已经成为南车实现战略目标的重要支柱之一。

（五）力推精益生产，管理能力显著增强。制定南车精益生产实施规划，明确了未来五年精益生产的目标、实施步骤、实施要点和技术指标。精益生产全面覆盖至15个生产型企业，为各单位如期兑现合同、降低生产成本、保证产品品质，提供了一个良好的管理平台，促进了管理变革，提升了企业效益。针对产品质量安全问题较多的严峻形势，深入开展了产品质量安全大检查大整改活动，积极查找产品安全隐患，认真总结经验教训，举一反三制定整改措施；加强质量信息收集和售后服务工作，不断提高产品质量和服务水平，较好保证了铁路运输安全。加强安全生产管理，持续推进职业健康安全管理体系认证和安全质量标准化创建，积极开展事故隐患整改，安全生产“总体稳定、有序可控”。稳步推进节能减排，全面开展能源诊断工作，通过专项资金引导，大力推广节能、环保新技术，建设资源节约型和环境友好型企业。抓好审计监察工作，取得较好成效。加强信息化建设，推广ERP取得成效；推进经营管理信息系统建设，初步建立公司级数据中心；建立网络安全接入系统NAC（网络访问控制），有效保护了网络信息资源的安全。

（六）抓好投资改造，竞争实力大幅提升。根据经营环境和市场形势的变化，采取积极稳妥的投资策略，对市场需求明朗、已签订单较多、交货进度要求快的项目加快建设进度，以满足用户要求以及未来的市场需求。其中，资阳电力机车项目不到5个月时间就完成厂房建设，主要设备基本安装到位，9600千瓦和7200千瓦电力机车技术图纸成功平移，并实现小批量生产，实现了引进消化吸收再创新成果的“技术平移”；四方股份高速动车组扩能项目，投资大，进度快，见效快。今年南车预计完成技改投资48亿元，主要集中在机、客、货车新造、动车组、城轨地铁、关键零部件、新产业等方面。同时，加强投资管理，积极防范投资风险，保证了投资效益。目前，重大投资项目进展顺利，为提升南车制造能力和竞争实力夯实了基础。

（七）完善公司治理，管理体系日趋合理。积极推进和深化公司治理，通过完善管理架构、清晰业务边界、明确部门职能、健全规章制度、优化工作流程、强化风险控制、营建有效机制，公司治理正逐步由被动推动型向主动引领型转变，由传统经验管理向现代科学管理转变，由战术局限思维向战略开放思维转变，由形式接轨向本质转化转变。目前，完成了总部机构和职能的调整、风险识别和内控体系的设计、规章制度和内控手册的编制等工作；惩防体系建设年度计划全面落实，股权管理体系基本搭建，各项工作流程进一步理顺；投资者关系管理不断完善，信息披露逐步规范，受到上交所的表彰。通过有效的公司治理，现代企业制度建设初见成效，股东大会、董事会、监事会、经营层各司其职，实现了“三会”运作程序化、重大决策科学化、信息披露公开化、风险控制有效化。

（八）推进业务整合，资源配置不断优化。积极整合产品研发和制造资源，集约化、专业化生产初步形成。长江公司武汉分部正式投产，新洛阳公司、资阳电力机车制造平台、齿轮制造项目、宝鸡工程机械等业务整合到位，整合效益和发展优势开始显现。石家庄公司退城进郊工作正在抓紧筹划。深入落实与中央企业、地方政府的战略合作项目，积极实施城轨车辆和新产业的产业布局。加大国际合作工作力度，在内部做强做大的基础上，有效开展了一系列海外建厂、兼并收购、合资合作的市场研究和前期工作。海外并购取得突破，成功收购Dynex并稳健经营，不仅使我们获得了战略性资源、拥有了核心技术，同时也充分展示了南车国际化运营的能力。

（九）狠抓降本增效，企业效益稳步提升。面对国际金融危机的冲击，铁道部采取增收节支政策，我们积极响应，着力抓好降本增效工作，向管理要效益。各单位强化了过紧日子的意识，坚决压缩管理费用，严格控制人工成本增长和非经营性支出，总部管理费用压缩了20%，各企业可控管理费用压缩了10%。加强公司运营管控，组织经营计划滚动管理和日常平衡与调度，保证了公司生产经营的合理均衡。强化预算管控，推行滚动预算管理，确保年度预算目标有序可控。加强资金集中管理，提高资金使用效率，节约资金成本，今年股份总部财务费用预计同比下降 1.1 亿元，降幅 99.5%。强化财务风险管控，加大对应收账款、关联交易及担保的管理力度。争取国家政策支持，做好税收策划等工作，通过汇算清缴少缴所得税 5900 余万元；同时，获得国债资金支持 1.26 亿元、国家“走出去”资金补助 348 万元，减免进口设备关税 5600 万元。加强物资及供应链管理，借鉴国外先进经验，结合南车实际，基本形成“集采、共用、互供、战略与市场协同”的管理思路和模式。利用集团采购优势，加大物资集采力度，有效降低了采购成本。

（十）深化内部改革，管理机制不断完善。完善领导班子和人员考核机制，推进领导队伍建设和素质提升。改进子公司高管绩效考评办法，突出重目标、重行为、看业绩的考评导向。探索实行职业经理人培养方式，提升高层、中层两级管理团队的综合素质，总部和子公司共 133 人参加了培训。着力培养高层次专家人才和高技术、高技能人才，全面优化人才队伍结构。开展车辆工程专业、项目管理专业硕士学位人才培养；拟定海外高层次人才引进方案；搭建高技能人才能力共享平台，为 34 名技能专家安排 38 项攻关课题，充分发挥高端技能人才的引领带动作用。举办和参加了各种层次的职业技能竞赛。完善薪酬分配制度，规范高管薪酬管理；推行工效挂钩预算管理，满足集团发展要求和管理需要。加强劳动组织管理，优化人力资源配置，防范用工风险。继续抓好存续企业的管理和存续资产的处置，加大存续企业股权清理力度；实现了湖铁院移交。

（十一）党的建设不断加强，企业文化建设逐步升华。深入开展学习实践科学发展观活动，围绕“推进发展战略，深化公司治理，用科学发展观引领中国南车向世界行业三强迈进”的主题，突出实践特色，认真思考企业发展规律，反思检查不适应科学发展的主要问题，理清了企业发展思路，制订了详细的整改方案并逐步落实，为促进企业的持续健康发展作了进一步的思想准备和理论武装。学习贯彻党的十七届四中全会精神，探索党建新思路新方法，努力把政治优势转化为核心竞争力，为应对金融危机、保持持续健康发展提供了政治保证和组织保证。继续开展“四好”领导班子创建活动，加强学风、思想作风、工作作风、领导作风和生活作风建设，增强了领导班子的素质能力。基层党组织建设进一步加强，战斗堡垒作用得到充分发挥。开展以“把骨干培养成党员，把党员培养成骨干”为主要内容的主题实践活动，切实提高党员队伍素质，使党员在高技术、高管理、高技能人才中的比例明显增加。企业思想政治建设不断加强，努力营造良好发展氛围。完善惩防体系，加强了对党员领导干部的廉政教育。深入推进企业文化建设，积极宣讲南车发展战略，开展质量理念推广和质量宣誓活动，建设精益文化，营造了积极进取的良好氛围，南车核心价值观、发展愿景、企业精神、工作作风和经营理念不断得到认同和升华。积极推进品牌建设，品牌的系统规划及实施工作迈出了实质性步伐，中国南车（CSR）已经具有了较高的知名度和美誉度。各级工会积极构建员工经济技术创新、和谐劳动关系创建和困难员工帮扶救助三大体系，融入中心，服务大局，得到员工群众认可。认真履行社会责任，继续做好对那坡、靖西的定点扶贫工作。共青团、各协会、老干部工作等都较好地发挥了作用。

在看到过去工作成绩的时候，我们也要正视存在的问题：一是发展观念和管理机制距离真正的国际化公司还有差距，在内控管理、技术创新、市场拓展、国际化运作、人才引进和团队领导力执行力等方面仍需加强和改进。二是“质量就是生命”的理念没有牢固树立，设计、工艺、质量等管理基础不牢，部分企业现场管理水平有所下滑，存在管理不善问题和严重的质量安全隐患，出现了多起重大质量事故，影响了南车的形象。三是以客户为中心的思想意识不强，有些企业市场反应速度和对用户要求的响应还不够快，市场观念和服务水平还有一定的差距，用户对有些产品的满意度不高。四是国内轨道交通装备产品普遍存在盈利不足的问题，需要争取政策支持，研究发展措施，增强应对市场较大波动的抵御能力。五是企业价值创造和持续盈利能力不强。今年增收不增利的情况突出，企业盈利水平不高。作为上市公司，不能持续盈利将难以发展，必须下力气提升价值创造能力。六是企业发展不平衡现象凸现。在技术引进消化吸收再创新过程中，我们有的企业已经基本处于世界先进行列，但是不得不看到，还有部分企业面临着经营困境。如何发挥龙头企业的带动作用，如何盘活存量资产，如何增强南车的整体实力，是当前急需攻克的一个紧迫课题。七是廉政建设需要进一步加强。部分企业制度执行不力，违纪违法案件仍有发生，而且涉案人员多、层次高，影响南车整体形象。这些问题必须引起我们的高度重视，在今后的工作中切实加以解决，使得南车国际化发展道路走得又好又快。

回顾2009年的工作，我们有以下几方面的体会：

（一）打造国际化南车，必须着眼国内外市场，积极探索经营发展新模式。企业要真正具有国际竞争力，就要顺应加快铁路发展的国家战略，牢固树立服务铁路建设的发展理念，依托铁路快速成长，真正形成能够抗衡世界跨国公司的竞争实力。同时，要以国际化的思维模式去思考海外拓展问题，用合资合作、兼并收购、海外建厂等方式去探索全球扩张新路子。Dynex 的收购和成功经营，证明我们有能力兼并更有能力经营好海外企业；以 IRIS 标准认证推进国际市场开拓，实现了欧洲市场突破。我们要抓住机遇，加快推行国际标准，全力拓展海外市场，努力打造真正的国际化南车。

（二）打造国际化南车，必须坚持技术创新，勇于占领世界先进技术制高点。在铁道部的支持下，通过近六年的实践，我们成功走出了一条引进消化吸收再创新的技术创新之路，自主研发了高速动车组、大功率电力机车、内燃机车、城轨地铁等具有世界先进水平的新产品，特别是7200千瓦电力机车的成功研制和新一代高速动车组的设计完成，充分证明我们有潜力冲刺世界顶尖水平。我们要进一步加大技术研发力度，做到生产一代，研制一代，储备一代，预研一代，积极抢占世界先进技术制高点，实现跻身世界业内三强的战略目标。

（三）打造国际化南车，必须夯实管理基础，着力打造管理竞争力。今年以来，我们通过推行精益生产、深化公司治理、狠抓增收节支，提升了管理水平，提高了经济效益，有效应对了金融危机带来的冲击和影响，保证了企业的持续健康发展。我们要继续以精益生产为核心，打造管理竞争力，形成良好的精益文化和精益行为，不断提高效率、完善品质、增加效益；以公司治理为中心，完善管理架构，提高治理有效性，全面落实各项制度和流程，确保科学决策，有效防范风险，不断提高南车的国际化管理水平。

（四）打造国际化南车，必须培育优秀人才，不断提升领导力和执行力。没有一流的员工队伍，难有一流的企业。今年以来，我们积极建设"学习型企业"，在培育人才、提高素质和执行力等方面下了很大功夫，支撑了企业的快速发展。实践证明，没有强有力的执行力就没有强大的竞争力，没有出色的领导力也就没有强有力的执行力。我们要面向全球，大胆突破，引进一批体现企业发展战略的高层次人才，同时加快企业所需各类人才的内部培养和选拔，进一步提升企业的领导力和执行力，以应对后金融危机时代更加激烈的国际化竞争。

（五）打造国际化南车，必须追求价值创造，努力培育新的经济增长点。利润的持续增长，是投资者对上市公司的基本要求，也是我们持续发展和国际经营的基础。目前南车正处于高速发展的成长期，必须把握好增长速度、质量和效益的关系，注重内涵式增长和外延式增长相结合，关注经济增加值，讲求投入产出最大化，有效控制成本费用；同时，要加快新产业的发展，加大高技术含量、高附加值产品的开发力度，培育利润持续增长的新领域，形成新的经济增长支柱，增强中国南车的发展后劲。

（六）打造国际化南车，必须注重科学发展，充分发挥党建工作的保障作用。今年以来，我们深入贯彻落实科学发展观，加强和改进党的建设，各级党组织围绕发展大局，融入中心工作，重视文化培育，不断增强凝聚力、创新力和战斗力，团结带领广大党员和员工群众，扎实做好生产经营工作，有效应对市场变化的冲击，保持了企业的持续健康快速发展。我们要以改革创新精神，深入推进党建工作，着力团队建设和文化培育，进一步激发创造力、增强凝聚力，为中国南车的改革发展稳定提供强有力的政治保证。

二、认清形势，趋利避害，加快实现发展战略目标的步伐

今年以来，随着国家应对国际金融危机一揽子计划的深入落实，我国经济不断企稳回升、明显向好。2010年，我国将保持宏观经济政策的连续性和稳定性，继续实施积极的财政政策和适度宽松的货币政策，提高经济发展的稳定性、协调性、可持续性。国民经济的平稳较快发展，全球经济的逐步复苏，给中国南车的持续快速发展带来了难得的机遇。一是我国应对国际金融危机冲击一揽子计划的不断落实和丰富完善，《加快装备制造业调整振兴计划》和一系列区域振兴规划的深入实施，为南车的快速发展创造了良好的政策环境。二是和谐铁路建设进入高速发展期，到2020年将新建铁路4万公里，总投资规模将突破5万亿元。从2010年到2012年，铁路平均每年将完成基建投资 6000 亿元以上，铁路建设项目遍及31个省区市。铁路建设的加快，对机车车辆和工程机械的需求非常迫切，铁道部每年计划安排购置费约1000亿元，为南车的快速发展提供了有利的市场条件。特别是随着京津、武广、郑西客运专线的建成投运，以及京沪高铁等一批客运专线的贯通，客运专线将达到 1.6 万公里，其中高速铁路达到 1.3 万公里。中国迈入高铁时代，领先世界铁路发展水平，带来了对高速列车的巨大需求，这对我们的自主创新能力也将起到巨大的促进作用。三是城市和城际轨道交通建设步伐加快，城轨地铁市场进入黄金机遇期。到2015年，我国将有22个城市新建 79 条轨道交通线路，总投资 8820亿元。2010年将有 17 个城市建设轨道交通线路，城轨地铁需求量4700多辆，总金额约275 亿元，城轨地铁市场前景广阔。四是随着实体经济的复苏，汽车、发电、石油、船舶等行业的规模扩张和产业升级带来了对高水平机电产品的需求，为南车新产业的发展壮大带来商机；特别是我国为解决经济结构性矛盾，促进可持续发展，大力发展低碳经济和绿色经济，支持新能源产业投资，推动新兴产业发展和传统产业升级，南车在风电、电动汽车、燃气机等新能源新材料等方面大有文章可做。五是全球经济复苏，为我们开拓国际市场带来更大空间，特别是为应对气候变化、促进节能减排，绿色环保的轨道交通装备产品受到世界各国的青睐，全球轨道

交通建设的力度越来越大，世界轨道交通装备进入新一轮更新期和发展期；加之“走出去”战略的实施，引进消化吸收再创新的深化，南车已经具备参与全球业内高端产品竞争的优势和能力，以及海外并购、合资合作的基础和实力，为我们深入开展国际化经营创造了良好条件。

当前，虽然我国取得了应对金融危机的阶段成果，但经济回升的基础还不稳固；世界经济复苏缓慢，还有诸多变数。外部大环境的不确定、不稳定因素仍然很多，南车的发展同样面临严峻挑战。第一，随着铁路等基础建设投资加大，市场对轨道交通装备的需求稳定增长，但产品供求结构不均衡仍将存在。用户要求的提高和市场格局的变化，对企业的持续发展带来了挑战，南车企业将面临两极分化的发展困惑。一方面，自主创新任重道远，动车组、大功率机车的再创新和产品升级，以及质量、技术和产能面临严峻考验；尤其是高速动车组等新型产品的密集上线运营，产品质量和运输安全方面的压力和考验越来越大。另一方面，随着既有车型的萎缩，新型产品维修基地的上马，修理企业的出路和发展问题凸现，南车资源的重组整合和调整优化迫在眉睫。特别是国内轨道交通装备产品盈利不足的局面可能长期存在，我们要有更充分的思想准备和更有力的应对措施。第二，虽然经受住了金融危机和市场变化的考验，但在今后的发展过程中，我们还将遇到更多的困难和风险，市场竞争和技术较量势必越来越激烈，质量水平和用户要求势必越来越高，我们的市场竞争能力、技术创新能力、公司治理能力、抗御风险能力、持续赢利能力都将遭遇更大考验。特别是在国内国际竞争中，如何持续保持领先一步的优势，尚有大量艰巨的工作要做。第三，金融危机的冲击尚未消除，世界经济的进一步复苏有待时日，对南车产品的出口仍有不利影响，国际市场拓展仍有一定难度，履约和汇率风险仍然存在。由于我国经济复苏回升基础尚不稳固，市场不确定因素较多，路外市场和新产业市场仍有不明朗之处。第四，全球流动性过剩可能带来的油、水、电、钢材、有色金属等基本生产资料的价格波动预期增大，企业经营成本控制难度加大。企业快速发展，经营规模迅速扩张，如何有效解决增长质量和效益问题也是一个重要课题。

在新形势和新任务下，企业党建工作也面临新的特点。一是党的十七届四中全会提出了加强和改进新形势下党的建设的总体要求、目标任务和重要举措，贯彻落实党中央精神，加强和改进企业党建工作，需要我们进一步解放思想，以改革创新的精神，扎实做好各项落实工作。二是围绕科学发展，如何做好理论先导，转变工作机制，发挥党组织的政治核心作用、党支部的战斗堡垒作用和党员的先锋模范作用，团结带领广大员工群众，促进改革发展稳定工作落实到位，需要我们积极探索。三是实现战略目标，如何组织员工统一思想，明确任务，激发广大党员和员工的积极性和创造性，把握发展机遇，应对市场风险，推进企业不断前进，需要我们全力抓好。四是落实党管人才方针，如何培养和引进国际化人才，打造一支爱岗敬业、技术精湛、作风过硬的高素质高层次现代化的员工队伍，持续提高领导力、执行力，进一步增强企业竞争力，适应未来更加激烈的国际化竞争，需要我们扎实推进。五是培育企业文化，如何将南车价值观和经营理念转化为员工的普遍信念和自觉行为，以文化的力量凝聚人心、提升品牌价值、促进企业发展，需要我们深入实践。六是加强作风建设，如何推进惩防体系建设，强化监督约束机制，防范经营风险，促进廉洁从业，需要我们持续落实。七是坚持依靠方针，如何进一步健全职代会制度，完善民主管理，切实维护员工合法权益；在企业快速发展过程中使员工共享发展成果，建设和谐企业，确保稳定局面，需要我们高度重视并积极实践。

2010 年是中国南车实现跻身世界业内三强战略目标、确立行业领先地位的关键一年，同时也是为“十二五”良好开局夯实基础的重要一年，做好全年工作，对中国南车的持续快速发展具有重大意义。我们必须认清形势，保持清醒头脑，适时调整组织结构和产品结构，加快产品创新、管理创新和机制创新步伐，提升技术水平和管理水平，不断增强企业竞争实力和发展活力；认真修订发展战略，做好“十二五”规划，抓住危机后的大变革带来的新机遇，迎接未来更高层次、更高水平、更加激烈的竞争。

三、振奋精神，明确任务，全面完成 2010 年和“十一五”各项目标

中国南车 2010 年的总体工作思路是：贯彻落实党的十七大精神及中央企业负责人会议和全国铁路工作会议精神，深入实践科学发展观，增强自主创新能力，提高科学管理水平，完善管控体系，提升品牌价值，适应市场需求，推进国际经营，全面实现“十一五”战略目标，积极建设更具竞争实力和发展活力的国际化企业。

中国南车 2010 年的主要经营目标是：集团公司实现营业收入 620 亿元，利润总额同比增长 20%，全面完成国资委下达的各项经营业绩考核指标。其中，南车股份实现营业收入 600 亿元，净利润有较大增长，保持持续良好的经营业绩。

为此，中国南车要重点做好以下工作：

（一）把握市场动向，加大拓展力度。 抓住我国经济回升的时机，依托和谐铁路建设和城轨交通建设的快速发展，全力拓展市场，确保国内市场产品份额稳中有升。加强以客户为中心的营销理念，分析客户需求，创新市场营销模式，抢抓市场，抢抓订单，抢占制高点，以领先的技术、优质的质量和周到的服务，持续提升市场竞争能力。顺应市场发展趋势，紧跟铁路建设步伐，加强用户的沟通，敏锐感知并满足用户需求，以更具智能化、人性化、可靠性的高速动车组去争取更大的市场支持；促成大功率电力机车和内燃机车后续订单早日签定；保证客车、货车和修理产品份额在原有基础上不断巩固和提升。积极拓展路外市场，做好市场细分，稳定重要市场和重要客户，挖掘潜在客户，拓展新市场。全面拓展城轨地铁市场，抓住区域经济振兴的有利时机，明确市场主攻方向和拓展领域，加强协同作战能力，采取战略合作、合资建设大修厂等灵活策略，做好售后服务和维修保养等工作，争取地方政府在政策导向和市场运作上的支持；发挥整体优势，实现集团利益最大化，争取城轨地铁市场新签合同总金额占 60%以上。按照符合国家政策要求和南车发展战略的原则，加强新产业市场的调研和分析，慎重筛选项目，分析好市场前景和风险因素，在科学论证的基础上发挥专有技术优势，加大高精尖产品和对南车发展有支撑作用产品的投资力度，迅速形成产业能力，成为南车未来发展的有力支撑。进一步提升自主创新能力，加快实施“走出去”战略，依靠铁道部等政府部门的支持，大力开拓国际市场，把我们先进的技术装备推向世界。加快构建和完善国际贸易分公司的运作模式和机制，建立统一对外经营窗口和国际化经营平台。分析研判各目标市场的形势变化，抓住世界经济逐步复苏和绿色经济蓬勃发展的机遇，及时调整海外产品市场和区域市场策略，巩固传统市场，开拓新兴市场；加大资源开发整合力度，参与高端产品的国际竞争，调整出口产品结构，努力实现高端产品市场的战略性突破和持续增长。2010 年海外市场签约额力争 15 亿美

元。

（二）推进技术创新，增强发展实力。技术创新是中央企业做强主业增实力的关键，是引领企业持续发展、占据未来竞争制高点的强大动力。我们要按照国家相关要求，积极推进中国南车创新型试点企业相关工作；进一步加快高速列车国家工程实验室建设进度，确保明年建成投入使用；加强产学研联合，借脑引智增强研发能力。结合业务整合与结构调整，认真研究各业务板块的技术创新体制和机制，努力建设若干个具有国际竞争力的整机和关键部件专业化研发机构，建立和完善优势集中、开放式合作、国际化运作的技术创新体系，进一步增强企业自主创新能力。加快试验验证体系建设步伐，实现动车组、内燃机车、电力机车协同仿真平台的深度应用；积极组织“三大技术平台”建设项目的验收工作，总结建设经验，明确“十二五”工作方向。加强知识产权管理，加大专利申请和布局研究力度，依法保护自主创新成果，逐步实现知识产权管理的系统化、制度化、规范化。坚持科技兴企、领先一步的原则，抓好重点科研项目和新产品研发工作。一是着重抓好新一代高速动车组自主研制工作，确保形成批量生产。这是我们全新设计研发的具有世界先进水平的自主知识产权产品，关系南车未来的生存和发展，关系今后的市场份额，必须全力以赴，倾集团之力抓好该项目，努力抢占技术和市场制高点。二是深入推进大功率电力机车项目，抓好株洲、资阳两个平台，明年资阳平台要完成 200 台的生产任务；发挥各自能力，形成集团优势。利用交付能力、产品品质和技术性能等方面的优势，把握先机，获得市场支持。三是继续推动大功率内燃机车引进消化吸收再创新工作，加快部件国产化进程，强化质量控制，为落实后续订单奠定基础。四是认真抓好时速 200 公里客运电力机车和客车项目、时速 200 公里及以下城际动车组项目、4000 马力交流传动内燃机车、混合动力内燃机车的研发。充分利用南车内部资源，做好相关产品的设计方案和研制生产工作。五是尽快提出更高速度等级动车组的总体技术方案并通过铁道部确认，为 2011 年整车研制打好基础。六是加大高档客车，载重 100 吨级运煤专用货车、载重 80 吨级通用货车及大轴重转向架、单元制动技术和大轴重货车用制动机等配套技术的研发力度。七是积极抓好出口土耳其城轨车辆、深圳 4 号线地铁车辆等研发工作；继续推进低地板城市轨道车辆、中低速磁悬浮交通系统的研究工作。八是加大专有技术延伸产品的研发力度，通过自主研发、引进技术、合作发展等途径，开发生产适销对路的绿色环保产品，在风电、电动汽车、工业特种电机、变流器、船用柴油机、燃气发动机、工程机械、大功率半导体器件、齿轮传动装置、汽车增压器部件等领域逐步掌握核心技术，拥有自主知识产权，形成核心竞争力。

（三）强化资源整合，提升竞争能力。明年要做好现行战略实施情况的评估，并进行长远战略的修订和“十二五”规划的制订工作，着手研究可靠领先竞争对手的战略措施，重点筹划和推进资源整合、并购重组等工作。要加强战略联盟合作能力，深入推进南车与地方政府的合作，组织实施好天津、洛阳、贵阳、广州、成都等重点项目；特别是在铁道部领导下，与广铁集团一起，做好广州和谐型大功率电力机车检修基地的建设工作；落实与中央企业的战略合作，发挥协同发展效应，互惠互利，合作共赢。深入研究产品规划布局方案，开展动车组东扩、大部件等业务整合工作，加强大部件的专业化、国产化和自我配套能力，形成核心关键零部件的内部供应体系；分析各业务板块及企业的发展定位和产品布局，尽快研究新造与修理企业联合发展的方案，发挥龙头企业的带动作用，探讨修理企业持续发展的模式，优化资源配置，完善内部价值链和产业链，提升集团的综合竞争能力。加大企业内部资源整合力度，调整组织架构，进一步压缩管理层级，缩短管理链条。以南车股份计算企业层级，原则上要控制在三级以内。抓好新产业发展规划，重点研究工程机械、电动汽车等产业的发展模式；积极探索适应新产业特点的管理架构模式，促进新产业快速扩张发展。系统规划南车国际化的目标、重点、步骤和工作方法，认真研究国际扩张和产业布局，打造国际化的基础和平台。抓住国内外市场机遇，积极推进兼并重组工作，获取先进技术，拓展海外市场，促进国际化发展。明年重点抓好伊朗建厂、印度建厂、土耳其货车维修以及欧美发达国家轨道交通装备资产并购等项目，在跨国并购和投资方面取得突破。加强境内合资企业监管，完善管控模式，争取最大收益。着手调研制订新一轮投资技改方案，为“十二五”快速发展奠定基础。以经济增加值（EVA）理念引导投资理念和方式的转变，为节约资本使用而尽可能多地采用业务外包或轻资产运作模式，果断处置低使用效率与低回报率的资产，实现资源合理配置和结构优化。抓好投资体系建设，完善投资管理模式，强化投资项目责任制，做好项目后评价工作；加强募投项目管理，防范投资风险。继续按照积极稳妥的策略，抓好重点项目和关键基地建设，尽快发挥投资效益，迅速提升产品的生产制造能力。

（四）推行精益生产，促进科学管理。经过实践，精益思想、精益理念已成为南车提升管理竞争力的核心，我们要统一思想，全力推进。一是认真落实精益生产实施规划，进一步明确精益工作方向和要求。明年重点做好5S和TPM的全面推进工作，深入抓好现场管理，形成持续改善的工作机制；开展精益生产示范工程建设，努力建设成熟的示范区（示范线）。各子公司要建立不少于2个成熟实施的精益示范区（示范线）。二是抓住精髓，务求实效。实施精益生产，打造管理竞争力的精髓在于品质、效率、效益，我们要通过推进精益，提高产品质量，确保铁路运输安全；提高生产效率，夯实管理基础，实现管理能力的跨越；抓好成本控制，提升企业赢利能力。三是全员参与，扎实推进。要注意把握好精益的内在要义，积极搭建管理平台，通过全员联动，坚持创新、改进、提升，促进管理变革创新。各单位党政工团要齐抓共管，企业一把手要亲力亲为，并有专职人员进行策划和实施。四是打造精益文化，抓好精益理念宣贯，将精益思想、精益理念融入员工的血液，变成员工自觉自发的行为，形成企业创新发展的动力。明年有条件的企业要向“精益企业”迈进，在发展思想、管理理念、研发设计、生产方式、物流方式、品质管理方式、员工培育和行为习惯等方面实现质的飞跃。要加强安全管理体系建设，落实安全生产责任制，推进作业标准化、检查标准化、应急管理标准化、事故管理标准化工作，持续提升安全管理水平，力争杜绝重伤及以上事故发生，实现“三零”目标。积极开展清洁生产审核和节能监测，促进节能减排工作科学、高效、精准，全面完成国资委下达的节能减排目标。

（五）加强财务管理，提高盈利水平。要创新企业盈利模式，强化价值管理，以效益为中心，扎实做好各项管理工作。继续加强公司运营管控，通过滚动管理和日常平衡与调度，确保公司生产合理均衡、经营可控、调节有力。进一步提高预算管理的制度化、规范化和流程化水平，加强预算监控和滚动预算管理，强化预算执行力度。深化资金集中管理，加大内部调剂，充分用足内部资金。加强现金流管理，抓好应收账款回收，降低财务风险。加强关联交易管理，落实责任，规范操作，达到监管要求。继续加大降本增效力度，层层分解落实成本控制责任，深入挖潜提效。制订新的资产经营责任制考核办法，用EVA来衡量经营成果。国资委将在第三任期全面推行EVA考核，用EVA替代净资产收益率，并给予40%的权重，相应利润总额权重调整为30%。我们要按照国资委要求，落实《中央企业经济增加值考核实施方案》,引导子公司树立资本成本和投资回报意识，不盲目追求资本投入和资产投入，逐步提升价值创造能力，在公司内部形成对资本负责，对价值创造负责，对决策结果负责的责任机制，确保公司战略目标实现。密切关注资本市场变化及汇率、利率、税率的变化，抓好税收策划工作，减少财务费用，规避风险，提高效益。适时开展资本运作，完成时代新材定向增发和Dynex配股融资工作，推进南车股份、时代电气的增发融资工作，为公司发展募集资金，努力实现资本运营收益。建立规范的股权管理体系，实现对投资企业的有效监管和控制。加强物资及供应链管理，推行物资采购供应管理模式，抓好物资的大宗采集和储备工作，进一步降低采购成本。

（六）严格质量管理，确保运输安全。产品质量关系铁路行车安全，是装备企业的头等大事，我们要把“高标准、讲科学、不懈怠”的要求贯穿于质量管理体系建设始终，运用科学的管理方法，推动产品质量管理水平不断提升。加快企业技术标准的制定工作，积极参与国际标准制订，进一步提高国际采标率，产品设计要尽量采用国际标准，形成模块化和标准化；深入抓好17项工艺标准的贯彻实施，提升技术标准体系建设水平。全面推进IRIS（国际铁路行业标准）认证，加强内部质量审核，持续完善质量管理体系。积极采用RAMS可靠性改进方法，加强产品质量数据应用，努力提高产品全寿命周期的可靠性。落实产品质量层层负责制，权责明确，赏罚分明；切实提高质量管理控制能力，强化对设计、制造、验收等关键环节的监督卡控，以精益的理念、过硬的质量，体现企业的制造优势、技术优势和管理优势。适应用户要求，完善售后服务体系，抓好重大质量信息收集、分析和处置机制和闭环管理，确保售后服务工作反应灵敏、行动快速、服务及时、措施到位。12月26日，武广线将开通运营，我们要进一步做好高速动车组和大功率电力、内燃机车以及城轨地铁等产品上线运营的技术支持和售后服务，尤其要高度关注旅客列车、高速铁路相关产品，以优质的产品和优良的服务，确保铁路运输安全。春运期间，各单位要配备精兵强将，全力以赴做好服务，保证春运安全。

（七）深化公司治理，完善管控体系。公司治理的水平是一个企业管理水平和竞争力的体现，国际化的公司必须有国际化的管理水平。要继续深化公司治理，进一步推进制度建设、流程优化、风险防范、内部控制、信息化管理等多系统的统筹协调和完善工作，关键要抓好落实和管控，增强领导力和执行力，提高公司治理的有效性。进一步完善治理结构，理顺总部职责和管理流程，落实组织架构，尽快形成职责分明、高效运转的管理体系。要依法诚信经营，自觉接受监管，对用户负责，对投资者负责，对员工负责。抓好信息披露，规避监管风险。加强投资者管理，形成公司与投资者之间的良性关系，建立稳定和优质的投资者基础。继续做好与独立董事的沟通工作，有效发挥独立董事的作用。抓紧出台制度汇编、内控手册，并强化培训，确保制度落实到位，提升内控管理水平；加强采购、营销和投资审计，切实保护企业效益；开展重大投资项目、制度建设与执行、采购管理等效能监察，不断提升管理效能。建立企业总法律顾问制度，设置独立的法律事务部门，完善法律事务工作，确保企业规章制度、经济合同和重要决策的法律审核把关率100%，满足企业发展需要。加强对子公司重大事项的管控，提高集团控制力。大力推进信息化的深化应用，抓好各类信息资源的有效集成和高效利用，实现企业物流、资金流、信息流的集成，进一步提高管理效率和决策水平。明年要全面推进经营管理信息系统，抓好人力资源、投资管理、财务管理等信息系统的实施工作，同时加强网络信息安全管理，确保商业秘密和数据信息的安全。加强研发系统与管理系统的数据集成工作，实现南车技术、管理、制造资源的有效集成。

（八）着力人才建设，增强发展活力。按照南车战略和国际化发展要求，努力构建系统化、一体化、规范化的南车人力资源管理体系，建设一支良好素质的员工队伍。中央企业负责人会议明确指出，员工队伍素质是铸造一流品牌、提升企业竞争能力的重要基础；员工队伍建设是做强主业增实力的关键，也是中央企业目前薄弱环节所在，必须下大力气取得突破。我们要切实加强领导力建设，推进高层管理者队伍建设的科学化、制度化、规范化，继续开展高级职业经理人的认证培训；贯彻落实《中央企业领导班子和领导人员综合考核评价办法》，完善对高层管理人员的考核评价制度和方式，加快培养具有战略眼光和远见卓识、能够果断决策和迅速行动、始终谦虚好学和永不自满、勇于挑战自己和尊重别人的出色企业领导人。探索领导班子年龄调控机制，加大“70”后优秀人才的选拔力度，加大干部轮岗和交流力度，开展新一轮后备干部选拔工作，培养锻炼年轻干部，不断提升管理者的综合能力和素质。要结合“走出去”的战略和资本运营的需要，下大力气引进国际国内一流人才，同时按照发展战略需要，更多地立足内部，抓好高科技、市场营销、项目管理、技能专家、复合型高技能等各类人才的培养和选拔，努力造就一批能够适应南车持续发展的人才队伍。继续推动和深化“变革培训”，坚持“全员培训、标准化、知识管理、价值观提升”的培训原则，不断强化培训制度和机制建设，实现培训资源的有效管理和共享，完善南车特色的内部培训体系，强化员工培训，开展全方位、多层次的员工培训。利用好常铁校、湖铁院等培训资源，做好职业培训。要完善宽带薪酬制度体系，构建多层次的员工激励机制；调控企业薪酬水平，突出绩效考核，促进工资合理增长。构建和谐稳定的劳动关系，合理配置人力资源，优化人员结构，促进员工合理流动，逐步实现企业劳动用工市场化。抓好企业班组建设，提高一线员工的职业素质和岗位技能。

（九）抓好企业文化建设，提升南车品牌价值。企业文化建设是企业核心竞争能力和抵御风险能力的重要组成部分，要进一步推进中国南车核心价值观和战略思想的宣贯，牢固树立“同一个中国南车”意识，提升南车在国际国内市场的美誉度和知名度，促进南车战略目标的实现。要加快南车文化整合步伐，尽快完成《企业文化手册》并开展全员宣贯活动，推进同一价值观的形成；开展精益制造文化、先进价值文化、优秀质量文化、诚信廉洁文化等特色文化建设活动，增强企业的凝聚力和员工的执行力。明年作为“品牌提升年”，要以“同一个中国南车”为主题，统一全员品牌思想，系统开展品牌传播，建立健全品牌管理制度及流程，探索开展品牌贡献率考核。围绕“中国南车光辉十年”，突出新一代高速动车组等自主创新重大成果，做好策划方案，广泛深入宣传南车的先进典型、先进事迹、先进技术和先进文化，树立良好形象，提升南车影响力。

（十）加强和改进党的建设，凝心聚力

共谋发展。深入贯彻党的十七届四中全会精神，着力加强和改进企业党建工作。组织开展学习实践科学发展观活动回头看活动，进一步巩固和扩大学习实践成果，建立贯彻落实科学发展观的长效机制。制订创建学习型组织的措施方案，推动南车创建学习型组织活动的深入开展。进一步完善“四好”领导班子创建考评实施细则，推进领导班子建设，把增强领导班子整体合力作为重点，促进班子成员之间互相支持，加强协调，特别是推进党政正职之间的密切配合，真正做到优势互补；加强作风建设，做到诚实尽责、勇于负责，力戒放弃原则的一团和气；强化大局意识，提高执行能力。明年围绕党员理想信念、正确的人生观和价值观，结合南车实际，重点对领导干部开展一次集中的思想教育活动，增强发展使命感，把好金钱欲望关。按照中组部和国资委要求，认真开展以争创“四强”党组织、争做“四优”共产党员为主要内容的创先争优活动。通过扎实有效的思想政治工作，维护南车持续快速健康发展。建立舆论引导机制，把握正确的舆论导向，努力营造健康向上的舆论氛围。健全社会责任管理体系，切实履行中央企业的社会责任。落实维稳和信访工作机制和责任制，努力消除不稳定因素，防止发生大规模群体性事件。深入推进党风廉政建设和反腐败工作，全面构建具有南车特色的惩防体系；贯彻《国有企业领导人员廉洁从业若干规定》，制订廉洁从业实施细则。落实依靠方针，进一步完善以职代会为基本形式的企业民主管理制度，推进民主决策、民主管理和民主监督；继续开展“八比八创”劳动竞赛和技术创新活动；深化“三关心、三保证”工作，及时解决员工群众的合理诉求，使员工共享改革发展成果，共建和谐南车。

（十一）**继续抓好存续资产处置，确保平稳有序**。以加强年度预算管理为手段，通过滚动经营预算和专项工作计划，推动存续企业各项工作的有序开展。一是进一步加强存续资产管理，继续开展房屋、土地的确权办证等工作，强化债权清收与出租资产管理，做好货币资金的集中管控。二是加速处置存续企业持有的各项投资小股权，力争完成80%；继续抓好主辅分离各存续企业的国有权益核减及账务清理等后续工作。三是进一步加强“三供”系统改造移交等工作。推进铜陵厂、浦镇厂供水供电系统改造及资产、职能的移交工作。利用国家优惠政策，研究企业棚户区的改造方案，下大力气解决员工住房困难；兴建单身公寓，为年轻员工创造良好的生活条件。

新的一年，机遇与挑战并存，责任和使命重大。让我们深入贯彻落实科学发展观，开拓创新，奋勇争先，努力推进中国南车科学发展，夺取“十一五”发展的全面胜利，奠定“十二五”发展的坚实基础，打造更具竞争实力和发展活力的国际化南车，为国民经济的平稳较快发展作出更大贡献。

坚定信心　坚守精益
持之以恒地推进精益生产

——集团公司党委书记，股份公司总裁郑昌泓发表在《中国南车》报纸上的文章（摘要）

（2010 年 6 月 21 日）

丰田“召回门”事件的发生，一定程度上引发了人们对世界顶级企业产生疑虑，人们在担心丰田能否妥善解决召回问题的同时，也不由地困惑：精益生产模式到底发生了怎样的问题？精益生产的理论和实践失败了吗？对于正在全力推行精益生产的中国南车，应得到什么样的启示？

一、坚定信心，推进精益生产是中国南车深思熟虑的结果和决心

推进精益生产，是中国南车积极适应不断变化的市场环境，追求持续、快速、健康发展的重要战略决策，是实现中国南车战略发展目标的重要举措。为什么要把推进精益生产作为中国南车目前及今后一段时间的一项核心工作来抓？是认识到南车要成为国际一流公司，必须在全球竞争环境下，把提高管理竞争力作为一条重要途径。管理竞争力，需要坚实的管理基础，特别是降低成本、提高效率、提升品质的能力。

精益生产方式是继单件生产方式和大量生产方式之后在日本丰田汽车公司诞生的全新生产方式。精益的“精”指更少的投入，“益”指更多的产出。丰田是代表了 21 世纪管理趋势的公司。20 世纪基本上是美国福特模式占主流，这种模式强调规模，强调精英管理，通过“量”的扩张与品牌的“优势”来获得垄断优势。丰田模式开创了“集约”经营的典范，强调“消除浪费”，强调员工智慧和持续改善，强调灵活的生产方式等。现在，精益生产早已不是丰田一家独有的经营理念，它已经泛化为世界所有制造、销售企业的经营理念。目前，很多世界 500 强企业都在或正在推行精益生产，一些服务业和政府组织，也在掀起学习精益管理的热潮。日本制造业的巨头以及他们的上游供应商，现在几乎都采用精益生产模式。作为六西格玛管理成功样板的通用电气（GE）公司在 2001 年就开始强调精益管理。在 IT 行业，软件业巨头 Oracle 开始学习以精益的角度设计各类企业管理软件。IBM、DELL 等公司也正大力开展精益活动。全球最大的铝业集团（Alcan）在 90 年代初就开始导入精益管理。在中国，许多企业都在学习和推行精益管理，而且已经取得了很好的效果。中国南车自 2008 年 6 月启动精益生产以来，近两年的时间，在总部和子公司的共同努力下，做了大量工作，也取得了一定的成效。

一是在集团的大力倡导下，从 8 个单位试点推进开始，全部子公司加入精益生产行列，各单位成立了三级工作组织，确立工作目标，确定试点项目，组织开展培训，完善基础管理，以精益生产为主线的管理提升在中国南车全面展开。

二是抓好精益理念宣传培训和精益人才培育。各单位通过内部报刊、OA 网、宣传栏、宣传册、广播、板报等，大力宣传精益理念，普及精益知识，营造精益氛围。集团及各子公司切实抓好培训工作，理论培训与实战培训相结合，境内培训和境外培训相结合。集团组织了两批赴日本研修培训，拓宽了视野。培训方法不断创新，洛阳公司开发了模拟沙盘；浦镇公司建立了工位长实训道场，并把精益办作为后备干部实训基地；株机公司、戚墅堰公司建立了员工训练基地。各子公司还着重培养内训人员，开展转训工作。目前，无论是集团还是子公司，对推行精益生产都非常重视和支持，对精益生产持有坚定不移的态度。并涌现了一批热爱精益、实践精益的人员。

三是以解决生产经营的瓶颈因素为突破口，积极开展试点工作。各子公司结合经营实际，积极选择精益试点，实践精益，提升管理。包括 5S、目视化、班组建设、TPM、标准作业、精益质量、拉动式生产、精益物流、改善提案、精益人才育成、价值流分析等改善工具得到应用，并有效解决了经营中的难点。株机公司、戚墅堰公司等在交期紧张、配件供应不及时、生产准备周期长等的影响下，通过实施精益改善较好兑现了合同。四方股份公司、浦镇公司等创新生产组织方式，优化制造工艺，改进工艺布局，通过作业写实，进行作业平衡，压缩瓶颈工序制造周期，提高了整体工效，如期完成生产任务。特别是株机公司的 7200 千瓦大功率货运电力机车，按照精益理念，仅用 6 个月时间，迅速完成产品立项和设计制造，并在 2009 年下半年完成了 130 台车的批量生产任务。另外，在现场管理、效率提高、品质提升、库存降低等方面，企业有许多令人振奋的改善案例。有些成效尽管目前是局部和微小的，但意义非常大，只要我们持续改善，最终会有意想不到的收获。

四是工作机制逐渐建立，制度及标准化文件初步形成。我们致力于总结和探索符合企业特色的工作方法，建立工作机制、工作流程和工作方法。遵循“总体规划、试点突破”的工作原则，在试点取得成效的基础上延伸实施范围，稳扎稳打、步步为营、追求实效，一定程度上规避了走过场、搞形式。集团调研制定了精益生产实施规划，明确了实施步骤和实施方法，制订了《精益生产工作考核评价办法（试行）》，促进精益生产的科学化、制度化、规范化，并明确了考核指标。许多单位制定了精益生管理办法，建立了工作例会和点检制度，围绕现场管理、物流配送、设备管理、目视化管理、改善提案等，建立了工作规范和工作标准，完善了基础管理。围绕节拍化生产如何实施，改善提案如何有效开展，调研评价如何进行，小团队活动如何开展等，总结、提炼了共性的、具有参考和借鉴意义的工作方法，实现知识的共享，也是具有南车特色精益生产体系的一部分。

尽管我们仍然存在很多的困惑，我们对精益生产的理解和认识还有待加深，但是，经过两年的实践，精益生产在中国南车的适应性和取得的初步成效已经得到了验证。所以，对精益生产我们不能有丝毫的犹豫和懈怠。

二、坚守精益，推进精益生产是中国南车实现高增长的有效途径

1．正确认识丰田“召回门”事件

一向以优质、安全著称的丰田汽车出现了巨大的质量问题，“召回门”事件引发了理论界和企业界的许多思考和讨论。目前，比较普遍的认识是，丰田“召回门”事件的发生，不是精益生产的错，恰恰是不遵循精益的错。

首先，“召回门”事件的发生，是企业规模急剧扩张与业务管控能力不匹配的结果。从2005年开始，丰田为了登上全球汽车行业龙头老大的地位，以每年增加五十万辆生产能力的速度急剧扩张，至2008年，丰田终于超过美国通用，成为全球最大汽车制造商。有资料显示，在规模方面，在过去的近5年时间里，为扩大市场占有量，丰田在全球范围内广设生产、销售网点，其海外产量增加了一倍多。急剧的市场扩张，造成战线过长，摊子太大，而业务管控能力却没有跟上。丰田在向自己的目标迈进的时候，却丢弃或忽略了自己的宝贵传统：快速的扩张，使他们来不及遵守或者稳固自己的精益体系；监控的乏力，让他们来不及解决产品研发、质量管控、生产制造、配套供应出现的各种问题，最终使质量监控出现盲点，进而导致这次罕见的全球召回事件的发生。

其次，“召回门”事件的发生，是不坚守精益的结果。为了攻下世界销量第一的宝座，在利益最大化的驱动下，丰田在急剧扩张市场的同时，忽略了精益生产“客户第一、质量第一、安全第一、员工满意”的基本原则。一方面，丰田未能在急剧扩张市场的同时，调整公司结构，加强管理，使之适应其规模的增长；另一方面，在一心追求收入和利润时，却忽视了质量和安全的至关重要性。数据显示，丰田频繁发生召回的产品大多集中在2005年～2008年，而这段时间正是丰田汽车销售膨胀最为迅速的四年。第三，只有在确保产品质量的前提下，才能留容成本削减的空间。早在2000年，丰田前任总裁渡边捷昭就策划并制订了“21世纪成本竞争力建设（C C C 21）”计划。当时丰田汽车正在北美、欧洲和亚洲进行扩张，为消除重复采购，该计划从设计、生产、采购和固定费用等四个方面“大规模压缩成本”。该计划实施后的五年里，丰田供应商将180个关键零部件的价格削减了30%，这为丰田节约了100亿美元，更为丰田的利润额持续上升和丰田的全球战略扩张争取了时间和资金。正是在这5年里，丰田发展成为全球盈利能力最强的汽车生产商。渡边捷昭的成本控制手法被称作“拧干毛巾上的最后一滴水”。2008年，丰田要求零部件供应商在3年内至少将成本减少三成。这种“拧干毛巾上的最后一滴水”做法本身无可厚非，但正是在这个环节上，丰田犯了一个致命错误，那就是，忽略了产品质量与成本的辩证关系。“召回门”事件，正是丰田背离精益生产宗旨的结果。

第三，“召回门”事件的发生，是文化冲突的结果。丰田公司是一家国际性企业，基于日本国土而孕育的丰田文化，有着鲜明的地域特征。日本国土狭小，资源匮乏，市场开放度高，激烈的市场竞争，以及丰田实行终身雇佣制，形成了趋同的企业价值观，使精益文化得以孕育、繁衍、壮大。离开了本土，丰田的体系、文化变得不稳定。特别是在国外建厂后，随着海外工厂越来越大，当地工人大量增加，异地文化削弱甚至改变了丰田文化。在管控乏力的背景下，作为一种生产方式，精益生产的刚性受到挑战，生产组织的方式、管理体系、信息传递，特别是对安全和质量问题的反馈和处理，必然受到不同程度的影响。可见，“召回门”事件的发生，是因为丰田文化在他国的不适应，更是不同文化冲突的结果。

“召回门”事件让我们认识到，丰田不是神，出现质量问题是正常的。因为他不是神，也要同样面对急速扩张所面对的质量和速度的问题。但精益生产方式的科学性是不容置疑的，精益生产的理论和实践没有失败，精益生产不断追求进步的精神永远不会过时。

2. 丰田“召回门”事件对中国南车推进

精益生产的启示

第一，要把精益生产理解为一种文化。从更高的层面来看，精益生产方式其实是不断追求进步的一种精神，一种理念，一种文化。特别是一个企业在向全球化进军的时候，这种企业文化，应该成为整个企业，包括协作单位、供应商共同的价值观。某种意义上说，培育、导入并坚守这种文化，比其他都重要。

第二，精益的宗旨永远不能违背。精益生产的目的是什么？是为客户创造价值；为客户创造价值，你这个企业才有价值。“客户第一”永远是企业的旗帜，特别是在企业不断壮大、走向繁荣的时候。急功近利，只能使企业迷失方向。

第三，要理性对待和妥当处理质量与成本的关系。企业盈利重要，产品质量更重要；成本的降低，利润的增加，不能以质量的削弱为代价；任何时候、任何情况下，都要坚持“质量第一”。与汽车相比，轨道交通装备尤其是高速动车组，其承担的政治和社会责任两者不能同日而语，其内在的质量性能有着更为苛刻的要求。我们要在确保产品质量的前提下，加强管理，堵塞漏洞，避免召回事件发生。

第四，精益生产是一项长期不懈的工作。精益生产不是一场运动，也不是一次性的任务，而是需要企业长期坚持的一项工作。在创业阶段，企业要推行精益生产，在发展阶段，企业更要推行精益生产。期望一蹴而就，毕其功于一役，只能半途而废，前功尽弃。

3．审视自我，正视差距，增强推进精益生产的紧迫感

几年来，我们紧紧抓住铁路和城轨交通建设大发展的有利时机，强化企业管理，加快技术创新，取得了较好成绩。2010 年，中国南车营业收入预计将超过 600 亿元，已经进入全球轨道交通装备制造业“三强”，“中国南车”继 2008 年被评为亚洲知名品牌后，2009 年被国际五大品牌咨询顾问公司之一的 Brand finace 评为世界最具价值 500 品牌，品牌价值近 20 亿美元，列 476 位。但是，与丰田这样的世界顶级公司相比，我们的实力还远不如其强大，抵御各种风险能力还十分脆弱。

“召回门”昭示我们，产品质量任何时候都不能懈怠。但是，我们的整体质量状况还不容乐观，质量安全形势依然十分严峻，特别是 2009 年以来连续的多起重大质量事故，是中国南车多年从未有过的。铁道部数据显示，2009 年非铁路单位行车设备质量责任事故共发生 446 件，中国南车发生 141 件，占 31.6%。与 2008 年比，事故总体数量呈上升趋势。事故涉及面也较广除资阳公司、南方汇通外，其他一级子公司全都涉及，且发生了 1 起较大事故（“6·29”事故）。

质量检查表明，我们在质量管理方面同样存在亟需改进的地方。比如，企业发展速度不断加快，规模不断扩大，国际化趋势日益明显，但质量管理水平与企业快速发展的节奏不适应。部分企业对铁路行车事故的信息收集和分析、处置还没有形成一套有效的流程和机制，事故处置的时效性较差。部分企业现场工艺纪律执行不到位，工艺管理、工艺执行亟待加强。同时，供应商管理体系不够健全尽管承担了技术引进项目的企业在与国际知名轨道交通装备制造企业的合作，开展了供方管理模式的探索和实施，但效果还需进一步提升。

在组织管控方面，我们同样面临如何妥善解决企业规模的快速扩充与系统管理能力相匹配的问题。依据我们的发展战略，在全面实现“十一五”发展目标的基础上，为中国南车“十二五”保持高增长奠定了坚实基础。“十二五”走高增长的发展道路是中国南车不二选择，其间的两到三年内，要达到 30%

以上的增长。要实现这样的快速增长，对中国南车的管理是一个极大的挑战，也是需要全体南车人深入思考的战略课题。如何解决快速增长与管理相匹配问题，避免重蹈丰田覆辙，应引起中国南车上下高度重视，切实做到又好又快持续健康发展。

同时，为了实现快速发展，中国南车在不断打造新的产业基地，包括株机公司、四方股份公司、浦镇公司、株洲所等在内的一级子公司，先后在广州、洛阳、成都、江门、天津等地投资建厂。随着海外市场的拓展，还有可能在国外投资兴建新的产业基地。这种在不同地区、不同文化背景下的产业基地管控，在产业扩张的同时，如何保持清醒头脑，扎实构筑我们的管理标准，完善产品设计、质量、供应商管理体系，规避各种经营风险，是现实而又急迫的问题。试想，强大的丰田在异地建厂扩张中还没有成功解决管理、文化的冲突，其破解的困难可想而知有多么大。

所以，我们必须正视自身差距，苦练内功，只有在管理上狠下功夫，强壮身骨，练就适应市场真本领，才能成就南车宏伟事业。从这个角度讲，目前推行精益生产对中国南车更是刻不容缓，比任何发展阶段都显得紧迫。

4. 抓住机遇，以精益管理促进中国南车的内涵式增长

推行精益生产是中国南车深思熟虑的结果和决心，是实现中国南车战略发展目标的内在需求，既有利于转变经济增长方式，又是提升公司盈利能力的有效手段。按照公司战略发展纲要，2015 年，我们的目标是力争进入世界 500 强。这几年，中国南车主要靠大规模资本投入驱动增长。近三年，累计投入超过 100 亿元。这种高强度的投资是适应市场的需要，但长久难以持续，真正考验我们的是投资后管理。"十二五"，中国南车必须转到靠有限投资、提高资源效率来驱动增长。如果说"十一五"的工作重心是大规模资本投入，子公司争上投资，那么，"十二五"工作重心就要转到以提高资源效率为核心的软实力建设上，高强度投资的阶段要过去了。集团做好资源整合、效率提升的文章，子公司加强内部管理。这是"十二五"南车最重要的方向转折，通过技术进步和科学管理来提高生产要素的质量和使用效率，实现生产规模的扩大和生产水平的提高，由粗放型增长向集约型增长转变。

目前，在内涵扩大再生产方面，南车还有很大的改善空间。在营业收入年均增长 30%的情况下，如何保证利润同比也大幅增长？2009 年收入增长超过 20%，但利润略有增长，基本持平。尽管总体盈利能力在改善，但盈利状况不够理想。目前 16 家主要子公司（包括南方汇通），利润主要来源于 8 家。但存在着收入的增量没有带来相应利润的情况，收入大幅增加，利润增长较慢。几家收入增长潜力很大的单位，净利润占营业收入比例都不理想。2010 年，个别子公司仍然有滑入亏损的可能。所以，导入精益生产，从更高的层面来改进管理，创新管理，是中国南车实现高增长的需要。高增长离不开高水平的管理。

三、持之以恒，以更高的目标和更加务实的态度，推进中国南车精益生产工作上新台阶

精益生产对促进中国南车发展的重要意义，怎么说都不为过。我们要继续切实有效地推行精益生产，真正落到实处，始终按照精益生产的方法加强管理。

1. 进一步做好精益生产工作的几点意见

一是要快，确保精益生产工作的整体推进。目前，尽管所有的子公司都启动了精益生产，但工作进度有快有慢，子公司之间还

存在较大的差距。行动缓慢的企业要加快工作进度，采取有效措施，迎头赶上，形成集团整体推进的工作局面。其次，在试点单位取得成效，摸索积累比较成熟的工作方法后，要快速进行管理和方法移植。这一点，有些单位做的很好。四方股份公司把拉动式生产模式从200KM动车移植到300KM动车生产，浦镇公司把节拍式生产模式从客车新造生产领域移植到城轨车辆生产，又尝试应用到客车修理生产上，二七公司把C_{70}货车新造流水线生产模式尝试移植到C_{80}货车新造生产，戚墅堰公司把工位制作业方式从HX_N5新造生产移植到修理机车总组装生产，都是比较好的做法。这些生产和管理方式的摸索、移植，会促使中国南车生产方式的变革升级。第三，要把精益生产工作在企业的不同业务单元迅速铺开，特别是各子公司的下属子公司、事业部要尽快开展，形成企业内部共同推进的工作局面。有条件的企业，要逐步把工作触角延伸到你的上游企业，在供应链建设上下功夫。这方面，株机公司、四方股份公司、浦镇公司都已经开始尝试。第四，精益生产的实践内容要快速延展。我们所讲的精益生产是大生产的概念，不能仅仅局限于制造环节，要从价值流上审视企业的全部经营环节，研发设计、工艺流程优化、投资规划、供应链建设、营销管理、客户服务等，通过持续的改善，实现管理升华。

二是要实，真抓实干，务求实效。首先是工作作风要扎实。各级领导要深入贯彻“三现”主义，深入现场，彻底了解事情发生的真实情况，基于事实进行管理，避免“官僚主义”。我们强调精益生产是一把手工程，如何体现？要亲自示范，要经常点检精益生产进展，把握精益生产工作现状。其次是基础工作要扎实。精益生产是实实在在的事情，在现状把握和基础数据上来不得半点虚假。现状写实要准确，资料收集要全面，理论分析要透彻，不能凭经验和想象臆断结论、制订措施。编制的制度、规则，包括工艺文件、作业指导书等，要符合实际，易于执行。第三，改善效果要实，要经得起检验，改善的成效要反映到企业的管理标准和管理流程中去，以制度和标准的方式进行固化。第四，对精益生产理解要实、要深。要通过系统的学习培训，理解精益生产的理念和重要意义。目前，部分企业领导对精益生产还存在模糊的认识，认为精益生产的理念似曾相识，精益生产的管理手段和管理工具都用过，没什么特别。部分同志认为丰田做过的事情我们都做过，自己目前的管理水平和运营方式并不比丰田差到哪去。部分企业精益生产工作开展的比较浅，不深入，甚至显得浮躁，仅仅停留在现场、环境、看板上，而在作业方式变革、流程变革、标准优化、文化培育等方面较少，在品质、效率、效益方面缺乏改善成效，反映出对精益生产理解的不深入、不系统。

三是要准，着力解决制约企业发展的关键问题。就南车目前的工作来看，品质、效率、效益是需要我们下大力气急需解决的难题，精益生产所有的工作和措施都要围绕这三个方面展开。具体到每个子公司，生产经营各有侧重，基础管理水平不尽相同，在具体的实施方式和方法上可以有差异。但都需要找到一个好的导入精益生产的切入点，以最容易做到，最明显的改善成果来让每一个人都感受到新工作方式的好处，以此改变意识，建立信心。

四是要高，目标要高，标准要高。精益生产并不只是工具与技巧，而是一个管理体系。要致力于长期的努力，实现中国南车制造方式的升级和管理理念的突破，并建立具有中国南车特色的精益生产模式。通过推行精益生产，建立一个一流的基础管理平台，让精益生产成为南车管理的通用语言。通过建立这样一个管理平台，加速流程、杜绝浪费、改善品质，形成“贴近客户，善待员工，低成本，零缺陷”的精益文化。目前，我们技术上已经与国际接轨，厂房设备达到了国际一流，今后的工作重心就是内部管理，练内功，管理上达到国际水平，和国际接轨。

2．当前需要做好的几项工作

第一，系统规划，组织编制好精益生产实施规划。集团在2009年已经组织编制了精益生产实施规划，要求各单位按照集团的要求，组织好本单位实施规划的编制工作。

第二，以《精益生产考核评价办法（试行）》下发为契机，进一步完善本企业精益生产的相关制度和办法，落实各职能部门职责，建立党政工团齐抓共管、各职能部门共同参与的工作局面。

第三，分解落实总资产周转次数和存货周转次数两个考核指标，调研分析资产和存货管理情况，制定提高总资产周转次数和存货周转次数两个考核指标的措施，加速资产周转，降低运营风险。

第四，认真组织好精益生产示范区（示范线）建设工作，总结实施经验，探索有中国南车特色的工作方法和工作机制，打造精益生产的长效机制。

第五，继续组织好精益生产培训，特别是内部转训工作，提高认识，营造实施精益生产的氛围，引导员工认识精益、实践精益的思维，培育精益人才。

我们即将以优异成绩完成“十一五”规划的各项目标，以高昂的激情迈入“十二五”新征程。“十二五”期间，调结构，促管理，增强软实力将是中国南车的重中之重。推行精益生产，是我们坚定不移的选择；将精益生产进行到底，是我们矢志不渝的决心。我们要继续切实有效地推行精益生产，坚定信心，坚守精益，始终按照精益生产的方法加强管理，成为行业领跑者的百年南车必将昂首前行！

从战略高度加快推进供应链管理 按精益思想构建富有南车特色的 供应链管理体系

——集团公司党委书记，股份公司总裁郑昌泓在2010年物资与供应链管理工作会议上的讲话（摘要）

（2010年3月30日）

集团首次召开物资与供应链管理工作会议，有着重要的现实意义和战略意义，是集团加强基础管理的一个重大举措。这几年，中国南车致力于国际化经营，在管理上力求和国际化接轨，必然要采取国际通用的管理理念和管理方法，供应链管理就是这样一种国际流行的管理方法，对企业管理产生了深刻影响。在中国南车决胜“十一五”、规划“十二五”的关键时刻，我们在整个集团推进供应链管理，这和正在实施的精益生产是一脉相承的，就是要表明一种态度，“十二五”期间，南车的工作重心要转移到加强管理上来，管理上加快与国际接轨，加快增长方式的转变，实现内涵式的增长，树立中国制造的新典范。

一、要从战略高度加快推进供应链管理

我们的一切工作都是围绕着南车战略而展开的，推行供应链管理工作也是如此。“十一五”期间，在正确的战略指导下，南车获得了高速发展；展望“十二五”，南车仍然将高速发展，年均增长率预计在30%。而且这种增长，不仅要有比较高的增长速度，而且要有比较高的增长质量，是科学发展观所强调的“又好又快”的发展。如何保证南车今后又好又快的发展?这就需要我们提供各种有效的资源加以支撑。主要的资源支撑有两类，一是资金支撑，大家已习惯和熟悉的为扩能改造而进行的资金投入，南车2007—2009年已投入了116亿，今后还会投入。二是管理支撑。这一点其实更为关键。管理支撑体现在两方面，一方面是人才支持，为事业发展提供源源不断的人才支持，另一方面就是管理体系的不断完善和管理水平的不断提高。南车发展到目前的规模和态势，必须依托管理的强大支撑，自觉地进行管理创新，通过创新实现和保持高绩效。南车做大做强，这个“强”就是要落在管理上。目前，GE、庞巴迪、西门子等世界知名公司都搭建了基于全球资源区位优势的供应链管理体系，在全球范围进行高度集中的采购和合作，通过企业之间有效的合作，获得从成本、时间、效率、柔性等最佳效果。相比而言，南车还大多是分散采购，在国内都没有建立起以核心企业为主的清晰的供应链体系，与GE等世界知名公司在这方面有着明显的差距。

有效的供应链管理能够让企业获得并保持稳定持久的竞争优势，进而提高核心竞争

力。统计数据显示，供应链管理的有效实施，可以使企业总成本下降20%左右，供应链上的节点企业按时交货率提高15%以上，订货到生产的周期时间缩短20%～30%，供应链上的节点企业生产率增值提高15%以上。目前越来越多的企业已经认识到实施供应链管理所带来的巨大好处。从集团内部看，四方股份在本轮技术引进消化吸收再创新中，同步建立供应链管理体系，这个体系在后续的发展中发挥了重要的作用，动车组交货的速度和灵活性大大提高，不可控事件大大降低，产品品质稳定可靠，企业效益快速提升，企业整体表现明显优于竞争对手。事实证明，谁的供应链管理到位，谁将在市场上占据主动，占到先机，赢得持久竞争优势。

加快推进供应链管理是南车发展到目前阶段的内在要求和必然选择。与2000年相比，2009年南车的经营规模已扩大4倍，涌现了两个百亿企业和两个50亿企业，这种扩张的势头还在加快。规模的快速扩张所带来的许多问题，需要新的管理方法来解决。供应链管理对于我们重新认识采购、物流、制造、销售和市场活动具有很重要的意义。供应链管理（Supply Chain Management，SCM）是20世纪70年代晚期，美国人肯斯·奥利佛（Keith Oliver）在和Skf、Philips等客户接触的过程中逐渐形成的管理观点，并在1982年发表于《金融时代》杂志。肯斯·奥利佛曾经认为“SCM”这个词会很快消失，但“SCM”不仅没有消失，还很快地进入了公众领域，被人们所接受和广泛采用。供应链的定义，随着时代发展而逐渐演进。早期观点认为供应链是制造企业中的一个内部过程，后来供应链的概念注意了与其他企业的联系，最近供应链的概念更加注重围绕核心企业的网链关系，如核心企业与供应商、供应商的供应商、用户、用户的用户等一切关系。供应链管理就是从战略层次和整体的角度把握最终用户的需求，对整个供应链系统进行计划、协调、操作、控制和优化的各种活动和过程，其目标是要将顾客所需的正确的产品能够在正确的时间、按照正确的数量、正确的质量和正确的状态送到正确的地点，并使总成本达到最佳化。作为贯彻企业全部经营工作的管理活动，只有企业负责人真正重视，供应链管理才会真正做好、做到位。

为什么我们许多企业还没有真正重视和自觉推进供应链管理，还停留在一种传统的采购状态?主要是缺乏管理危机，对我们所依赖的市场环境的内在变化，没有足够敏感、深刻的认识，没有从战略高度去分析市场变化的本质。目前南车所处的市场形态的根本变化有三点：一是产品质量安全和品质要求达到了新高度，这是由高铁为主的轨道交通的行业特性所决定的。二是社会关注和行业竞争达到了新高度。这种关注，对企业品牌形象、管理实力提出了更为严苛的挑战。一旦出现问题，损害是加倍和持久的。三是合作和联盟关系达到了新高度。南车产品的高端化趋势，产品更加精细复杂，与供应商之间的依存合作关系更加紧密，供应商已成为推动企业发展的重要力量。上述这些市场变化对我们今后的管理形态是有重大影响的，在今后的采购、物流、制造、销售和市场等活动中，只有更加有效地整合信息流、物流、资金流、业务流，才能更好、更及时地提升客户的满意度。市场变了，如果我们的管理没有变，将来就会疲于应付，离客户越来越远。前两天我到广西玉柴考察，他们虽然没有说在搞精益生产，但生产现场处处体现了很高的精益管理水平，提升管理已成为玉柴人的一种自觉行动。6年前，他们是1万1千人造4万多台柴油机，2009年他们是7千人造46万台柴油机，生产效率大幅提高。大规模生产的压力，效益的压力，迫使玉柴采取了更有效的管理手段，所以才有这样的效率。目前我们南车内部许多企业没有自觉地提升管理水平，没有真正感受到管理压力和危机。但现在需要提前做好管理提升的准备，夯实管理基础，将来才能从容应对市场的激烈竞争。

二、要按精益思想构建富有南车特色的供应链管理的流程和机制

轨道交通行业是一个特殊的行业，南车的供应链管理必须适应这个行业的特点。未来南车的供应链管理体系，应该是一条精益供应链，从采购原材料开始，到生产产品和服务并将其递送给客户的过程，真正体现出一种创新智慧和科学严谨的结合。让客户通过对我们精益供应链的认知，迅速建立一种“真材实料、精工细作”的感受，从而完全接受南车的品牌、产品和服务。

搭建符合精益生产、能够确保品质优良、效益增长、高效及时的精益供应链，要本着“整体规划、分步实施、突破重点、有序推进”的总体思路，扎实认真地进行。

整体规划，就是起点要高、规划要科学。在整个集团构筑的供应链管理体系，要瞄准国际知名企业，标准和规范都是国际一流的，整个集团的管理标准、管理规范是一致的，管理平台是统一的。分步实施，就是要确立好阶段目标和长远目标。2011 年底在集团内部要基本建立制度完备的供应链管理体系，2015 年在集团内部要形成富有国际竞争力的供应链管理体系，助推南车确立行业领跑者的地位。突破重点，就是要把供应商管理、内部配套率、物资集中采购作为当前工作的重点，建立科学合理的工作机制和业务流程，提升管理水平，确保集团整体利益最大化。有序推进，就是主机厂和核心企业先行一步，一年内形成基本完备的供应链管理体系，让供应链有效转动起来；其他企业在两年内全部纳入集团供应链的大体系进行运转。

建立南车的供应链管理体系，当前确实还有很多复杂的市场因素需要消除。但要看到，目前的外部条件和市场环境对我们开展这项工作已经越来越有利，许多貌似不利的做法正在转化为积极因素。我国高速铁路快速发展以来，它所承载的重大历史责任和民族责任，让任何人对铁路产品的安全都不敢掉以轻心，过硬的产品质量成为第一位要考虑的问题，任何质量瑕疵都不会被轻易放过。这种对产品质量高度关注的氛围，和我们推行供应链管理的初衷是十分合拍的，有助于我们加强供应商的管理。前几年，四方股份动车组产品运用中，70%的质量问题是由于原材料和配件造成的。产品质量安全的极大压力，追使四方股份加强供应商管理。经过科学的评价、选择，供应商的数量从 2007 年的 650 多家减少到 317 家。动车组故障率从 2007 年的 3.1%下降到 2009 年的 2.5%，地铁的故障率从 2007 年的 7.5%下降到 2009 年 2.5%。供应商管理关键是建立一个科学的管理模式。四方股份在这方面已经探索出了一些成功的经验，不论是从业务流程上还是制衡机制上，都有许多实用的方法，希望其他单位认真借鉴运用。

三、要用系统论方法来切实发挥供应链的功效

一切管理，万变不离其宗，最终目标就是提高企业效益。南车以动车组、大功率机车、货车、城轨地铁车辆等主要产品为主形成的供应链，它不仅是联接供应商与用户之间的物料链、信息链、资金链，同时它也是一条增值链。这个链条转动的过程，这条链上的相关企业都要获得收益。所以供应链管理的目的，就是整体受益，追求的是南车的整体效率，把南车整个系统的总成本降到最低水平。目前，南车营业收入的增长比较快，市场环境也很好，但利润增长却面临很大的压力，收入和利润之间不能同比增长。2009年，南车实现478亿营业收入，但归属于母公司的净利润只有16.5亿。如果剔除财政税收减免等影响9.1亿，产品实物本身只创造了7个亿的利润。为何利润这么薄?主要是我们的营业成本和管理费用过大。物料费用占了营业收入的70%左右，管理费用占了营业收入的11%左右。只有把物料费用和管理费用降下来，南车才能真正提高利润。而降低物料费用和管理费用，都和供应链有直接、紧密的关系。当前，降低物料费用，从供应链的角度来看，有着比较大的空间。2009年南车的物资集采金额只有9亿元左右，集采比例在3%左右，而中石油、中国移动等中央企业集采比例都超过90%，我们的主要竞争对手集采金额也超过了18亿。我们还出现过一家供应商在同等条件下，以不同价格向南车多个公司出售同一种物资的典型现象。这说明在集采方面，我们管理的潜力还很大。BST在采购方面有很多管理经验值得我们借鉴。BST去年40多亿营业收入，实现利润7个多亿，比我们利润率高很多，这得益于他们各方面管理都到位，其中也包括采购管理。

实现供应链的有机整合是提升整体效益的重要途径。南车有16家主要生产单位，通过采用供应链管理来协调各生产单位，让整个供应链系统处于最流畅的运作中，可以使集团整体经营的总成本最低，从而达到提高效益和提高服务水平的目的。

如何进行供应链的有机整合?一是要保持集团的强力协调和干预。要在综合考虑采购效率、生产效率、运输效率，保证功能最佳的基础上，强力干预集团整机企业和部件企业在相互冲突的目标中找到平衡，形成内部配套供应链；同时加强供应商管理，与主要客户和关键零部件、原材料重要供应商建立长期、共赢且极具竞争力的战略联盟。二是要强化信息的开放和共享。加快中国南车的经营管理信息系统的建设，逐步建立终端对终端的供应链视窗，动态地反映各子公司采购、生产组织、销售等的整体情况，实现系统内信息的开放和共享，从而在整个集团层面整合需求和供应。这是更有效地开展集采、以至最后建立南车电子商务平台实现全球采购的基础。现在，物联网都已经应运而生了。物联网是利用射频自动识别（RFID）技术，通过计算机互联网，实现物品（商品）的自动识别和信息的互联与共享。在这个网络中，物品（商品）能够彼此进行“交流”，而无需人的干预。看到今天物联网的发展，我们是不是应该有一种紧迫感，加快信息化建设的步伐，以免落伍于时代。三是要加强绩效评估和指标考核。促进供应链的功能与流程合理化，促使部门协作更加富有效率，保证供应链管理的高效。

轨道交通事业的快速发展，为我们的创新智慧提供了无穷的动力。让我们按照中国南车的发展战略，勤奋努力，开拓进取，不断提升内部管理水平，全力打造富有竞争力的国际化南车。

高速增长中的资源整合与技术创新之道

——副总裁唐克林在《2010中国南车高峰论坛》关于资源整合与技术创新的讲话（摘要）

（2010年6月21日）

一、资源整合

1．南车10年结构调整和研发制造资源整合的历程及成果

过去的10年，是南车高速发展的10年，也是南车产业结构不断调整、资源配置不断优化的10年。2000年南车成立后，一直在思考如何调整产业结构、优化资源配置，2003年南车第二版发展战略，提出了结构调整的“四化”方针，即：“主机产品集约化、重大零部件专业化、一般零部件市场化、后勤辅助系统社会化”。十年来南车坚定不移地按照“四化”方针，不断调整产业结构、优化资源配置。

南车集团根据国家八部委859号文件精神，抓住国家推动主辅分离、辅业改制分流的有利时机，积极推进“一般零部件市场化、后勤辅助社会化”。截至2009年底，南车集团238户拟改制单位的改制分流原则方案得到国务院国资委批复，其中229户企业基本完成改制分流工作（包括重组、关闭、注销企业），有142户企业进行了国有权益核减工作，核减国有权益5.98亿元。移交30所中、小学校，移交公安机构5个，共移交资产1.64亿元。已有12家医院实现了与主体企业的分离。湖铁院正式移交地方政府，常铁校正在开展移交工作。截至目前，主辅分离改制分流工作主体已基本结束，“一般零部件市场化、后勤辅助社会化”的目标基本实现。

在积极实施“一般零部件市场化、后勤辅助社会化”的同时，南车积极推动“主机产品集约化、重大零部件专业化”。通过精心谋划，积极实施，推动机客货等业务的产业结构调整和重组。

南车集团首先以货车业务的结构调整为突破，积极实施中南—华东地区五厂货车业务的重组整合方案，规划将长江公司建成亚洲最大、行业领先的现代化铁路货车制造基地、出口基地和检修基地，以及最具实力的铁路货车产品研发中心，长江公司已正式运营，武汉基地已正式投产。

机车业务，基本完成四方股份公司内燃机车业务向戚墅堰公司和资阳公司的转移工作。组织实施了株机公司与资阳公司的电力机车整合，资阳南车电力机车有限公司已生产120台大功率电力机车。组织实施了洛阳与襄樊机车修理资源整合，新洛阳公司已正常运转。

客车业务，调整原武昌厂客车修理业务，市场份额由浦镇厂和成都厂承担。

重大零部件的专业化生产也取得积极成果。完成株洲所为主与北京机械厂的重组整合，积极推进电机研发制造资源的整合，首先以株洲所为主整合株洲电机厂，然后对株机公司与株洲所电机业务进行整合，再将南车株洲电机公司升级为南车一级子公司。积极推进戚墅堰所与资阳公司的齿轮传动系统产业整合项目；按专业化要求，对南车集团的铸造生产布局进行了全面调整。

工程机械，2009年完成对中铁宝工的并购，当年签订合同金额2.8亿元，实现销售收入1.2亿元，整合效益和发展优势开始显现。

各单位结合业务流程再造和主辅分离，进一步提高了“主机产品集约化、重大零部件专业化、一般零部件市场化”的程度，突出了主业，优化了资产质量，提高了竞争力，为南车重组改制、整体上市和快速发展奠定了坚实的基础。

2.“十二五”必须持续推进资源整合

与国际同业先进企业比较，南车的产业结构和资源利用效率仍有较大的差距，重复投资的现象仍一定程度存在。因此，“十二五”仍将持续推进的资源整合。

南车与竞争对手资产效率指标对比表

单位名称	货币性资产周转率	存货周转率	固定资产周转率	总资产周转率	销售净利率(%)
中国南车	2.3	3.4	3.4	0.8	4.56
庞巴迪	3.6	3.3	12.6	0.9	5.11
西门子	3.1	4.0	6.8	0.8	3.26
阿尔斯通	2.5	5.3	10.0	0.8	6.13
中国北车	1.7	2.7	3.5	0.6	3.49

（1）同质资源的整合。主要包括内燃机车研发制造资源；动车组/客车研发制造资源；货车研发制造资源；发动机/曲轴研发制造资源；电机研发制造资源；制动系统制造资源等等。

（2）新造企业与修理企业资源的整合和协同发展。

“十一五”南车发展战略关于轨道交通装备服务业的有关表述：“延伸服务产品，努力提高服务产品的增加值，实现从计划性大修到为用户量身定做各种维修服务产品，从对产品的恢复性修理到再制造的转变。建立公司内部的产品维修服务标准体系，建立统一、规范、快捷的配件物流服务网络和信息化平台。”

“近几年和今后一段时间是中国铁路机车车辆产品技术升级、更新换代时期，大量新型机车车辆、动车组产品投入运用。为带动修理企业的产品技术升级，满足今后维修服务的需要，要求新造企业与修理企业建立利益一致、紧密合作的联合体，条件成熟时也可进行产业重组。逐步在公司内部建立高标准、资源共享的修理技术平台。”

而从现状看，铁道部建设四大动车组检修基地、六个大功率机车检修基地（哈尔滨、武汉、上海、天津、广州5个，成都和西安2选1，共6个新型机车检修基地），修理企业尤其是机车修理企业面临既有车型修理快速下降，新型车市场难以进入的困境局面。目前南车修理企业2万员工，占南车员工总数1/4；总资产90亿，占南车总资产1/6；2009年营业收入40余亿，不到南车总收入的1/10，效率、效益低。

同时，新造企业也面临快速发展与人员不足、大量的售后服务需求之间的矛盾，如何将新造企业的快速发展与修理企业资源的充分利用和转型实现有益结合，做好新造与修理企业的联合发展，是南车当前快速发展面临的重要而要紧迫的课题。

株机和洛阳公司积极开展了韶山型系列机车大修的合作，建立了大修联合体，取得了一定的经验。其他很多企业都有和南车相关企业进行重组整合的经历，但我们必须进一步探讨如何加深新造与修理企业资源联合和整合，找到一个最好的模式。以株机和洛阳公司在电力机车修理资源进一步整合为例，是双方合资成立电力机车大修公司，还是洛阳电力机车大修成为株机公司的分公司？值得深入研究。

（3）主机企业与部件企业研发制造资源

的优化和内部产业链的协同发展。

未来市场的竞争将是价值链和供应链的竞争。供应链的每一环节都强大，主机厂的竞争力才能强大。主机厂和供应商之间必须形成协同发展机制。打造南车部件供应体系，符合南车战略发展意图和利益。有利于实现南车整体利益最大化，降低非完全市场经济体系下的核心部件供应风险。富有竞争力的部件供应体系是南车核心竞争力的体现。

“十一五”南车发展战略关于内部产业链的有关表述：“优化公司内部供应链：构建以精心培育、热情支持的整机企业和性能先进、质量可靠、优质服务的部件企业为主要特征的公司内部产业链。提升公司核心竞争力，促进效益最大化。”

按照南车结构调整的“四化”方针，我们要从战略高度认识搭建和优化南车内部产业链的重要意义，必须坚定不移地推进“主机产品集约化、重大零部件专业化”，初步形成南车内部产业链的基本框架，内部配套率不断提高，主机企业和重要部件企业紧密配合，实现共同发展。

与 GE、庞巴迪、西门子等世界知名公司搭建的基于全球资源区位优势的供应链管理体系相比，南车在内部产业链的优化、以及供应链管理体系建设方面有明显的差距。

目前，以行政命令方式提高内部配套率，要求主机企业与配套企业，实现共同发展存在的主要问题，表现为价格、质量、供货周期、服务等等方面的摩擦，但实际上是内部交易体系不完善，内部交易成本高，机制方面没有理顺。

下一步，我们认真研究应采用什么样的方式、建立什么样的机制，才能有效实现主机企业与内部配套企业实现密切合作、共同发展，进一步优化南车内部产业链，实现公司整体利益最大化。

（4）新产业发展中的资源优化整合

“十一五”南车发展战略关于新产业的有关表述：

“着力延伸轨道交通装备八大专有技术。包括：变流、电传动、齿轮传动、牵引电机、内燃机、机电产品系统集成、复合材料技术、热工和机械加工工艺技术。最大程度发挥专有技术优势并积极产业化。

重点发展十大类轨道交通装备专有技术延伸产品。包括：工业变流装置、大功率半导体器件、风力发电装备整机制造、电动汽车整车及关键零部件、非机车车辆产品齿轮传动系统、工业用电机产品、工业用内燃机产品、工程机械产品、桥梁支座产品、汽车增压器。这些产品的技术和规模必须达到国内行业领先。

按照新产业重点发展方向，系统研究专有技术延伸产业资源，在前期结构调整的基础上，整合新产业产品研发和制造资源，实现专业化发展和效益最大化。

根据新产业中不同产品所处的发展阶段，按照高起点建设的指导思想，统一规划，分步投入，分步投产，打造若干专有技术延伸产品研发制造基地。“

“十一五”经过南车上下的共同努力，初步形成了工程机械、风电机组、工业电机、电动汽车等 10 个具有一定规模新产业板块，2009 年新产业实现销售收入 66 亿元，2010 年预计销售收入将超过 100 亿元，实现南车战略确定的新产业“十一五”发展目标，新产业正在成为南车新的经济增长点。

“十一五”期间，为了促进新产业的快速发展，南车积极探索管理体制、机制的新变革，总部成立了新产业事业部，成立南车电机公司并升级为一级子公司，并购中铁宝工快速进入轨道工程机械，积极开展了电机、齿轮传动等内部整合资源，汽车增压器配件、齿轮传动系统、风电整机、电动汽车等新产业募投建设项目投资 18.3 亿元。

新产业在快速发展的同时，也面临一些新的课题。如：如何延伸专有技术，提升新产业的核心竞争力？如何优化资源配置，盘活现有资源，发挥南车整体优势？如何通过管理体制、激励机制等的变革，创新发展机制，建立一种新产业的良性发展机制？

目前存在的现实问题，主要表现在：1、专业的行业研究非常不够，集团没有专门组织机构来做延伸产业的行业研究；2、没有对专有技术延伸产业一开始就进行全过程筹划、提出目标，并没有清晰的实现路径支撑；3、没有建立起一个相对明确的新产业发展政策和管理体系来保证对延伸产业强有力的投入以及推进；4、缺乏专业的队伍和资源支撑。

下一步我们要深入研究新产业市场的发展规律，研究先行企业的发展历程，结合自身发展阶段，着力增强新产业实现产业化的能力，推进体制和机制创新，通过自主开发、战略联盟或合资、并购，加快新产业的发展。

一是并购整合。并购是手段，整合是本质。积极探索新的盈利模式，发挥资本力量，找准产业链关键控制点，通过上下游并购或横向联合，迅速扩大产业规模和效益，提高产业位势和行业地位。

二是培育新产业。通过内部的差异化管理，深度激活现有产业资源。

三是战略联盟或合资。通过合资合作，最大限度的利用各方的优势资源，更快的进入新的市场和领域，可以降低风险。

二、技术创新

1.“十一五”期间，中国南车的技术创新取得了重要成果

一是基本建成具有国际先进水平的设计、制造、产品三大技术平台。近三年来，12个子项目以加快推进设计开发流程优化、三维和可靠性设计、协同仿真设计平台、试验验证体系等建设为核心迅速提升设计技术水平；以推进中国南车17项工艺管理标准、全面导入精益生产、加快重点技改项目投入、加快 PDM/CAPP 系统集成及应用等为抓手迅速提升制造技术水平；以产品标准化、系列化、模块化为核心进一步完善产品家族，迅速提升产品技术水平；完善技术标准体系和质量管理体系建设，加速了与世界一流水平接轨步伐。作为一项系统工程，这是提升中国南车科技创新软实力的重要举措，通过近三年的努力，中国南车科技创新能力得到了明显提升，实现了与国际先进水平的接轨。

二是通过技术引进消化吸收和再创新迅速提升了科技创新水平。在国家“引进先进技术、联合设计生产、打造中国品牌”技术政策的指引下，较好地完成了引进消化吸收，掌握了高速动车组、大功率交流传动机车系统集成技术、交流传动控制技术等核心技术和关键技术。全面实现了牵引变流器、变压器、牵引电机、大功率柴油机等关键零部件国产化和整车批量化制造。更振奋人心的是，我们在较短的时间内实现了再创新研制，具有自主知识产权的高速动车组先后在京津城际铁路，武广、郑西高速客运专线投用，六轴 7200 千瓦大功率交流传动电力机车从研制到批量投产仅用了半年多的时间，并成功地实现了技术转移。这些成果的取得，是中国南车科技创新能力和水平的综合体现，有力地巩固了中国南车在国内行业的领先地位，极大地提升了南车品牌的行业影响力和社会美誉度，为中国南车走向国际化、打造国际领先技术优势奠定了坚实的基础。

三是自主创新产品走向了国际市场，拥有核心技术的新产业迅速发展。2009年，中国南车立足自主创新和引进消化吸收再创新相结合，《时速 250 公里动车组转向架及应用》项目等一批重大科技成果获得国家和部委、地方政府表彰奖励。中国南车自主研制的电力机车、内燃机车、动车组、城轨车辆、

铁路货车等产品全面走向国际市场，取得了新的突破。

应该说，“十一五”期间我们通过努力，科技创新成果是显著的，中国南车进入国际行业前三强的目标能够顺利地实现。但是，我们还要清醒地认识到科技创新工作与西门子、庞巴迪、阿尔斯通、GE等国际知名公司相比还存在较大差距，与中国南车在“十二五”期间进入世界500强企业的战略目标还不能相适应。

科技创新体制和机制方面，科技项目的重复研发、重复投入，有限的科技资源不能够得到有效的发挥和利用；一些前瞻性、基础性、共性技术的研究重视不够、深入不够，原始创新更是无从谈起，不能为中国南车整体发展提供强有力的支撑。

由于这一轮的技术引进，原有的国内行业技术优势正在逐步丧失；与国内同行业竞争对手相比，我们的核心竞争技术的差异化还不明显。

目前为用户提供的产品和服务还仅仅停留在装备层面，与国际上的项目总承包方式还不能相适应等等。这些问题，都将是制约中国南车科技创新实力提升的关键，是中国南车走向国际化、成为国际化大公司已经面临和必须解决的问题，也是我们本次论坛要讨论的重要主题内容之一。

“十二五”期间中国南车要实现进入世界500强的战略目标，科技创新工作是重要支撑，而加强原始创新，开展前瞻性、基础性、共性技术的研究，实现从技术跟随向技术引领的根本转变，对中国南车科技创新能力提升具有重要意义。

实践表明，实现从技术跟随到技术引领的根本转变，没有大量的原始创新成果，没有一些前瞻性、基础性、共性技术研究作支撑，那只是空中楼阁，一厢情愿。从整体上来看，中国南车的研发资源、销售规模、产业化能力，在国内、国际上都是一个大型企业或特大型企业，整体技术资源优势明显。

而从单一子公司来看，可能也就是中等规模的企业，中等企业有中等企业的优势，比如说贴近市场、反应迅速、转型快等，但在一些前瞻性、基础性、共性技术的研究方面明显不足，原始创新几乎空白，也难以充分利用其它子公司的科技资源，南车整体实力的优势得不到充分的发挥。

加快提升系统集成技术掌控能力和水平，确立中国南车的国际技术领先优势，一方面，要加大对一些满足市场需求的产品和技术的研发，另一方面，要加强前瞻性技术、基础性技术、共性技术的研究和应用，这些光靠一个子公司的力量都是难以完成的，因此，如何建立发挥集团和各子公司各自优势的中国南车科技创新体系，是我们目前迫切需要解决的重要问题。

落实四中全会精神　推进反腐倡廉建设 为中国南车又好又快发展新局面提供坚强保证

——党委副书记、纪委书记、工会主席刘化龙在中国南车纪检监察工作视频会议上的报告（摘要）

（2010 年 2 月 23 日）

这次会议的主要任务是，深入贯彻落实党的十七届四中全会、十七届中央纪委四次、五次全会和中央企业纪检监察工作会议精神，回顾总结 2009 年工作，研究部署 2010 年任务。

一、2009 年工作简要回顾

2009 年是不平凡的一年，在国资委纪委和中国南车党政的领导下，各级纪检监察机构认真贯彻落实党的十七大和十七届三中、四中全会精神，以深入学习实践科学发展观活动为契机，紧紧围绕实现中国南车发展战略目标，坚持“标本兼治、综合治理、惩防并举、注重预防”的方针，以深化惩防体系建设为重点，扎实推进党风廉政和反腐倡廉建设，为中国南车改革、发展、稳定发挥了积极的保证和促进作用。

（一）惩防体系建设扎实推进。各一级子公司按照中国南车统一部署，全面落实中国南车惩防体系建设五年规划工作目标任务，自觉承担起惩治和预防腐败体系建设主体责任，建立健全协调机制，形成了惩防体系建设牵头单位和协办单位抓反腐倡廉建设的工作合力，建立检查工作机制，整体推进反腐倡廉教育、制度、监督、改革、纠风、惩治等各项工作，惩治和预防腐败体系建设取得新的进展。眉山公司、资阳公司、株机公司、四方股份公司、洛阳公司、二七公司等企业将惩防体系建设任务纳入党风廉政建设责任书，作为创建“四好班子”的考评指标。绝大多数企业做到了惩防体系建设任务落实情况与党风廉政建设责任制检查相结合，促进了惩防体系建设目标任务的落实。

（二）反腐倡廉教育继续深化。各级组织和纪检监察机构坚持以领导人员和重要岗位人员为重点，把反腐倡廉教育与学习实践科学发展观活动相结合，开展形式多样的党性党风党纪教育活动，促进廉洁从业。领导人员讲党课或作反腐倡廉专题报告 40 余场次，开展警示、案例、廉洁从业教育 271 场次，受教育人数达 17214 人次；2244 名领导人员进行了廉洁承诺，1810 名领导人员进行了述廉议廉；对 485 名领导人员进行了任职谈话，对 80 名领导人员进行了诫勉谈话，共有 37 人次上缴礼品、礼金、礼券和有价证券 35.25 万元，促进了领导人员作风建设。二七公司、眉山公司结合实际开展了廉洁文化宣传教育月活动；浦镇公司开展了廉洁文化书法漫画作品征集和展示；戚墅堰所、戚墅堰公司等单位以发送《廉政电子贺卡》的形式，提醒党员干部过好“两节”，丰富了企业廉洁文化建设的形式和内容。

（三）监督检查力度持续加大。根据国资委部署，开展落实党风廉政建设责任制、“三重一大”制度执行情况、领导人员廉洁从业自查自纠、“小金库”自查等监督检查工作，规范了领导人员的从业行为，提高了贯彻执行的自觉性。年内，中国南车及所属企业共签订党风廉政建设责任书 866 份，检查所属单位 388 个，考核单位 183 个；责任追究 17 人，其中纪律处分 1 人，减扣薪酬处理 20 人，经济处罚 14 人，充分发挥了党风廉政建设责任制在惩防体系建设中的重要作用。

（四）投资监管力度进一步加大。结合中国南车实际，召开投资与监管工作会议，明确了投资与监管工作主要任务及措施。组织开展了对新增中央投资项目的监督检查，促进了投资与监管制度建设、资金管理、规范运作、监督检查的加强。开展基建工程项目专项治理，促进了工程建设的规范管理。戚墅堰所、戚墅堰公司通过加强“企检共建”，与地方检察机关共同监管重大投资工程项目的模式，促进了投资工作的规范运行；眉山公司、资阳公司通过强化项目审批、招标过程、合同执行、竣工验收等关键环节的监管，促进了投资工作的规范化、制度化、程序化；南京浦镇公司针对三大建设项目，通过完善投资监管制度、强化廉洁从业教育、加强多部门的协同监督控制，为公司营造了和谐、稳定、廉洁的投资经营环境。

（五）效能监察工作成效明显。统一组织开展了“固定资产投资管理、企业成本管理”专项效能监察，对四川三公司地震灾后重建资金使用管理情况进行了监督检查。各企业紧密结合实际，针对企业生产经营管理关键环节中存在效益、效率、质量、安全等问题，针对企业资金管理中存在的突出问题，针对企业重组改制、产权转让的重要环节，针对侵害员工合法权益的问题等，自主选题立项深入开展效能监察，为企业堵塞漏洞、强化管理发挥了作用。2009 年，中国南车及所属一级子公司先后实施效能监察项目 114 项；发现案件线索 3 个，其中立案 2 个，给予党政纪处分 3 人，移送司法机关 5 人，查出违规违纪金额 101.7 万元，避免经济损失 41.06 万元，挽回经济损失 109.22 万元；节约资金 6652 万元，直接增加经济效益 1309 万元；提出监察建议 465 条，作出监察决定 47 个，整章建制 146 个，取得较好的效果。

（六）查处案件工作力度持续加大。全年，共受理群众信访举报 54 件次，初核 12 件，立案 9 件，转立案 6 件，结案 15 件；党政纪处分 19 人，其中党纪处分 16 人，政纪处分 5 人，党政纪双重处分 2 人；刑事处理 1 人，组织处理 2 人，责任追究 4 人。中国南车根据案件查处情况编发了案例通报，在全集团开展广泛的案例警示教育；案发单位通过“一案一整改、一案两报告、一案三反思”等措施，认真剖析案例，研究案发原因，查找企业生产经营管理中的漏洞和薄弱环节，提出有针对性的完善管理意见并督促整改。同时，寻找教育、制度、作风等方面存在的缺失，提出有针对性的改进措施，发挥了查办案件的综合治本功能和预防作用。

（七）纪检监察队伍自身建设不断加强。各级纪检监察机构以深入开展学习实践科学发展观活动为契机，认真查找和解决自身存在的问题，增强自身建设的针对性和实效性。加大教育培训力度，南车纪委采取以会代培、专题培训、委外培训等形式，举办各类培训班 4 期，培训人员 101 人次，纪检监察人员的工作业务水平和综合素质得到增强。制订完善《中国南车一级子公司纪委书记述职办法（试行）》、《中国南车投资监督管理暂行办法》、《中国南车效能监察工作手册》等制度。编发《南车纪检监察信息汇编》41 期，促进了纪检监察工作的交流和深入开展。

回顾2009年的工作，有以下五点体会：

第一，加强监督检查，促进任务落实，有利于更加扎实地推进惩防体系建设。加强监督检查是惩治和预防腐败体系建设的重要环节，是推动反腐倡廉工作任务落到实处的重要保证。近年来，中国南车及一级子公司通过加强惩防体系长效机制建设，建立惩防体系评价办法、评价标准，以及开展惩防体系建设检查评估，有力地发挥了监督检查的促进作用，提高了各企业抓惩防体系建设的水平和质量，确保了惩防体系建设各项任务的落实，推动了中国南车惩防体系建设。

第二，创新监管方式，加强企检共建，有利于促进投资管理工作安全运行。目前，中国南车正处于大投入、大发展，向国际化大公司迈进的重要时期，也是职务犯罪易发和多发时期。通过常州地区的探索实践证明，加强企检共建机制，对重大投资工程项目实行由企业纪检监察机构与地方检察机关共同监管的模式，对于加强投资监管，预防和减少投资领域中的职务犯罪是有效的监管方式，有利于促进投资管理工作的安全运行。

第三，活化教育内容和形式，增强教育的针对性和时效性，是不断增强领导人员廉洁从业意识的有效形式。加强领导人员党性党风党纪教育，积极开展廉洁文化创建活动，是惩防体系建设的一项重要任务。只有通过形式多样，员工群众易于接受的教育活动形式，才能使领导人员主动地参与到教育活动中来，主动接受教育，主动接受监督，主动转变作风，自觉抵御各种腐朽落后思想的侵蚀，从而推动整个社会风气的好转，起到凝聚人心，形成共同促发展的强大合力，为企业实现又好又快发展提供坚强的思想基础。

第四，加大案件查处力度，发挥查办案件的综合作用，是震慑腐败分子，有效遏制腐败问题滋生和蔓延的重要手段。目前，中国南车正处于打造国际化公司的高速发展时期，部分企业制度滞后，跟不上企业高速发展的步伐，难免有一些“意志不坚定、贪图享乐者，利欲熏心、见利忘义者”，利用职务上的便利谋取不正当利益，从而堕入腐败的深渊。为此，只有通过不断加大惩治腐败的力度，提高违纪违法者的“腐败成本”，充分发挥查办案件以案促教、以案促改的治本功能，才能促进中国南车在国际化发展道路上走的又好又快。

第五，围绕生产经营管理难点开展效能监察，是纪检监察工作构融入企业生产经营管理，防止管理过程失控，促进管理目标实现的最有效方式。近年来，各企业积极把效能监察工作融入生产经营管理的各个环节，领导机构、监察制度进一步建立和完善，工作进一步规范，统一立项和自主立项广泛开展，工作成效显著。特别是2009年，通过开展固定资产投资管理效能监察、成本管理效能监察，为企业积极应对金融危机，“增收节支，降本增效”，防止行为偏差发挥了积极作用，有力地促进了生产经营管理目标的全面完成。

在取得一系列工作成效的同时，我们还必须清醒地看到，实际工作中仍然存在一些需要引起高度重视和关注的问题：一是个别单位对贯彻惩防体系目标任务重视程度还不够高，抓得还不够实，制度建设工作抓得还不够主动，惩防体系建设工作任务落实还没完全到位；二是个别单位基础管理仍显薄弱，在实际业务执行中缺乏必须遵守的制约制衡程序，以致违反财经纪律、侵吞侵占财物、造成国有资产损失的问题时有发生；三是有的单位对党员干部教育、管理和监督不到位，部分领导人员和重要岗位上的业务管理人员法律法规观念和廉洁自律意识不足，自我要求不高，自我约束不够，不能正确处理领导业务权力与个人私利的关系，行为失衡，造成了违规违纪乃至违法案件的发生；四是企业纪检监察组织如何更有效地融入企业重点工作，主动、及时、到位地加强对重大事项和关键项点的监督等问题都需要我们认真对待，有针对性地采取更加切实有力的措施，在今后的工作中逐步加以解决。

二、2010年工作的主要任务

2010年，是中国南车打造国际化公司，实现跻身世界业内三强战略目标，确立行业领先地位的关键一年，也是为“十二五”良好开局夯实基础的重要一年，做好全年工作，对中国南车的持续快速发展具有重大意义。反腐倡廉建设和纪检监察工作必须坚持以科学发展观为指导，认真贯彻党的十七届四中全会、十七届中央纪委四次、五次全会和中央企业纪检监察工作会议精神，坚持标本兼治、综合治理、惩防并举、注重预防的方针，加快落实中央《建立健全惩治和预防腐败体系2008—2012年工作规划》，深入推进党风廉政建设和反腐败工作，加大办案力度，突出监察重点，为全面加强和改进新形势下中国南车党的建设，开创中国南车又好又快发展新局面提供坚强保证。

关于2010年党风廉政建设和纪检监察工作主要任务，已经作了全面、具体的部署，在这次会上，我再强调如下：

（一）推行目标管理，促进纪检监察任务的贯彻落实。2010年中国南车纪检监察工作要点涵盖了5个方面的18项重点工作内容，是全年纪检监察工作的总纲，完成这些重点工作任务，对于促进中国南车党风廉政建设和反腐败工作，确保中国南车又好又快发展具有重要的现实意义。各一级子公司纪检监察机构，一是要按照中国南车的要点部署，完成本单位年度工作计划的修订和完善；二是要加强任务分解，制定详细的目标任务完成推进计划，进一步明确完成时限和责任人；三是要加强监督检查，整体推进反腐倡廉教育、制度、监督、改革、纠风、惩治等各项工作落到实处；四是要加强工作总结和经验的提炼，实时沟通工作信息。中国南车纪委将把各一级子公司贯彻落实工作情况纳入目标化管理，对落实不力或敷衍塞责的单位进行严格考核。

（二）认真落实《实施办法》，强化领导人员廉洁从业。在充分调研的基础上，中国南车于近期下发了《中国南车领导人员廉洁从业实施办法（试行）》，该《实施办法》是认真贯彻落实《国有企业领导人员廉洁从业若干规定》的具体体现，是中国南车各级领导人员必须遵循的廉洁从业制度性规范，对于促进各级领导人员廉洁从业、防止腐败行为的发生，推进企业党风廉政建设和反腐败工作，保障中国南车健康发展具有十分重要的意义。各企业领导班子、特别是党政主要领导要切实承担起落实《实施办法》的责任。一是开展以学习贯彻《实施办法》为主要内容的廉洁从业教育，推进廉洁文化建设，营造廉洁从业的文化氛围。把学习《实施办法》作为中心组学习的重要内容，注重掌握新要求新规定，知道什么能做，什么不能做，做了要受到什么惩处等，不断增强执行制度的自觉性。同时，要借助企业网络、报刊等各种有效宣传手段，加大宣传力度，使员工知晓《实施办法》的内容，增强民主管理和民主监督意识。二是按照《实施办法》的要求，紧紧围绕权力运行的重点部位和关键环节，对制度、流程进行认真梳理，建立和完善配套制度，做好廉洁从业规定与经营管理制度的衔接，与企业内部控制和风险管理制度的衔接。三是将贯彻落实《实施办法》的情况作为党风廉政建设责任制的责任内容，作为领导人员考核奖惩的重要指标，作为民主生活会对照检查、年度述职述廉和职代会民主评议的重要内容，接受监督和评议。

按照胡锦涛总书记提出的“全党同志特

别是领导干部都要讲党性、重品行、作表率”要求，中国南车决定利用半年左右时间开展“讲党性、重品行、作表率”思想教育活动。各企业要按照中国南车党委统一部署，把“讲党性、重品行、作表率”思想教育活动作为深入学习贯彻《实施办法》的一项重要内容，按照“动员部署、认真学习、检查整改、座谈评议、总结提高”五个环节的要求扎实开展好思想教育活动，务求取得实效。各级领导人员要勇于争当“讲党性、重品行、作表率”的模范，达到“政治素质有新提高、思想观念有新转变、执行能力有新增强、工作作风有新改进、廉洁意识有新强化”的目的。

（三）加大案件预防和查处力度，维护中国南车良好形象。2009 年，南车内部发生了一系列违纪违法案件，从已披露的案件情况来看，先后有 15 人受到党纪、政纪以至于法律的制裁，在这 15 人当中，有 8 人被判处有期徒刑，有 4 人免于刑事处罚，有 2 人正在刑事侦查阶段。随着全球经济的逐步复苏和国家应对国际金融危机一揽子计划的深入落实，中国南车又将迎来新一轮的发展机遇。结构调整，业务重组，产权流转，投资活动将进一步增多，投资额的大幅增长，经营规模的迅速扩张，使腐败现象也进入了易发高发期，我们一定要引起高度的重视。为此，2010 年，各级组织在抓好教育、制度、监督工作的同时，要加大对腐败案件的预防和查处力度，绝不让任何腐败分子逃脱党纪国法的惩处，维护好中国南车良好形象。

要严厉查处以权谋私、利用内幕信息和岗位便利为本人或特定关系人谋利的案件；查处在重大投资、产权交易、工程建设、物资设备采购、资金管理、营销活动中违纪违法，特别是领导人员违反“三重一大”规定的案件。深入开展商业贿赂专项治理，严肃查办商业贿赂案件，在坚决惩处受贿行为的同时，对有行贿记录的单位和个人，在市场准入、投标资格等方面加以严格限制。严肃处理安全生产、产品质量事故背后的失职渎职和腐败问题。加强对执行有关企业改革、劳动人事分配政策及措施情况的监督检查，纠正并处理损害员工合法权益等问题。

各级纪检监察机构要充分发挥已建立的企检共建机制作用，加强与所在地公检法机关的联系，在联合办案、案件线索移送、追缴涉案资金等方面相互合作，形成协调联动机制。加强查办案件的信息沟通工作，强化协调配合。加强中国南车内部办案资源调配，实现相互协作、优势互补。加强廉情分析预警，切实抓好案发苗头的控制和预防。建立健全案件及信访举报线索定期分析制度，认真研究案件发生的特点和趋势，增强办案工作的主动性和前瞻性。充分运用案件通报和“一案两报告”制度，促进企业完善管理。

（四）深入开展效能监察，促进企业规范管理。各企业要高度重视效能监察工作，加强领导体制和工作机制建设，形成党政主要负责人统一领导，纪检监察部门组织协调，有关业务部门共同实施的效能监察工作机制。**一是不断规范效能监察工作程序。**通过大家的共同努力，《中国南车效能监察工作手册》目前已完成定稿即将下发，该《手册》是在不断完善效能监察制度的基础上按照效能监察目标要求，从监察业务通用模式入手制定的微观“实用操作规程”，固化效能监察程序，使效能监察工作从宏观到微观都具备了操作依据。各企业一定要认真贯彻落实，逐步实现效能监察工作的规范化运行，形成长效工作机制。**二是继续加大投资监管力度。**认真贯彻落实已经下发的《中国南车投资监督管理暂行办法》，加强对中国南车投资项目的监督管理，保证投资立项、决策、实施等全过程的合法性和规范性，有效防范投资风险，提高投资收益。各负责投资监管的相关部门要认真履行投资监督管理职责，对涉及投资的有关重要事项和问题进行及时提示，提出处置意见或建议，确保投资收益最大化。**三是开展好专项效能监察。**根据中央和国资委的统一安排，继续抓好工程建设领域的专项治理和“小金库”的全面清理。围绕企业经营管理风险点，继续开展成本管理、财务管理、采购招标管理效能监察。针对公司治理重点领域，选择一至两个重点制度开展制度执行力的效能监察。

与此同时，各企业要紧密结合本单位实际，针对企业改革发展和生产经营管理的重点、难点、关键点选题立项，开展效能监察，发挥效能监察抓规范、促管理的作用。

（五）认真落实五年规划，深化治本抓源头工作。在惩防体系建设中要坚持四个结合：把惩防体系建设与深化公司治理结构相结合，把惩防体系建设与风险管控体系建设相结合，把惩防体系建设与完成年度工作目标任务相结合，把惩防体系建设与党风廉政建设责任制相结合。各级纪检监察机构要加强组织协调和检查指导，抓好牵头任务和协办任务的落实，各职能部门要自觉把职责范围内的管理职责与惩防体系建设的分工任务相结合，把惩防体系根植于企业内部控制、风险管理制度和经营管理体系之中。

各企业要坚持用制度“管权、管事、管人”，着力推进重要领域和关键环节改革，不断深化公司治理，最大限度减少机制障碍和制度漏洞，完善防治腐败体制机制，提高反腐倡廉制度化水平。重点围绕投资决策、产权交易、资本运营、财务管理、营销采购、工程招投标、重要项目管理、劳务管理、用人管理、风险管理以及境外资产监管，不断完善精细化管理制度和风险内控机制。要加快完善《中国南车领导人员廉洁从业实施办法（试行）》的配套措施，制订企业领导人员职务消费管理办法，建立对领导人员有关经济处罚、组织处理、职位禁入等规定，完善职工代表大会和厂务公开制度，完善企业领导人员报告个人有关事项制度，把住房、投资、配偶子女从业等情况列入报告内容，健全领导人员薪酬管理制度，规范薪酬收入管理，完善激励和约束机制。

三、切实抓好反腐倡廉各项任务的落实

反腐倡廉建设的成败与否，直接关系到中国南车的品牌和形象，我们有责任有义务为企业创造良好的发展环境。为此，我们一定要按照中央、国资委和中国南车党政的要求，周密部署、精心组织，锐意进取、真抓实干，确保各项任务顺利完成。

（一）认清形势，进一步增强反腐倡廉工作的责任感和紧迫感。近年来，我们以惩防体系建设为主线，坚持改革创新，不断深化公司治理，反腐倡廉建设的体制机制制度环境得到明显改善，促进了企业健康快速发展。但我们也必须清醒地认识到，随着企业改革发展的进一步深入，反腐倡廉建设面临的新情况新问题也将更加复杂，形势依然严峻。**一是企业快速发展使纪检监察工作面临着新考验。**目前，中国南车经营规模、市场领域、延伸产业都进入了一个高速投资发展时期，结构调整，业务重组，产权流转活动越来越频，投资额的大幅增长，经营规模迅速扩张，使腐败现象进入了易发多发期，产生腐败的风险相应增加，给各级纪检监察机构如何防范经营风险提出了严峻考验，对反腐倡廉工作提出了新的更高的要求。**二是企业快速发展给纪检监察工作增添了新任务。**随着中国南车新战略的实施，战略联盟合作、国际业务并购重组、产品规划布局、延伸产业发展，海外市场拓展，这都是纪检监察工作需要面临的新内容、新任务和新领域。**三是企业快速发展给纪检监察工作提出了新挑战。**在现代企业制度下，纪检监察工作如何融入法人治理结构，如何有效整合监督资源，

对二、三级企业实施有效监管，如何有效防范和控制包括腐败行为在内的各种风险，如何解决“一把手”监督难和同级监督难的问题等，都是需要我们尽快解决的紧迫难题。我们要正确认识形势，增强忧患意识，增强责任意识，增强紧迫感，切实把反腐倡廉建设放在更加突出的位置，抓紧抓好抓出成效。

（二）各级领导人员要切实担负起反腐倡廉的政治责任。中国南车反腐倡廉建设能否取得实效，关键在于各级领导人员，特别是党政主要领导的高度重视、支持和身体力行。各级党政主要领导一定要增强“制度面前没有特权、制度面前人人平等、制度约束没有例外”的意识，带头执行制度，增强制度执行力意识，管住自己，率先垂范。在原则问题上不能动摇，在生活小节上不能马虎。要扛得住诱惑，经得起考验。不仅要对自己负责，还要对组织和企业负责。既要抓好企业经营管理，还要抓好党风廉政建设和反腐败工作。通过强化反腐倡廉建设，保障企业健康快速发展。要切实履行党风廉政建设责任制规定的“一岗双责”的政治责任，抓好责任分解、责任考核和责任追究三个关键环节，建立横向到边、纵向到底、全面覆盖、层层抓落实的责任体系，管好班子，带好队伍。年内，中国南车将继续开展对一级子公司党风廉政建设责任制落实情况的监督检查，按照党风廉政建设责任追究制度要求，严肃追究不履行或不认真履行职责，造成不良影响和后果的行为责任。

（三）加强纪检队伍建设，提高反腐倡廉工作能力。各级纪检监察机构要认真学习领会四中全会和中纪委五次全会精神，巩固和拓展深入学习实践科学发展观活动成果，建立加强自身建设的长效机制，努力建设一支“政治坚强、公正清廉、纪律严明、业务精通、作风优良”的纪检监察队伍。**一是加强学习型队伍建设。**做好专职纪检监察人员财务、审计、招议标监督等专业知识的培训。倡导纪检监察人员深入钻研业务，广泛学习经济、法律、社会管理以及科学技术等各方面知识，不断增加知识储备，提高业务水平。要坚持理论联系实际，积极探索有效的监督体制和监督方式，整合监督资源，降低监督成本，提高监督效果。注重运用信息化手段，提高科技防腐水平。年内，将组织纪委书记到相关院校，进行财务审计知识系统培训。**二是加强组织建设。**进一步优化纪检监察队伍年龄、知识和专业结构，提高整体素质。加强纪检监察干部的轮岗交流，使纪检监察干部能在多种岗位环境得到锻炼和提高。同时，纪检监察干部要始终保持谦虚谨慎、奋发有为的精神状态和恪尽职守、秉公执纪的职业操守，维护纪检监察机构的良好形象。**三是认真落实《纪委书记述职》制度。**最近，中国南车下发了《中国南车一级子公司纪委书记述职办法（试行）》，该《办法》是落实党风廉政建设责任制，加强党内监督，推进惩治和预防腐败体系建设的重要举措，旨在增强纪委书记履职能力、廉洁自律意识和拒腐防变能力。各一级子公司党政主要领导要支持纪委书记述职工作，纪委书记要按照《办法》的要求，牢记使命和责任，坚持党性原则，实事求是、客观公正地履行述职职责。同时，各级纪委要给纪委委员下任务，压担子，充分发挥纪委委员的作用，积极试行一级子公司纪委委员分工负责制。

在新的形势下，中国南车反腐倡廉建设任务依然艰巨。我们一定要认真贯彻落实中央纪委、国资委纪委的部署和中国南车党政的要求，与时俱进，开拓创新，加倍努力，真抓实干，以反腐倡廉建设的新成效，为保证中国南车发展战略目标的实现作出新贡献。

加快市场拓展　做强做大南车城轨产业

——副总裁张军在中国南车股份有限公司城轨工作会议上的报告（摘要）

（2010 年 2 月 8 日）

这次城轨工作会议是在中国南车“十一五”发展战略实施后的最后一年，召开的一次重要会议。主要任务是认真落实中国南车股份有限公司工作会议精神，回顾和总结2009 年以来的城轨工作，深入分析当前面临的市场形势，安排和部署 2010 年城轨市场目标和重点任务，交流工作经验，组织动员集团公司城轨工作团队，进一步统一思想，明确任务，团结协作，共同为南车城轨市场拓展献计献策，抓住当前城轨交通高速发展机遇，加大城轨市场开拓力度，做强做大南车城轨产业。

一、2009 年城轨产业成效显著

2009 年是“新南车、新贡献”的一年，在大家的努力下，各单位紧紧围绕城轨战略目标，认真分析和研究国内外市场形势，积极制定营销策略，调整优化结构，推进自主创新，狠抓落实，克服重重困难，大力开拓城轨市场，各方面取得了显著成绩，主要体现在如下几个方面：

（一）经营业绩持续增长

2009 年以来，各单位认真落实城轨发展战略，积极应对市场不利因素，生产经营整体运行良好，营业收入稳步增长，经营效益同比大幅提高。

2009 年城轨板块销售收入 48.61 亿（其中不含内部关联交易 1.54 亿共计 47.07 亿），比 2008 年 25.3 亿增加 92%。其中，新造城轨车辆 41.52 亿 812 辆；配件销售 7.1 亿。浦镇公司销售 12.77 亿，其中新造城轨车辆 12.37 亿 266 辆，配件销售 0.40 亿；株机公司销售 16.41 亿，其中新造城轨车辆 2 15.84 亿 246 辆，配件销售 0.57 亿；四方股份销售 13.69 亿，其中新造城轨车辆 13.31 亿 300 辆，配件销售 0.38 亿。

（二）市场领域不断扩大

2009 年南车取消国际会展，用于单项产品推介和交流，组织各单位到英国和日本考察、交流，在维修体系中了解较多的列车运用经验；各单位城轨技术、商务领导，经常进行沟通联系，做到资源共享，特别是浦镇公司在生产不锈钢孟买地铁车辆方面，四方股份给予较多的支持和帮助，派专业技术人员到现场指导和协助。

各单位紧紧抓住城轨交通建设大发展的有利时机，努力开拓城轨市场，在市场中处于有利地位，中标了穗莞深城际项目，为南车抢占了国内城际市场奠定基础。

2009 年国内城轨车辆市场主要有北京、上海、深圳、广州、苏州、重庆、成都等 6 个城市，共计 19 个整车招、议标项目，其中 17 个整车招标项目和 2 个整车议标项目，车辆总数 2820 辆，合同总金额 203.17 亿。

中国南车获得 10 个整车招标项目和 1 个整车议标项目共计 1438 辆，合同总金额 108.388 亿，合同总车辆数占 51%，合同总金额占 53.3%；中国北车获得 7 个整车招标项

目和1个整车议标项目共计1382辆，合同总金额94.786亿，合同总车辆数占49%，合同总金额占46.7%。

（三）城际市场取得突破

浦镇公司通过产业结构调整，实现了城际动车的重大突破。制定营销策略，利用各方面优势，加强与地方政府的联系和用户的技术交流、商务沟通，并以技术和商务排行第一的成绩获得了穗莞深项目，共计192辆23.46亿（132辆140 km/h、60辆200 km/h）。

（四）标准体系与国际接轨

各单位不仅完善了中国南车城轨技术标准体系，而且在国际标准制订工作中取得重大突破，制订并主导了IEC两项国际标准，推行了IRIS国际标准，积极拓展国外市场，实现了市场和产品拓展的双突破。株机公司中标土耳其轻轨车辆，打开了通往欧洲的大门；四方股份公司中标新加坡铝合金地铁车辆，进入世界地铁技术标准最高的国家之一，浦镇公司中标了伊朗地铁315辆，赢得了国外最大城轨车辆订单。

（五）技术创新明显提高

2008年招标项目当中南车只有广州机场线一个项目技术分比竞争对手稍处于优势；2009年南车各单位中标的深圳地铁4、5号线、苏州地铁1号线、穗莞深项目、上海地铁13号线、北京地铁8号线、昌平线、大兴线、成都地铁2号线等项目技术分超过北车，这表明价格已不是主要竞争手段，标志着我们由后来者变为领跑者。

（六）城轨车辆平台全面搭建

株机公司中标的深圳地铁1号线延长线车辆项目是我国首个独立由国内企业自主承担A型地铁车辆项目，国家科技部认定：具有完全自主化深圳地铁1号线延长线A型地铁车辆为国家自主创新产品，是国内企业自主投标、自主设计、自主管控、自主生产和自主采购的A型地铁车辆项目，对南车城轨产业发展及占领国内高档铝合金地铁车辆技术制高点，具有划时代的意义。

在深圳地铁1号线延长线车辆首创的基础上，株机公司成功研发了广州地铁8/2线、上海地铁1号线增扩编项目、上海地铁11号线三个项目。广州地铁8/2线车辆研发成功，进一步巩固了公司城轨车辆自主研发能力，上海地铁11号线车辆项目是国内首个时速100 km/h A型地铁车辆项目，填补了国内A型地铁车辆时速100 km/h速度等级的空白；上海地铁1号线直改交增扩编项目，其系统集成、牵引系统、制动系统、机械传动系统等核心、关键部件都是由集团公司内部株机公司、株洲所、南京海泰公司、戚墅堰所等单位自主研制并具有自主知识产权的产品，整个A型车是国内首创。

通过以深圳地铁1号线延长线车辆为开端的多个项目的自主设计，株机公司城轨车辆自主研发平台全面搭建、自主化体系逐步形成，目前已具备覆盖低80 km/h、100 km/h、120 km/h多速度等级城轨车辆自主研发能力。

深圳地铁4号线项目是国内首次将网络控制系统纳入整车厂公开招标的项目，是浦镇公司在珠江三角地区首次获得地铁市场订单，控制系统自主研发，这给浦镇公司自主研制城轨车辆提供较好的平台。苏州地铁1号线项目的取得，实现了浦镇公司完全自主投标的重大突破，对浦镇公司在未来市场竞争中取得优势具有重要意义。

四方股份公司通过北京地铁八通线项目自主研发的基础上，经过多年的经验积累，完成了北京、成都等城市地铁项目研制，在B型不锈钢车型上占有绝对优势，建立了B型不锈钢车辆平台，为南车的城轨市场做出了较大的贡献。

（七）城轨基地建设取得重大进展

为夺取更多的城轨市场，南车推进与地

方政府的合作，在天津、洛阳、贵阳、广州、成都等城市建立城轨车辆维保基地。目前，已签订天津和广州项目合同，洛阳、成都、贵阳等已签订协议。南车城轨发展战略和目标，即实现了抢占国内新造市场，又开拓了城轨检修市场，并为城轨车辆的 RAMS 和 LCC 研究提供了参考数据。

（八）配套产业快速发展

集团公司城轨产业的发展，带动了南车配套产业链的产生，积极加速了相关产品的发展：如株洲所的牵引系统、南京海泰公司的制动系统、戚墅堰所的机械传动系统、石家庄国祥公司空调系统等自主研制的核心、关键部件，南车电机公司和成都公司的电机及联诚集团铝合金零部件、四方有限公司不锈钢零部件，在未来为集团公司主机单位配套提供了强有力的保障。

据预算：2009 年配件销售 7.1 亿，2010 年配件销售 12.5 亿比 2009 年增加 76%。近几年来，配套产品快速发展：南京海泰公司中标了南京 1 号线南延线和深圳地铁 4 号线等项目的制动系统；株洲所中标了深圳地铁 5 号线、北京地铁昌平线、房山线、天津地铁 2、3 号线等项目的牵引系统。

（九）城轨产业成为南车主营部分

集团公司各单位通过近几年的城轨市场拼搏，已逐渐占据了有利地位，取得较大的市场份额，城轨产业成为南车主要业务板块之一。2007、2008、2009 年南车城轨板块销售收入分别为 17.5、25.3、48.6 亿；据估算以后几年城轨产品销售收入将大大超过南车总销售收入的 10%以上。城轨产业的快速扩展，已经成为南车实现战略目标的重要支柱之一。

回顾总结南车城轨 2009 年的成绩，我们所经历的过程不平凡，所做的工作不容易，所取得的成绩不简单，应对外界许多不利的因素，我们经受了重大考验，积累了宝贵经验，同时也给我们带来了许多启示：第一，要有强烈的责任意识。在任何困难面前，各单位有坚定信心，敢于担当，勇挑重担；第二，要有有效的应对措施。面对竞争方强烈进攻的冲击，紧盯市场，稳健经营。第三，要有感于变革的勇气。面对外部环境的剧烈变化，必须针对自身薄弱环节，及时调整营销策略，优化组织架构，提高资源配置效率，增强核心竞争力。第四，要有团结协作的精神。面对困难和挑战，各单位要有大局意义，合作意识，并肩作战上水平。这些都是我们今后要继续坚持和发扬的。

这些成绩的取得是大家共同克服困难和努力拼搏的结果，是离不开大家的指导和帮助，离不开南车全体员工的辛勤劳动，在总结过去工作成绩的时候，我们也要正视存在的问题：一是南车的产品、技术、人才、经营理念、观念与国际知名公司相比，还存在较大差距；二是对同行业企业的情况缺乏全局、系统的研究。三是对用户需求的新变化响应还不够快，缺乏足够的应对举措，服务水平需进一步提高，服务机制需要不断完善；四是企业价值创造和持续盈利能力不强，需要争取政策支持，研究发展措施，增强应对市场较大波动的抵御能力；五是产品相对单一，生产能力和技术有待提高；六是国际化经营方式相对单一，南车品牌在国际重要市场的影响力不够，产品占据的市场份额还不很高。

我们要深刻认识这些问题，高度重视，积极从技术、商务、人力资源、管理架构、资源配置等各方面进一步调整和改善，加大营销步伐，以适应市场竞争、发展需要，制定措施，加以解决，这使得南车城轨的发展道路走得又好又快。

二、正确认识城轨发展面临的新形势

2010 年是城轨行业将跨入了新的发展

阶段，同时也进入了机遇与挑战并存新的一年，城轨市场面临新的形势。2009年12月7日闭幕的中央经济工作会议为2010年中国经济发展指明了方向：2010年我国将保持宏观经济政策的连续性和稳定性，继续实施积极的财政政策和适度宽松的货币政策，提高经济发展的稳定性、协调性、可持续性。在我国经济企稳向好之际，2010年经济增长将重点在“促进发展方式转变上下功夫”。国内轨道交通市场在当前调整经济结构、转变发展方式形势下面临良好的发展机遇，将继续保持快速发展的势头。同时，应对金融危机，不论发达国家，还是发展中国家都十分重视发展轨道交通产业，将其作为拉动内需促进经济增长的主要手段之一，因此，轨道交通装备在国内外市场的需求将继续扩大和拓展。

总体来说，国民经济的平稳较快发展，全球经济的逐步复苏，轨道交通产业正面临良好的发展机遇期，装备制造业将在相当长的一段日期内保持快速发展的势头，给城轨的持续快速发展带来了难得的机遇。一是我国应对国际金融危机冲击一揽子计划的不断落实和丰富完善，《加快装备制造业调整振兴计划》和一系列区域振兴规划的深入实施，为南车城轨的快速发展创造了良好的政策环境；二是城市和城际轨道交通建设步伐加快，城轨地铁市场进入黄金机遇期。到2015年，我国将有22个城市新建79条轨道交通线路，总投资8820亿元。2010年大约有20个城市建设轨道交通线路招标，城轨地铁车辆需求量约5000多辆，城轨地铁市场前景广阔；三是全球经济复苏，为我们开拓国际市场带来更大空间，特别是轨道交通装备产品受到世界各国的青睐，全球轨道交通建设的力度越来越大，世界轨道交通装备进入新一轮更新期和发展期；加之“走出去”战略的实施，引进消化吸收再创新的深化，南车已经具备参与全球业内高端产品竞争的优势和能力，为我们深入开展国际化经营创造了良好条件。

当前，虽然我国取得了应对金融危机的阶段成果，但经济回升的基础还不稳固；世界经济复苏缓慢，还有诸多变数。外部大环境的不确定、不稳定因素仍然很多，南车城轨的发展同样面临严峻挑战。第一，虽然经受住了金融危机和市场变化的考验，但在今后的发展过程中，我们还将遇到更多的困难和风险，市场竞争和技术较量势必越来越激烈，质量水平和用户要求势必越来越高，我们的市场竞争能力、技术创新能力、抗御风险能力、持续赢利能力都将遭遇更大考验。特别是在国内国际竞争中，如何持续保持领先一步的优势，尚有大量艰巨的工作要做。第二，金融危机的冲击尚未消除，世界经济的进一步复苏有待时日，对南车产品的出口仍有不利影响，国际市场拓展仍有一定难度，履约和汇率风险仍然存在；第三，全球流动性过剩产品可能带来基本生产资料的价格波动预期增大，企业经营成本控制难度加大。企业快速发展，经营规模迅速扩张，如何有效解决增长质量和效益问题也是一个重要课题。

2010年是城轨又好又快发展的提速一年，也是城轨发展关键一年，大家必须认清当前形势、统一思想、明确目标，既要沉着应对，防范风险，又要继续解放思想，全面筹划，加快产品创新、管理创新和机制创新步伐，提升技术水平和管理水平，不断增强企业竞争实力和发展活力，抓住我国积极拉动内需、加快城轨交通建设的历史机遇，深入分析市场形势，抢抓机遇，应对挑战，夯实基础，奋力拼搏，全面完成2010年城轨产业的目标和任务，完成中国南车实现跻身世界业内三强战略目标，同时也是为南车“十二五”发展良好开局奠定良好基础。

三、城轨产业发展的主要任务

中国南车城轨产业 2010 年的总体工作思路是：**认真落实中国南车股份有限公司工作会议精神，深入实践科学发展观，坚持发展、创新的理念，增强自主创新能力，改进营销管理，加强队伍建设，积极开拓城轨市场，做强做大南车城轨产业。**

中国南车城轨 2010 年的主要经营目标是：**实现营业收入 80 亿元，全面完成中国南车下达的经营业绩考核指标。**

中国南车城轨市场目标：**国内城轨市场占有率大于 55%。**

城轨车辆产品方向：**大力发展地铁车辆和城际列车，适当开发低速磁悬浮列车、轻轨车辆、低地板车辆等多元化产品。**

努力促进南车城轨产业又好又快发展，围绕 2010 年城轨产业总体目标，将着重做好以下工作：

（一）精心组织，全面完成经营任务

各单位城轨板块预计：2010 年销售收入将达到 83.69 亿（其中不含内部关联交易 2.52 亿共计 81.17 亿），比 2009 年 48.61 亿（其中不含内部关联交易 1.54 亿共计 47.07 亿）增加 72%。其中，新造城轨车辆 71.21 亿 1448 辆占总销售收入 85%，比 2009 年新造城轨车辆 41.52 亿 812 辆分别增加 71.5%和 78%；配件销售 12.50 亿占总销售收入 15%，比 2009 年配件销售 7.10 亿增加 76%。

（二）提前谋划，加大拓展市场力度

根据发改委城市规划和 2010 年各城市城轨线路批复情况，2010 年预计将招标的城轨车辆城市主要有北京、天津、上海、杭州、苏州、南京、无锡、宁波、深圳、武汉、郑州、长沙、昆明、广州、西安、哈尔滨、成都、合肥、贵阳、重庆等 20 个城市，共计 36 个整车招标项目，车辆总数 5000 辆左右，其中 A 型车占 20%、占 B 型车占 69%、其它占 11%，不锈钢占 47%、铝合金占 53%。根据各单位市场分析：预计四方股份、株机公司、浦镇公司各将获得近千辆订单。

根据以上形势，各单位要提前策划，抓住我国经济回升的大好时机，加强以客户为中心的营销理念，分析客户需求，创新市场营销模式，抢抓市场，抢抓订单，抢占制高点，以领先的技术、优质的质量和周到的服务，持续提升市场竞争能力，抓住区域经济振兴的有利时机，明确市场主攻方向和拓展领域，加强协同作战能力，采取战略合作、合资建设大修厂等灵活策略，做好售后服务和维修保养等工作，争取地方政府在政策导向和市场运作上的支持；发挥整体优势，全力拓展城轨市场，实现集团利益最大化，确保南车在国内市场产品份额稳中有升，争取城轨市场新签合同总金额占 55%以上。

今年重点市场：

长江三角地区：由于京沪高铁线路即将开通，加快了城轨市场建设步伐，今年主要有 7 个增购项目，南车各单位要不失已有项目，在江浙地区不失一个项目，上海 2/3 市场为 A 型车项目，南车要在江浙地区不失一个项目。以浦镇公司为主，株机公司、四方股份为辅。

珠江三角地区：即将是世界最好交通条件之一，南车要占有华南地区所有城轨和城际市场，地铁以株机公司为主，浦镇公司、四方股份为辅，其中城际列车、近郊快速列车以浦镇公司为主。

京津、东北、环渤海地区：其中各条城轨线路的延长线、跨省线路，考虑 100 km/h 及以上技术，争取以差异技术优势取胜。以四方股份为主，浦镇公司、株机公司为辅。其它地区：集团公司利用地方优势，在当地建城轨维保基地，除个别地区如哈尔滨、重庆等城市外必须夺取全部市场。中原地区以株机公司为主，西南地区以四方股份、浦镇

公司为主，如成都、西安、重庆等以四方股份为主，贵阳等以浦镇公司为主。

（三）抓住机遇，认真研究国家政策

国家“十一五”和国家中长期科技发展规划的实施为轨道交通装备制造业提供很好的政策环境。各单位要抓住我国城轨市场的高速发展机遇，认真研究和积极贯彻国家加快城市轨道交通装备产业发展的有关政策，制定城轨车辆及主要零部件策略，加大对核心技术平台自主研发、关键部件国产化的支持力度，如系统集成技术、电传动系统、制动系统、网络控制系统、机械传动系统等；争取国家和地方相关部门给予有针对性地政策支持，为技术创新提供财税、金融等方面优惠政策，大力拓展城轨市场。

（四）完善标准，快速开拓海外市场

抓住机遇，加快推行国际标准（如 IRIS 国际铁路行业标准），完善南车技术标准体系，加强与国际标准组织的交流与合作，通过技术引进、吸收、消化国际先进企业的企业标准，建立完善城轨标准体系，缩小与国外技术标准差距，并与国际接轨，积极采用 RAMS 可靠性改进方法，加强产品质量数据应用，努力提高产品全寿命周期的可靠性。

目前，第三世界国家如中东、东欧、独联体、南美及东南亚等国家有许多城市正在或计划筹建城市轨道交通，我国城轨车辆具有较好的性价比，在这些国家的市场上占有一定的优势，同时也可以考虑进军发达国家的中、低端市场；各单位既可出口整车，又可散件出口，还可以输出技术，或在境外设立独资或合资企业，提高南车产品的竞争力，快速开拓海外市场。

（五）坚持创新，着力提升自主能力

技术创新是南车城轨产业做强主业增实力的关键，是引领企业持续发展、占据未来竞争制高点的强大动力。坚持“创新不止、领跑不息”方针，遵循自主研发与开放合作相结合的原则，始终通过核心技术的创新和系统集成能力的提高来促进产业领域的有效拓展。努力建设具有国际竞争力的整机和关键部件专业化研发机构，建立和完善优势集中、开放式合作、国际化运作的技术创新体系，进一步提高核心竞争力，增强企业自主创新能力，引领产业成长，确保行业地位和竞争优势；加快试验验证体系建设步伐，总结经验，明确“十二五”工作方向。

坚持科技兴企、领先一步的原则和“自主创新、重点跨越、支撑发展、引领未来”的科技方针，抓好重点科研项目和新产品研发工作，采取产品领先策略，坚持自主创新，不断提升城轨车辆技术领先优势，通过技术引进、消化、吸收、创新实现城轨产品产业化，在整车系统集成能力、铝合金及不锈钢车体制造、80～200 km/h 速度等级高性能城轨车辆和城际列车转向架、牵引系统、主要核心和关键零部件上，形成以自主研发、系统配套、规模经营的研发、制造体系和自主品牌。积极抓好出口土耳其城轨车辆、深圳 4 号线地铁车辆、新加坡地铁车辆等项目研发工作；继续推进低地板车辆、中低速磁悬浮交通系统的研究工作。

（六）高度重视，建立“三大技术平台”

充分发挥技术引进、消化、吸收、再创新方面的优势，先人一步，在设计流程、手段、规范、标准、试验验证等各个方面，全面实现与国际同行业水平接轨；形成模块化、标准化的产品，建立具有国际水平的设计、制造、产品三大技术平台。

由于各城市的需求和发展的差异，城市轨道交通的类型呈现多元化，导致各城市对城轨产品需求不一样，城轨车辆的品种要求也多样化。目前，珠江三角洲同城规划发展约 2000 公里，需要时速 120 至 140 km/h 城轨车辆和 200 km/h 城际列车。因此，南车的产品应具有系列化、多元化，大力发展地铁车辆和城际列车，适当开发低速磁悬浮列车、轻轨车辆、低地板车辆等产品，满足用户需要。

（七）优化资源，积极培育配套产业

今年要继续做好现行战略实施，加强战略联盟合作能力，深入推进南车与地方政府的合作，组织实施好天津、洛阳、贵阳、广州、成都等重点项目，发挥协同发展效应，互惠互利，合作共赢。

以整车产品集约化、关键零部件专业化为目标，构建内部产业链、关键部件及原材料的供应商体系，与重要供应商建立战略联盟。深入研究产品规划布局方案，加强大部件的专业化、国产化和自我配套能力，形成核心关键零部件的内部供应体系；分析各业务板块及企业的发展定位和产品布局，优化资源配置，完善内部价值链和产业链，提升集团的综合竞争能力。

株洲所的牵引系统、南京海泰制动公司的制动系统、戚墅堰所的齿轮箱、石家庄国祥公司空调系统要形成南车独立零部件供应体系，联诚公司铝合金零部件、四方有限公司的不锈钢零部件尽快形成产业；齿轮箱是南车独有产品，物美价廉，在齿轮箱安装尺寸不变情况下，戚墅堰所可做进口件齿轮箱替代产品；各主机单位推进以ERP为核心的信息化管理，为提高效率，尽量集体采购，配套消化，通过专业化和规模化降低成本，创造产品成本比较优势。

（八）深化改革，加强人才队伍建设

“以技术为先导、以人才为第一资源”，没有一流的员工队伍，难有一流的企业。员工队伍素质是铸造一流品牌、提升企业竞争能力的重要基础，按照南车战略和国际化发展要求，努力构建系统化、一体化、规范化的南车人力资源管理体系，建设一支良好素质的员工队伍，同时按照发展战略需要，更多地立足内部，抓好高科技、市场营销、项目管理、技能专家、复合型高技能等各类人才的培养和选拔，努力造就一批能够适应南车持续发展的人才队伍，搭建高技能人才能力共享平台，充分发挥高端技能人才的引领带动作用。

（九）团结协作，提升集团整体合力

“立足南车一面旗帜、谋篇布局一盘棋”，南车内部大力培育“战略一致、业务协同、团结合作、资源共享”的协同机制。发挥整体合力是不断提高城轨工作水平的有效方法，大家要进一步增强大局意识和整体观念，处理好本单位工作与全局工作的关系，要发扬协作精神，相互配合、相互支持，协调行动。

各单位要继续按照南车城轨市场发展战略要求，坚决贯彻和执行市场弹性分工策略，内联外争，精心组织，全力以赴；主机单位要充分发挥整车市场投标主体的作用，部件单位要积极予以配合，共同做好市场规划、分析、预测、投标等各项准备工作；团结协作，通过各种优势的组合提升集团整体的市场竞争力，做到资源配置、产品研发、市场开拓优先，努力扩大南车城轨市场。

新的一年，机遇与挑战并存，任务艰巨，责任重大。大家要深入贯彻落实科学发展观，奋力拼搏，扎实工作，认真落实中国南车股份公司工作会议精神，夺取城轨市场全面胜利，做强做大南车城轨产业，为实现“新南车、新贡献”的战略目标贡献最大的力量。

审时度势　以人为本　创导精益
再创南车安全工作新局面

——副总裁傅建国在中国南车安全工作会议上的讲话（摘要）

（2010 年 1 月 21 日）

今天会议的目标非常明确，会议内容也很丰富。从会议安排上看，安全工作报告、领导工作要求、全国安全生产工作会议精神、企业好的工作经验、事故案例分析和现场参观，都是前所未有。会议安排在南车工作会议之后、全国春运之前，也是非常合适的。各单位正在谋划今年以及今后一个时期的全面性工作，特别是全国安全生产工作会议之后，开这样一个会议，十分有利于将安全工作抓好抓实。

一、审时度势，把握新形势下安全工作发展的主脉搏

今年，是“十一五”最后的一年，也是“十二五”即将开始的前一年。这一年，我们不但要全面完成“十一五”确定的各项方针目标，还要为“十二五”奠定发展基础，确立发展基调，提供承前启后的条件。因此，做好 2010 年工作，对南车及南车安全生产至关重要。近期，总部各部门除全面布置今年的各项工作外，已经着手“十二五”工作规划，一个立足当前，着眼未来，持续快速发展的工作思路和工作状态初步展现。面对今年繁重的经营任务和明确的工作目标，怎样做好安全生产各项本职工作，实现既定目标，就成为工作中的关键一环。其中一点就是要认清当前形势，把握发展趋势，真正树立做好安全工作的信心。

第一、复杂多变的内外部环境，对企业安全管理工作造成了很大影响。增强抵制各种安全风险的管理能力，是当前安全工作的重要课题。从市场环境来看，回顾过去，南车得到了快速发展，但经营管理也同时面临着许多新的问题，能否与之相适应，是安全工作面临的考验和挑战。企业安全生产的好坏，是与企业内外部技术、管理和社会政治、经济等各种变化因素分不开的，特别是人的行为影响最大。过去的一年，尽管发生了一起死亡事故，但应该说安全管理工作还是取得了非常明显的进步和成效。由于金融危机和实体经济的变化，企业生产难度在加大，经营困难在加大，安全管理也面临诸多困难。年初铁路机车、货车及普通客车修、造产量受运量萎缩而大幅减少，使部分企业上半年多处于停产或半停产状态，连续订单和出口订单很少，且很多被拖延或被取消。南车货修整体合同兑现率仅为 67%，计划安排与实际差异较大；机、客车修理产量更是以 10%～20%的速度同比下降。生产任务不正常给企业安全生产管理带来了很大压力。但下半年生产任务却又很重，这种忙闲不均的强烈反差，给企业、给员工、给安全管理队伍，带来了较大的不确定性，安全风险显著增大。另一方面，南车各企业之间生产状况也有所

不同，株机、浦镇、四方股份等单位，生产任务非常饱满，当然其中也有不均衡性。例如株机公司全年产量基本在半年完成，同样浦镇压力也很大。尽管南车通过产业化和精益生产理顺了一些内部关系，创造了历史性生产记录，但却给安全管理带来了很大的风险。客观因素的变化不以人的意志而转移，但企业的安全状况如果因此大起大落，却是极不正常的结果。二七公司的安全事故可能也有上述因素的影响，但企业内部管理还是存在一些问题。主要体现在：一是管理的刚性不足。虽有制度，但制度的落实是弹性的，制度的约束力差，成为摆设。二是管理的柔性不够。管理人员适应能力不强，不能适应客观变化。目前的安全管理还没有根据内外部情况的变化，做到早预知、早预防、严把关、严措施；安全管理机制还没有做到持之以恒、常抓不懈；各类人员安全第一的意识还没有真正根植牢固、锲而不舍。在当今复杂多变的市场经济和社会生活中，安全管理遇变不乱、基础稳固，事故危害控制有效，是南车发展的必要保证。目前市场没有产生根本性转变，一季度生产计划很难按理想化的安排进行，生产经营还需要一段时间才能逐步正常。客观状况的改变很难，在这种情况下，如何做好工作，确保安全生产有序、可控，是我们面临的非常重大的课题。

第二、科技进步，是南车发展的必然，也对安全工作提出了更高的要求。结合实际采用先进的安全管理方法和手段，是提升安全管理水平、满足企业发展要求的重要工作之一。为迎接国际先进轨道装备制造企业的竞争，适应我国铁路发展的需要，南车许多单位进行了大规模的工艺技术改造，新技术、新工艺、新设备、新材料大量使用，这些新情况需要我们重新认识安全工作，一方面新技术提高了整体制造水平，改善了作业环境，提升了企业形象。但另一方面也派生出一些不安全因素，如：员工操作习惯和操作技术的改变，带来集体作业不协调、危险识别没有同步跟上的现象；目前我们对一些具有世界一流水平的高精尖设备，了解和认识还远远不够；南车 350 公里动车组、甚至更高时速产品的出现，也使现有对新材料、新工艺的认识，无法确保今后是否正确。因此，从安全的角度就需要组织力量去思考，去研究。一家不行，多家联合，今天工作报告提到了区域性安全管理和应急联动，我认为这是非常好的想法。有些问题是因为长期的管理思维方式形成的，有些问题则是新技术带来的新课题。我们既要认识这些问题存在的历史客观性，又要有积极的、行之有效的方法和手段，从员工意识、客观装备、工艺改变等方面，去解决这些问题。在这方面需要好好去研究，特别是承担着国家和南车主机产品的核心企业，在重大技术改造中，都要把安全课题放在心上。从安全管理的角度，对这些课题进行梳理，只有将其真正意识到、解决好，才能够把安全管理工作推向一个新台阶。

第三、和谐安全，共担责任的社会发展趋势，必然会推进安全工作长效机制的建立。调动各方资源，强化全员参与，严格各自责任，用行政、经济等手段保证安全生产责任制的落实，是安全工作的当务之急。二七公司的事故，既对公司领导造成影响，也对事故员工家属形成很大的打击。创造和谐社会，首先要保证和谐安全的环境。安全发展是企业发展的首要任务和历史使命。基于这样的认识，我们安全工作者和企业员工都肩负着企业和谐发展的义务，承担着保证员工安全、家庭幸福的责任。这方面我们做的还不够。据调查分析，各公司发生的工伤事故类型，60%以上是违章违规造成的，70%以上是习惯性、重复性的事故；而事故原因分析报告中，近乎 100%都有“领导重视不够，负有领导责任；管理不到位，隐患排查不彻底；整改措施落实不到位；员工安全意识不强，违章违规”等等。重复的语言几乎成为一种定式，到底是为什么？二七公司、长江公司前一、二年发生的事故，几近相同。这种重复性伤害，非常典型，原因因素相差不多，而重复性隐患则更多。老话重谈的问题和缺失反复出现，说明我们的整改走过场，我们的管理没跟上，各级各类人员责任履行不到位。今天在座的与会人员，都是负责南车各企业安全管理工作的人员，请大家反思各自的工作是否到位。南车安全工作要上新水平、新台阶，解决领导和各级各类人员安全责任的问题，是非常重要、非常急迫的。

二、以人为本，着力解决好安全管理中的一些深层次问题

近几年来，安全生产管理工作的基础不断加强，很多企业安全管理基础工作很有特色，很有成效，很有总结和推广的价值。但我们也确实存在着一些普遍性和典型性的问题。

一是责任落实不到位。首先要对近两三年中每年出现的死亡事故进行深刻分析。安全工作“三零”目标，体现了南车的一种追求，一种理念，体现了南车对八万六千名员工以及员工家庭幸福的一种保证，也体现了南车对安全管理工作的一种期望和追求，这个目标不但前几年提，今后也不会变。但怎样去保证？怎样杜绝死亡事故？我想首先要找到正确的衡量标准。也许南车与国内同行比较，情况较好，但按照“三零”目标，仍有很大差距；按照“高标准、讲科学、不懈怠”的标准，目前企业的安全管理标准仍旧太低。二七车辆、长江公司等单位的问题，要求我们应审视规章制度是否健全、管理措施是否落实。一些违章现象，每天、每月、每年都在重复，企业各级管理人员，不论是公司领导、中层干部到分管安全的领导，还是职责部门，看到就应该坚决制止。这些问题看似表面现象，但反映了安全管理意识不到位、管理责任不落实。因此企业领导要承担责任，应加大安全责任追究力度，使责任得到落实。

二是安全隐患屡查屡有。2009年南车隐患排查852项，整改率98%，还有2%也就是17项没有整改。各单位要深刻剖析未整改的原因，同时要高度关注其中2008年曾出现过的隐患，再就是2010年是否还会重现。希望各单位全面统计、认真分析近几年来隐患重复出现的情况，查找反复发生的因素，诊断企业在安全管理方面的工作作风问题、职能问题和其它一些深层次问题。要在隐患管理方面、不安全因素管理方面加大力度。隐患屡查屡有、重复出现不应该，因为企业在发展、在进步，客观环境在变化，新技术在发展，人员在更替，有问题是客观，但重复发生不应该，或者说高重复率是绝对不应有的。

三是对待事故的态度不端正。2008年，长江公司铜陵分公司钢水包倾覆事故未及时上报，今年株机公司的爆炸事故也未及时上报。如果不及时上报，就会产生失实的消息，逃避是没用的。我们要换一种角度，把事故变成一种财富，一旦发生问题，各单位一定要按规定及时上报，以便南车及时获取全面准确的信息，快速展开调查分析，举一反三，解决全系统的问题。安全工作的原则是提前预防，发生问题及时上报，将有利于南车开展一些普遍性预防工作，解决一些管理上的普遍性问题，做到防患于未然。

四是相关方管理不扎实。近几年，相关方事故连续发生，虽然相关方事故指标不计入南车的安全指标，但对争做业界三强、世界一流的南车来说，是不能这样认识的。目前，南车处于技改投入的高峰期，资阳、戚所、戚机、株机、四方、长江等很多企业都在进行大面积技改。相关方安全管理南车要高度关注，各企业之间也要相互学习、相互借鉴，希望今年对相关方安全管理会有显著的变化，并不断提高。

五是体系建设不到位。2009年南车90%的企业达到了安全质量标准化一级或二级，还有10%没有达标。企业达标是否意味着安全可靠或本质安全度得到了根本性保证？还需要把各项工作指标化，要有定性的、原则性的要求，在落实的时候一定要指标化。比如用数据来体现安全管理十大体系的对接，否则对接就是一句空话。安全工作重在实效、重在落实，我们在安全管理方面的所作所为非常重要，但取得的实际效果更为重要。安全管理对经营管理工作的业绩是一票否决，所以说做工作重要，工作结果更重要。

这些问题是客观存在的，那么产生这些问题的原因，简单归纳一下，主要是：

第一，领导重视不够。安全生产说起来重要，做起来跑调甚至不要，这和干部作风有关，和考核与责任落实机制有关。我们有时候经常说员工自我保护意识差，但对员工的管理和教育是领导干部的职责。出了问题，员工固然有责任，但是往前追溯就是管理和教育不到位。

第二，全员意识不强。员工安全意识不强和企业文化、管理导向、考核机制都有关系，是一个系统问题。如何促使员工真正按照规章制度去落实、去做具体工作，确确实实需要党政工团围绕着安全目标，齐抓共管。今年是南车"企业文化提升年"，员工的行为、意识是企业文化建设中一个非常重要的方面，要让员工真正的、发自内心的从价值观方面来对制度有一种一致的响应。

第三，体系建设与安全管理存在"两张皮"现象。目前安全生产管理工作与企业发展还存在着一些不适应，存在着"两张皮"的问题。安全生产、TPM和设备管理都是企业管理的组成部分，如果这些管理工作各自为战，不能有机地融合起来，抛开企业的管理基础，单独说安全生产，就没有抓到安全工作的实质。

第四，考核机制不健全。目前各单位只有在发生死亡事故之后，安全问题才得到重视，事故分析也很透彻，但是事故处理力度尽管在逐年加强，总体却依然偏轻，因此我们应该更加重视责任追究，要进一步加大考核力度，把体系中的闭环管理做到位。

三、创导精益，开启安全管理工作的新思路、新途径

2010年是中国南车非常重要的一年，南车在"十一五"战略规划目标中非常明确地提出，中国南车要实现业界三强的目标，要和西门子、庞巴迪、阿尔斯通这样的企业站在同一水平上。要达到业界三强，除了在规模、经营、产能、产量等方面具有一流水平外，管理水平也要达到全球一流。目前来看，我们的经营指标、产能都达到了一定水平，但管理水平包括安全管理水平与全球一流还有不小的差距。要提升安全管理水平，整体工作要按照集团公司安全工作安排和上级领导有关讲话精神去组织实施，我就安全管理工作与当前南车力推的精益生产工作相结合方面提几点要求。

近两年，南车精益生产取得了一定的经验和效果。精益理念和精益方式的运用，找到了改变过去陈旧管理思维和管理习惯的有效途径，创造了显而易见的经济效益。精益生产作为一种生产方式、一种理念、一种文化，对企业高起点、高层次、高效益的发展，有着很好的推动作用。安全生产也应该在精益生产管理的总体框架之下来定位。在当前，南车安全工作要从较好的基础平台再上新台阶，再创新成效，必须运用精益理念和方式，

创新思维，改进不足，解决深层次问题。我认为，运用精益理念可以提升以下五个方面的管理行为：

1. 提升安全管理水平。安全管理中要渐序树立精益理念，强化管理的合理性和高效性，以最优品质、最低成本和最高效率对员工和社会的安全需求做出最迅速的响应。现在南车及各子公司的职业健康安全体系已经建立，各项管理制度也已配套，关键需要在可操作性、实用性上进行精心设计完善：一是从建立安全长效机制出发，以实用有效、利于操作、减少浪费为目的，简化管理繁琐过程，保证监控管理标准，认真落实“十大管理体系”的接轨工作；二是做好各公司间安全工作的可持续性协调工作，帮扶后进，改善先进，合理利用有效资源，包括事故本身也是资源，平衡发展南车整体安全工作；三是坚持“法治”，杜绝“人治”，不因岗位人员的变动而改变成熟有效的管理制度体系，保持安全法治的延续性、规范性；四是尽快落实《中国南车安技岗位准入制》和《中国南车安全生产专家管理办法》，提高安技队伍结构的合理性；五是精益管理的核心在现场，注重员工参与。我们的安全管理理念、管理手段、管理目的要融入人心，使员工理解支持、积极参与、长效坚持。

2. 提升现场管理水平。在生产作业现场充分利用6S精益工具，持续改善作业现场中的重复性、多发性隐患和普遍性、习惯性违章。这些重复性、多发性隐患和普遍性、习惯性违章是对我们安全生产管理工作的最大威胁，它导致人的安全意识的淡化。这一点，要充分认识。

3. 提升设备管理水平。安全部门要倾力参与、全面介入TPM推进工作，深刻领会设备管理“全效率、全系统和全员”的理念，全力保证全部设备工装，特别是特种设备的安全可靠。一要保证维修资金投入，加强现有设备的维护、保养和检查，保证各类安全防护装置完整可靠；二要及时更新改造，选用先进适用、本质安全的新型装备替换高危设备；三要认真执行操作规程，坚决杜绝违章使用设备；四要做好设备检查，要加强系统自查、车间定期全面检查、班组每天安全讲话前自查互查，特别关注起重机、锅炉、压力容器等特种设备检验检查；五要理清工作流程，健全管理制度，提高工作技能，改进精神面貌，改善操作环境。

4. 提升员工安全意识和能力。培养一支高技能、高素质的员工队伍，不仅是精益生产的准则之一，也是安全生产的基础保证。行政和工会以及团委等各个部门应当共同努力，一要将精益思想与安全文化培育紧密结合，精细提练、精心经营好企业的安全文化，这本身就是一种创新，我们要将这个创新过程规范、科学、可评估、可考核。二要在安全培训教育内容和方式上更贴近岗位实际，更偏重实用，更易于员工学懂、记忆、运用。如果员工在潜意识里掌握了安全防护技能，安全事故发生的几率一定会下降。三要做到无论人员怎么变化，岗位如何调整，通过科学的动态管理，使员工受安全教育不至于遗漏。对于轮换工和派遣工，不能实行教育编外，只要进入工序和岗位，就要受到我们的再教育，就要遵守安全规章制度，就要受到我们的安全约束。四要组织员工认真学习，尽快掌握《安全技术操作规程》。五要加强班组安全管理。班组管理是企业一项重要工作，在这方面，我们不少企业有好的经验，大家要认真学习交流，这也是我们南车安全生产主题建设和能力建设的一个重要环节。

5. 提升事故防控水平。精益生产强调不投入多余的生产要素，所有经营活动都要有益有效。它倡导的是在精细的过程中，决心追求完美、追求卓越，就是精益求精、尽善尽美。安全管理工作强调防患于未然，坚持着预防为主，二者本身就具有相同的目的。虽然预防工作现在大家也在做，但在已发生的工伤事故中，要么是防护措施缺失或失效，要么是伤者对规章制度和安全技能不知或知之甚少；基层的安全管理部门和安全工作者，大量的时间用在生产现场的违章现象纠察上，而且均是就事论事，事后重复发生，日复一日，年复一年，浪费时间和人力。不是说现场检查不对，而是说明此现象反映安全预防并没做好，只停留在事后的处理上。我们的预防工作要围绕消除和控制人的不安全行为、物的不安全状态，减弱或降低隐患危害程度，真正做到工装设备使用前，员工上岗前，工序开工前；安全隐患控制了，危害因素消除了，实质就是真正做到了“治本”。要做到这点，精细地谋划、精确地治理、精细地实施是必须放在首位的。

南车处在一个大跨越、大发展的大好时机，困难和机遇同在，安全工作要稳步前行，立志超越，实现新发展；要坚定信心，同舟共济，脚踏实地做好工作，为南车的新发展做出更大的贡献。

规范管理　扎实工作
努力提升中国南车价值创造能力

——副总裁、财务总监詹艳景在中国南车财务工作会议上的报告（摘要）

（2010 年 3 月 15 日）

这次会议的主要任务是，落实中国南车工作会议要求，总结 2009 年工作，明确 2010 年工作目标和思路，部署 2010 年重点工作，组织动员全体财务人员，扎实工作，奋力拼搏，全面实现“十一五”财务战略目标，为打造行业领先的南车财务而努力奋斗。

一、2009 年工作回顾

（一）全面完成年度经营目标

2009 年，面对金融危机带来的影响，集团公司紧紧抓住铁路大发展的黄金机遇期，牢牢把握高速、重载的主旋律，奋力开拓国内外、路内外市场，坚持科技创新、产品创新，面对货车行业量价齐跌的严峻考验，狠抓经营管理，全面完成了年度经营目标，经营业绩创历史最好水平。

集团公司全年预计实现营业收入 478 亿元，实现净利润 7.7 亿元；其中，南车股份全年预计实现营业收入 465 亿元，同比增长 30%，净利润 16.5 亿元，同比增长 20%，净资产收益率 10.3%。集团公司全面完成国资委的经营业绩指标，股份公司全面完成董事会确定的经营目标。各子公司经营业绩大幅增长，营业收入增长超过 30%的单位有：株机公司、浦镇公司、戚墅堰公司、株洲所、戚墅堰所和四方股份公司，其中株机公司、四方股份公司营业收入超过 100 亿元；净利润增长超过 50%的单位有：四方有限公司、浦镇公司、四方股份公司、株机公司、戚墅堰公司、戚墅堰所和株洲所。

（二）预算管控显著提升

预算管控的理念进一步植根于公司运营管理中，预算管控方法得到不断改进，预算管控已成为各级公司经营管理的重要手段，在实现 2009 年全年经营目标中发挥了重要作用。南车总部坚持召开月度、季度全集团经营活动情况分析会，通报情况，总结经验，找出问题，提出措施，把握方向。四方股份公司将订单项目预算与滚动预算紧密结合，根据月度生产计划、项目交付计划、订单项目财务预算及实际完成情况，通过决算与预算的对比分析，及时反映偏离程度，调整下月预算目标，并提出指导性要求，同时，将技术开发费预算、投资预算纳入专项财务预算管理，加大了过程控制和反馈。株机公司将预算覆盖所有经济业务，遍及每个经济活动主体，每项预算都有责任主体，责权清晰，同时，加强子公司预算管理，要求按月上报月度预算执行情况，督促其完善月度滚动预算分析制度，使合并报表范围内的预算全面处于受控状态。石家庄公司以业务预算为基础，构建了财务预算与经营计划、资本性支出、职工薪酬相结合的全面预算管理体系。长江公司严格预算执行，加强费用控制，对总部各部门的可控费用按月进行监控，及时掌握预算执行情况，并反馈到相关部门，使费用实际支出始终处于有序可控状态。二七公司注重信息化在预算管理的应用，初步实现了财务预算管理的信息化。

（三）资金效益明显提高

2009 年，资金管理始终以深化资金集中、降低资金成本为主线，实现了一级子公司的全面资金集中管理，年内日均资金归集 20.6 亿元，最高达 53.7 亿元，内部日均调剂 9.6 亿元，最高达 22 亿元，节省财务费用 1 亿元。同时采取多种融资方式降低财务费用，年内共开出银行承兑汇票 119 亿元，充分把握票据贴现率处于历史低位的有利时机，实现银行承兑汇票贴现融资 34 亿元，仅利用银行承兑汇票就为集团节省财务费用 3 亿元。

各级子公司坚持从资金的源头抓起，紧紧抓住清收货款不放松，保证了货款回笼始终是运营资金的主要来源。戚墅堰公司对大铁路之外的销售，坚持带款提货、收预付款，要求用户开具履约、质量保函等，并在合同上不留余款。资阳公司对应收账款考核采取按当月回款、余额、账龄和坏账损失等四种方式进行复合考核，财务部每月下达回款和余额指标，严格兑现考核，2009 年回款累计扣收资金占用费 118 万元，回款累计奖励各单位工资总额 27 万元，累计扣各单位工资总额 41 万元。二七公司由公司副总经理牵头，由市场营销部、财务部和采购部组成清欠小组，每 10 天进行一次汇总。石家庄公司注重应收账款管理的制度化，对相关制度不断改进，明确回款责任、加大奖罚力度，将原来每季度进行的应收账款警示缩短至每月警示，并将子公司的资金配置纳入公司统一监控范围。长江公司建立专项工作机制，对每一笔应收款项指定了清收负责人，减少坏账损失。洛阳公司规范了从发票开具、发票传递到账务处理等方面的流程，实现了新公司的销售统一管理，对 6 个月未回款客户向营销中心下发《关于月度停止销售通知》。浦镇公司坚持季末存货资金占用账龄和金额以及应收账款占用通报制度。成都公司通过推进精益生产管理，按照生产计划合理安排采购进度，降低存货规模，避免超量采购导致存货堆积占用，同时加强对积压物资的处置。眉山公司加强存货资金的管理，紧密结合公司正在推进的精益化生产工作，完善工艺定额、消耗定额，严格执行“以销定产”、“以产定供”原则，降低了存货资金占用；并对部分产品实行先预付部分货款才组织生产，尾款付清才予以放行的方式确保零星销售回款率达到 100%，对信誉不佳的单位减少了合同执行数量。

（四）成本管理不断创新

面对主要产品价格下调的压力，各单位不断创新成本管理方法，向管理要效益，千方百计降低物耗，节约管理费，努力降低生产经营成本，提高经济效益。新造产品突出抓了项目成本管理，成本管理紧密结合产品结构、技术条件，动态掌握材料价格、材料定额变化，完善工艺定额、工时定额、物料消耗定额，细化预算编制，实现产品成本的持续改进，提高产品毛利率水平。检修产品倡导精拆、细拆的理念，以单车实际确检为核算基础，通过对大部件及关键部件的单车确检，加大修旧利废，利用新技术新工艺减少配件换新率、提高入厂车自带配件的利用率。2009 年集团公司进一步加强了集中采购工作，在已实现集中采购货车钢材的基础上，对机车、货车、客车用轴坯钢、有色金属和炉料统一集中采购，逐步开展了机车、客车、货车轴承和车轮的集中采购，全年集团内集采供应业务已经涉及了集团内绝大部分一级子企业。株机公司的成本管理从产品的设计阶段开始抓起,将设计、工艺降成本的理念落实到具体的设计、工艺方案上，共提出 200

多项设计优化建议，降低了产品成本。二七公司依托ERP平台，通过将成本核算由按车间逐步结转改变为按工序逐步结转，将检修车按车型工作号核算改为按部位、部件核算，实现了产品的精确成本核算及财务信息流与物流信息同步，细化了成本核算。

集团总部及各级子公司认真研究财税政策，主动沟通，积极争取，全年共获得财税政策优惠8亿元，包括：技术开发费加计扣除、高新技术企业所得税优惠、国产设备投资抵免所得税、西部地区税率优惠、安全环保设备抵免所得税等所得税优惠，增值税转型改革退税、进口环节增值税减免、货车检修免征增值税、出口货物抵免增值税、三线企业增值税先征后退等增值税优惠，以及关税优惠、土地使用税减免、贴息优惠等，其中4.3亿元计入了当期损益。

（五）基础管理再上新台阶

2009年，财务基础工作以制度建设为核心，以健全公司治理为目标，对财务管理制度、管理流程进行了全面的梳理、修订、补充，基本上健全了以风险防控、规范流程为重点的制度体系。总部着重加强系统性制度建设，集中精力，多方调研，年内共制定颁布系统性制度17项，范围涉及预算、资金、产权、会计核算、信息化、会计人员等方面。四方有限集中公司财务系统的精兵强将，先后完成了26个内部控制制度、16个财务风险控制矩阵的编写与发布工作。资阳公司对25个管理制度进行了全面修订，并新增3个管理制度。石家庄公司制定完善了《应收账款管理实施细则》、《关联交易管理办法》、《内部会计控制基本制度》等26个财务制度和管理办法。洛阳、襄樊、襄牵三公司整合一年来，财务系统充分发挥整合的协同效应，集合各种财务资源，实现了会计政策统一、会计科目设置统一、财务核算内容统一、财务核算流程统一的目标。

2009年，财务信息化工作全面推进。集团总部通过系统升级，实现了财务由单体组织系统应用向集团组织架构系统应用的转型。通过实施账务集中核算、资金集中管控、财务协同办公、集采业务平台、信息集成共享，打造以战略管控为主要模式的信息化财务管理平台。各子公司财务信息化应用深度和广度不断扩展，特别是货车制造和修理企业将成熟的财务核算系统与新上ERP项目的整合，通过优势互补，减小对原有业务链的冲击，提升了ERP系统整体实施效果。

2009年，中国南车财务工作取得了骄人的成绩，在总结成绩的同时，我们还要清醒地认识到存在的问题：一是主产品盈利能力有待进一步提高，2009年营业收入的增长超过了30%，但净利润并没有实现同步增长，说明规模经济并没有在主产品毛利率中充分体现，主产品利润是企业利润的源泉，主产品的盈利能力是企业的核心盈利能力，提升主产品盈利能力是项长期任务。二是子公司发展不均衡，营业收入低于20亿元的企业共9家，超过了企业总数的50%，但其收入只占集团总收入的22%，低收入企业分布较集中；收入最大的两家企业占企业总数13%，但其收入却占总收入的40%，缺少收入在70～100亿元的中间层企业；改进子公司收入结构，提高后9家子公司的收入，培育中高收入企业，是今后集团及各子公司需要共同努力的目标。三是存货占用有待进一步降低，按照国资委2009年铁路装备制造企业考评标准，16家子公司中只有2家达到良好，总体存货占用呈上升趋势，随着精益生产的大力推广，各单位应把存货降低作为精益生产的一个重要目标和检验标准。

二、2010年重点工作

2010年，我们面临的经济形势有如下几方面特点：1. 我国经济不断企稳回升，明显向好，全球经济缓慢复苏，但还有许多变数；2. 通胀预期进一步加大，宏观经济政策在促进经济复苏的同时，央行的政策将重点放在防通胀，准备金率和利率有进一步上调的空间；3. 受通胀预期影响，基础性原材料价格上涨预期强烈，企业成本压力加大，产品盈利能力面临挑战；4. 全球经济复苏的不均衡及对本国经济快速摆脱困境的迫切期望，贸易摩擦将增加，汇率波动风险加大，对产品出口将产生不利影响；5. 和谐铁路建设进入高速发展期，为南车快速发展提供了有利的市场条件；6. 由于用户技术、价格等相关政策的不断调整，货车修造业务微利的局面仍将持续。

中国南车 2010 年主要经营目标：**集团公司实现营业收入 620 亿元，利润总额同比增长 20%，其中，南车股份实现营业收入 600 亿元，净利润完成公司目标，总资产周转率达到 1 次。**

中国南车 2010 年财务工作思路是：**以预算管理为统领，有序实现经营目标；以精细化成本管理为根本，有效提升盈利能力；以深化资金集中为主线，提供低成本资金保障；以制度执行为重点，进一步规范财务管理；以信息化为平台，提高会计信息使用价值；以推行经济增加值管理为契机，优化资产结构；以梯队建设为基础，加强人才培养。**

2010 年要重点做好以下工作：

（一）以预算管理为统领，有序实现经营目标

1. 提高预算编制质量。发挥预算统领作用的前提是高质量的预算，高质量预算表现在全、细、实，预算要全面完整，涵盖所有主要业务，内容要详细，时间要匹配，目标要务实，有激励性，经过努力可以实现。要以过程保质量，进一步完善预算管理制度，提高预算管理的制度化、规范化；要通过广泛调研、分析，建立、改进预算模型，预算模型要有行业特点、企业特色，符合企业实际，能够较准确描绘未来，提高预算的科学性；强化相关业务预算管理责任，以业务预算为源头，加强财务预算和业务预算的有效结合，加强与各部门的沟通与协调，逐步扩大预算管理范围，做到凡有现金流的业务都要编制预算。

2. 强化预算执行力度。健全完善预算执行体系，突出预算执行主体责任，要将预算完整转换成业务执行计划，将执行结果作为责任制考核的核心内容，做到每项预算、每项计划、每个节点都有考核，一级保一级。要强化预算分析，深化滚动预算管理，有效结合运营管理工作，确定季度预算目标，充分发挥滚动预算管理的调控职能。逐步建立预算执行的审计检查机制，开展预算执行的专项审计，加强预算执行和监控力度。

3. 提高预算管理信息化水平。研究建立预算信息管理平台，将预算编制和预算执行情况整合到系统中，提高预算编制和执行结果的反馈效率，推进月（季）度滚动预算的调整与监控，建立预算分类指标预警系统，动态跟踪总体经营状况，及时发现预算执行偏差，及时分析原因，及时采取措施。通过信息化提高预算管理的透明度，将预算执行情况及考核情况网上公布，使预算责任主体、预算监管部门、主管领导都能及时获取预算管理信息，通过相关方的知情，使预算管理成为企业文化的有机组成部分。

（二）以精细化成本管理为根本，有效提升盈利能力

1. 切实提高主产品成本精细化管理水平。主产品是企业利润来源的主渠道，成本管理要伴随产品研发、设计、制造、售后、运用、检修等整个完整的生命过程，在优化各环节成本基础上实现产品生命成本与价格间关系的优化。不断完善、稳定 ERP 系统，借助信息化手段将每一种主产品设计、工艺、

采购、外包、制造等环节的成本分解细化，建立每个采购、外包基本单元的标准成本，提高实时统计、反馈、分析速度，缩短对成本偏差修正的响应时间。要建立最小零部件基本单元和组件、模块等标准成本数据库，不同主产品共享零部件、组件、模块应具有相同的标准成本，逐步建立起成本模块化结构。精细化管理最终要落实到每项成本的实施上，要做到成本的价、量分开管理，设计、工艺、制造等责任主体要对量负责，采购、外包等部门要承担起价的责任。精细化成本管理要实现与预算管理的无缝对接，预算的编制要建立在精细化成本之上，反过来预算要借助于精细化成本管理体系将预算目标、成本责任落实到每一项零部件上，落实到每一个直接责任主体上，真正实现降本增效的目标。

2．切实提高各项费用管理的精细化程度。费用的精细化管理要从预算源头抓起，做好零基预算，每年都要重新审视各项基本维持性费用预算和增量业务预算，审核基本维持性预算的适度性，审查增量业务预算的业务基础的可靠性，要提高费用预算的标准化程度，建立标准费用性物耗定额；健全管理体系，落实实施责任，明确归口管理主体和预算执行主体，严格考核；理顺超预算和预算修改的审批权限及流程，完善集体决策和授权审批机制，规范操作；推进会计核算体系与管理系统的整合，完善会计科目和辅助帐的设计，力争使会计核算体系成为管理系统的唯一数据源头，提高数据的统一性和唯一性，提升管理效率。

3．密切跟踪、精细研读、准确把握财税政策。财税政策是政府促进经济发展的主要财政手段之一，具有针对性、条件性和时效性，也是公司利润的重要组成部分，各单位要进一步密切跟踪国家和地方财税政策动态，认真研究，搞清政策对象和适用条件，弄清政策时效期，符合条件的必须要将政策争取到位，用足政策，不完全具备条件的要千方百计创造条件，主动出击，加强沟通协调，力争到位。总部和各子公司要充分共享财税资源，实现集团财税收益最大化，确保收益不低于上年水平。

（三）以深化资金集中为主线，提供低成本资金保障

1．以资金预算为手段提升资产负债管理水平。开展资金预算，建立预算模型，健全预算体系，使资金预算规范化、制度化；资金预算以同业领先指标为标杆，以公司财务战略指标为目标，按阶段目标持续改进，今年是“十一五”收官之年，总资产周转率、存货周转率、应收账款周转率等资产效率指标必须提前完成，成为同业的领先者。落实账户清理工作，各级公司都要严格执行银行账户开立、关闭等业务的审批程序，保证资金集中效果及资金安全；规范资金归集，保障资金能按规定上划归集；将资金集中工作深化至部分一级以下全资子公司，提高总体集中度；加大内部调剂，调剂深度扩大至合并报表内一级以下控股子公司。

2．优化融资结构提供低成本发展资金。融资结构以为实现公司战略目标提供低成本资金保障为前提，充分考虑宏观经济走势，保证资金来源的稳定性和低成本。公司于去年底和今年初相继发行了共计 40 亿元的三年期中期票据，为未来升息预期下公司发展提供了低成本基础性资金保障，在此基础上，要积极研究汇率、利率变化趋势，充分利用香港公司境外平台，使之成为中国南车进出口贸易和外币集中管理的中心。

3．拓展金融业务提高资金收益。在南车国际化战略指引下，集团各单位进出口贸易呈快速上升趋势，金融危机后，汇率、利率走势愈加复杂，风险敞口加大，但也存在较大获利机会，总部及各单位要主动开展研究，

制定方案，积极审慎开展以保值、锁定风险为目的的套期业务，思路要清晰，决策要果断，行动要迅速。同时，大型综合性铁路建设项目的承揽也逐步开展，投资建设海外生产基地也逐步成为发展方向，要积极探索研究海外大型项目的融资及防范金融风险的方案，借鉴吸收其它单位走出去的经验教训，积极开展项目融资和融资租赁，积极动员参与方共同出资，共担风险，要采取资本出资和债务融资相结合的方式筹集资金，降低风险，提高收益。总部要严密筹划，充分利用资金闲置期开展多方位理财，在保证本金安全的前提下，增加资金收益。

4．严格执行内控流程防范风险。金融风险是企业致命性风险，不断健全严密的内控制度、严格执行内控流程、履行授权审批机制是防范金融风险的有效措施。各单位要重新审视涉及金融风险防范的制度的完备性，应当覆盖货币资金、有价票证、担保、保函、投资、金融衍生品等能够预见且可能发生的金融业务，结合本单位业务流程补充完善。抓住资金源头大力清收销售货款，控制运营风险。货款回笼是企业运营的资金源头，及时、稳定的货款回笼是企业健康运行的保证。货款清收要常抓不懈，永不懈怠，货款回收情况是考察一个单位财务管理好坏的一个重要方面。重点做好应收账款管理的基础工作，坚持定期统计、分析、通报、检查、考核的工作机制，严格落实应收账款管理办法和考核办法；突出做好与用户的日常性沟通工作，建立全方位沟通机制，与战略用户形成稳定的长期合作关系，积极主动地为用户付款创造有利条件；开展客户信用等级管理，针对不同信用等级用户制定差异化清收策略，控制经营风险；积极探索海外应收账款的管理方式，探索降低财务风险和汇兑风险的方式方法。

（四）以制度执行为重点，进一步规范财务管理

1．落实预算、资金管理制度，保证经营有序开展。规范化、程序化、常态化是预算管理和资金管理的目标，各单位要认真学习，严格落实，补充完善本单位相关制度体系，同时要做好所属子公司制度的落实执行工作，做好制度间的无缝衔接，保证制度的执行贯穿各个层级，实现南车制度执行运转的完整性。

2．落实会计管理制度，规范会计基础工作。各单位在创新业务的同时要牢牢抓好会计基础工作，以检查、考核、培训、评比、示范等多种形式加强管理，严格执行财政部及公司相关制度，在提高整体基础工作规范性的同时，要重点抓好薄弱环节，突出抓好层级远、规模小的子公司，以规范化的会计基础工作提高财务管理水平。

3．落实担保、保函管理办法，控制担保风险。担保是企业重大风险事项，公司担保的最终权限在董事会和股东会，各级子公司对内、对外担保均需在授权范围内办理，重点做好担保文本风险识别与把关、审批流程的把控，要加强担保单位和被担保单位的沟通，掌握被担保单位的重大财务事项和资产负债情况，动态更新实际使用担保额度，担保到期要及时撤回注销；突出抓好保函的管理工作，落实保函管理办法，规范审批流程、开出以及到期收回的程序，要特别加强保函的回收管理，健全台账，落实责任。

4．落实关联交易管理的实施细则，保证南车股份的独立性。各单位要尽快理顺分工，走顺流程，进入程式化运转；做好关联方的认定和关联交易的统计监控工作，将统计工作纳入财务快报管理，实行月度统计监控；开展关联交易滚动预测，将关联交易严格限定在批准额度内，对新增关联交易严格按时限履行审批披露程序。关联交易管理要做到控制有效、反应迅速、披露合规。

5. 在确保制度落实的同时，还要进一步加强制度建设。完善包括会计、资金、预算、产权、财务管理、风险管理等在内的相关财务管理制度，建成一套专业分类齐全、系统性强、主体层级清晰的财务制度体系，突出制度的适用性、可操作性、有效性。

（五）以信息化为平台，提高会计信息使用价值

1. 深化信息化管理，提高应用水平。南车财务信息化的总体目标是通过财务系统与业务系统的紧密集成，达到财务、业务一体化，实现集团内财务数据的高度共享，并通过财务信息化进行深层次的财务分析、管控，达到辅助决策的目的。2010年将继续深化财务信息化的应用领域，进一步完善重大资金管控信息化平台，进一步加强成本管理系统与其他相关模块的紧密集成，尽快实现非成建制存续企业账务集中核算管理。信息化工作要规范化有序开展，各单位要严格执行《中国南车股份有限公司财务信息化管理办法》的要求新选或更换财务软件，履行规定的立项、审批程序。

2. 加强会计基础工作，夯实会计信息化的基础。会计信息化系统顺畅高效运转的基本前提是会计基础工作，信息化是一个系统性工具，要输出可靠、有价值的会计信息和管理结果，必须要有扎实的会计基础工作做保证。各单位要严格执行会计基础工作规范，不断完善基础票证单据的设计、填制、流转、保管的管理，不断改进科目、明细账、辅助账的设置，不断提高与业务的衔接能力，坚持存货和固定资产实物盘点等基本财务制度。要高标准、严要求，特别是管理级次较多的单位，更要特别加以重视，加强检查，提高整体会计基础工作水平。

3. 完善决算体系，进一步提高财务会计信息编报能力。公司上市后，监管部门、公司管理层和相关业务部门对决算报告的提报速度和质量都提出了更高的要求。各单位要在不断提高单户决算质量和速度的同时，为合并创造有利条件；要对报表合并进行系统性持续改进，提高合并效率；要不断提高各业务岗位和决算人员业务素质，加强准则的学习，要在减少差错率的前提下进一步提高速度。要不断探索，建立一套行之有效的方案，能够快速服务应用于企业重组、兼并收购，为公司快速成长提供支持。

4. 加强决算与预算的协同，进一步提高管理会计信息编报能力。决算最终反映预算执行的结果，预算和决算的整合才能形成完整的管理会计信息，公司上市后公司管理对管理会计信息的需求日益增强，以财务目标为核心的管理日显突出。为此，要进一步健全完善管理会计报表和报告体系，改进报表内容，做好决算结果和预算的有机结合；认真分析差异化的管理需求，向领导、相关部门提供有针对性的管理会计信息，但要特别注意不同报表、报告口径和数据的一致性，提高会计信息的内部使用价值。

5. 加强同业财务会计数据的收集，进一步提高财务分析能力。高度市场化下的财务管理，要将企业自身财务管理置身于整个大环境下，要注意搜集同业竞争对手和产业链中上下游主要企业的相关财务信息，要对相关财务信息进行加工整理和差异分析，提报专题分析报告，深化同业财务对比分析，将对同业竞争对手的对比分析工作制度化，为公司内部决策提供参考。此外，要落实重大财务事项报告制度，根据公司重大财务事项日常报告制度规定，对子公司重大财务事项进行日常监控，及时搜集、分析和报告所涉的重大财务事项，对涉及公开披露的事项及时完成相关披露工作。

（六）以推行经济增加值管理为契机，优化资产结构

1. 改进投资理念，注重投资效益。固定

资产投资要以提高收益率为最终目标，绝不能以单纯的抢占资源、扩大规模为目的，企业融来的资源与投出去的资产，必须至少在成本与收益上达到盈亏平衡，每一份资产或资产组合都必须为投资者创造出额外收益。要进一步拓宽投资思路，探索尝试固定资产租赁、项目融资、兼并收购以及扩大非核心业务外包等方式，以较少的投入获取较多的资源，降低资产持有风险，提高投资报酬率，财务一定要做好参谋和积极的实践者。各单位要科学决策，慎重投资，以可信的市场预测为出发点，以科学适用的评估模型为工具，以高于资本成本的收益率为评价标准，认认真真做好项目可研，各单位要建立健全固定资产投资后评估考核机制，财务部门要坚守职责，过程控制，严格把关，不断改善投资结构，提高投资效益。

2．推进精益生产，调整存货结构，降低存货数量。存货资产占用过大是目前公司运营中的一项突出问题，各单位管理程度参差不齐，今年一定要有较大程度的改进。精益生产最大的功效是为物流瘦身、生产瘦身，最大限度的优化物流的每一个环节，存货占用是检验精益生产成败与否的重要指标。各单位要以此为契机，在生产精益化过程中，认真分析每一个环节、每一项存货、每一家供应商，借助信息化手段使物料供应趋于精准，减少存货占用。从今年开始，要把存货管理纳入滚动预算，科学制定存储限额，重点处理已有超储积压物资和控制、防止新的超储积压发生。要进一步推进大宗物料、共用物料的集中采购，进一步降低库存，降低成本，实现集团内存货的调剂。

3．加快结构重组，提高投资收益。目前，各单位规模效益离散度很大，公司业务结构调整的重点之一是发挥龙头企业的带动优势，实现产业的梯度转移。龙头企业要有低成本盘活资源的意识，同时应主动进行价值链研究，专注于将核心优势及体现行业水平的环节做好，将一些非关键和非核心环节转给兄弟企业或业务前景不乐观的兄弟企业，降低投入水平，盘活存量资产，为实现公司利益最大化做出贡献。财务要积极通过产权重构来助推和引导产业整合，要在资本层面、制度层面来支持产业和业务的发展。各一级子公司要对所属各级子公司的权益结构进行梳理、分析、评估，要立足全局、立足长远，本着增强核心、保留重点、去除边缘的原则，转让出售低效资产，积极退出非核心业务。制定增资、整合、收购、转让等产权处置方案时，通过科学的方案、有计划的实施，提升整体盈利能力。要加强资产评估、产权登记、产权转让、资产划转等工作的法制化、规范化运作，防止国有资产流失，不留后遗症，平稳推进整合重组，促进公司经营业务的发展。

（七）抓好存续企业管理和存续资产处置，确保南车整体又好又快发展

1．进一步加强存续资产管理。加强基础管理，强化存续资产状态分析。继续开展确权办证等基础工作，不断提高办证率，争取2010年存续企业房屋、土地办证率达到98%，日常要及时办理资产处置过程涉及的企业国有产权登记。积极开展债权清理及催收工作，在2009年开展存续企业债权债务清理工作的基础上，继续开展清欠工作，维护国有权益，各企业要制订方案，落实责任部门及责任人，确保工作取得实效。强化出租资产管理，落实存续企业资产出租办法。各企业要对照办法自查是否有不规范租赁行为或不规范租赁合同，是否明确出租资产的保养维护问题，是否有零租金或无偿使用资产问题，是否将设施的附属水电费用收回等问题。2010年将对各存续企业的货币资金实行集中管控。加强对存续资产的维护、保养，在对上市板块资产清查的时候，一定要对存续

企业资产进行清查，防止无人过问现象的出现。

2．进一步加速存续资产处置。加速处置低效无效资产。按照“不造成损失”的原则，加速处置存续企业持有的各项投资小股权，2010年力争完成80%。对有升值空间的房地产，进行择机处置；对主辅分离单位租用的设备，在承租人有资金的情况下，积极处置。完成主辅分离各存续企业的国有权益核减及账务清理等后续工作。

3．进一步加强“三供”系统改造移交、企业老旧住宅区改造等相关重点事项的管理。2010年，各企业老旧住宅区的改造工作要全面启动，“三供”系统的改造移交工作要继续不断推进。各企业要借助国家、各省市就棚户区改造和解决低收入家庭住房保障问题做出的一系列决策部署的难得机会，充分利用国家和地方的优惠政策，争取地方政府的财政补助及减免相关税费等政策，加快推进各企业老旧住宅区的改造，使各企业老旧住宅区面貌得到彻底改变，更多员工住房条件得到显著改善，让员工分享企业发展和社会进步的成果，希望各企业尽快制订工作目标和计划，力争2010年年内取得重大进展。继续研究开展单身公寓的建设及管理工作，单身公寓建设是企业在成长、扩大再生产及发展过程的需要，根据部分企业提出的单身公寓建设需求，以急需为前提，以有利于单身员工需求高峰过后的存续资产处置为原则，开展单身公寓建设。

（八）以梯队建设为基础，加强人才培养

1．多种形式提升财务队伍的能力和影响力。要紧密结合发展战略，预测未来几年公司的发展变化，认真研究关键岗位的能力标准和能力模型，针对不同单位建立财务队伍一系列岗位能力模型、能力标准和岗位要求，有计划的组织业务培训和管理培训，提高财务人员特别是财务主管们的沟通协调和领导能力，从专业的角度影响企业的管理创新，推动管理升级。

2．多渠道吸收优秀人才补充财会队伍。南车在高速发展和快速国际化进程中需要大批优秀财会人才，各单位要从战略高度认真分析目前和未来对人才的需求，制定人才引进规划，重视本科生的招收工作，也可从市场招收一部分，除了满足日常需要补充关键岗位外，还要重视培养锻炼，为未来进行必要的储备。南车在高速发展和国际化进程中，需要大量有财会知识背景的人才和外语能力强的财会人才，财会后备人才不必拘泥于仅从事财会工作，要有意识的吸收一部分其它背景的人才进入财会队伍，要安排财务人员到其它业务部门轮岗锻炼，努力培训一批综合性人才。有条件的单位要积极地向兄弟单位推荐优秀后备人才，为南车事业输送人才。

3．多渠道加强梯队建设打造后备队伍。要培养财务总监、财务部长、关键岗位三个层面的后备队伍，要以一定的形式发现后备，要在岗位上加担子，在不同岗位上去磨练，有目标地锻炼培养，重选拔更要重培养；要精心安排培训计划，充分利用社会资源，培训内容要务实、着眼长远，提高他们的综合业务处理能力、文字分析能力、组织协调能力、精准高效的执行力；鼓励有条件的后备人才参加财政部、国资委组织的选拔性培训，一方面提高南车财会人员的社会化程度，另一方面提高中国南车在财会界的知名度。

大事记

2010年大事记

2010年大事记

1 月

5 日 中国南车向集团内率先实现年营业收入超百亿的两个企业——株机公司和四方股份公司发去贺信，祝贺在全体员工的共同努力下，跨入一个更高、更新的发展阶段。

9～10 日 国资委监事会04办举办培训班，邀请中国南车、华能集团、中铁物资、中煤科工、东方电气等5家企业负责人讲课，介绍企业基本情况。股份公司董事长赵小刚就南车的基本情况作了介绍，并就监事会04办成员关心的问题进行了交流互动。

11 日 四方股份公司的“CRH2型高速动车组转向架”科技成果，荣获国家科学技术进步一等奖。

14 日 股份公司董事长赵小刚与安徽省副省长黄海嵩在合肥签署《安徽省人民政府与中国南车股份有限公司战略合作框架协议》。根据战略合作框架协议确定，双方合作推进安徽省城市轨道交通建设，建立高层领导定期会晤和战略合作协调机制。

17 日 股份公司总裁郑昌泓、副总裁傅建国出席铁道部在西安组织召开的郑西客运专线联调联试、运行试验及运营准备工作协调会。

19 日 股份公司总裁郑昌泓会见庞巴迪运输（集团）公司总裁兼首席运营官Adre Navarri。

20 日 股份公司总裁郑昌泓、副总裁张军与哈萨克斯坦国家铁路股份公司总裁马明进行友好会谈。

20 日 株机公司所属“株洲南车电机公司”升格为一级子公司，更名为“南车株洲电机有限公司”。

21～22 日 股份公司董事长赵小刚、总工程师张新宁到哈尔滨铁路局走访，了解和谐5型机车在段运营情况和售后服务工作。

22 日 以“开启中国式责任”为主题的第五届“中国·企业社会责任国际论坛”暨2009最具责任感企业颁奖盛典礼在北京举行。股份公司总裁郑昌泓代表公司接受“最具责任感企业”荣誉，并作为论坛嘉宾出席了责任对话。

23 日 中国南车工会在南京召开二届九次全委（扩大）会议。

28 日 铁道部在西安召开郑西高速铁路现场办公会。股份公司总裁郑昌泓等参加会议。

28 日 股份公司董事长赵小刚在公司总部会见法国巴黎银行中国有限公司CEO Cristofari Francois，双方就加强业务合作进行了交流和探讨。

29～30 日 中国南车第三次团代会隆重召开。赵小刚、郑昌泓、刘化龙等股份公司领导和国资委、中铁工、中铁建、中国机械工业集团、中国电子信息产业集团有关领导应邀出席会议。全国铁道团委、石油天然气集团、航天科技集团等单位向大会表示祝贺。大会选举产生了共青团中国南车第三届委员会，通过了关于工作报告的决议，并一致通过了《学习邓小军及其团队，练过硬本领岗位建功》倡议书。

1 月 经人力资源和社会保障部、科学技术部、教育部等7部委联合评审，股份公司总工程师张新宁、株洲所总工程师冯江华、二七车辆公司主任设计师张四梅被确定为“新世纪百千万人才工程”国家级人选。

1 月 由赞比亚通讯与交通部部长杰费里·伦关瓜和坦桑尼亚基础设施发展部部长舒库鲁·卡万布瓦率领的坦赞联合代表团，到戚墅堰公司考察。

2 月

1 日 股份公司总裁郑昌泓到眉山公司看望慰问劳动模范和特困员工。

4 日 中国南车股份公司技术专家委员会工作会在湖南株洲召开。股份公司董事长赵小刚到会作重要讲话。技术专家委员会由19 名专家组成，副总裁唐克林任委员会主任，中国工程院院士刘友梅、股份公司总工程师张新宁任副主任。会上评审了中国南车的中青年专家和拔尖人才。

4 日 股份公司党委副书记、纪委书记、工会主席刘化龙到四方有限公司走访慰问困难员工家庭。

10 日 股份公司董事长赵小刚与来访的新兴铸管集团有限公司党委书记姜国钧举行会谈。赵小刚介绍了中国南车的基本情况，尤其是上市以来的发展情况，希望能够与新兴铸管集团加强合作，实现共赢。

20 日 英国品牌价值咨询公司 Brand Finance 发布全球最有价值 500 品牌排行榜，中国南车以品牌价值 19.87 亿美元首次上榜，排名第 476 位。

23 日 中国南车召开纪检监察工作视频会议。股份公司董事长、党委书记赵小刚作重要讲话，股份公司党委副书记、纪委书记刘化龙作纪检监察工作报告。

3 月

5 日 中国南车自主设计研制的“绿色”机车——混合动力机车通过技术评审。混合动力机车具有低油耗、低排放两大优势。

9 日 经国务院国资委和国家工商行政总局核准，中国南方机车车辆工业集团公司正式更名为中国南车集团公司。

11 日 湖南省省长周强访问中国南车总部，并与股份公司董事长赵小刚、总裁郑昌泓举行会谈。

12 日 中国南车与广东省领导在北京举行高层会谈，商讨深化双方战略合作关系，加快推动轨道交通装备及相关产业在粤发展。中共中央政治局委员、广东省委书记汪洋，广东省委副书记、省长黄华华，股份公司董事长赵小刚及领导班子成员唐克林、刘化龙、傅建国、詹艳景等参加会谈。

14 日 由二七车辆公司研发、生产的 TJ165 型架桥机组用 NJ_3 型、NJ_4 型平车在包头—西安铁路线施工现场投入使用。该产品通过铁道部技术审查，获得型号合格证和生产许可证。

15～16 日 中国南车 2010 年科技工作会议在北京召开。股份公司总裁郑昌泓出席会议并讲话。副总裁唐克林宣读荣获 2009 年“新世纪百千万人才工程”国家级人选、中国南车第三届有突出贡献中青年专家和拔尖人才评选结果。会议期间，召开了 2010 年中国南车技术专家委员会第二次会议、中国南车质量管理委员会会议和中国南车技术标准化委员会会议。

17 日 戚墅堰公司与美国通用电气（中国）有限公司成立柴油机合资企业签约仪式在江苏常州举行。项目总投资约 6.5 亿元，双方各占 50%。

19 日 北京产权交易所召开“2009 年中央企业产权交易颁奖典礼”会议，对产权交易规范、制度健全的央企进行表彰。中国南车获评 2009 年央企产权交易“金交易奖”。

20 日 中国首列出口印度地铁列车在浦镇公司下线。这一具有自主知识产权的地铁产品将运用于印度最大城市孟买。

20 日 股份公司总裁郑昌泓在京与来访的土耳其铁路总局局长苏莱曼举行会谈。同时，郑昌泓还会见了沙特本拉登集团和德国西门子公司客人。

21～26 日 中国南车第三期高级职业经理人培训班在二七车辆公司举办。股份公司董事长赵小刚、总裁郑昌泓、党委副书记刘化龙分别主讲了“中国南车发展战略”、“资本与效益”、“感悟领导力，引领新发展”、“项目管理”内训专题。中国企联聘请了相关专家教授，以案例分析、模拟经营、分组对抗、实践点评等形式，分别为学员分析和讲解了现代人力资源管理与绩效考核、财务管理、企业文化与品牌建设、集团及人力资源管控、战略性营销、沙盘模拟训练等课程。

23 日 洛阳南车城市轨道车辆有限公司揭牌暨洛阳城轨车辆组装及维护基地项目开工仪式隆重举行。新成立的洛阳南车城市轨道车辆有限公司由株机公司和洛阳公司共同出资组建。

25 日 中国南车与中国普天战略合作协议签字仪式在中国普天总部举行。股份公司总裁郑昌泓、副总裁傅建国和中国普天总裁邢炜等参加签字仪式。

27 日 2010 年全国企业管理创新大会在京召开。中国企业联合会副会长、股份公司董事长赵小刚出席会议。共计 178 项国家级企业管理现代化创新成果的创造单位和个人受到表彰。株机公司《提升高性能轨道交通装备自主研制能力的创新型企业建设》获一等奖；股份公司《战略导向的高技能人才培养体系构建与实施》获二等奖。

31 日 中国南车天津产业园项目部揭牌仪式在天津市北辰科技园区举行。股份公司董事长赵小刚、天津市副市长王治平出席揭牌仪式。天津产业园位于天津市北辰区，占地面积 1000 余亩，是中国南车基于整体产业布局以及天津未来发展优势作出的战略投资，重点发展轨道交通车辆、新能源大客车、风力发电设备及关键零部件等新能源产业。

4 月

7～8 日 中国南车召开企业老旧住宅区改造座谈会。会议主要目的是落实集团领导指示，明确南车企业老旧住宅区改造的基本思路，交流各企业改造经验，讨论各种改造方案及做法，要求各企业结合实际迅速启动各项工作。

10 日 国家统计局党组书记、局长马建堂到四方股份公司调研。

15 日 中国南车组织员工募集的 1767939.2 元善款送往中国红十字基金会，用于支援青海玉树抗震救灾。

21 日 新一代乌兹别克斯坦电力机车在株机公司成功下线。

21～22 日 股份公司召开第一届董事会第十七次会议、第一届监事会第十一次监事会议。

24 日 由戚墅堰公司制造的 5 台机车和浦镇公司生产的 22 辆客车，出口几内亚。

26 日 股份公司党委副书记、纪委书记、工会主席刘化龙，副总裁傅建国，副总裁、财务总监詹艳景在公司总部会见荣获全国劳动模范称号的南车副总工程师兼客车事业部总经理王松文、株洲所总经理丁荣军、浦镇公司副总工程师楚永萍、石家庄公司技术中心副主任许秀峰、戚墅堰公司电焊工高级技师吴淑玄、长江公司电焊工技师欧清莲。

26 日 四方股份公司中标总额达 17.25 亿元的广州 6 号线直线地铁车辆项目订单。

27～29 日 中国南车参加美国联合铁路会议。股份公司总工程师张新宁受总裁郑昌泓委托率团参加会议，并发表题为《交流合作，共同促进高速铁路发展》演讲。

29～30 日 股份公司董事长赵小刚拜会中共中央政治局委员、广东省委书记汪洋，广东省委副书记、省长黄华华，广东省常务副省长朱小丹，就城际动车组等项目进展情况以及南车在广东发展新能源大客车产业等进行了交流。

30 日 由株机公司与广州地铁公司共

同出资 6 亿元投建的广州南车城市轨道装备有限公司在广州揭牌。

5 月

2 日 中国南车与沙特 SBG 集团签署合作协议。

8 日 第六届中国上市公司董事会“金圆桌奖”颁奖盛典在北京举行。中国南车股份公司董事会荣获“优秀董事会”，董事长赵小刚荣获“最具战略眼光董事长”，董事会秘书邵仁强荣获“最具创新力董秘”。

8 日 在最新发布的中国百强上市公司品级指数排行榜上，中国南车排名第 65 位。

11 日 中共中央政治局委员、全国政协副主席王刚到四方股份公司视察。

12 日 浦镇公司中标上海 13 号线一期车辆项目，合同总金额为 11.3 亿元。

18 日 第 120 台“和谐型”大功率交流传动六轴 7200 千瓦电力机车在资阳公司下线。铁道部支援四川灾后重建的电力机车项目订单全部兑现。

19 日 国务院安委会督查组到二七车辆公司进行安全生产情况检查。

20 日 首批 125 辆出口沙特的铁路磷酸盐漏斗车在长江公司武汉分部下线。

23～24 日 中央电视台、新华社、《人民日报》、中央人民广播电台、《经济日报》等中央媒体集中刊出重点报道，掀起一轮报道自主创新“南车经验”的新高潮。

23～24 日 2010 全国企业家年会在湖南长沙举行。股份公司董事长赵小刚出席会议并作《持之以恒的创新动力》主题演讲。股份公司总裁郑昌泓荣获“2010 年全国优秀企业家”奖。

25 日 中国南车变流技术产业园奠基典礼在湖南株洲田心高科园举行。股份公司董事长赵小刚、副总裁唐克林及湖南省、株洲市有关领导出席奠基仪式。

25 日 股份公司董事长赵小刚在京会见随同美国国务卿希拉里·克林顿来访的美国 GE 公司副董事长约翰·赖斯一行。

26 日 股份公司董事长赵小刚参加人民网“加快经济发展方式转变——央企在行动系列访谈”，受到广大网民的关注，当天下午点击量就突破 30 万。

5 月 洛阳公司申报的发明专利《双块式无碴轨道枕铺设施工方法及设备》，获得国家知识产权主管部门的授权。

6 月

2 日 股份公司总裁郑昌泓在公司总部会见 Eton Park Capital Management 亚太区总裁 Mr. Jonas Palsson 和基金经理陈晨。

2 日 全国政协委员、中国工程院副院长邬贺铨率全国政协调研组，就“加强战略型新兴产业的科技支撑”课题，到株机公司调研。

5 日 南车时代新材投资建设的桥梁产品新基地在株洲市河西栗雨工业园落成。

7～9 日 经贝尔国际验证机构审核组认证审核，眉山公司通过国际铁路行业标准认证。

9 日 伊朗国会高级参议员代表团到长江公司参观访问。

11 日 “南车杯”中国南车第二届员工羽毛球比赛在山东济南举行。

14～15 日 铁道部高速动车组再创新工作会议在青岛召开。股份公司总裁郑昌泓等出席会议并讲话。

17 日 中国南车与中国银行在北京签署《战略合作协议》。本次战略合作协议给予中国南车 300 亿元等值人民币的授信支持，包括但不限于本外币贷款、承兑汇票、贴现、保函、信用证、资金业务项下的授信、企业发行短期融资券授信及其他形式的资金融通和信用支持。

17 日　中国南车股份有限公司 2009 年股东大会在北京召开。

17 日　中国南车与中国华能在北京签署战略合作框架协议。双方共同致力发展新能源产业，不断提升合作水平和拓展合作业务领域。

21 日　股份公司总裁郑昌泓拜访浙江省委书记、省人大常委会主任赵洪祝。双方就轨道交通和其他方面加强战略合作达成共识，并深入交换了意见。

21 日　株机公司与西门子在北京签署向印度新德里古尔冈 RMGL 地铁项目提供 15 节（5 列 3 节编组）地铁车辆购销合同。

21～22 日　2010 中国南车高峰论坛在江苏苏州举办。论坛以“同一个南车下的发展”为主题，提炼出“十二五”发展中需要高度关注的五个战略专题，组织集中研讨，积极探寻中国南车高速增长中的资源整合与技术创新之道，兼顾速度、质量与效益的精益之道，领跑世界的国际化经营之道，助推南车加速发展的产融结合之道，世界一流企业的人才建设之道。总裁郑昌泓致开幕词。董事长赵小刚作总结讲话。

23 日　股份公司董事长赵小刚到浦镇公司调研。

23 日　股份公司副总裁张军会见美国俄亥俄州经济发展厅厅长 Lisa Patt-Mc Daniel 率领的俄亥俄州商务促进代表团。

25 日　铁道部运输局副局长兼装备部主任陈伯施在股份公司副总裁傅建国、副总工程师王松文陪同下，到四方股份公司检查指导工作。

27 日　国际绿色 IT 服务合作论坛暨 2010 中国—欧洲 CIO 峰会在北京召开。中国南车集团公司荣获“2009 推动先进制造业绿色 IT 应用与发展贡献奖”。

28 日　股份公司总裁郑昌泓会见台湾中华轨道车辆工业发展协会理事长廖庆隆一行。

6 月　株洲所研制的高速动车组核心设备 TGA10A 型牵引变流器通过首件鉴定。专家认定，能满足时速 350 公里、最高时速 380 公里、试验最高时速 420 公里的要求。

6 月　上海证券交易所与中证指数有限公司完成了对上证公司治理板块的重新评选工作。在本次上证公司治理板块的重新评选中，中国南车等 9 只股票进入板块，西部矿业等 8 只股票被剔除，本次调整后，上证公司治理板块股票由 241 只增加至 242 只。

6 月　由戚墅堰公司与美国 GE 公司技术合作生产的首批 300 台和谐 N5 型大功率交流传动内燃机车于日前全部交付。

6 月　旨在支持中国南车电机公司实施《大功率交流传动电力机车、动车组牵引电机、变压器技术改造项目》，国家发改委、工信部通过“重点产业振兴和技术改造项目》，向该公司注入 1446 万元扶持资金到位。

7　月

1 日　沪宁城际高速铁路正式开通运营。由四方股份公司研制的 25 列时速 350 公里的高速动车组上线运营。

3 日　国家发改委副主任、国家能源局局长张国宝到浦镇公司视察。

6 日　中国南车与广西壮族自治区签署战略合作框架协议。广西壮族自治区政府主席马飚与股份公司董事长赵小刚出席见证，自治区副主席林念修与股份公司总裁郑昌泓共同签约。

6 日　全国总工会、国家安全生产监督管理总局在北京联合召开全国“安康杯”竞赛表彰暨经验交流电视电话会议。中国南车获全国“安康杯”竞赛活动示范企业称号。

7 日　股份公司总裁郑昌泓在公司总部会见浙江省发改委主任历志海。副总裁唐克林，副总裁、财务总监詹艳景陪同会见。

7 日　湖南省委副书记、代省长徐守盛到株机公司、株洲所、南车电机公司视察。

13 日　股份公司总裁郑昌泓考察株洲所、联诚集团、南车电机公司、株机公司，并与株洲市委书记陈君文就轨道交通千亿产业集群振兴规划和相互合作项目进行探讨，期望进一步加强合作，实现共赢。

15 日　股份公司董事长赵小刚、总裁郑昌泓会见玉柴集团董事局主席、党委书记晏平一行，双方就深入合作交换了意见。

15 日　实现产、学、研、商一体化，年产值可达数亿元的中国南车株机公司制动分公司在株洲揭牌成立。股份公司副总裁唐克林、株洲市领导出席揭牌仪式。

15 日　石家庄国祥运输设备有限公司自主研发制造的首批 16 台 350 公里速度级动车组用客室 EU651 空调装置装车出厂。

15～16 日　国家标准化管理委员会专家组对四方股份公司的标准化良好行为工作创建工作进行验收确认。四方股份公司以总分 486 分达到标准化良好行为 AAAA 级企业的要求，顺利通过“国家 AAAA 标准化良好行为企业”验收工作。

16 日　由四方股份公司生产的天津地铁 3 号线首列车在青岛下线。

19 日　国有重点大型企业监事会主席国一民在南车总部与公司领导班子见面。董事长赵小刚，总裁郑昌泓及领导班子全体成员出席见面会。

19 日　株洲所下属南车时代电气 2010 年第一期短期融资券项目完成向全国银行间债券市场成员的公开发售，成功发行面值共计 5 亿元人民币融资券，发行期限 365 天，发行年利率 3.18%。

20 日　沙特机车国际招标项目在沙特铁路组织（SRO）总部达曼签约。该项目将由戚墅堰公司向沙特铁路组织（SRO）提供 10 台干线机车。

23 日　国务院国资委召开中央企业负责人会议，公布 2009 年度及第二任期中央企业负责人经营业绩考核结果，并表彰中央企业 2007～2009 年任期业绩考核业绩优秀企业和特别奖获奖企业。中国南车集团荣获科技创新特别奖和效益进步特别奖两项大奖。

23 日　株机公司与马来西亚交通部签署合同总金额近 40 亿元的城际轨道车辆采购订单。股份公司董事长赵小刚、马来西亚国家铁路公司总裁 Dr.Aminuddin 等见证签约。赵小刚会见了马来西亚国家交通部秘书长（常务副部长）Long See Wool，并在马来西亚国家铁路公司总裁 Dr.Aminuddin 陪同下考察了吉隆坡城市轨道交通线。

27 日　戚墅堰公司与伊朗内玛德铁路运输公司在北京签订机车购销合同。戚墅堰公司将向伊朗内玛德铁路运输公司提供 20 台 DF_{8BI} 型内燃机车，合同总额约 2800 万欧元。

28 日　由株机公司、株洲所主导投建的昆明南车城市轨道车辆有限公司（筹）、昆明南车电气设备有限公司（筹）基地在昆明轨道交通产业园正式奠基。股份公司董事长赵小刚、副总裁唐克林和云南省、昆明市、株洲市的有关领导出席奠基仪式。

30 日　以宣贯“同一中国南车”为主要内容的中国南车工会干部培训班在上海圆满结束。

7 月　安装由株洲所研制的具有完全自主知识产权的 6 英寸 7200 V 晶闸管的世界首个±800 kV/4750 A 特高压直流换流阀，顺利通过关键的型式试验——阀绝缘冲击试验（包括操作冲击试验和雷电冲击试验二个试验）。试验结果符合国家技术规范要求，并通过世界权威电力试验认证机构的认证。

7 月　由南车株洲电机公司配套生产的首台 2.5 兆瓦风力发电机组在江苏大丰竣工下线。

7 月　株机公司与成都铁路局在北京正式签约 590 台、总额近 86 亿元的大功率电力机车购销合同。

7 月　经国家版权局审核，浦镇公司申请的《浦镇列车网络中央控制单元应用软件》符合《计算机软件保护条例》和《计算机软件著作权登记办法》的相关规定，被认定为原始取得，获得国家版权局颁发的《计算机软件著作权登记证书》。

8　月

2 日　株机公司出口新加坡双能源地铁维护车开工。

6 日　集团公司召开视频会议，贯彻落实中央《关于进一步推进国有企业贯彻落实“三重一大”决策制度的意见》（中办发［2010］17 号）。股份公司董事长、党委书记赵小刚作重要讲话，总裁郑昌泓主持会议并就贯彻落实“三重一大”决策制度提出要求，党委副书记、纪委书记刘化龙传达了中央书记处书记、中央纪委副书记何勇和监察部副部长郝明金在贯彻落实“三重一大”决策制度、推进国有（金融）企业党风建设和反腐倡廉工作会议上的讲话。

9～10 日　在发布中国南车 2010 年 A+H 股半年报前夕，股份公司召开第一届董事会第十八次会议、第一届监事会第十二次会议以及董事会相关专业委员会会议。

13 日　“2010（第四届）贡献中国高峰会”在北京召开。中国南车荣获“中国百优（优质增长）公司”称号。

17 日　股份公司总裁郑昌泓、副总裁张军会见 GE 运输系统总裁罗澜素一行。

17 日　股份公司董事长赵小刚、总裁郑昌泓会见广西百色市委书记刘正东一行。

18 日　股份公司在四方股份公司召开高速动车组质量推进会。总裁郑昌泓、副总裁傅建国、副总工程师王松文及有关方面负责人出席会议。

18 日　由国务院国资委牵头的中央企业电动车产业联盟在北京成立。中国南车作为发起单位之一，成为联盟整车及电驱动专业委员会的重要一员。股份公司董事长赵小刚出席成立大会，并与 15 家央企老总共同签署中央企业电动车产业联盟章程。

21 日　由人民网举办的低碳中国年度创新论坛暨“低碳中国”系列奖项颁奖典礼在人民日报社举行。中国南车荣获“低碳中国·领军品牌”奖。

23 日　股份公司总裁郑昌泓、副总裁傅建国会见 SKF 集团铁路业务总裁 Rutger Bardahl（陆伯达）一行。

24 日　经过一年的建设，中国南车株洲所风电产业基地正式在株洲高新区投产。

25 日　股份公司召开机车车辆安全质量大检查督查工作视频会议。副总裁傅建国出席会议并讲话。总工程师张新宁总结就下半年工作进行部署。

25 日　中国南车与浙江省政府在北京签署战略合作框架协议。浙江省委常委、常务副省长陈敏尔与股份公司总裁郑昌泓签署协议。浙江省省长吕祖善、股份公司董事长赵小刚及唐克林、刘化龙、张军、傅建国、詹艳景等领导见证协议签署。

25 日　由中国南车研制的 TM3 型机车牵引着满载乘客的 10 节客车，从高乐沙车站开往德黑兰 E2 车站。整个行驶过程中，机车运行状态良好，最高时速达到 130 公里。

26 日　中国南车与中国大唐甘肃发电公司在甘肃省兰州市签署合同，约定为大唐甘肃景泰沙糖子风电项目提供 30 台 WT1650 型双馈式风力发电机组。

30 日 最高运营时速可达 100 公里的北京昌平线地铁车辆在四方股份公司下线。

30～31 日 中国南车“十二五”财务战略研讨会在北京召开。

31 日 中共中央政治局委员、天津市委书记张高丽率天津市委、市政府及各区委负责人到中国南车天津产业园视察。股份公司董事长赵小刚、副总裁唐克林等陪同视察。

8 月 《福布斯》杂志公布了最新的全球上市公司 2000 强名单，中国共有 201 家公司入选，其中大陆 113 家。中国南车位居大陆公司第 63 位。

9 月

1 日 股份公司召开第一届董事会第十九次会议。

1 日 股份公司总裁郑昌泓在江苏无锡与无锡市委副书记赵旻、副市长吴建选等举行会谈，共商推动无锡市轨道交通建设事宜。

1 日 资阳公司与株洲所联手在澳大利亚与客户正式签署了合同总额超亿元的交流传动内燃机车购销合同。

4 日 中国企业联合会、中国企业家协会发布了 2010 中国企业 500 强、中国制造业企业 500 强名单。中国南车位居 2010 中国企业 500 强第 131 位，比上年前进 28 位；位居中国制造业企业 500 强第 58 位，比上年前进 21 位。

7 日 国有重点大型企业监事会主席国一民在股份公司副总裁、财务总监詹艳景等陪同下，到株机公司、株洲所、电机公司、长江公司株洲分公司考察。

8 日 股份公司董事长赵小刚会见广东省副省长朱小丹，就加快战略合作框架协议下相关具体项目推进达成共识。副总裁唐克林，党委副书记、纪委书记刘化龙等参加会见。

9 日 戚墅堰公司与美国通用电气（中国）有限公司合资成立的常州南车通用电气柴油机有限公司开工奠基。

10 日 美国加利福尼亚州高铁局总裁 Roelof Van Ark 率代表团一行 6 人，在铁道部中美铁路项目协调组组长刘涟清等陪同下，到四方股份公司考察。股份公司总裁郑昌泓等会见美国客人。

11 日 株洲所旗下的时代电气公司投资打造的沈阳轨道交通电气设备制造基地竣工投产。

11 日 株机公司为第 26 届世界大学生运动会制造的首列地铁车辆在深圳地铁集团塘朗车辆段顺利交车。

12 日 株洲所下属的南车时代新材首批出口智利、白俄罗斯配套 1.5MW 风电机组的两款叶片在上海港装船。

13 日 世界经济论坛 2010 夏季达沃斯论坛在天津开幕。国务院总理温家宝出席开幕式并致辞。股份公司董事长赵小刚应天津市邀请出席论坛开幕式。中共中央政治局委员、天津市委书记张高丽、市长黄兴国，外交部部长杨洁篪会见赵小刚等中央企业负责人。

14 日 股份公司董事长赵小刚在公司总部会见英国英维斯集团（Invensys）首席行政官 Anthony（安东尼）一行。

15 日 株洲所代表中国南车同英国英维思铁路集团在北京签署高层全球合作协议。同时，株洲所下属的南车时代电气分别与英维思铁路有限公司、英维思铁路澳大利亚有限公司（合称为“英维思铁路”）签署技术许可协议、国内高层合作协议。

16 日 股份公司总裁郑昌泓率领中国南车代表团到美国马萨诸塞州德文斯的美国磁动力公司进行考察。

17 日 中国南车美国公司在位于美国伊利诺伊州芝加哥市的汉尼斯大楼办公地点举

行公司成立揭牌仪式。股份公司总裁郑昌泓等出席揭牌仪式。

17 日 2010 中国企业自主创新 TOP100 评价发布暨第二届中国企业自主创新高峰论坛在广东惠州举行，工业、服务业及现代农业三个行业“自主创新 TOP100”榜单公布。中国南车获中国企业自主创新 TOP100 工业企业第八位，并获中国企业“自主创新研发创造奖”，股份公司总裁郑昌泓获“中国企业自主创新十大人物”奖。

19 日 股份公司总裁郑昌泓参观考察 GE 交通运输部所在的伊利工厂，并与 GE 交通运输总裁罗澜素进行会谈。双方就目前在高速动车组、大功率内燃机车、牵引电机等项目的合作谈判进行交流，并提出解决意见及措施。

25 日 广东珠三角城际轨道交通有限公司揭牌暨广东南车轨道交通车辆修造基地开工仪式在广东江门举行。中共中央政治局委员、广东省委书记汪洋，广东省委副书记、省长黄华华和股份公司董事长赵小刚、总裁郑昌泓、副总裁傅建国等出席仪式。

25 日 股份公司董事长赵小刚、副总裁傅建国到在建的广州南车城市轨道装备基地进行调研。

25 日 中国南车与杭州市人民政府战略合作框架协议签字仪式在杭州举行。受股份公司董事长赵小刚、总裁郑昌泓委托，副总裁张军出席仪式并与杭州市委常委、副市长沈坚签署战略合作协议。

27 日 股份公司召开第一届董事会第十九次会议、第一届监事会第十三次会议。

28 日 中国南车召开成立 10 周年庆祝大会暨劳模表彰大会。股份公司董事长赵小刚作重要讲话，党委副书记、纪委书记刘化龙主持会议。大会对 106 名中国南车劳动模范和 47 个先进集体进行了表彰。

28 日 在沪杭高铁当天的试运行中，由四方股份公司研制的和谐号 CRH380A 动车组创造了时速 416.6 公里的世界铁路运营试验速度。

29 日～10 月 2 日 股份公司董事长赵小刚应邀前往哈萨克斯坦阿斯塔纳访问。访问期间，赵小刚拜访了哈萨克斯坦总理马西莫夫和中国驻哈萨克斯坦大使馆商务参赞，就有关合作问题与哈国铁总裁马明会谈，并考察了哈国铁内燃机组装厂、电力机车段。

9 月 《财富》公布“中国 500 强排行榜”，中国南车首度入榜即名列总榜第 49 位，并在机械设备制造业分榜中位居第 2 位。

9 月 南方汇通控股企业—贵州大自然科技有限公司研发的“TENERA 棕纤维弹性材料”，被科技部、环境保护部、商务部、质量监督检查检疫总局联合认定为国家级重点新产品。

10 月

9 日 浦镇公司提前完成铁道部 2010 年 700 辆新造车生产任务。

11 日 股份公司总裁郑昌泓在北京会见苏丹驻中国大使萨利哈、苏丹铁路公司总经理马卡维和苏丹爱尔发哈公司总经理马蒙。

13 日 中国南车和谐型机车质量推进会暨质量年活动启动会在株机公司召开。股份公司总裁郑昌泓、副总裁傅建国、总工程师张新宁出席会议并讲话。

14 日 中国南车动车组专项工作会议在四方股份公司召开。股份公司总裁郑昌泓、副总裁傅建国、总工程师张新宁、副总工程师王松文等出席会议。

15 日 股份公司董事长赵小刚访问玉柴集团。赵小刚代表中国南车与玉柴集团董事局主席晏平共同签署了《中国南车股份有限公司、广西玉柴机器集团有限公司合资合作意向书》。

15 日 股份公司董事长赵小刚在广西南宁会见南宁市市长黄方方，并出席株机公司与广西南南铝加工有限公司战略合作框架协议签约仪式。

15 日 股份公司董事长赵小刚到南宁铁路局访问，并与南宁铁路局局长张千里、党委书记莫忠进行会谈。总工程师张新宁、工委主任郭炳强参加会谈。

16 日 中国南车与百色市项目合作座谈会在广西百色召开。会后，举行了中国南车向靖西、那坡捐赠仪式。股份公司董事长赵小刚，百色市委书记、市人大主任刘正东，集团公司总经理助理、股份公司监事会主席王研，股份公司总工程师张新宁及百色市、那坡县、靖西县有关方面负责人参加座谈会并出席捐赠仪式。

18 日 国家变流工程研究中心代表中国南车株洲所与 ADI 公司（亚德诺半导体技术公司）联合成立的信号处理联合实验室举行签约暨揭牌仪式。

20 日 中国南车股份公司与内蒙古通辽市人民政府签署战略合作协议。股份公司董事长赵小刚、副总裁唐克林、副总工程师孙学军及通辽市委书记傅铁钢、市委副书记、代市长胡达古拉、市委常委、市委秘书长梁志远、副市长李永刚等出席签约仪式。

20 日 股份公司副总裁傅建国到南车时代电气下属丹尼克斯公司进行考察。

21 日 四方股份公司举行新中国第一台解放型“八一号”蒸汽机车荣归故里揭幕仪式。股份公司总裁郑昌泓，原中车公司老领导杜景新、王泰文、秦刚、王志泉、王玉文、杨荣林和有关单位负责人出席揭幕仪式。

21 日 由浦镇公司制造的深圳轨道交通 4 号线二期车辆项目首列车下线。

23 日 以“中国管理、全球力量”为主题的高端峰会——2010 中国企业高峰论坛在北京举行。国资委副主任邵宁，中企联常务副会长兼理事长李德成出席论坛并致辞。股份公司董事长赵小刚应邀发表主题演讲。

26 日 沪杭城际高速铁路开通运营，投入该线运营的动车组为四方股份公司制造的时速达 380 公里的 CRH380A 高速动车组。

28 日 股份公司召开第一届董事会第二十一次会议、第一届监事会第十四次会议，以及董事会相关专业委员会会议。

29 日 中国南车投资者交流会在四方股份公司举办。股份公司董事长赵小刚、董事会秘书邵仁强及公司总部相关负责人参加会议。相关子公司负责投资者接待和信息披露的人员列席会议。来自境内外 54 家机构的 59 名分析师、投资经理应邀出席会议。

29 日 股份公司总裁郑昌泓应邀参加第七届中国制造业管理国际论坛，发表题为《中国南车成长为卓越制造企业之路》的演讲，并专程考察了中国南车天津产业园。

10 月 德国轨道交通咨询公司 SCI Verkehr 发布的《2010 年全球铁路市场调查报告》显示，中国南车成功跻身世界轨道交通行业第三位。

10 月 中国南车各一级子公司的正职领导和总部职能部门部长及以上领导干部共 29 人，赴美国 GE 公司参加为期两周的高级管理人员境外培训班。

10 月 在第十二届中国专利奖评审中，戚墅堰所的外观设计专利《移动式钢轨接触焊作业车》（ZL 200630084352.6）荣获“第十二届中国外观设计优秀奖”。

10 月 由株机公司研制的 258 辆国内最高速地铁车辆服务广州亚运会。

10 月 戚墅堰公司生产的首批和谐型机车轴箱体销往美国。

11 月

1 日 股份公司董事长赵小刚在公司总

部会见美国GE副董事长约翰·赖斯一行。副总裁张军，GE中国CEO罗帮民、GE运输系统中国公司总裁兼CEO史威德参加会见。

1日 2010年上海世界博览会执行委员会及组织委员会表彰南车时代电动世博售后服务工作。

3日 集团公司召开第五届中国南车“十杰”表彰大会暨共青团创先争优动员会。中国南车党委副书记刘化龙出席会议并讲话。

3日 由中共江苏省委第二巡视组组长韩波、副组长吕宁青率领的省委巡视组，到浦镇公司考察。

4日 股份公司总裁郑昌泓在公司总部会见庞巴迪运输集团副总裁兼总工程师Josef Doppelbauer一行。

4日 洛阳公司获得和谐型电力机车检修资质。

5日 南车时代电动新产品亮相世界电动车展览会。

6日 第19届中外管理官产学垦谈会开幕。股份公司总工程师张新宁应邀出席恳谈会并代表中国南车参与了“高铁化与城镇化浪潮下的政企合作新机遇”主题论坛。

7日 四方股份公司庆祝CRH380A高速动车组上线运营暨建厂110周年大型庆典在新厂区总组装厂房举行。股份公司总裁郑昌泓、副总裁傅建国等参加庆典仪式。中国铁路文工团演出了主题为《高速之歌》的大型精彩文艺节目。

10日 株洲南车时代电气公司在昆明市轨道交通首期工程车辆牵引系统采购项目中，获得40列240辆100KM/H制式的B型车。

11～12日 中国南车“八比八创”劳动竞赛现场推进会议在四方股份公司召开。股份公司党委副书记、纪委书记、工会主席刘化龙出席会议并讲话。

11日 美国加州众议院副院长马世云率加州参议院中国访问团到株机公司考察。

11～12日 中国南车召开2010年薪酬工作会议暨薪酬改革试点总结推进会。

14～15日 目前世界最大吨位的TR500C型旋挖钻机、CQUY1500型履带式起重机在南车株洲所下属南车北京时代成功下线。

17日 股份公司董事长赵小刚会见浙江省委副书记、省长吕祖善，省委常委、常务副省长陈敏尔，杭州市代市长邵占维。

17日 国家工业和信息化产业部党组副书记、副部长苗圩到浦镇公司视察。

18日 浙江南车城轨车辆产业园项目在杭州正式签约。股份公司董事长赵小刚，杭州市委副书记、代市长邵占维出席签约仪式并致辞。

18日 股份公司董事长赵小刚添乘CRH380A高速动车组，检查指导四方股份售后服务工作。

19日 湖南省委书记周强率领有关部门负责人到株洲所，就株洲所、株机公司、南车电机深入开展创先争优活动实现科学发展上水平进行专题调研。

19日 中国南车与航天科工签署《战略合作协议》。在股份公司董事长赵小刚，中国航天科工集团公司总经理、党组书记许达哲，国资委规划发展局副局长刘玉岐等人见证下，股份公司副总裁唐克林与航天科工副总经理曹建国代表双方公司签字。

19日 首届中国南车青年英语风采大赛在株机公司举行。来自南车16家所属企业和南车2010年第二期高级英语人才培训班（长沙）的17支代表队共51名选手参加了比赛。

21日 由中国上市公司投资者关系管理研究中心主办的“第五届中国投资者关系年会”在南京召开。股份公司董事会秘书邵仁强代表中国南车领取了“年度投资者关系管理百强”和“最佳舆情能力”两个奖项。

22 日 中国南车经营管理信息系统推进会议在北京召开。副总裁傅建国，副总裁、财务总监詹艳景出席会议。

22 日 股份公司总工程师张新宁在株洲主持召开推进南车和谐型电力机车检修工作会议。

23 日 株洲所下属南车北京时代携4款新产品参展上海国际工程机械宝马展。股份公司副总裁傅建国参观上海国际工程机械宝马展，并出席南车北京时代新产品发布暨签约会。

24 日 由株机公司完全自主研发的新型“机车高压安全联锁保护系统”，在第十二届中国专利奖颁奖大会上被评为中国专利优秀奖。

26 日 中国南车资本运营战略高层研讨会在北京召开。会议由股份公司董事会秘书邵仁强主持，董事长赵小刚发表重要讲话，总裁郑昌泓发表书面讲话，副总裁、财务总监詹艳景作专题报告。

26 日 中国南车集团投资管理公司揭牌仪式在北京举行。股份公司董事长赵小刚，副总裁、财务总监詹艳景出席揭牌仪式。

11 月 株洲所下属南车时代电气公司获得国家发改委给予大功率 IGBT 产业化建设项目 7650 万元的资金支持。

11 月 石家庄公司、眉山公司试制生产的 X_{70} 型集装箱专用平车通过铁道部生产质量认证。

11 月 戚墅堰公司技术中心成为国家认定企业技术中心。

11 月 全国厂务公开协调小组召开表彰大会，408 家“全国厂务公开民主管理先进单位”和 100 家“全国推动厂务公开民主管理先进单位”受到表彰。中国南车集团公司作为国务院国资委推荐的 14 家中央企业之一，受到表彰。

12 月

1 日 股份公司副总裁张军率领有关人员参加由铁道部组织的与伊朗交通部的商务洽谈。

2 日 中国南车荣获“2010 香港公司管治卓越奖”。中国南车股份有限公司（HK.1766）荣获其中“评奖委员嘉许奖”。股份公司董事长赵小刚等出席颁奖典礼。

3 日 在京沪高铁枣庄至蚌埠间的先导段联调联试和综合试验中，由中国南车研制的 CRH380A 高速动车组最高运行时速达到 486.1 公里。

4 日 株洲所代表中国南车与内蒙古通辽市科左后旗政府正式签署风电基地项目投资协议。股份公司董事长赵小刚，通辽市委书记傅铁刚、副市长李永刚、科左后旗旗委书记吴国林、科左后旗旗长李艳荣，株洲市常务副市长王志刚等出席签字仪式。

5 日 股份公司总裁郑昌泓会见来京参加世界高速铁路大会的苏丹铁路公司总经理马卡维一行。副总裁张军，苏丹驻中国大使萨利哈会见时在坐。

5 日 股份公司副总裁张军会见哈萨克斯坦国家铁路公司副总裁 KIZATOV。

6 日 股份公司董事长赵小刚在京会见 GE 副董事长约翰•赖斯一行。总工程师张新宁、副总工程师孙学军，GE 大中华区总裁罗邦民、GE 运输集团（中国）有限公司总裁兼首席执行官史威德参加会见。

6 日 股份公司董事长赵小刚、总裁郑昌泓、副总裁唐克林、副总裁傅建国分别会见匈牙利国家铁路公司总裁兼总经理 Ferenc Szarvas、庞巴迪运输集团总裁兼首席运营官 Andre Navarri、日立制作所常务执行役、社会产业基础系统社长铃木学、朝鲜铁道省铁道相全吉洙等客人。

6 日 第七届世界高速铁路大会暨第十届中国国际现代化铁路技术装备展览会在国家会议中心开幕。由中国南车研制、在京沪先导段跑出 486.1 公里世界铁路运营试验最高速的 CRH380A 型高速动车组受到关注。

7 日 股份公司总裁郑昌泓应西班牙驻华使馆邀请，参加了出席第七届世界高速铁路大会的西班牙高速铁路推介会。郑昌泓与西班牙使馆商务经济参赞及西班牙高速铁路相关企业官员就搭建中西轨道交通合作平台、加强双向交流与合作进行了友好洽谈。

7 日 股份公司副总裁张军分别会见缅甸铁道部部长 U AUNG MIN、乌兹别克斯坦国家铁路公司总经理 SHUKULOV。

8 日 股份公司董事长赵小刚在公司总部会见沙特 SBG 集团副总裁 Mohammed Binladen 和集团常务董事 Omar Farhoud 一行。

8 日 由国家发改委主办，全国工商联、中国贸易促进会、中国企业联合会、中国集团公司促进会协办的为“十二五”规划建言献策座谈会在北京举行。股份公司董事长赵小刚和来自各行业的 13 名企业家出席会议，并对国家“十二五”规划提出建议和意见。

8 日 股份公司总裁郑昌泓在公司总部会见保加利亚交通信息技术和通信部部长茨维特科夫一行。股份公司董事长赵小刚会见并宴请茨维特科夫一行。副总裁唐克林、张军、总工程师张新宁、董事会秘书邵仁强及保加利亚驻华大使佩伊奇诺夫等参加会见。

8 日 股份公司总裁郑昌泓在公司总部与日本川崎重工会长大桥忠晴进行会谈。股份公司董事长赵小刚会见并宴请大桥忠晴会长一行。副总裁张军、傅建国、副总工程师王松文，川崎重工副社长濑川雅司、总经理松冈京平、副总经理金花芳则、战略顾问由川透等参加会谈。

8 日 股份公司总裁郑昌泓在公司总部会见法国阿尔斯通中国区总裁璞利康一行。

8 日 股份公司副总裁张军陪同 SBG 代表团访问中国中铁股份有限公司。

9 日 股份公司总裁郑昌泓在公司总部会见美国高铁协会会长及法律顾问汤姆斯·哈特一行。

9 日 股份公司总裁郑昌泓在公司总部会见西班牙高速铁路代表团。西班牙驻华大使馆商业与经济顾问 Ignacio Mezquita、铁道部主席 Antonio González Marín、基础建设部顾问 Andrés Rebollo，副总裁、财务总监詹艳景、总工程师张新宁、副总工程师王松文，中国中铁副总裁马力参加会见。

10 日 伊朗交通部副部长兼伊朗国铁总裁 Mr. Saheb Mohammadi 一行到戚墅堰公司访问。

10 日 由浦镇公司承担的南京地铁一号线南延线自主集成首列车下线。

11 日 中共新疆哈密地委书记郭连山率党政代表团到株机公司考察。

16 日 铁道部、广东省、中国南车在广州举行广东轨道交通车辆有限公司签约仪式。广东省委常委、常务副省长朱小丹出席仪式并讲话。股份公司总裁郑昌泓等出席签约仪式。

16 日 股份公司总裁郑昌泓参加铁道部组织召开的广珠城际铁路联调联试协调会和武广高速春运准备工作会。

19 日 中国南车举办 e-HR 系统关键用户强化培训。

22 日 中国南车第一届职工代表大会第三次全体会议以视频形式召开。17 个职工代表团、152 名职工代表分别在所在单位分会场参加了会议。董事长赵小刚，总裁郑昌泓，党委副书记、纪委书记、工会主席刘化龙，副总裁张军，副总裁傅建国等出席会议。会议由工委主任郭炳强主持。与会代表认真听取了刘化龙关于《中国南车第一届职工代表大会职代会团（组）划分和职工代表资格审查的报告》。会议通过了中国南车职工代表大会四个专业委员会组成人员调整名单。

24 日 中国南车第一届职工代表大会第四次全体会议以视频形式召开。17 个职工代表团、168 名职工代表分别在所在单位分会场参加了会议。会议由工委主任郭炳强主持。大会的主要议程共有四项：通过《中国南车第一届职工代表大会第四次全体会议选举职工董事、职工监事选举办法》；选举中国南车股份有限公司第二届董事会职工董事、第二届监事会职工监事；宣布大会选举结果；通过大会决议。

根据有关规定，经与会职工代表认真讨论和无记名投票表决，选举刘化龙任中国南车股份有限公司第二届董事会职工董事；选举邱伟任中国南车股份有限公司第二届监事会职工监事。

27 日 股份公司第一届董事会第二十二次会议及相关专业委员会、第一届监事会第十五次会议在京召开。

27 日 中国南车党委二届三次全委会暨南车股份党委常委（扩大）会议在北京召开。南车纪委委员、非南车党委委员的各子公司党政正职以及总部党群各部门负责人列席会议。

28 日 中国南车集团公司暨中国南车股份有限公司工作会议在北京召开。会议的主要任务是，认真贯彻党的十七届五中全会精神，落实中央经济工作会议和中央企业负责人会议要求，总结 2010 年暨“十一五”工作，深入分析面临的形势，研究确定“十二五”战略目标，安排部署当前重点工作，组织动员全体员工，乘势而上，奋勇争先，为加快中国南车“十二五”科学发展而努力奋斗。国有企业监事会主席国一民出席会议并讲话。集团公司党委书记、股份公司总裁郑昌泓作题为《立足世界一流、引领行业潮流，开创中国南车“十二五”科学发展新局面》的工作报告。集团公司总经理、股份公司董事长赵小刚作题为《如何发挥优势实现“十二五”的战略目标》的重要讲话。国有企业监事会和铁道部有关部门领导，集团公司、南车股份副总师及以上领导，南车股份独立董事，原中车公司老领导，各子企业党政工领导，部分二级子企业负责人，总部各部室负责人参加了会议。

29 日 股份公司董事长赵小刚在天津会见天津市委副书记、天津滨海新区区委书记何立峰。

12 月 2010 年 10 月份国际项目管理师（PMP）考试成绩揭晓。中国南车组织首批参加认证考试的 35 名学员全部获得 PMP 证书。

12 月 中国南车集团公司荣获“全国厂务公开民主管理先进单位”称号。

12 月 戚墅堰公司获国家级博士后科研工作站授牌。至此，中国南车的国家级博士后科研工作站已达六家。

12 月 中央企业团工委对中央企业“迎世博、展风采”优秀服务窗口青年文明号和“迎亚运盛会、展央企风采”优秀服务窗口青年文明号进行表彰，中国南车 12 个青年集体榜上有名。

12 月 在第十届中华技能大奖、全国技术能手和国家技能人才培育突出贡献奖评选表彰活动中，戚墅堰公司荣获“国家技能人才培育突出贡献奖”，长江公司杨卫东荣获“国家技能人才培育突出贡献奖”，长江公司邹长青、眉山公司张志发荣获“全国技术能手”称号。 （总裁办　供稿）

概况

行政工作概述
党群工作概述

行政工作概述

【概述】　2010 年是中国南车发展史上非同寻常的一年，也是中国南车成立 10 周年和南车股份成立 3 周年。公司上下开拓奋进，锐意创新，超额完成各项经营指标，圆满实现“十一五”战略目标。自主研制的 CRH380A 高速动车组，继 9 月 28 日在沪杭高铁试运行时创造时速 416.6 公里之后，又于 12 月 3 日在京沪高铁试运行时再创 486.1 公里世界铁路运营试验最高时速。这不仅为中国南车“十一五”发展画上圆满句号，同时也表明中国南车已成为全球高速动车组技术的领跑者，标志着中国南车引领行业发展新时代的到来。

【经营业绩】　认真落实发展战略，生产经营整体运行良好，营业收入稳步增长，经营效益同比大幅提高。集团公司全年实现营业收入 668.03 亿元，同比增长 39%，位列全球轨道交通装备行业第二名；实现利润总额 35.53 亿元，净资产收益率 12%，成本费用占营业收入比率 95.10%。其中，股份公司全年实现营业收入 649.09 亿元，同比增长 39.91%；实现归属于母公司股东的净利润 25.31 亿元，净资产收益率 12.27%，成本费用占营业收入比率 94.67%。各项指标均创历史最好水平，超额完成国资委的经营业绩考核指标和董事会制定目标。株机公司、四方股份公司营业收入分别突破 160 亿元，株洲所成为第三个营业收入超百亿的子公司，浦镇公司营业收入超过 60 亿元。

【市场拓展】　抓住铁路和城轨交通建设有利时机，努力拓展轨道交通装备市场和新产业市场。全年，国内市场签订动车组 40 列、7200 千瓦电力机车 590 台、大功率内燃机车 300 台、客车 1733 辆、货车 17319 辆；中标成都、苏州、广州、武汉、郑州、上海、宁波等城市地铁车辆项目，合同总数量超过 1400 辆。按照战略性新兴产业重点发展方向，拓展风电装备、电动汽车、新材料、柴油机、曲轴等新产业市场，并取得不俗业绩。海外市场分别获得出口印度新德里地铁车辆、马来西亚城际轨道车辆和出口越南、伊朗、澳大利亚、沙特等国家内燃机车及出口澳大利亚货车等合同。

【技术创新】　“三大技术平台”建设卓有成效，重点科研项目和新产品研发再创佳绩。新型高速动车组研制取得重大成果，自主研制的 CRH380A 型高速动车组在年内试验运行时两次刷新了世界铁路运营试验的最高速度纪录，成为中国高铁飞速发展的重要见证和引领世界高铁发展潮流的重要标志，该车已在沪宁、沪杭、武广高铁批量投入使用。更高速度级试验动车组研制工作扎实推进，大功率电力机车自主研发能力和技术水平不断提升，大功率内燃机车引进技术国产化工作顺利完成。自主研发的国内首台混合动力内燃机车、高原电力机车通过技术评审，青藏客车制造技术成功实现平移，载重 80 吨级通用货车、100 吨级运煤专用敞车和时速 160 公里快运集装箱车完成技术优化，满足用户需求。首列出口印度孟买地铁列车下线，填补了国内 A 型地铁列车高端产品出口空白。自主产业化 A 型地铁车辆安全运行超过 20 万公里，获国家重点新产品奖。时速 250 公里动车组高速转向架及应用获国家科学技术进步一等奖。兆瓦级双馈风力发电机顺利完成低电压穿越现场试验，具备国内领先的低电压穿越能力。电动汽车 100 千瓦功率等级永磁驱动电机驱动系统开发成功，实现装车运行考核。全球最大吨位的 TR500C 旋挖钻机成功下线。加强知识产权保护和专利申请，全年申请专利 1200 项，获得授权专利 650

项。

【投资项目】 加快产业战略布局，快速推进重大投资项目。先后与安徽、湖南、广西、浙江、宁波、杭州、通辽等省市和中国普天、中国华能、航天科工、国家开发银行、农业银行、中国银行等签署战略合作协议，并积极落实相关合作项目。天津产业园开建速度快、效率高，城轨车辆年底将下线。广州大功率电力机车基地建设快速推进。广州城轨基地项目、昆明城轨基地项目均已成立新公司，洛阳城轨基地项目开工，各项工作进展顺利。与辽宁曙光汽车集团合资合作致力于打造中国最具实力的新能源客车及电驱动系统产业化基地，与中国华能建立战略合作关系共同致力发展新能源产业，与广西玉柴合资合作联手打造西部最大的发动机基地。开展国际合作，与美国 GE 公司合资合作建立常州柴油机生产基地，与美国 GE 公司洽谈高铁、牵引电机、控制系统等项目，已签订框架合作协议，拟在美设立合资公司制造高速列车。与西门子、庞巴迪开展战略合作相关工作，积极推进印度电力机车、伊朗建厂等项目。在铁道部组织和领导下，牵头设立沙特高铁项目。积极参与美国高铁项目，按要求开展相关工作。

【资源整合】 开展战略实施评估工作，修订中国南车中长期发展战略。研究产品规划布局方案，在高速增长中稳步实施业务整合。深入推进大功率电力机车业务整合，资阳电力机车生产平台快速形成 200 台以上产能，顺利兑现首批合同。和谐型动车组平移取得重大进展，技术平移开始实施，浦镇公司成为拥有高速动车组生产资质新成员。电机业务整合运营良好，初步实现电机生产专业化、国产化和自我配套目标。开展修理业务整合、延伸产业发展模式、国际化公司管控模式等研究工作，持续优化资源配置，完善内部价值链和产业链运作，提升中国南车综合竞争实力。

【精益生产】 落实精益生产示范工程，建设先进成熟的示范区/线。制定精益生产考核评价办法，以制度规范化、布局合理化、生产平准化、作业标准化、管理目视化、运行高效化、改善持续化为重要特征，以实施方案评估、过程控制、效果评价、结果考核为重点，建立起一套科学的评价体系，取得较好成效。加强物资及供应链管理，加大集中采购力度，合理控制库存，有效降低采购和物流成本。完善安全管理体系，落实安全生产责任制，持续提升安全管理水平，实现安全生产“总体稳定、有序可控”。积极开展清洁生产审核和节能监测，节能减排工作更加科学高效。

【财务管控】 加强财务预算管理，实施月、季调控，保证企业各项经营稳定性和可预期性。积极扩大筹资渠道，发行 40 亿 3 年期中期票据，为中国南车发展提供低成本资金保障。加快财务会计报告编制进度，全面提升公司五级 109 家单位报表编制速度和质量，有效提升公司整体运行管理效率。发挥多层次资本市场再融资平台作用，完成时代新材公司增发融资工作。适时开展股权战略投资，探索产融结合途径，体现资本运营效益。

【公司治理】 严格执行上市公司规定，强化内部流程管理，信息披露严谨规范，提高公司治理有效性。加强投资者管理，投资者基础更加稳定。注重与独立董事日常沟通，组织开展企业调研与考察活动，独立董事作用充分发挥。出台制度汇编和内控手册，完善规章制度体系，确保制度落实到位。初步建立总法律顾问制度，重大合同审核率 100%，基本实现法制工作三年目标。加强采购、营销和投资审计，开展重大投资项目、制度建设与执行、采购管理等效能监察，管理效能进一步提升。不断健全内部控制和风险管理机制，公司内控缺陷率从上年的2.39%下降至1.99%。积极推进信息化建设，企业ERP初见成效，促进各类信息资源有效集成，为提升集团管理效率和管控能力提供有力支撑。加强网络信息安全管理，实施文档加密，保证商业秘密和数据信息安全。

【人才建设】　以领导力建设为重点，开展高级职业经理人认证培训，推动职业经理人队伍建设科学化、制度化、规范化。加强干部选任与管理，公开选拔30名领导干部，8个子公司进行领导干部交流19人。落实三大项目技术人才创新工程，选拔首席技术专家8人、技术专家30人、科技拔尖人才68人。成功试点岗位绩效工资制度改革，全员绩效管理全面推进。股权激励计划获国资委批准，人力资本不断提升。试行培训管理体系，以国际化人才、紧缺人才培养为重点，举办各类培训班30期，1180多人次受训。积极协调劳动力余缺调剂，劳动用工管理规范有序。人力资源信息系统建设有序推进，9家企业上线试运行。

【品牌建设】　以“同一个中国南车”为主题，加速南车文化整合，广泛开展“品牌提升年”活动，建立健全品牌管理制度及流程，统一全员品牌思想，系统开展品牌传播，取得显著成效。围绕“中国南车光辉十年”开展主题活动，树立先进典型，弘扬先进文化，全体员工对中国南车价值观高度认同，增强企业凝聚力和员工执行力。大力宣传新一代高速动车组、南车产品助力世博会和亚运会等重大自主创新成果，积极参与第七届世界高铁大会，极大地提升中国南车社会公众形象，南车品牌影响更加深远广泛。

【党建工作】　组织开展学习实践科学发展观活动回头看活动，建立贯彻落实科学发展观长效机制，巩固和扩大学习实践成果。坚持开展“四好”领导班子创建活动，领导班子整体合力进一步增强。认真抓好创先争优活动，加强思想政治工作，维护中国南车持续快速健康发展。深入推进党风廉政建设和反腐败工作，构建具有中国南车特色的惩防体系。各级工会组织积极构建员工经济技术创新、和谐劳动关系创建和困难员工帮扶救助三大体系，融入中心工作，服务大局，得到广大员工认可。认真履行社会责任，继续做好定点扶贫工作。共青团、各协会、老干部等工作都较好地发挥了积极作用。

【股东大会】　2010年6月17日，中国南车在北京召开2009年度股东大会。会议主要议题有：关于《公司2009年度董事会工作报告》的议案、关于《公司2009年度监事会工作报告》的议案、关于《公司2009年度财务决算》的议案、关于《公司2009年度利润分配预案》的议案、关于《公司及子公司2010年对外担保情况》的议案、关于《公司2010年度A股关联交易有关事项》的议案、关于公司续聘2010年度会计师事务所并决定其酬金确定方式的议案、关于公司董事、监事2009年度薪酬及福利缴费的议案、关于调整独立董事薪酬的议案、关于提请股东大会授予董事会增发公司A股、H股一般授权的议案、关于修改公司英文名称并相应修改《公司章程》的议案。

【董事会会议】　年内，中国南车先后召开6次董事会会议，审议了有关事项。

会议次数	会议时间	审议议案
第17次	4月22日	1. 关于《公司2009年度董事会工作报告》的议案 2. 关于《公司2009年度总裁工作报告》的议案 3. 关于《公司2009年年度报告》的议案

会议次数	会议时间	审议议案
		4．关于《公司2010年一季度报告》的议案 5．关于《公司2009年度财务决算》的议案 6．关于《公司2009年度利润分配预案》的议案 7．关于《公司及子公司2010年对外担保情况》的议案 8．关于公司2010年度授信额度的议案 9．关于《公司2010年度A股关联交易有关事项》的议案 10．关于《公司2010年度H股关连交易有关事项》的议案 11．关于《公司2009年A股募集资金存放与实际使用情况的专项报告》的议案 12．关于《公司2009年度募集资金使用情况审计的报告》的议案 13．关于《公司董事会关于公司内部控制的自我评估报告》的议案 14．关于《公司2009年度社会责任报告》的议案 15．关于公司续聘2010年度会计师事务所并决定其酬金确定方式的议案 16．关于公司高级管理人员2009年度薪酬及福利缴费的议案 17．关于公司董事、监事2009年度薪酬及福利缴费的议案 18．关于批准公司组织机构的议案 19．关于提请股东大会授予董事会增发公司A股、H股股份一般授权的议案 20．关于修改公司英文名称并相应修改《公司章程》的议案 21．关于提请召开公司2009年度股东大会的议案
第18次	8月10日	1．关于《公司2010年半年度报告》的议案 2．关于《公司2010年上半年A股募集资金存放与实际使用情况的专项报告》的议案 3．关于设立公司驻芝加哥代表处、驻沙特代表处的议案 书面通报： 1．公司2010年上半年总裁工作报告 2．关于公司2010年度经营计划（含投资计划）上半年执行情况的汇报 3．关于公司2010年上半年预算完成情况的汇报 4．关于公司2010年上半年募集资金使用情况审计的报告 5．关于公司2010年上半年关联交易情况的汇报 6．关于公司及子公司2010年上半年对外担保情况的汇报 7．关于为公司董事、监事及高级管理人员续保责任保险的通报

会议次数	会议时间	审议议案
第19次	9月1日	1．关于修改《公司董事会薪酬与考核委员会工作细则》的议案. 2．关于修改《公司董事会战略委员会工作细则》的议案 3．关于增补刘化龙先生为第一届董事会战略委员会委员的议案 4．关于调整第一届董事会薪酬与考核委员会委员构成的议案
第20次	9月27日	1．关于撤销《中国南车股份有限公司股票增值权计划》的议案 2．关于《公司股票期权计划（草案）》的议案 3．关于《公司股票期权计划实施考核办法》的议案 4．关于提请股东大会授权董事会办理公司股票期权计划相关事项的议案 5．关于提请召开临时股东大会的议案
第21次	10月28日	1．关于《公司2010年第三季度报告》的议案 2．关于发起设立中国南车财务有限公司及其涉及的关联交易的议案 3．关于制定《公司内幕信息知情人管理制度》的议案 4．关于更换公司证券事务代表的议案
第22次	12月27日	1．关于确定公司第二届董事会董事候选人的议案 2．关于公司与中国南车集团签署关联交易协议的议案 3．关于《公司股票期权计划管理暂行办法》的议案 4．关于2010年度会计师事务所酬金及聘用条款的议案

【监事会会议】 年内，中国南车先后召开5次监事会会议，审议了有关事项。

会议次数	会议时间	审议议案
第11次	4月21日	1．关于《公司2009年度监事会工作报告》的议案 2．关于《公司2009年年度报告》的议案 3．关于《公司2010年一季度报告》的议案 4．关于《公司2009年度财务决算》的议案 5．关于《公司2009年度利润分配预案》的议案 6．关于《公司2010年度A股关联交易有关事项》的议案 7．关于《公司2010年度H股关连交易有关事项》的议案 8．关于《公司2009年度A股募集资金存放与实际使用情况的专项报告》的议案 9．关于《公司2009年度募集资金使用情况的审计报告》的议案

会议次数	会议时间	审议议案
		10. 关于《公司董事会关于公司内部控制的自我评估报告》的议案 11. 关于《公司 2009 年度社会责任报告》的议案
第 12 次	8 月 10 日	1. 关于《公司 2010 年半年度报告》的议案 2. 关于《公司 2010 年上半年 A 股募集资金存放与实际使用情况的专项报告》的议案
第 13 次	9 月 27 日	1. 关于核查公司股票期权激励对象名单的议案
第 14 次	10 月 28 日	1. 关于《公司 2010 年第三季度报告》的议案
第 15 次	12 月 27 日	1. 关于确定公司第二届监事会股东代表监事候选人的议案 2. 关于公司与中国南车集团公司签署关联交易协议的议案

（总裁办　供稿）

党群工作概述

【概述】　2010 年，中国南车党委以“三个代表”重要思想为指导，积极践行科学发展观，坚持“融入生产经营中心、服务改革发展大局”，积极参与“三重一大”决策，企业党建工作在改进中加强，在创新中发展，为助推中国南车国际化、提升中国南车影响力，实现“十一五”战略目标，成功跻身世界轨道交通装备行业三强提供了有效的政治和组织保证。

【重大决策参与】　坚持和完善“双向进入、交叉任职”领导体制，明确党组织参与重大问题决策程序、规则和内容。进一步建立和完善“三重一大”相关制度，制定中国南车“三重一大”制度实施办法，修订和完善党委工作规定和党委全委会、常委会会议制度，为参与决策、实现企业党组织与企业法人治理结构的有机融合奠定良好制度基础。

年内，召开党委常委会议 14 次，集体研究和决策 52 项议题。在党的建设、思想政治工作、精神文明建设方面，审议事项有：党委、纪委、工会、团委年度工作要点，深入开展学习实践科学发展观活动回头看安排，“加强党性修养，弘扬优良作风，促进科学发展”主题教育的实施意见，创先争优活动实施意见，党委工作规定等相关工作制度。在党风廉政建设方面，审议事项有：《领导人员廉洁从业实施办法》《投资监督管理暂行办法》《进一步全面清理企业员工持股投资的意见》等。在参与重大问题决策方面，审议事项有：2010 年度和 2010～2012 年任期经营业绩考核目标建议值，2009 年度资产经营责任制考核情况，2010 年财务预算，市值管理方案，“十一五”战略实施评价报告和“十二五”发展战略，年度工作报告，部分存续企业生活系统移交地方的意见等。在领导班子和干部队伍建设方面：根据班子建设需要对 8 家子公司领导班子主要领导进行调整，根据产业发展需要向新成立的合资公司广州电力机车有限公司、广东轨道交通车辆有限公司推荐董事、监事、经理层人选，通过竞选为 6 个子公司和 1 个分公司补充 17 名领导班子副职，通过考察考核推荐提拔任用 4 个子公司 4 名正职、6 个子公司 16 名副职；调整总部中高层管理人员 35 人，其中副总师级以上 11 人，部门正副负责人 16 人，二级机构副职（正、副处长）8 人。审议子公司高管年薪兑现方案，总部部门考评结果和总部员工绩效工资兑现方案，一级子公司领导班子职数设置方案，三大项目技术人才创新工程实施方案，三大项目核心科技人才名单，股权激励管理办法，股份公司第二届董事会、监事会建议人选，中国老挝铁路项目董事、监事建议人选，后备干部人选等。传达和学习党的路线方针政策和上级的决议、指示、重要会议精神，保证党组织的意见和建议在企业重大决策中得到尊重和体现，保证党和国家方针政策在公司的贯彻执行。

【主题教育和创先争优活动】 扎实开展学习实践科学发展观“回头看”活动，加强对“回头看”活动的组织领导。完善工作责任机制，早安排、早启动、早部署，促进“回头看”活动和主题教育活动整体联动。抓住“看什么”、“怎么看”、“看到什么”三个中心环节，从五个方面进行“回头看”。一是看学习实践科学发展观活动中制定的整改方案落实情况，二是查找解决突出问题情况，三是查看“保增长、保民生、保稳定”等工作落实情况，四是查看建立完善体制机制情况，五是查看组织建设和党员干部思想、作风转变情况。通过对照自查和持续整改落实，各单位普遍对整改落实情况进行一次全面梳理，按照整改落实方案要求，基本完成各项整改工作。

创新载体，注重实效，深入推进“加强党性修养、弘扬优良作风、促进科学发展”主题教育活动。3月，组织开展“加强党性修养、弘扬优良作风、促进科学发展”主题教育活动。一是组织一次专题学习，各单位采取集中学习、专题讲座、个人自学等多种形式，重点学习《南车规章制度汇编》和《南车领导干部廉洁从业实施细则（试行）》。二是主要领导上一次党课，各单位党政正职都以“加强党性修养、弘扬优良作风、促进科学发展”为主题，结合生产经营实际，在一定范围内分别讲一次党课。三是开展一次廉政谈心活动，党委常委分头对各一级子公司党政正职进行一次全面的廉政谈心活动，各单位逐级开展了廉政谈心活动。四是召开一次领导班子民主生活会和基层组织生活会。五是实施一批整改落实举措，各单位针对存在的突出问题，通过开展一次专题调研、进行一次走访、解决一个实际问题、为员工群众办一件实事等方式，以实际行动践行宗旨、改进作风。

围绕中心，突出特色，全面推进创先争优活动。按照中央和国资委统一部署，6月初在基层党组织和党员中深入开展创先争优活动。各级党组织按照“推动科学发展、促进和谐稳定、服务员工群众、加强基层组织”要求，围绕“发挥三个作用，加速南车高速发展”主题和“五个好”、“五带头”主要内容，制定切合实际、特色鲜明的争创主题和务实管用、便于党员参与的活动载体，以鲜明的主题和丰富多彩的实践载体增强基层党组织和党员的争创动力，推动活动深入开展。

【领导班子建设】 创新和改善中心组集中学习模式和内容，年内组织集中学习12次（含参观考察），安排自学8次，较好发挥党委中心组“学理论、强素质、议大事、谋全局、出思路”的功能。深入开展“四好”领导班子创建活动，年内表彰10个子公司和36个基层单位、表扬3个子公司。完善中高层管理人员制度体系建设，制订《各一级子公司领导班子职数设置意见》《关于明确一级子公司董事长有关职责的通知》，完善《一级子公司高层管理人员薪酬管理暂行办法》。加强组织建设，根据产业整合和需要组建南车电机公司领导班子。根据管理需要撤销株机公司、四方有限公司、铁工经贸公司的董事会、监事会。加强班子考评，优化班子结构，促进领导班子整体合力提升和领导人员素质提高。完成眉山公司、二七公司、四方股份公司、洛阳公司、石家庄公司、戚墅堰所等6个子公司领导班子副职任期届满考评及班子整体履职情况考核，考察资阳公司、长江公司和石家庄公司班子整体履职情况。强化干部交流机制，有效促进领导干部整体能力提升。推进对在同一职位上任期达到或超过规定年限的人员实行内部换岗交流或外部交流工作，有21名中高层管理人员进行异地交流。其中正职11人，总部有3人交流到企业任职，企业5人交流到总部副部长以上岗位任职。

【人才队伍建设】 在打造核心人才队伍、改革用工方式、提高员工收入、控制人工成本等方面不断创新，取得明显成效。试点三大项目技术人才创新工程，选拔技术大师（首席技术专家）8人，技术专家30人，科技拔尖人才68人。技能专家获奖论文结集发表，实现成果共享。量化评审，探索专业资格评审新路径，新培养教授级高工51人、各类高级专业资格211人，高级技师187人、技师650人，均创历史新高。优化培训体系建设，加大国际化人才培训投入，全年投入超过300万元。深化高级经理人才和项目管理人才培育开发，举办车辆工程硕士培训班、机车车辆新技术研修班及高级工、技师和多种操作技能培训等，推进适合中国南车快速发展要求的科技人才和技能人才培养。优化培训管理体系，初步建立符合国际标准并富有中国南车特色的培训管理体系。

【思想政治工作】 加大宣传力度，着力发挥思想政治工作和企业文化优势。中国南车再次被中宣部、国资委推荐为重点宣传的中央企业，通过持续深度报道，取得广泛社会影响，有力促进中国南车知名度和美誉度提升。完成企业文化故事征集活动，深入宣传精益文化，增强员工质量意识和市场意识，引导和激励广大党员凝神聚力，共克时艰，立足岗位做贡献。开展庆祝中国南车成立10周年宣传教育活动，出版专刊、开辟专栏，集中展示中国南车10年光辉发展历程，增强员工自豪感。

【企业文化】 加强品牌建设，提高中国南车国际影响力和竞争力。以“同一个中国南车”为主题开展品牌提升年活动，提出南车统一品牌的五条标准，完成南车品牌战略和“一战略四体系”整体规划，对企业文化核心理念和品牌内容进行充实和完善。对近50个二级子公司逐一审核，形成品牌准入意见。对11个一级子公司开展首批品牌检查督导，有效促进品牌工作执行力。开展品牌全员培训，加快员工对南车品牌内涵的理解和认同。优化品牌形象展示载体，制定完成新版《VI手册》，对子公司的VI应用整改情况及时指导、督查。抓住“高铁大会”、“沪杭线冲速”、“京沪线486.1冲速”、中国南车成功入选全球最有价值500品牌排行榜等契机，系统推进品牌传播，扩大中国南车社会影响。

【党组织建设】 强本固基，增强基层党组织活力。积极推广“双目标”管理模式，推进党务与经营管理人员岗位交流，提高党务干部素质。适应公司组织架构变化，合理设置党的基层组织，充分发挥党组织书记作用。组织长江公司、株机公司、眉山公司、二七公司、石家庄公司5个单位党代会换届工作。指导南车电机公司组建党委和纪委，对两委组成人员进行审核批复。开展创先争优和主题教育、主题党课、主题实践活动，健全保持共产党员先进性的长效机制。开展“双培养”活动，全年发展党员1216人。其中生产和经营一线党员569名，占发展总数的46.8%；专业技术和管理人员403人，占发展总数的33.1%；35岁以下青年党员929名，占发展总数的76.4%。认真执行“三会一课”、专题组织生活会、民主评议党员、党性分析评议工作制度，加强入党积极分子队伍建设和党员发展工作。

扎实推进党风廉政建设和反腐倡廉工作，坚持标本兼治、惩防并举、注重预防，着力建设具有中国南车特色的惩防体系。围绕物资配件采购、制度建设、投资、制度执行力，深入开展效能监察。开展领导人员廉洁从业、领导人员持股投资、“三重一大”集体决策制度、企业制度体系建设等专项检查和督察及“小金库”专项治理等工作。组织各级领导人员按照“五对照五检查”要求，完成廉洁从业自查自纠和监督检查工作。重视信访举报和查办案件工作，发挥查办案件的惩治功能。

【群团工作】 贯彻落实依靠方针，完善企业民主管理。进一步加强厂务公开工作制度化和规范化建设，不断完善厂务公开三级网络。坚持职代会制度，完善职代会组织，认真抓好职代会民主评议企业领导人员工作。融入中心，有效切入，建设工会“精品工程”。各级工会组织广泛开展“八比八创”劳动竞赛，推行《岗位安全作业标准》，完善职工代表安全巡视制度，组织开展“班组安全讲话”、“安康杯”竞赛和创建“工人先锋号”等群众性建功立业活动。加大对困难员工帮扶力度和救助力度，重视抓好“三关心三保证”措施落实。全年走访慰问困难员工 19767 人，两级公司共发放慰问费 1359.6 万元。抓好青年工作，把党建带团建工作和团组织检查考核纳入党组织“创先争优”活动体系，带动团组织工作上水平。各级团组织以强化青年人才培养和服务生产经营中心为主线，开展富有特色的主题活动，激发青年员工才智和力量。

加强统战和维稳工作，营造和谐稳定发展环境。加大对统战工作的指导和督促力度，支持企协、科协、体协等群众组织依法依章创造性地开展工作，充分发挥群团组织在企业改革发展稳定中的积极作用。积极化解矛盾，做好维稳和信访工作，为中国南车快速发展营造和谐稳定环境。

（总裁办　供稿）

中国南车集团公司行政组织机构图

（2010.12.31）

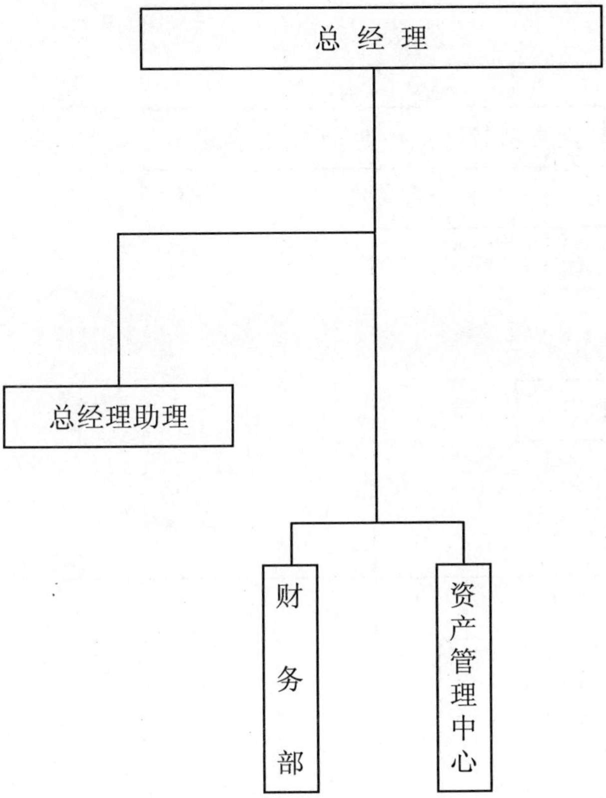

中国南车集团公司党群组织机构图

（2010.12.31）

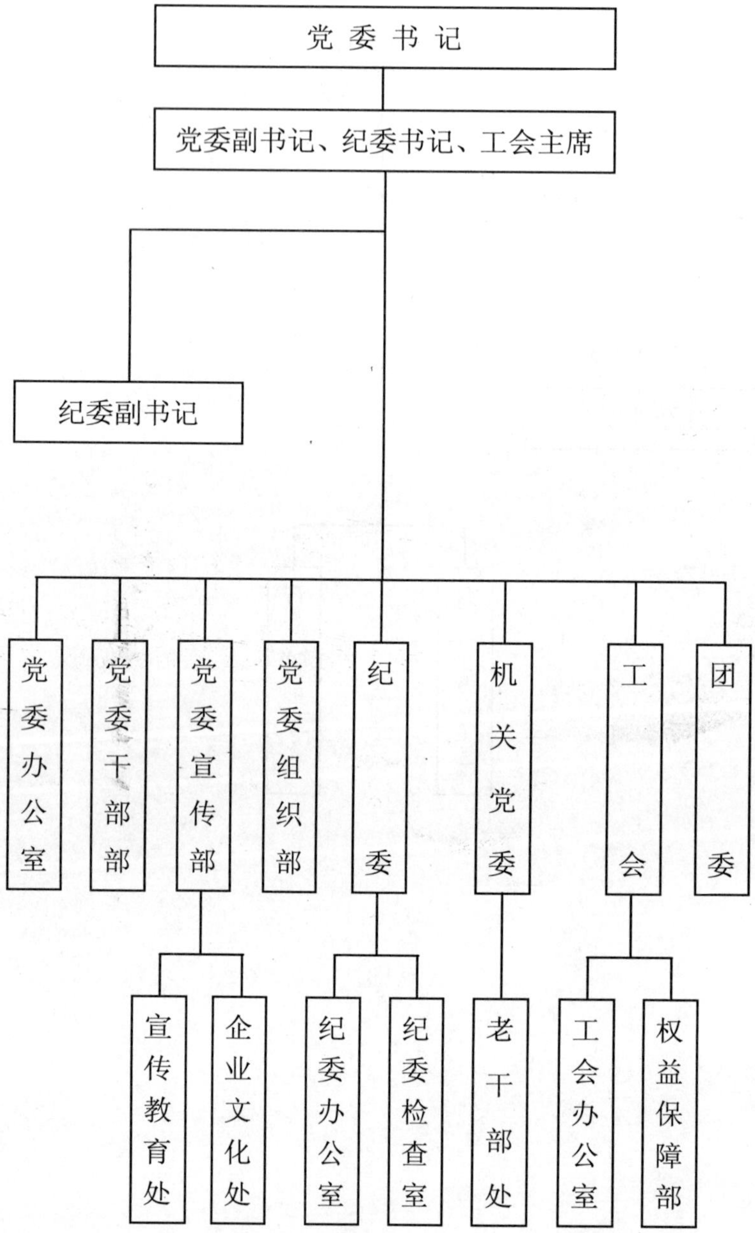

中国南车股份有限公司组织机构图
（2010.12.31）

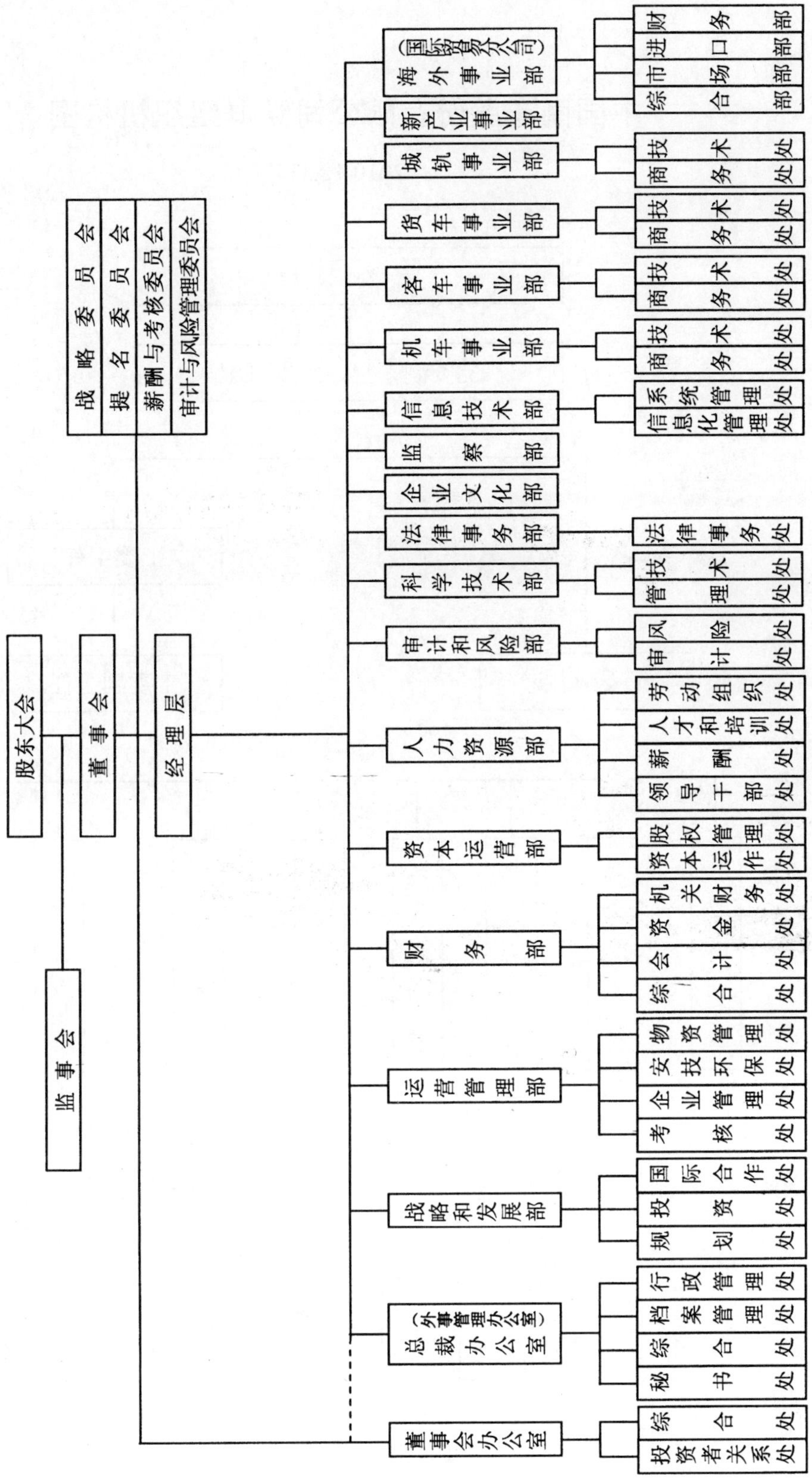

中国南车股份有限公司党群组织机构图

（2010.12.31）

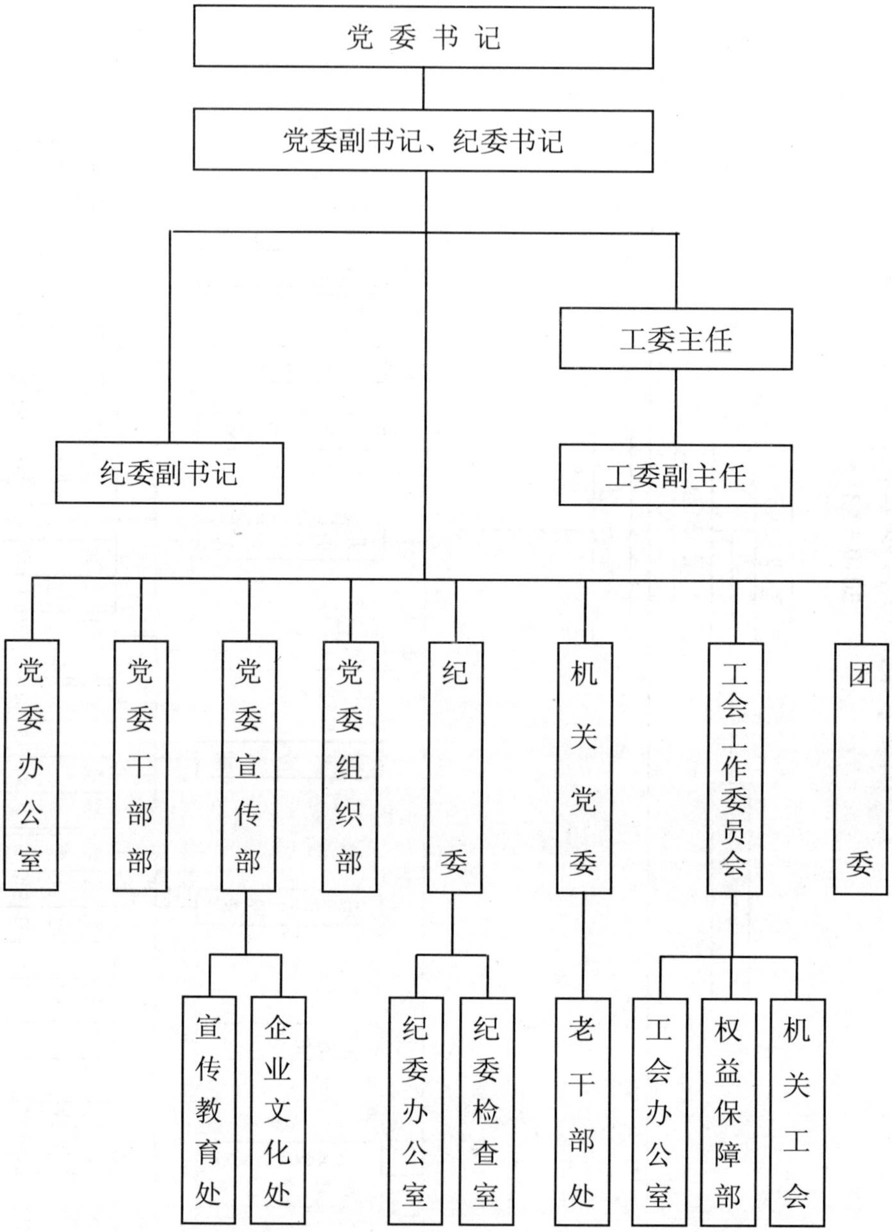

中国南车集团公司
总经理、党委、纪委、工会主席人员名单

总 经 理　赵小刚
党委书记　郑昌泓
党委副书记　赵小刚　刘化龙
党委常委　赵小刚　郑昌泓　刘化龙　唐克林　张　军　傅建国　詹艳景
纪委书记　刘化龙
工会主席　刘化龙（兼）

中国南车集团公司总经理助理名单

总经理助理　王　研

中国南车集团公司副总经济师、工会副主席、纪委副书记、机关党委书记名单

副总经济师　孙　克（1月免）
纪委副书记　曹子章（1月退休）　谷大存（1月任）
机关党委书记　王家骐

中国南车集团公司
总部部门负责人名单

（2010.12）

财务部

部长　刘江（1月免）
陈雄（1月任）

资产管理中心

主任　孙克（兼1月免）
王研（兼1月任）

副主任　赵蔚（兼）
李国勇

党委办公室

主任　何树高
副主任　牛卫东
秘书处处长　刘国岩
秘书处副处长　杨英武
综合处处长　牛卫东(兼)
档案管理处副处长　周秀梅
行政管理处处长　王富启

党委干部部

部长　谷大存（1月免）
薛松（1月任）

副部长　刘惠云
领导干部处处长　薛松（兼）
领导干部处副处长　郝晓龙
薪酬处副处长　曲涛(1月任)
劳动组织处处长　刘惠云（兼）
人才和培训处处长　吴新林

党委组织部

部长　牛宝安(12月退休)
王家骐(兼12月任)

副部长　沙金红（10月免）
组织员　熊纯浩

党委宣传部

部长　曹钢材
副部长　王义明
宣传教育处处长　王义明（兼）
企业文化处副处长　李敏

纪委

检查室主任　曹子章（兼1月退休）
盛同浩（1月任）

办公室主任　赵跃洲
纪检监察员　魏海臣

工会

办公室主任　李昕
办公室副主任　王伯友（10月免）
权益保障部部长　许争平（9月退休）
沙金红（10月任）

权益保障部副部长　王伯友(10月任)

团委

书记　何明新
副书记　王刚

机关党委

书记　王家骐
副书记　冯秋生
老干部处处长　沙金红（10月免）

机关工会

主席　许争平（9月退休）
沙金红（10月任）

副主席　姜静

中国南车股份有限公司
第一届董事会、监事会、经理层组成人员名单

一、董事会

董 事 长　赵小刚
副董事长　郑昌泓
执行董事　赵小刚　郑昌泓　唐克林　刘化龙
独立非执行董事　赵吉斌　杨育中　陈永宽　戴德明　蔡大维
董事会秘书　邵仁强

二、监事会

监事会主席　王 研
监 事　王 研　李建国　邱 伟

三、经理层

总 裁　郑昌泓
副 总 裁　唐克林　张 军　傅建国
副总裁、财务总监　詹艳景

中国南车股份有限公司
党委、纪委组成人员名单

党委书记　赵小刚
党委副书记　郑昌泓　刘化龙
党委常委　赵小刚　郑昌泓　刘化龙　唐克林　张 军　傅建国
詹艳景
纪委书记　刘化龙

中国南车股份有限公司
总工程师、总法律顾问、工委主任、总裁助理、安全生产总监名单

总工程师	张新宁
总法律顾问	吴建兴
工委主任	郭炳强
总裁助理	顾明康（5月退休） 李志轩 江 靖
安全生产总监	苗永纯（10月任）

中国南车股份有限公司
副总工程师、副总经济师、副总会计师、工委副主任、纪委副书记、机关党委书记名单

副总工程师	王松文 孙学军 朱龙驹 黄十周 田 磊（1月免）
副总经济师	李建国（8月退休） 杨洪兴（7月退休） 谷大存（1月免） 王宫成（10月免） 肖孝州 王 宪 孙 克（1月任）
副总会计师	徐伟锋
工委副主任	邱 伟
纪委副书记	曹子章（1月退休） 谷大存（1月任）
机关党委书记	王家骐

中国南车股份有限公司
授权代表、联席公司秘书、合资格会计师、新闻发言人、证券事务代表名单

授权代表	刘化龙（兼） 王佳欣
联席公司秘书	邵仁强（兼） 王佳欣
合资格会计师	王佳欣
新闻发言人	邵仁强（兼）
证券事务代表	王宫成（兼10月免） 郑 胜（10月任）

中国南车股份有限公司
总部部门负责人名单

董事会办公室

主　　　　任　王宫成（兼10月免）
副　主　任　郑　胜（10月任）
综合处副处长　梁　军

总裁办公室（党委办公室、外事管理办公室）

主　　　　任　何树高
副　主　任　牛卫东
秘书处处长　刘国岩
秘书处副处长　杨英武
综合处处长　牛卫东（兼）
档案管理处副处长　周秀梅
行政管理处处长　王富启

战略和发展部

部　　　　长　孙学军（兼）
副　部　长　赵明德　何恩广
规划处处长　赵明德（兼）
规划处副处长　周志勇
投资处处长　贾　薇
国际合作处处长　何恩广（兼）
国际合作处副处长　刘文华

运营管理部

部　　　　长　杨洪兴（兼1月免）
　　　　　　　阴明月光（1月任）
副　部　长　吴艳辉（国资委挂职12月免）
　　　　　　　周建华（国资委挂职12月任）
考核处处长　郑　胜（10月免）
考核处副处长　田隽江（1月退休）
　　　　　　　常　红（7月任）
企业管理处副处长　闫卫华
安技环保处副处长　向　欣
物资管理处副处长　阎利捷

财务部

部　　　　长　徐伟锋（兼）
副　部　长　刘　江（兼1月免）
　　　　　　　陈　雄（兼1月任）
会计处副处长　朱曙珍
　　　　　　　朱晓东（2月任）
综合处副处长　贾春亮
资金处副处长　郝志军

资本运营部

部　　　　长　阴明月光（1月免）
　　　　　　　刘　江（1月任）

人力资源部（党委干部部）

部　　　　长　谷大存（1月免）
　　　　　　　薛　松（1月任）
副　部　长　刘惠云
领导干部处处长　薛　松（兼）
领导干部处副处长　郝晓龙
薪酬处副处长　曲　涛（1月任）
劳动组织处处长　刘惠云（兼）
人才和培训处处长　吴新林

审计和风险部

部　　　　长　李建国（兼1月免）
　　　　　　　孙　克（兼1月任）
副　部　长　熊锐华（1月任）
审计处处长　熊锐华（兼1月任）
审计处副处长　陈震晗（1月免）
风险处处长　陈震晗（1月任）
风险处副处长　陈　勇（1月免）

监察部

部　　　　长　曹子章（兼1月退休）
　　　　　　　谷大存（兼1月任）

副部长　赵跃洲（1月任）
盛同浩（1月任）
纪检监察员　魏海臣

科学技术部

部长　陈笃
副部长　王全乐
管理处处长　王全乐（兼）

法律事务部

部长　张慈宏
法律事务处副处长　唐龙刚

信息技术部

部长　符刚
副部长　李万程
信息化管理处　李万程（兼）
系统管理处副处长　杜林明

机车事业部

总经理　杨志华（7月免）
索建国（7月任）
副总经理　李国强
商务处处长　杨燕安
技术处处长　李国强（兼）

客车事业部

总经理　王松文（兼）
副总经理　周广华
商务处处长　周广华（兼）
技术处处长　徐循元

货车事业部

总经理　黄十周（兼）

城轨事业部

总经理　徐洪春
商务处副处长　唐飞龙
技术处处长　徐洪春（兼）

新产业事业部

总经理　林田
副总经理　张涛

海外事业部（国际贸易分公司）

总经理　田磊（1月免）
沈家骏（1月任）

书记兼副总经理　王宪（兼）
市场部部长　武岩
综合部部长　何政（12月任）
综合部副部长　刘玉蓉
财务部副部长　邱慧

党委组织部

部长　牛宝安（12月退休）
王家骐（兼12月任）
副部长　沙金红（10月免）
组织员　熊纯浩

党委宣传部

部长　曹钢材
副部长　王义明
宣传教育处处长　王义明（兼）
企业文化处副处长　李敏

纪委

检查室主任　曹子章（1月退休）
盛同浩（1月任）
办公室主任　赵跃洲
纪检监察员　魏海臣

工会工作委员会

办公室主任　李昕
办公室副主任　王伯友（10月免）
权益保障部部长　许争平（9月退休）
沙金红（10月任）
权益保障部副部长　王伯友（10月任）

团委

书记　何明新
副书记　王刚

机关党委

书记　王家骐
副书记　冯秋生
老干部处处长　沙金红（10月免）

机关工会

主席　许争平（9月退休）
沙金红（10月任）
副书记　姜静

经营与销售

企业管理

销售工作

规划与投资

财务管理

资本运营

审计与风险管理

信息化建设

企业管理

【概述】 2010年，企业管理以加强运营管控为中心，以精益生产为主线，夯实管理基础，推进运营管控快速反应体系、业绩考核目标导向体系、物资供应链管理体系、安全环保责任管理体系建设。搭建运营管控机制，提高管控水平。推动经营管理信息系统建设，以经营管理信息系统为基础搭建运营管控数据平台，制定下发《中国南车经营管理信息系统管理办法（试行）》，选择3家子公司试点，推动数据录入、汇总校对，第一阶段模块功能基本具备投入运用条件。完善责任制考核办法，提高考核有效性。全面完成国资委对集团公司的绩效评价。

以精益生产为主线，提升企业管理水平。制定下发《中国南车精益生产工作考核评价办法（试行）》，提出精益生产示范区（线）“7化”特征和“22条”评价标准，组织开展评价并评选2010年度精益生产示范线15条。各子公司编制完精益生产实施规划。

开展管理创新工作，《大型轨道交通装备企业打造核心竞争力的战略决策与实施》和《轨道交通装备制造企业节拍化拉动式精益生产管理》两项成果分获国家级管理创新成果一、二等奖。开展第三届成果评审。

完善安全管理制度，提高基础管理水平，编发安全检查工作计划和标准。获中华环保联合会和中国企业报社联合颁发的“2009中国节能减排功勋企业”称号。申报企业500强和机械500强，中国南车位居2010中国企业500强第131位，比2009年上升28位；位居中国制造业企业500强第58位，比2009年上升21位。

【资产经营责任制】 按照国资委要求，撰写完成《中国南车集团公司2009年度经济运行报告》、《中国南车集团公司2009年度财务绩效评价工作报告》。国资委正式下发集团公司2009年度及2007～2009年任期经营业绩考核结果：2009年集团公司考核得分128.69分，为B级；2007～2009年任期得分127.38分，为B级。在国资委颁发的业绩优秀企业（35家）、科技创新特别奖（23家）、效益进步（12家）、管理进步特别奖（15家）、节能减排特别奖（6家）5项大奖中，中国南车获“科技创新特别奖”和“效益进步奖”两项大奖。完成集团公司2010年度和2010～2012年任期经营业绩考核指标测算和上报工作。经过各项考核指标相关数据的数学建模，并在总部宣讲和征求意见、组织两次子公司片区座谈，下发新版责任制考核办法，测算子公司2011～2013年任期考核指标并签订责任书。

【年度经营计划】 开展年度经营计划滚动管理工作，下达子公司年度主要经营目标，按月召开经营工作联席会议，按季度召开经营与调度视频会议，了解、分析、解决集团公司及子公司经营情况和问题，加强经营计划动态监控。对各子公司提出“三季度营业收入确保完成全年目标70%力争完成72%、净利润力争完成全年目标74%”的具体要求，并从下半年开始，按月发布经营例会会议纪要，跟踪纪要确定的相关工作事项的落实情况，分析市场情况，确保年度经营目标兑现和对公司运营有效监控。

【经营业绩考评】 完成子公司2009年资产经营责任制考核及兑现工作。4家单位被评定为A级，分别是株机公司、四方股份公司、浦镇公司、株洲所；4家单位被评定为B级，分别是四方有限、租赁公司、戚墅堰所、戚墅堰公司；9家单位被评定为C级，分别是湖铁院、资阳公司、洛阳公司、成都公司、常铁校、眉山公司、南方汇通公司、石家庄公司、铁工经贸公司；2家单位被评定为D

级，分别是长江公司、二七公司。

参考国资委业绩考核任期奖励办法，设置“业绩优秀奖”、“技术创新奖”、“管理创新奖”和“特别贡献奖”，对“十一五”期间在经营业绩、技术创新、管理创新以及其他方面做出突出贡献的子公司进行特别奖励。授予株机公司、四方股份公司、浦镇公司、株洲所和戚墅堰所“业绩优秀奖”，授予株机公司、四方股份公司、株洲所、戚墅堰所“技术创新奖”，授予戚墅堰公司、四方股份公司、眉山公司“管理创新奖”，授予浦镇公司、四方有限公司、成都公司“特别贡献奖”。

【企业管理创新】 深化精益管理，修订精益生产实施规划。各子公司在中心组学习和行政例会上宣贯学习中国南车精益生产实施规划，编制本单位实施规划，细化工作目标，围绕品质、效率和效益，提出具体指标或指标类型，实现各项目标和措施落地。建设精益生产示范工程，建成成熟示范区（线）。制定下发精益生产考核评价办法，促进精益生产工作制度化、规范化。核定子公司总资产周转次数、存货周转次数考核指标并下发，推进精益生产量化评价。组织精益骨干赴日培训，开展车间主任（分厂长）层面的培训和工作交流。

开展第三届管理创新成果评审，共有17项管理创新成果分别获得一、二、三等奖。总部《大型轨道交通装备企业打造核心竞争力的战略决策与实施》、四方股份公司《轨道交通装备制造企业节拍化拉动式精益生产管理》、株机公司和资阳公司联合申报的《轨道交通装备先进制造技术异地平移项目管理实践与创新》3个项目获得一等奖；总部《以集中管理为核心的资金管理模式》、眉山公司《构建以六条链为基础的精益生产模式》、戚墅堰公司《融合技术创新和管理创新的引进消化吸收再创新实践》等5个项目获得二等奖；成都公司《实施技术引进项目管理，搭建大功率交流传动内燃机车配套电机技术平台》、南方汇通公司《基于铁路货车修造混合业务的制造资源计划与控制系统》、株洲所《制造单元推行TPM活动的实践》等9个项目获得三等奖。

【安全生产】 召开年度安全生产工作会议，提出全年安全生产工作重点。多次召开安全生产视频会，传达国家安全生产工作要求，通报安全生产形势，布置安全生产重点工作。开展“安全生产月”安全文化宣传教育活动、“应急演练周”各项活动，督导下属单位加强应急响应演练。落实节假日安全管理，在元旦、春节、“五一”、“十一”等节假日和重要活动期间提前布置，落实安全消防检查及事故预防等工作，加强各项安全监管。其中春节期间确保值班检修、正常生产、售后服务和科研开发总计26645人安全生产无事故。结合夏季高温多雨、冬季严寒雪滑等不同季节气候特点，提出防暑降温、防风防冻、防洪汛、防雷电、防滑跌等安全预防工作要求，加强预防，减少事故发生。以安全大检查为手段，提高安全意识。分上、下半年两次组织安全大检查，重点检查长江公司、浦镇公司、资阳公司、南方汇通公司、洛阳襄樊分公司、株洲所宝鸡公司、石家庄公司、二七公司等8家单位。结合历史经验和行业特点，针对起重、调车作业和涂装作业，提出专项整治工作要求，加强重点工作安全整治。编制新版安全操作规程，印制了机、客、货、城轨、动车等新造、修理共18大类安全技术操作规程。下发《中国南车股份有限公司“三同时”（监督）管理暂行规定》、《关于加强控股、参股子公司安全生产工作的通知》等管理制度，加强各子公司建设项目安全、消防等内容的监督管理，并将控股、参股子公司安全生产工作纳入集团公司管理范畴，实现全过程、大范围安全监管。编制中国南车安全体系及基本安全常识培训用标准课件。

【物资管理】 召开中国南车上市后首次物资与供应链管理工作会议，起草中国南车物资与供应链管理工作指导意见、内部供应链管理办法、物资集中采购管理办法、供应商管理办法及评价标准等规范性文件。选取四方股份公司、株机公司、株洲所为供应链建设试点企业，解决供应商分类、供应链管理流程体系、供应链绩效评价与管理、供应商战略合作模式及供应商日常管理工具开发等问题，探索建立确保品质优良、效益增长、高效及时的精益供应链管理模式。新增硅钢、槽钢、低合金板、不锈钢（SUS304）、双向不锈钢、城轨车轮、电缆等多项物资集中采购业务，集中采购物资品种达到99%，较上年提高25个百分点。全年累计集中采购钢材26.3万吨、轮轴44761件，采购额17.5亿元，较上年增加94.4%，降低采购成本约1.4亿元。组织货车生产企业对C_{70}型、C_{80B}型货车主要原材料物资进行定额对标，材料整体利用率提高1%～5%。简化主要材料定尺规格，减少库存，召开专题会议处理积压物资，控制库存。调研在株洲地区的子公司物流现状和“十二五”发展需求，考察在青岛地区的子公司运用第三方物流的运作模式，提出在株洲地区建设物流中心初步设想。建立超储积压物资信息平台，通过OA系统实现信息共享，为各企业进行内部调剂利用提供信息支持。参与中国铁道学会物资管理委员会物资管理与营销暨物资流通系统理论学组学术交流和论文征集活动，共征集论文19篇，筛选出参评论文16篇，有13篇在《铁路采购与物流》杂志陆续刊登，其中3篇获铁道学会优秀论文。

【制度体系建设】 根据具体规章制度在执行过程中遇到的问题和各一级子公司所反馈的意见或建议，补充和完善有关规章制度。开展制度清查和规范工作，一级子公司在总部各职能部门的对口指导和督促下清查本企业规章制度，按照中国南车统一要求，结合本企业实际情况修订本企业规章制度，实现母子公司制度衔接。对下属公司章程进行会诊，使各子公司的章程符合中国南车发展需要和有关规定要求。

【合同管理】 以落实《中国南车合同管理办法》为重点，组织律师团队审查公司对外合同，保持总部合同审核率100%，并督促各子公司结合本企业实际情况，详细制定本企业合同管理措施。按照《中国南车合同管理办法》要求，完善相关制度和工作流程，加强合同管理。各子公司创新开展样本合同制订、合同抽查、合同评估等多种形式的合同审查管理措施，完善合同管理制度，初步建立合同管理平台。

【法律事务】 重大项目合同实行法律审核，如天津项目、广东项目、玉柴项目等，合同法律审核率达到100%。重大案件进展顺利，且达到预期效果，如武昌门面房纠纷处理完毕，贵阳问题取得重大进展。继续开展“五五”普法工作。参与国际商标注册工作，完成在加拿大、阿根廷、美国等的国际注册工作。保护知识产权，按照国家知识产权战略和铁道部知识产权部署，根据中国南车具体情况，参与铁道部中国高速列车关键技术研究及装备研制重大项目的动车、重载货车知识产权保护工作。

（运营管理部、法律事务部　供稿）

销售工作

【概述】 2010年，机车、客车、货车、城轨车辆、海外业务、新产业各板块市场较上年均呈现较大幅度增长，各子公司销售业绩也得到大幅增长。营业收入增长超过上年30%的子公司有电机公司、租赁公司、株洲所、四方股份公司、戚墅堰所、株机公司、石家庄公司和长江公司等8家，其中株机公司、四方股份公司营业收入超过160亿元，株洲所公司营业收入超100亿元。

加强用户沟通与联系，及时掌握市场需求动态，从产品成本、营销策略、生产跟踪等方面着手，缜密策划，做好整体营销工作，确保中国南车效益最大化。加强企业生产管控力度，每日动态跟踪生产进度和交车情况，其中新造货车按合同要求全部交付，完成率较行业平均水平高出4.39个百分点。新产业围绕中国南车发展战略，注重产业规模效益和核心竞争力的同步提升，努力开拓市场经营，积极布局重点产业，加快技术创新步伐，加强管理夯实基础，经营业绩和产业竞争力都有较大提升。

机车方面销售收入比上年增长38%，其中新造机车销售收入比上年增长45%，修理机车销售收入与上年持平，机车配件销售收入比上年增长54%。动车组销售收入比上年增长72%，客车销售收入比上年增长5.48%。货车方面销售收入比上年增长25.12%，货车新造、货车修理、货车配件销售都有不同程度增长。新产业方面销售收入比上年增长72.25%，其中风电、工业用电机、轨道工程机械、复合材料四大产业增长迅速。

【机车车辆销售】 机车方面：全年铁道部采购7200千瓦电力机车1200台、6000马力HXN5型内燃机车300台，中国南车分别获得590台、300台，在铁道部新型机车年度订单上首次超过50%，占机车采购总量的59.3%。修理机车计划安排1478台，中国南车获得789台，占总量的53%。客车方面：全年铁道部进行3次新造客车（含青藏铁路客车）招标，共计采购车辆2663辆，中国南车中标1733辆，约占65.08%；厂修客车招标共计4086辆，中国南车中标1376辆（由浦镇公司、四方有限公司、成都公司中标），占33.68%。货车方面：由于国内铁路货运量渐增，新造货车需求增大。全年铁道部新造货车招标37245辆，货车修理招标54000辆。在货车新造30多次投标、货车修理2次投标当中，中国南车中标新造货车17319辆，货车修理中标28828辆。

【城轨车辆销售】 全年城轨地铁车辆和城轨地铁车辆配件销售有较大幅度提升，城轨产业的发展带动和加速了中国南车相关配套产品发展。株洲所牵引系统、南京海泰公司制动系统、戚墅堰所机械传动系统、石家庄国祥公司空调系统、电机公司电机系统和四方有限公司不锈钢零部件等配套产品快速发展，配件销售收入稳步上升。

针对城轨市场激烈竞争的局面，积极掌握市场信息，加强与地方政府部门及各地铁公司沟通和联系，先后到广州、天津、杭州、宁波、成都、贵阳、郑州、昆明、合肥等城市进行走访，与用户就产品技术、质量、服务等方面进行交流与沟通，促进各项目尽早实施。

做好招标各项准备工作。全年国内城轨车辆市场主要有北京、上海、广州、深圳、西安、重庆、宁波、郑州、武汉、昆明、哈尔滨、长沙等12个城市，共计18个整车招、议标项目。其中14个整车招标项目和4个整车议标项目，车辆总数2798辆，合同总金额188.73亿元。中国南车先后获得9个整车招标项目和2个整车议标项目共计1636辆占58.5%。成功签订成都、苏州、广州、上海等城市6条地铁车辆合同计904辆，在各中标项目中株机公司占9个项目计1248辆、四方股份公司占2个项目计388辆。

株机公司除上海、广州、深圳、武汉等市场外，又进入宁波、郑州、长沙、昆明 4 个新市场，分别中标深圳地铁 5 号线增购 30 辆、宁波地铁 1 号线 132 辆、郑州地铁 1 号线车辆、武汉地铁 2 号线 180 辆、武汉地铁 4 号线 90 辆、上海地铁 11 号南延线 138 辆、昆明地铁 1 号线 240 辆、长沙地铁 2 号线 96 辆、广州地铁 1、2、8 号线新增 192 辆。与西门子在北京签署向印度新德里古尔冈 RMGL 地铁项目提供 15 节（5 列 3 节编组）地铁车辆购销合同。

四方股份公司完成成都地铁 1 号线、北京昌平线地铁车辆生产，首列新加坡 A 型地铁车辆装船发运。先后获得成都地铁 2 号线、广州地铁 6 号线、广州地铁 5 号线车辆增购项目订单，计 526 辆。

浦镇公司签订苏州地铁 1 号线、上海地铁 13 号线及上海地铁 13 号线地铁车辆制动系统订单，计 468 辆。

株洲所提供具有完全自主知识产权牵引系统的 B 型车暨北京地铁房山线首列车运行。戚墅堰所地铁齿轮传动系统进入重庆、昆明、长沙等多个城市地铁市场，扩大了市场覆盖面。高铁运营车辆全部为四方股份公司自主研制的时速 350 公里 CRH2 型高速动车组。

【动车组销售】 全年中国南车交付动车组 109 列（118 列标准编组、含 BST 公司），其中：时速 200～250 公里动车组 39 列，时速 300～350 公里动车组 30 列，CRH380A 型高速动车组 40 列。至年底，全路共投入运营动车组 479 列（557 列标准编组），其中：中国南车 295 列(360 列标准编组、含 BST 公司)，市场占有率为 61.59%。2 月 6 日，正式运营的郑西高铁运营车辆全部为四方股份公司自主研制的时速 350 公里 CRH2 型高速动车组。

【新产业市场销售】 年内，风电整机产业株洲河西基地建成投产，年产能从 150 台套提升到 300 台套。与通辽市签订战略合作协议，在通辽市科左后旗建立风电整机总装和叶片生产基地，获取风资源。参与国资委组织的央企电动车产业联盟筹备，成为央企电动车产业联盟 16 家发起人之一，与一汽、东风汽车、长安汽车、东方电气等企业一起成为整车与驱动委员会成员。

全年，集团公司新产业销售收入增长 38.81%。风电、工业用电机（含外销风电电机）、轨道工程机械、复合材料四大产业板块快速增长，成为主要新产业板块。其中：风电机组产业销售收入比上年增长 1.6 倍；工业电机产业销售收入比上年增长 63.09%；轨道工程机械产业销售收入比上年增长 12.4%（株洲所宝鸡时代整车销售收入比上年增长一倍以上）；复合材料产业销售收入比上年增长 41.19%（桥梁产品、风电产品、电磁线、复合反渗透膜销售规模均超过 2 亿元）；电动汽车产业实现销售整车 482 台，销售收入比上年增长 27.78%。全年新产业签订销售合同 142 亿元。

【海外市场销售】 积极拓展国外市场，实现市场开拓和产品销售双突破。机车产品进入澳大利亚、沙特等市场，电动车组进入马来西亚市场，地铁车辆进入印度市场。全年订单有出口印度新德里地铁车辆 15 节、马来西亚电动车组 228 辆，出口沙特内燃机车 10 台、越南内燃机车 20 台、伊朗内燃机车 40 台、津巴布韦内燃机车 4 台、澳大利亚内燃机车 6 台、坦赞内燃机车 6 台、乌兹别克斯坦调车机车 2 台共计 88 台，出口澳大利亚货车 454 辆、坦赞货车 90 辆、香港货车 20 辆共计 564 辆及其他配件等。

（机车、客车、货车、城轨、海外、新产业事业部　供稿）

规划与投资

【概述】 2010年，是实施“十一五”规划的最后一年。全年重点总结“十一五”发展战略实施情况，分析“十二五”面临的新形势、新任务，制定下发《中国南车“十二五”发展战略（纲要）》，确定中国南车“十二五”发展目标。在中国南车“加大走出去力度，打造国际化南车”战略指引下，根据行政重点工作安排，推进重点国际合作项目合作进程，加强与国际同行、中介和相关机构间的沟通和交流，探索和创新国际合作工作思路和方法。根据“十二五”发展战略编制要求和务虚会、高峰论坛精神，分析和研究中国南车国际化的目标、重点、步骤和工作方法，初步研究中国南车国际扩张和产业布局相关问题，谋划加快中国南车国际化进程工作措施。产品结构调整和业务整合步伐加快，新基地建设稳步推进，投资管理机制进一步完善，轨道交通装备专有技术延伸产业稳步发展。

【战略与规划】 根据公司董事会战略委员会第八次会议要求，召开高层务虚会、党委中心组专题研讨会和2010高峰论坛，就“十二五”发展问题进行专题调研，了解各子公司“十一五”发展总结和“十二五”发展规划，编写中国南车“十一五”发展战略实施评价报告和中国南车“十二五”发展战略，向国资委正式上报，同时下发到各子公司。

加强政策研究，与国家发改委、国资委、工信部、铁道部等部委沟通，汇报发展环境、发展思路，争取政策支持。参加国家发改委和工信部组织的《战略性新兴产业规划》编写，参加铁道部组织的《“十二五”铁路行业装备发展规划》编制工作。跟踪国家产业政策发展变化趋势，促进中国南车城轨车辆产业和新产业发展。加强与地方政府、中央企业及大型企业集团的战略合作。

【新基地建设】 1月11日，与天津市北辰区人民政府、天津城投公司、天津公交公司分别就在北辰区投资、地铁项目战略合作、公交项目合资合作签订协议。四方股份公司天津城轨公司年底出车，开工建设株洲所风电整机和风电叶片项目，新能源汽车项目完成开工前期准备工作。开展广东城际动车基地建设项目可行性研究报告专家论证，完成合资公司合同、章程谈判和审核，注册新公司并完成一期用地征购。广州大功率机车基地项目、广州城轨基地项目、洛阳城轨基地项目开工建设。昆明城轨及关键零部件基地项目进入实施阶段，并成立株机城轨新公司。株洲所电气设备项目完成可研报告编制，继续开展杭州、宁波、贵阳等基地建设调研，做好前期各项准备工作。

【产品结构调整】 根据中国南车发展战略和业务整合规划，继续深化产品结构调整工作。对株洲南车电机进行重组，成立南车株洲电机有限公司，各项经营工作正常开展。推进石家庄公司退城进郊，对退城进郊工作及未来发展向铁道部有关部门进行专题汇报，就原厂区土地出让方案与石家庄市政府相关部门进行沟通。向铁道部申请将原四方有限公司承修的机车及相应市场份额转移到洛阳公司，洛阳公司开始试修和谐号电力机车。向铁道部装备部申请7200千瓦电力机车牵引电机生产资质并获得批准。

【项目投资管理】 按照“突出主业、注重效益，保证重点、促进发展，量入为出、控制风险”的原则，采取积极稳妥的投资策略，编制2010年度固定资产投资预算，全年累计完成固定资产投资52亿元。继续推行投资统计月度报表制度，动态掌握年度投资预算执行和重大项目实施情况。推行重大项目专家评审，规范审批程序。先后组织专家对戚墅堰所高速动车组及大功率机车关键零部件产业化、洛阳南车城市轨道车辆有限公司城轨组装及服务基地、广东南车轨道交通车辆维修基地建设、四方股份公司高速列车系统集成国家工程实验室建设项目调整等 13 个项目进行评审，对浦镇公司新建物流及辅助厂房和新增焊接铝合金城轨车辆生产设备、四方股份公司高速动车组铝合金焊接厂房新增除尘除湿控温系统等 33 个项目进行审查，对四方股份公司高速动车组产业化建设、株机公司大功率交流传动机车产业化项目（机车部分）等 13 个项目初步设计进行审查。结合募投项目实施进度和资金支付情况，分批下拨 A 股募集资金。编制完成《A 股募集资金存放与实际使用情况的专项报告》《关于部分 A 股募投项目竣工验收的情况通报》《中国南车 2010 年固定资产投资计划》，向 11 家承担募投项目的一级子公司下发《关于开展募投项目梳理和进一步规范管理的通知》，完成公司 IPO29 个募投项目的梳理工作，并按时间节点推进。根据国家发改委、财政部、工信部、国资委对中央投资项目的监管要求，每月分别报送项目实施和资金到位情况报表。根据工信部、发改委要求，下发《关于开展扩大内需中央投资重点产业振兴和技术改造专项投资项目专项检查的通知》。完成戚墅堰公司提高大功率内燃机车关键件制造水平技术改造、交流传动内燃机车技术引进消化吸收和国产化技术改造等项目的竣工验收，四方股份公司完成时速 300 公里及以上高速动车组产业化技术改造——动车组检修子项目的后评价工作。办理浦镇公司新增焊接铝合金城轨车辆生产设备、四方股份公司时速 300 公里及以上高速动车组产业技术改造等 10 余个项目进口设备免税确认书，共计免税金额 4500 万人民币。上报《戚墅堰公司内燃机车产业化提升项目》，申请作为 2010 年中央预算内投资节能备选项目。向财政部报送《中国南车集团公司关于申请基本建设贷款贴息资金的请示》及项目材料，成都南车隧道装备有限公司获得 350 万元贴息资金支持。

【合资合作与对外交流】 中国南车和美国 GE 公司合作进行中老铁路等项目谈判，签署多个项目框架协议，分析、跟踪北美、欧洲、中东等地区的重点项目，与 GE 公司签署合资公司框架协议。在第七届世界高铁大会期间，分别与匈牙利国家铁路公司、庞巴迪运输集团、朝鲜铁道省、沙特 SBG 集团、日本川崎重工、保加利亚交通信息技术和通信部、美国高铁协会、西班牙高速铁路代表团等多个参会方高层代表进行洽谈。

（战略和发展部　供稿）

财 务 管 理

【概述】 2010 年，中国南车实现营业收入 668.03 亿元，实现净利润 31.26 亿元。其中，股份公司实现营业收入 649.09 亿元，比上年增长 39.91%；净利润 32.50 亿元，比上年增长 53.59%；加权平均净资产收益率 13.84%，基本每股收益 0.21 元，全面完成国资委下达的经营业绩指标。各子公司经营业绩大幅增长，8 家一级子公司营业收入增长超过 30%，3 家一级子公司净利润增长超过 50%。株机公司、四方股份公司营业收入超过 160 亿元，株洲所营业收入超 100 亿元。

【税收政策研究】 总部及各级子公司研究财税政策，主动沟通，积极争取税收优惠政策。向国家工信部、财政部、国家税务总局、海关总署提交 2010 年关于重大技术装备免增值税和关税的申请文件，所涉及的 8 家子公司申请免征关税和进口环节增值税总额

9.6亿元。取得软件产品增值税超税负退税人民币4168万元。

【预算管理】　推进以年度预算目标为依托的月度滚动预算制度，建立对企业财务预算的动态监测和反馈机制，对经营风险进行预测评估，督促企业加强预算执行情况监督和控制，达到动态监控预算执行目的。组织专门力量对总部预算费用归口、核算内容及会计明细科目设置等进行全面梳理与规范，实现费用预算和核算工作信息同步，实时监控预算执行情况。总部按月编制财务滚动预算，相关职能部门召开月度经营工作分析会议，按季度召开经营与调度例会，分析、总结经营情况并下达季度节点预算完成指标。

【产权管理】　按照缩短产权链条、理顺产权关系原则推进所属各级企业产权重组整合工作。完成株洲南车电机公司名称和产权变更登记工作，将其由株机公司控股变更为中国南车全资一级子公司。完成时代新材公司非公开发行股票融资工作。

【资金管理】　将株洲电机、南京浦镇城轨、南车昌平工程机械等重点二级以下子公司纳入资金集中管理。各子公司按存款限额管理资金，超限额存款及时上划总部。月均上存资金55亿元，最高74亿元；内部月均调剂50亿元，最高62亿元。开展无保证金银行承兑汇票业务，全年各子公司在总部开出银行承兑汇票95亿元。发行40亿元中期票据，低于同期贷款利率1.65%。融入8亿元进出口银行低息贷款，低于同期商业银行贷款利率2.3%。

【应收账款管理】　按月编制应收账款快报及分析，并对各单位应收账款情况进行通报。与铁道部、中铁投沟通协调，及时催收货款。组织召开集团公司内应收账款集中清欠会，清理内部应收应付款17.91亿元，占挂账金额的92.3%。在年底各银行信贷额度全面收紧的情况下，争取到17亿元无追索保理额度，有效降低年底时点应收账款。

【关联交易与担保】　强化关联交易预算管理，按月分析关联交易情况，增强子公司关联交易管理主动性。全年发生关联交易20亿元，各项关联交易均控制在限度内。履行担保额度董事会、股东会批准授权制度，严格控制资产负债率不超70%的上限。全年向各级子资公司提供贷款、保函、承兑汇票、保理、信用证等担保29亿元。

【会计基础工作】　根据国资委要求，开展“小金库”治理工作，126户企业自查自纠，关闭“小金库”58个，滚存余额314.59万元全部纳入规定账簿管理。完成会计人员继续教育工作，组织各单位财务系统业务骨干在国家会计学院进行专业业务培训共计5期。

（财务部　供稿）

资本运营

【概述】　按照“外部融资、内部整合、并购重组、产融结合”的工作方针，实施股权管理和资本运营两项职能，开展股票融资、股权投资、资源整合、体系建设工作，精减压缩股权管理层级，搭建资本运营平台，建立项目运营管理机制。

【资本市场融资】　时代新材公司非公开发行股票融资，2月4日获得中国证监会发审会审核通过，4月12日取得证监会《关于核准株洲时代新材料科技股份有限公司非公开发行股票的批复》（证监许可[2010]442号）。5月份，以27.18元/股的价格向包括株洲所在内的6名特定对象发行人民币普通股（A股）3080万股，募集资金总额83714.40万元。

【申请国有资本预算】 根据国家关于振兴七大战略性新兴产业部署，结合中国南车战略发展，加快发展高端装备制造及专有技术延伸产业，多次向国资委请示、汇报和沟通，申请给予资本预算支持。整理上报《中国南车集团公司国家战略性新兴产业情况的报告》，取得国资委的认同和支持。

【股权投资】 7月和9月，分别通过证券二级市场两次实施大股东增持，共计增持280万股。年末，中国南车A+H总市值突破900亿元人民币。年内，以新能源产业风电项目为切入点，通过香港公司继续增加对华能盘锦风力发电有限公司和华能铁岭风力发电有限公司的后续增资。在此基础上，香港公司与华能新能源股份有限公司又合资组建华能铁岭大兴风力发电有限公司和华能铁岭开原风力发电有限公司，两公司注册资本分别为人民币16396万元和人民币15940万元。合资公司的主要经营活动是风力发电项目的投资、开发、经营、管理、生产和销售电力，提供电力项目咨询、开发、建设和其他相关服务。通过投资，建立股权纽带，带动产业发展，实现产融结合。

【资源整合】 根据中国南车战略发展需要，收购株洲联诚集团有限公司持有的株机公司0.52%的股权，收购株洲所持有的株机公司5.14%的股权。股权收购后，株机公司成为全资1人有限公司。收购株洲联诚集团有限公司持有的株洲南车电机股份有限公司1.68%的股权，收购株机公司持有的株洲南车电机股份有限公司93.91%的股权，收购株洲所持有的株洲南车电机股份有限公司4.41%的股权。股权收购后，株洲南车电机股份有限公司由株机公司控股变更为由中国南车全资1人有限公司，株洲南车电机股份有限公司名称变更为南车株洲电机有限公司。启动对襄牵公司进行股权收购的产业整合项目，组织赴襄牵公司调研，召开项目协调会，推进和落实襄牵公司的项目整合工作，组织相关中介机构对襄牵公司进行审计、评估、精算等，对涉及的关联交易金额进行测试，对股权收购涉及的关联交易事项起草议案。

【子公司股权监管】 加强对多元化子公司和设立董事会的子公司的股权监管，对株机公司、四方股份公司、资阳公司等多元化的子公司召开董事会、股东会的议案进行审核，及时向派出的董事、监事进行反馈，将修改建议通知子公司，敦促子公司对有关议案进行完善。对参股的多元化公司，做好派出董事、监事的服务和重要会议事项的提示工作，办理有关授权委托事项，协助其及时履行职责，维护中国南车利益。审批子公司股权调整方案，批复14家，对13家一级子公司下发增资通知。按照国家关于精减压缩股权管理层级的要求，清理四级企业，将股权管理层级控制在三级以内。

【利润分配】 完成股份公司2009年度利润分配工作。7月2日，在上海证券交易所、香港联交所及《中国证券报》《上海证券报》《证券日报》《证券时报》上刊登了2009年度末期A股分红派息公告。2009年度末期A股派发现金红利0.04元/股，股东所得红利于2010年7月派发完毕。

【体系及平台建设】 11月，召开资本运营战略高层研讨会，研讨今后资本运营工作思路。由北京铁工经贸公司转型成立的中国南车集团投资管理公司揭牌，中国南车集团投资管理公司成为中国南车资本运营平台之一。

（资本运营部　供稿）

审计与风险管理

【概述】 各级审计和风险管理部门以实现公

司经营目标为中心，以风险为导向，以加强内控管理体系为主线，在建立理念先进、制度完善、服务到位、监控有效的内部审计工作基础上，着力关注三个重点领域（投资、营销和采购），继续做好两个专项审计（内部控制审计和募集资金审计）。不断深化内部审计与风险管理、内部控制的融合，落实和完善内部控制及风险管理制度，改进审计方法，建设审计队伍。全年各级审计部门完成审计项目 260 项，提出审计整改建议 738 条；审查工程预决算金额 28.33 亿元，核减工程投资额 1.92 亿元，平均审减率为 6.77%；审计经济合同 34453 份，合同标的 477.48 亿元，合同审减 4639.6 万元。通过加强内部控制，提高内控水平，公司总体内部控制缺陷率从 2009 年的 2.39%下降到 2010 年的 1.99%。继续深化风险管理，共梳理出公司 1331 条风险初始信息，确认 1199 条风险事件、5 大类一级风险、32 类二级风险。

【重点领域审计】 年内，对三个重点领域开展集中审计，统一制定审计方案和模板，集中组织全部审计力量进行审计。组织内控审计，扩大测试面，对照内控基本规范和中国南车内控手册要求，查找缺陷，提出整改要求，落实整改方案，出具自评估报告。开展营销审计，从应收账款统计分析、销售价格定价和审核机制、驻外营销机构等十个方面进行专题审计，有针对性地提出加强营销环节管理的审计建议。继续做好募集资金使用审计，重点审计评价项目资金的使用管理和项目效益。

【常规领域审计】 年内，对子公司经济责任审计完成 7 项。审计中，将经济责任、财务审计和管理审计有机融合，重在揭示重大管理和决策问题，并对潜在重大风险及其对公司的影响进行提示，多次召集专题会议研究落实整改。各子公司开展日常财务审计、工程项目和经济合同等常规审计。株机公司将基础管理、财务收支、内部控制与绩效评价相融合，延伸审计的广度和深度，促进相关单位制度的健全与完善。四方股份公司制定《投资核价业务控制细则》，强化控制价、设计和工艺变更的审核，完善项目投资方案和施工图评审流程。浦镇公司在工程项目审计过程中运用精益理念，分析审计问题，制定应对措施。资阳公司从采购合同的计划审批、供应商资质管理、计划执行等方面加强审计，组织合同人员开展市场行情实地调研，增强合同审价能力。南车电机公司针对合同内容条款、标的价格存在问题较多的特点，出具合同审计意见书 6 份，问题整改落实率达到 90%以上。

【专题审计调研】 各级审计部门开展多项专项审计调研，总部完成招议标管理情况等 6 个专项审计调研。四方有限公司通过对 4 年半时间的经营数据分析和内控业务流程测试，找出企业营销工作和核算体系存在的问题，提出审计建议并督促整改。石家庄公司对公司层面及下属的国祥、新源废旧金属两个控股子公司和西北分公司进行审计，发现问题 10 项。南方汇通公司通过内控评估确定审计重点，完成贵阳都新劳务公司经营与内控、医保办内控等专项审计。成都公司通过内控评估发现二级公司销售部个别部门职责没有落岗，“三包”备品配件管理没有制定管理办法。

【内部控制】 开展内部控制自我评估工作，扩大审计测试面，深化审计调查层次。各级子公司通过内部控制自我评估，重点加强主要业务环节及关键控制点的专项审计监督。戚墅堰公司通过内部控制流程管理，加强对材料价格、工程签证与进度付款的过程控制。戚墅堰所通过对公司及下属的常州铁马等子公司进行内部控制审计，发现客户的信用管理、成本的定额管理、预算的执行与考核管理等存在22个缺陷点，提出15条审计建议。二七公司把风险预测与内部控制相结合，发挥基层业务环节的风险预警效用，完善相应的内部控制措施。眉山公司通过对分子公司物资采购制度的建立和执行情况进行审计，指出制度缺失、内部控制、物资处置方面存在的问题。长江公司结合部门工作计划，在全公司范围内分别对担保、付款、等业务的关键环节和控制点开展专项审计监督。

【风险管理】 总部及16家一级子公司开展年度风险辨识和评估，明确风险重要程度和管理现状。根据风险评估结果，各子公司开展对重大项目风险管理。株洲所选择重点投资项目和重大经济合同为载体，在其流程中增加风险审核节点，探索风险审核的重点、方法、手段。浦镇公司跟踪印度孟买、伊朗、突尼斯等重点海外项目及国内地铁项目的风险管理工作，从项目启动、计划、执行、售后等各阶段做好风险的实时跟踪，加强重大项目风险管理指导工作，推动项目执行。洛阳公司从内控审计入手，搭建业务流程风险管理平台，深化业务流程风险管理工作。

【工作交流】 多次召集由部分单位参加的业务培训研讨会，交流工作经验。搭建信息交流和沟通平台，进行理念宣贯、方法介绍、经验推广。编辑制作《南车审计与风险管理工作通讯》电子刊物，分享信息，交流经验。

（审计和风险部　供稿）

信息化建设

【概述】 年内，中国南车信息化建设工作继续以实施信息建设规划为重点，以ERP建设、网络基础设施建设、数据文档安全防护、服务器虚拟化应用、数据容灾和异地备份系统实施、IT治理等为手段，注重搭建工作平台，提高工作效率。加强中国南车经营管控能力，启动经营管理信息系统建设，满足中国南车经营管理、综合统计、决策分析等工作要求。推进企业信息化和工业化融合，以信息化带动工业化，用高新技术改造和提升传统产业。围绕三大技术平台，建设轨道交通装备设计制造数字化平台。信息化建设水平在国资委2010年评价中达到A级水平，继续保持行业领先水平。

【经营管理信息系统】 以市场营销业务为主线，利用现有平台资源，实现中国南车经营管理信息采集、传输、加工和管理，满足经营管理、综合统计、决策分析等工作要求。该系统包括：中国南车机、客、货、城轨、新产业、海外及重点配件等产品的销售预测、销售合同管理、销售合同变更、销售合同执行反馈等信息的动态管理平台；通过中国南车和所属子公司的二级信息采集网络，应用接口方式实现财务、物流、生产经营等信息自动采集和传递；通过经营管理信息展现，为管理层提供准确、及时的决策参考依据。系统具有报表数据采集、查询与报表展现等功能，满足了中国南车各业务部门综合统计工作需求和信息披露要求。同时，通过系统运用规范了各子公司数据填报流程，确保信息及时、准确传递。

【网络基础建设及安全】 为改善视频会议应用系统运行效果，在总部和子公司统一部署流量控制设备，提高网络应用效率，保障全公司整体视频会议质量。在总部和子公司部署网际加速设备，通过使用TCP协议、压缩技术、缓存技术等新技术，提高全公司各种远程访问系统效果。

开展计算机虚拟化技术应用，利用Vmware软件对中国南车总部现有30台服务器进行了功能和性能分析，全部纳入虚机系统运行，较好解决了网络稳定、提速、容灾恢复等问题，全面建立了中国南车总部虚拟化服务器系统，现有90%以上的应用系统运行在虚机上，实现了自动化管理及跨内部和外部云计算基础架构的动态应用程序资源分配，提高了服务器的高可用性、容灾及存储灾难恢复性能，降低了硬件服务器使用量（可节省50%左右）和总体拥有成本，达到节能、低碳目的。

对中国南车总部内外网络进行分离，每个人在同一台电脑上只能浏览一种网络，涉及公司所有数据信息的各应用系统（OA系统、财务系统、人力资源、经营管理信息系统等）全部在内部网络上运行。同时，又在内部网络实施数据信息加密系统，最大限度保证电子数据信息的安全。

加强数据文档电子信息安全，对数据备份系统进行全面升级，建立一条SDH链路专线，在二七公司建立中国南车总部异地备份中心，提高公司总部数据备份系统的可靠性和稳定性，实现数据的容灾备份。

【协同仿真平台建设】 以中国南车三大技术平台建设为契机，加快设计手段提升，全面推进电力机车、内燃机车、客车与动车组、货车四大协同仿真平台的建设和应用，提高仿真计算效率，并实现资源有效共享，2010年7月中国南车组织对长江公司、株机公司、戚墅堰公司、四方股份公司负责建设的四个协同仿真平台进行了验收。通过协同仿真平台高性能计算工作站、AWE平台、以及大量仿真软件的应用，AWE协同仿真平台实现了资源共享和远程仿真计算功能，提高了计算任务求解效率，有效提升了中国南车仿真设计技术水平。长江公司已建立静强度仿真分析、车辆疲劳分析、车辆动力学性能分析、铸造过程仿真分析、焊接过程仿真分析、成形过程仿真分析六大模块。针对现有几种主导货车车型和转向架产品，完成敞车静强度仿真模板（AAR）、敞车静强度仿真模板（TB）、漏斗车静强度仿真模板（AAR）、漏斗车静强度仿真模板（TB）、平车静强度仿真模板（AAR）、平车静强度仿真模板（TB）、棚车静强度仿真模板（AAR）、棚车静强度仿真模板（TB）、罐车静强度仿真模板（AAR）、罐车静强度仿真模板（TB）、转向架摇枕静强度仿真模板（AAR/TB）和转向架侧架静强度仿真模板（AAR/TB）等共12个模板。定制开发货车车辆静强度分析流程，具有静强度分析标准化、自动化功能。

株机公司建设的电力机车、城轨车辆协同仿真平台，已完成新加坡地铁工程维护车强度分析、HXD1B钩缓系统动力学分析、200公里客运六轴车牵引通风系统、土耳其车构架计算、土耳其车转向架动力学计算、土耳其项目车体有限元分析和上海地铁11号线客室气流分析等7个项目在线运行，后续工作重点是加强仿真模板开发及仿真软件深度应用。

戚墅堰公司内燃机车协同仿真平台已建成车体底架、转向架构架静强度仿真分析模板，建立柴油机、结构静强度、疲劳、动力学、优化、振动噪声、电磁兼容、碰撞、流体、焊接、冲压、铸造等12大类学科仿真分析导航项目。建立由小型机、存储及各类仿真分析软件组成的高性能计算中心站，实现资阳公司、眉山公司远程登录计算中心站进行仿真分析。通过项目建设，戚墅堰公司建立了各学科仿真分析流程规范和三维标准件库，并基于Top-Down设计、模块化设计思想和设计方法，编制内燃机车三维设计规范，为产品设计、样机制造、产品性能和寿命预测等提供技术支撑，有力提升内燃机车设计能力和水平。

四方股份公司在协同仿真平台上，完成A380型动车组车体结构仿真、头型空气动力学仿真和试验分析；完成300公里二阶段动车组主变压器风道、电机风道的振动响应分析；完成动车组动力学性能分析、转向架构架静强度仿真分析等转向架仿真项目和城际车、新加坡地铁车辆等项目的焊接仿真工艺仿真和焊接变形计算等。2010年通过高性能计算中心完成1172次计算任务的提交，其中有效计算达800余项，大大提高了仿真分析的计算效率，为仿真工程师节约了大量的工时。

【ERP建设】 长江公司以整合资源、优化管理、提高质量、降低成本，提升公司核心竞争能力为目标，以提高经济效益的重点领域为突破口，完成了全面预算系统、经营分析系统，武汉分部的实际成本、质量检查、固定资产设备管理系统，铜陵分公司的车轴生产、质量检查、固定资产设备管理系统，常州分公司的货修生产质量检查、固定资产设备管理系统实施。建成涵盖生产、物流、财务、质量、人力等十二个业务管理体系的ERP系统，实现物流、资金流和信息流的有机统一，达到生产组织管理精细化和企业各类资源有效运营，提高了效益目标。

株机公司BOM管理已上线运行，完成ERP项目管理模块需求调研报告评审、需求差异化分析、主体功能开发工作。已实现机车、城轨、转向架、备料MRPII与EAS基础资料（物料）与相关核算单据集成，电气与EAS完全集成，公司各事业部MRPII已基本实现生产制造管理主要功能，商业智能分析（BI）系统处于试运行阶段。

戚墅堰公司高效推进ERP项目建设进程，提出涵盖公司主要业务的ERP业务解决方案。根据ERP建设需要，进行流程优化，全面整顿各项基础管理，以机车BOM表为主线做好基础资料整理、编码、录入和校核工作。进行新老系统切换和数据迁移，将原K3系统中的财务、成本、生产等数据迁移到ERP/RS10系统。工具、备品备件、财务、物流、新造生产、实际成本、财务总账等模块已上线运行，机车修理管理、质量管理、系统集成等模块正在实施。建立统一的生产制造管理平台，实现设计BOM、工艺BOM、事业部制造BOM的统一管理。

四方股份公司采用SAP R3 ERP项目已完成项目准备、蓝图设计、系统实现、测试和培训、上线准备等工作，规范了基础数据管理流程，实现制造数据（物料主数据、MBOM、工艺路线数据等）统一化与平台化。项目实施后将全面提高企业管理水平，形成财务业务一体化管理，提高了财务结账、对账和成本核算效率，及时掌控公司内部财务状况。

四方有限公司ERP项目4月正式上线运行，实现了从销售订单管理到物料需求、采购计划、生产作业、生产过程控制、质量管理、仓库管理及物料配送、成本控制及核算、产品BOM及产品工艺流程管理、工艺定额等管理。实现了设备、工装、模具、工具等制造资源管理和员工管理、资产管理以及产品设计到产品销售、售后服务全过程管理。实现销售、生产、采购、库存等系统的有机集成，做到物流、资金流、信息流三流合一，达到信息一次源头录入、多级审核、多次共享的管理目标，有利于目标成本控制和效益分析。

眉山公司信息化项目，10月30日通过中国南车验收。系统完成K/3与RS10系统集成，实现产品订单、采购入库及K/3与RS10两套系统业务信息的一致性。实施信息系统数据安全项目，为16台服务器提供数据备份与恢复服务。实行产品数据集中管理、产品图样和工艺文件签审管理，搭建设计与工艺并行开发平台，实现工艺资源共享，提升工艺分析和设计手段。

石家庄公司完成整体ERP实施工作，定制开发适合货修业务的货修系统，确定ERP货修系统业务流程和货修系统上线实施方案。完成期量标准、换率、定额、细录单模板和货修BOM数据整理和修改，完成预投预买新造部分上线使用和货修系统测试。完成二次开发21项查询报表开发工作。JIT系统成功运行，完成各批新造车任务的基础数据整理及逻辑校验。搭建成本系统测试环境，试算新造车成本。完成RS10系统、K/3系统应用服务器和后台数据库服务器安装及日常维护工作，保证ERP项目实施工作顺利进行。

株洲所将ERP项目推广至时代电气、时代装备、宁波时代传感、时代广创、沈阳时代和株洲所财务资产部。电气本部实施预算和费用控制试点项目，实现HYPERION预算编制系统、费用控制系统、SAP核算系统、HR人力资源系统、网银系统、邮件系统等集成。基于SAP系统实施WM及条码系统，实现不同业务条码标签个性化定制、打印、查询和报表等功能。时代电气制造中心和电力电子事业部实施PM模块，实现各类设备台账数据管理、财务固定资产管理、设备故障与预防性计划管理、备品配件的计划、采购、库存及消耗管理和设备维修成本核算管理。时代新材SAP ERP（一期）项目实施主体为电产品事业部、天津风电叶片公司和弹性元件事业本部三个业务单元，实施内容包括SAP的财务会计、管理会计、销售和分销、物料管理、质量管理、生产计划、设备管理七大模块，并开发供应商门户和弹性元件事业高级排产系统。国变中心ERP管理系统实施销售与分销、物料管理、计划管理、质量管理、财务管理。北京时代对组织架构进行整合，将原4个实体整合成一个主体，模块包括FI\CO\PP\MM\SD\PM，实现财务、采购、销售、生产各环节的统一管理。

【办公软件正版化工作】 通过国资委软件集中采购平台（中国通用集团中仪公司）集中采购正版软件，实现公司总部和一、二级子公司防杀毒软件、办公软件（Office 2007/2010）全面正版化。通过与微软协商并招标微软EA采购，实现数据库软件（SQL Server R2）、服务器操作系统软件（Windows Server 2008 R2）正版化。通过购买国产金山WPS软件的中国南车场地授权，实现办公软件100%正版化。

（信息技术部　供稿）

技术管理

科技发展与管理

质量管理与通用技术

机车生产与技术开发

动车组生产与技术开发

城轨车辆生产与技术开发

客、货车辆生产与技术开发

新产业生产与技术开发

能源管理与环境保护

科技发展与管理

【概述】 2010年中国南车科技工作取得突出成果，自主研制的CHR380A型高速动车组，相继在沪杭线上创造时速416.6公里、在京沪线先导段创造时速486.1公里的世界铁路运营试验最高速度，成为中国高铁飞速发展的重要见证和引领世界高铁发展潮流的重要标志。三大技术平台建设卓有成效，扎实推进协同仿真平台建设、17项工艺管理标准实施、PDM/CAPP系统集成及应用、RAMS/LCC应用研究，按期完成12个子项目的验收。试验体系建设初见成效，科技管理工作进一步加强，技术标准化工作有新的提高，专利申请工作取得明显进步。

【科研项目立项】 为进一步加强科研项目管理，8月由科学技术部、财务部举办新修订的《中国南车科技研发项目管理办法》培训班，徐伟锋出席会议并对中国南车科技研发项目费用拨付、财务核算和积极享受国家科技创新税收优惠政策等进行讲解。科学技术部对科技研发项目的立项原则、加强过程管理以及申报中国南车项目的查新和专利分析报告等新要求进行讲解，各一级子公司交流了科技研发项目管理方面的经验。2010年，新立项中国南车科研项目109项，新立项子公司项目295项。

【科技成果评审】 中国南车科2个项目获得2010年度国家科学技术进步奖，其中南车时代电气公司作为《特大功率电力电子器件技术研发及推广应用》项目唯一完成单位，获得2010度国家科学技术进步奖二等奖；南车株洲变流中心作为《大型企业综合电气节能关键技术及应用》项目第二完成单位，获得2010度国家科学技术进步奖二等奖。有8家子公司 30 个项目通过中国南车科技成果审定，46项科技成果被评为中国南车科学技术奖。其中特等奖3项、一等奖8项、二等奖15项、三等奖20项，对获奖项目主要完成单位和主要完成人员进行奖励和表彰。

【知识产权与专利技术】 8月，组织召开中国南车成立以来第一次全系统的专利工作专题会议，唐克林、张新宁出席会议。会议总结前期专利工作经验，分析面临的形势，明确当前存在的问题，并对下一步工作进行安排。10月，对子公司专利工作部门负责人和专利工作专职人员进行培训，邀请国家知识产权局主管企业专利工作的人员主讲中国企业专利申请现状及企业提高专利申请数量和质量等知识。中国南车全年申请专利1394件，其中发明专利322件、国外专利4件。株机公司、四方股份公司、眉山公司各有 1项发明专利获得第12届中国专利优秀奖。

【三大技术平台建设】 根据《中国南车三大技术平台建设项目验收大纲(B版)》和《中国南车三大技术平台建设项目验收细则》，组织相关专家对协同仿真平台建设、17项工艺管理标准贯彻、PDM/CAPP系统集成及应用、设计开发控制流程优化及可靠性（RAMS/LCC0研究和体系建设）等4个专题进行专项推进，解决三大技术平台建设中一些重点和难点环节，促进工作有序开展。7月，组织验收电力机车、内燃机车、客车与动车组、货车4个协同仿真平台和高性能计算中心站，并全部投入运行。年底，组织验收8家子公司承担的12个子项目，总结三大技术平台建设取得的成果，提出三大技术平台建设“十二五”持续优化、重点提升的工作目标。为做好《试验验证体系建设纲要》的实施，5月，统计分析各一级子公司已建、在建和拟建试验台情况，并针对拟建试验台，由科学技术部、战略和发展部等相关事业部共同组织，对戚墅堰公司、眉山公司、株洲所、浦镇公司等试验验证体系建设项目进行评审。初步建成高速列车系统集成国家工程实验室，正在建设动车组和机车牵引与控制国家重点实验室。

【自主创新与技术引进】 至“十一五”末，中国南车技术引进工作取得显著成果。时速200～250公里动车组、时速300公里动车组、9600千瓦八轴电力机车、6000马力交流传动内燃机车成功实现国产化，全面完成系统集成技术转化、工艺设计体系构建、组装调试和质量保证体系建立等方面工作，一大批新产品批量投用，南车产品成为中国铁路第五次、第六次大提速的标志型产品。自主创新能力显著增强，中国南车及各子公司高度重视技术创新体系建设工作，以加强技术管理为重点，开展大量基础性工作，修订《中国南车集团公司科技统计规则》和《中国南车集团公司科技费用预算管理办法》，全面推行科技费用预算管理，进一步完善中国南车科技管理制度，初步形成责任明确、组织有序、协调配合、运转有效的科技创新管理体系。机客车产品研发取得新突破，完成9600千瓦、7200千瓦六轴大功率交流传动电力机车、时速200～250公里长编组（16辆）座车动车组、350公里动车组自主设计研发和产业化制造并批量投入运营，满足铁路装备现代化的需求。完成国内首列自主设计、自主集成、具有自主知识产权的A型铝合金地铁车辆研制，南车城轨地铁车辆自主创新取得历史性突破，中国南车机车车辆研发正在“高速”地向前推进，呈现出可喜的局面，成为国内行业的领跑者。

【新技术推广与应用】 在集成创新基础上，掌握国际先进的设计、制造技术，进行自主创新，开发整车产品和主要零部件，形成自主品牌。重点研究开发：动车组成套技术和产品、时速200公里客运机车和客车、重载列车和快速货运列车、高原机车车辆、城轨车辆、行车安全装备和工程机械车辆及配套产品。延伸产业的专用技术研究与开发，研制适应多领域市场需求的先进、适用产品。

机车方面：株机公司借鉴六轴大功率交流传动电力机车的设计理念，开展出口伊朗、乌兹别克斯坦、哈萨克斯坦新型电力机车及出口新加坡蓄电池电力机车等研制工作。资阳公司完成出口利比亚、马来西亚等内燃机车设计，戚墅堰公司完成出口几内亚内燃机车设计，为出口订单如期兑现创造条件。

动车组方面：研制成功国内首列时速200公里动车组，持续运营时速350公里高速动车组（CRH2C型二阶段动车组）完成研制，已批量生产并投入运营，满足铁路装备现代化需求。

货车方面：全面完成70吨级货车升级换代研制工作，主产品全部适应70吨载重要求。完成载重80吨级通用敞车、载重100吨专用货车等新产品、新技术的研发工作，加快推进货车升级换代。

城轨车辆方面：具有自主知识产权、用于上海地铁11号线的A型车生产，填补了国内A型地铁车辆时速100公里等级空白。用于广州地铁3号延长线的城轨车辆时速达到120公里，成为当前国内速度最快的自主化地铁车辆项目。四方股份公司在先后进入成都、北京、天津等地铁车辆市场的同时，获得新加坡地铁车辆订单，首次进入国际城轨市场。浦镇公司承担的南京地铁1号线南延线项目，实现列车控制网络和整车系统集成的自主化。香港不锈钢轻轨车辆如期交付，印度孟买地铁车辆成功研制，城轨车辆研制水平迈上新的台阶。

新产业方面：专有技术延伸产业技术创新多点开花、形势喜人。南车成都隧道公司与美国罗宾斯公司通过技术合作生产的隧道掘进机和盾构机成功下线，中国南车在进军重大施工装备领域迈出坚实一步。新材料、新能源、工程机械领域实现重大突破，成功实现大功率 IGBT 国内封装，拥有国际上仅少数公司掌握的高压绝缘双极型晶体管核心制造技术。成功开发并联、串联式混合动力客车，其节油率获得国家权威检测机构认定，技术水平位居行业前列。1.65 兆瓦风机远程监控系统完成国产化试制并已通过装机试运行考核，风机整机成功实现批量生产；戚墅堰公司 280 系列船机顺利通过船级社型式认证，柴油发电机组成功进军核电领域并出口巴基斯坦，开辟企业新的市场空间。资阳公司开展德国 MAN27/38 等柴油机技术引进消化吸收及试制工作，正在高起点全方位地切入运输船、工程船等船舶主机及辅机市场。

【标准化工作】 组织国家标准 GB/T 1.1《标准编制规则》专向培训，对 10 家子公司实施中国南车 17 项工艺管理标准情况进行调研。组织制定《标准化综合要求编写指南》、《技术标准编制规则》和《铁道货车零部件探伤工艺规程》等中国南车企业标准。组建中国南车三维设计标准制订工作小组，完成 6 项三维建模标准起草。开展三维工程化工作调研，确定中国南车三维工程化试点单位。

【科技工作会议】 做好 2010 年科技工作会议各项准备工作和上年度科技工作、质量管理工作、技术标准化工作总结。以三大技术平台建设工作为核心内容，开展经验交流材料编撰工作，讨论通过 2010 年度质量管理工作计划和技术标准化工作计划。对上年中国南车质量管理工作进行分析，编写质量状况分析报告，针对存在的问题提出改进方法，并作为交流材料在科技工作会议期间组织讨论。

【技术专家委员会和科技论坛】 做好中国南车技术专家委员会换届工作，起草技术专家委员会管理章程，编制技术专家委员会年度工作计划，为发挥好专家委员会的作用，更好地为中国南车科技发展提供支撑，为更好地发挥智库作用提供平台。举办中国南车科技论坛，开展中国南车科技发展大讨论。开展科技论文征集工作，联合科协、团委组织论文初评、复评等工作。

（科学技术部　供稿）

质量管理与通用技术

【概述】 2010 年，中国南车经受住新技术装备投入运用多、产品质量要求高、安全运输形势严峻的考验，导入国际先进理念，加强质量管理体系建设，积极推行国际铁路行业标准（IRIS）贯标认证，4 家子公司通过 IRIS 标准年度监督审核，4 家子公司通过 IRIS 标准认证。编制和下发《2010～2012 年动车组质量规划》、《2010～2012 年和谐型机车质量规划》、《2010～2012 年货车质量规划》3 个专项产品质量规划。编制《“十二五”质量工作规划》。

【质量管理制度】 针对中国南车质量管理现状和要求，对各子公司有关人员进行《铁路交通事故调查处理规则》专项培训，加强铁路交通事故等重大质量问题管理力度，及时分析、整改，提升系统预防和过程控制能力。建立质量工作通报制度，对发生的铁路交通行车事故进行通报，对各子公司的分析、整改工作进行跟踪。组织制定《中国南车产品质量管理办法》，对影响中国南车整体发展和品牌的几类重大产品质量问题加强信息收集、分析、处置、改进，并形成长效管理机制，落实好质量责任制，提高各级、各类人员对质量问题的重视，加大质量管理力度。编制下发《中国南车产品质量指标考核办法》和 2010 年中国南车重要产品质量指标，对各一级子公司提出年度质量考核目标，并结合年度经营绩效考核工作逐级落实。

【质量审核】 开展以新产业为重点的风电、工程机械、轨道工程机械产品质量体系复审以及时速160公里交流传动轨道车研制项目专项质量审核，对新产业发展过程中的质量管理体系建设、产品研发等问题提出建议，并纳入“十二五”工作重点进行关注。

【安全质量检查】 根据铁路运输质量安全大检查、大整治工作整体要求，以及铁道部区域验收办事处质量安全防控体系建设工作要求，结合中国南车产品质量安全工作现状，下发《关于迅速开展机车车辆安全质量大检查大整治活动的通知》，开展中国南车质量安全大检查大整治和自查工作，召开专项视频会议布置落实，对计划实施情况组织检查、督促，确保各项工作落实到位，保证铁路运输安全。9月，中国南车分3个组对15家子公司的安全质量大检查、大整治工作情况进行督查，完成督查情况汇总。12月，根据铁道部安全质量大检查复查要求，下发《关于进一步深入开展安全质量大检查大整治活动的通知》，并针对7月铁道部组织检查的8家子公司存在问题整改落实情况进行监督、验证和关闭。做好铁道部安全质量检查问题点整改落实情况复查、汇总和上报工作。在活动开展期间，定期对各子公司大检查大整治活动开展情况进行监督、通报。

【QC小组活动】 组织子公司申报2010年度QC成果，审定56个参评项目。32个QC小组被评为中国南车优秀质量管理小组，17个QC小组被评为铁道部优秀质量管理小组，戚墅堰所的焊接表面技术工程部联轴节电子束焊接QC小组被评为全国优秀质量管理小组。组织二七公司、石家庄公司、浦镇公司、株洲所参加2010年全路“京铁杯”质量管理小组成果邀请赛。

【通用技术研究与开发】 组织实施《城轨车辆和机车构架不退火焊接工艺深化研究与应用》《大型养路机械轮轴无损检测工艺研究》《43B17材料的接触疲劳性能的研究》《铁路客车轴承套圈超声波探伤工艺及装备研究》等项目，在焊接、无损检测、金属材料等方面取得较好的成效。

【计量和理化管理】 加强中国南车计量和理化工作管理，根据计量和理化管理工作实际需要，以及各子公司计量和理化人员培训、技术考核等要求，编制《中国南车计量理化人员技术考核和资格鉴定办法》。成立中国南车计量和理化人员技术考核和资格鉴定委员会（简称考鉴委），设立秘书处单位、成员等，并组织召开第一次会议，对2010年培训计划和相关工作进行部署。举办计量和理化一二级、三级3个培训班，111人参加理化检验一二级培训，合格106人；56人参加计量检测培训，合格55人；16人以论文答辩形式进行理化三级考核，合格16人。以此为平台，加强横向交流，不断提升中国南车计量和理化工作整体管理水平。

（科学技术部　供稿）

机车生产与技术开发

【概述】 围绕抓研发、抓质量、抓市场、抓效益，按照技术创新与市场开拓相结合的思路，自主研发与引进、消化、吸收相结合方式，所属企业加快新产品开发和科技成果转化，不断提升工艺制造水平和产品质量。

株机公司系统地掌握大功率交流传动机车的关键技术、系统集成技术和相关配套技术，形成一套适应中国铁路运输需要的技术体系，并且培养了一支高素质的专业人才队伍，搭建起具有国际先进水平的技术平台和制造平台，制造出具有世界一流水平的大功率电力机车。新研制的 KZ4AC 型出口哈萨克斯坦交流传动机车和新一代出口乌兹别克斯坦电力机车分别于 3 月、5 月成功下线。开展大功率交流传动六轴 7200 千瓦（高原）电力机车和时速 200 公里六轴大功率客运交流传动电力机车研制，使其原本适用于货运的大功率交流传动电力机车设计平台向客运和适合高原气候条件运行的机车产品延伸，此两个项目均已完成施工设计并已进行样车试制。在双电源工程车及检测车组研制成功的基础上，开展可用于电气化及非电气化铁路、站场及厂矿等进行调车、小运转等牵引任务的电力调车机车研制，已完成方案设计。动车组产品方面，完成马来西亚动车组技术设计，掌握时速 120 公里速度级米轨转向架的前沿技术。正式启动中低速磁悬浮列车工程化研制工作，与西南交通大学合作的“中低速磁悬浮轨道交通系统方案”已通过中国南车技术评审。完成中低速磁浮列车关键系统技术研究、中低速磁悬浮列车研制、常导短定子中低速磁悬浮列车研制等 10 项科研项目申报。着手研制试验线样车，初步构建起中低速磁悬浮列车的产品平台。

资阳公司从株机公司平移 HXD1B 型 9600 千瓦和 HXD1C 型 7200 千瓦大功率交流传动电力机车车体和转向架等基础部件全套技术，试制出具有国际先进水平的电力机车车体和转向架，并形成批量生产能力。通过德国杜伊斯堡 SLY 焊接与培训研究所 EN15085－2 焊接资格审核。资电公司首台 HXD1C 型电力机车 3 月通过铁道部组织的机车型式试验和线路试验，取得批量生产 HXD1C 型电力机车的资质。以技术质量为先，建设机车制造平台，资电公司 6 月通过质量/安全/环境三体系认证。启动 IRIS 标准体系认证工作，年底已进入体系试运行阶段。资电公司全年完成 200 台 HXD1C 型电力机车生产。

戚墅堰公司抓好技术引进消化吸收和再创新工作，大功率内燃机车产业化基地建成投用，改变公司造修混合布局，有效提升优势产品产能，新造能力大幅提升。加快气阀生产扩能建设，项目已进入设备调试安装阶段，即将实现投产。与美国通用电气公司合资建立常州南车通用电气柴油机有限公司，继续引进国外内燃机车生产关键技术，实现 GEVO 柴油机系列化。进一步加强产品研发平台建设，扎实做好三大技术平台建设工作，公司仿真平台通过中国南车验收。公司首批 300 台大功率 HXN5 型内燃机车全部交付，成为国内铁路货运主型内燃机车。通过技术引进和消化吸收再创新，完成创新型国产化 HXN5 型内燃机车研制，并通过铁道部国产化项目成果审定，为后续创新型国产化 HXN5 型内燃机车生产打下基础。研制出口津巴布韦内燃机车，主要部件质量、系统技术方面得到提升和改进。研制出口沙特内燃机车，对机车技术方案进行优化设计，机车技术和运用提升方案得到沙特铁路组织认可。进行除冰雪内燃机车研究，SX 型除冰雪机车在完成各种性能试验后，在佳木斯进行线路运行作业试验。完成出口几内亚、伊朗内燃机车机车研制，启动 HXN5B 型内燃机车设计工作。开展 R12V280ZJ 型柴油机共轨系统研究、VTG 增压系统试验研究、280 柴油机性能试验台进气加温系统技术研究，完成中广核电 SBO 发电机组用柴油机研制。

【SX 型除冰雪内燃机车】 戚墅堰公司针对雪灾冰冻天气给铁路运输，尤其是电气化高速铁路客运专线接触网冰凌对高速动车组受电弓正常工作带来严重危害而研发的一种具有线路除雪和接触网除冰功能的内燃机车。该机车是在东风8B 型内燃机车基础上进行改造，开展接触网除冰装置设计及安装、钢轨上部积雪清除和除雪装置对整车动力学性能影响等方面研究。8 月 10 日，铁道部在常州召开除冰雪机车技术方案评审会，评审认为除冰雪机车技术方案设计合理，符合合同技术要求，一致同意通过评审。12 月 21 日，SX 型除冰雪机车在完成各种性能试验后到佳木斯进行线路运行作业试验。

【出口津巴布韦机车研制】 根据津巴布韦当地风砂多、湿度大、温差大等特点，在 SDD_6 型内燃机车基础上进行防风砂、小曲线半径通过、主要部件质量提升和系统技术改进。机车采用交直流辅机电传动、康明斯 QSK60－L1 型柴油机、轴式为 C_0-C_0 径向转向架、轴重 16 吨，双机重联控制。戚墅堰公司与中国国际基金公司签订首批 5 台出口津巴布韦机车供货协议。

【沙特内燃机车国际招标项目】 针对沙特气温高、风沙大等气候条件，戚墅堰公司对所用机车技术方案进行精心设计，机车技术和运用方案通过中国南车技术专家委员会评审，并得到沙特铁路组织认可。根据合同将向沙特提供 10 台内燃机车，这是国内机车制造商首次向中东地区出口干线机车产品。

【HX_N5 型大功率交流传动内燃机车】 该机车是铁路干线货运主型内燃机车，总功率 6000 马力，六轴驱动（C_0-C_0），是目前国内功率最大的交流传动内燃机车。机车具有卓越的防空转、防滑行功能，具有轮周效率高，粘着利用率高，起动加速快，动力学性能和制动性能良好的特性。机车主要技术经济指标达到国际先进水平，被誉为节能减排环保产品。机车装用 GEVO16 型柴油机，额定功率 4400 千瓦，机车最大运用时速 120 公里，机车轴重 25 吨，采用轴控式交流传动技术，装用大功率 IGBT 变流器，单司机操作，可三机重联。机车采用模块化设计、外走廊、底架承载结构，方便制造组装及规模化生产。

【机车关键部件制造】 株洲所坚持技术引进与自主创新相结合，持续推进“三大平台建设”，依靠核心技术优势，在机车产业板块实现规模化的产业发展效应，产品持续稳定批量交付，全年收入近 25 亿元，保持产业领跑地位。

戚墅堰所完成大功率交流传动电力、内燃机车牵引齿轮、内燃机车活塞、活塞环的试制和批量生产。

戚墅堰公司在引进 GE 大功率交流传动内燃机车技术基础上，自主生产的机车关键零部件经受长达 700 小时连续运行考验，国产化工作取得重大突破。

成都公司的电机在引进技术基础上全面实现国产化，并形成批量生产能力，分别为 HX_N5 及 HX_D1C 提供机车配套电机。

【HX_N5 型机车牵引变流器国产化】 由南车时代电气公司负责引进消化吸收的 HX_N5 型机车牵引变流器国产化首件顺利通过铁道部验收，专家对各项技术文件资料进行认真审核，对产品实物生产制造及质量控制过程进行现场检查，一致认为 HX_N5 型机车牵引变流器国产化首件已经达到 GE 公司原装进口牵引变流器同等水平，可进行批量生产装车。

【机车修理】 以戚墅堰公司、洛阳公司、成都公司为骨干的机车修理企业，进一步完善产品结构，在原有承修车型基础上进一步扩大机车大修车型品种，洛阳公司被铁道部批准开展和谐型电力机车检修工作。全年修理各型机车 987 台。

（机车事业部　供稿）

动车组生产与技术开发

【概述】 2010年2月6日郑西高铁正式通车，投入运营的动车组全部是四方股份公司自主研制的时速350公里CRH2型高速动车组。郑州和西安间的运行时间由8小时缩短至2小时以内。

5月，四方股份公司自主研制的时速380公里CRH380A型高速动车组下线。9月28日CRH380A型高速动车组在沪杭高铁试行中，创造时速416.6公里的世界铁路运营试验最高速。12月3日，在京沪线高铁枣庄至蚌埠间的先导段联调试验和综合实验中，CRH380A型高速动车组运行时速达到486.1公里，再次刷新世界铁路运营试验最高速。

全年交付动车组109列（即118列标准编组，含BST公司），其中时速200～250公里动车组39列，时速300～350公里动车组30列，CRH380A型高速动车组40列。至2010年末，全路共投入运营动车组479列（即557列标准编组），其中，中国南车295列（即360列标准编组，含BST公司），市场占有率为61.59%。

（客车事业部　供稿）

城轨车辆生产与技术开发

【概述】 围绕“抓研发、抓质量”，对各单位研发水平、生产状况、现场管理、产品质量、运用考核、售后服务等情况进行检查，加强安全和质量控制。针对出口项目，通过组织技术方案审查等形式严把设计质量关。抓好售后服务工作，对在段城轨车辆运用中出现的质量问题督促整改，落实中国南车建立城轨时速80公里、100公里、120公里多速度等级平台。株机公司通过国家科技部认定的具有完全自主化国家自主创新产品，并通过深圳地铁1号线延长线项目研制，建立A型车铝合金城轨车辆平台。四方股份公司在北京地铁八通线项目自主研发基础上，建立B型不锈钢车辆平台。浦镇公司通过苏州地铁1号线项目实现完全自主投标的重大突破，在未来B型车市场竞争中具有重要意义。

株机公司为土耳其和印度等国家设计功能全面、技术先进的城轨车辆，并成功研制和交付深圳地铁5号线（环中线）高端A型车产品、广州地铁3号线北段（GZML3E）项目B型地铁列车、WHL1E项目铝合金B型地铁车辆等新产品。7月，自主研发的A型地铁车辆获得由国家科技部、国家税务总局、国家商务部、国家质检总局和国家环保总局五部联合认证的2010年度“国家重点新产品”奖。9月2日，公司联合西南交通大学、同济大学等单位研制的“ZMA100型地铁车辆转向架”通过湖南省科技厅组织的省级科技成果鉴定。召开B型车不锈钢车体审查会及土耳其轻轨项目技术审查会。城轨车辆自主研发体系逐渐形成，并成功完成系列产品的研发与生产。土耳其伊兹密尔地铁项目是株机公司首个打入欧洲市场的城轨项目，已完成技术设计并开始生产。公司不断完善售后服务模式，进一步加强客户培训管理，提升售后服务效能和机车运行质量，用户满意度不断攀升。售后团队紧密配合产品销售，尤其是上海世博会和广州亚运会期间的高质量服务赢得社会广泛好评。

四方股份公司整合世界先进的城轨地铁系统集成技术，不断提升地铁产品技术驾驭能力。整车产品及部件实现规范化、模块化、集成化、轻量化设计，装配的工艺性、可维修性取得新进展。北京昌平线车辆实现轻量化设计，每辆车减重超过1吨，时速达到100公里。产品设计进一步优化，车辆规范化、模块化、轻量化设计水平不断提升。在成熟的B型车基础上，向A型车研发方向拓展。

完成新加坡地铁车辆研发，公司成功跨入地铁A型车领域。广州地铁5号线国产化线性电机车辆、线性电机国产化转向架，以及沈阳地铁2号线车辆全国产化研发，表明公司具有完全自主知识产权的全国产化地铁车辆研制及系统集成技术进一步成熟，线性电机车辆技术达到国际领先水平。开展时速140公里地铁快速转向架研发，完成地铁列车网络控制系统的研制并已装车试验。

浦镇公司设计技术、制造技术和产品技术三大技术平台建设稳步推进。建成高端设计技术平台，在引进、消化、吸收基础上再创新。加强重大部件和系统集成技术深入研究，建立网络牵引、转向架、制动机试验验证平台，掌握列车网络控制、转向架以及制动系统关键核心技术，按照欧洲标准建立完整的设计技术标准体系和标准资料数据库。通过自主集成创新，具有自主品牌的孟买地铁车辆、深圳地铁4号线A型车辆、南京地铁1号线南延线四列车、苏州地铁1号线B型车辆的交付，树立了良好地企业形象，形成高端新产品市场。掌握列车网络、转向架和制动系统三大关键核心技术，车辆系统集成能力得到提升，为企业开拓市场，获得新的市场订单提供技术支撑。完成时速120公里自主B型地铁车辆转向架和模块化自主A型地铁车辆转向架研制，上海、杭州、深圳等项目的地铁车辆转向架研制稳步推进。孟买地铁1号线首列车顺利下线并交付业主，南京地铁1号线南延线集成创新项目首列车下线并交付用户，苏州地铁1号线首列B型车交付用户，具有自主技术、自主品牌的高端技术产品市场形成。完成南京地铁2号线（含2号线东延线）11列66辆、南京地铁1号线南延线18列108辆，上海地铁10号线14列84辆、上海地铁2号线东延线11列68辆生产，保证上海世博会以及南京地铁3条新线开通用车需求。

株洲所通过引进消化吸收，构建完成在轨道交通装备电传动系统领域的自主创新研发平台，同步实现设计、制造与试验平台的完整打造。

5月至10月上海世博会期间，株机公司投入近600辆高端地铁车辆列车服务上海世博会。实现安全载客超过1.4亿人次，每天平均约有168.5万人次乘客乘坐公司的地铁车辆，实现“零救援，零清客，零下线”的目标。11月9日，在上海申通地铁集团总部举行的表彰仪式上，株机公司被上海市授予“世博地铁保畅先进单位”。在广州亚运会期间，株机公司作为广州亚运主要地铁车辆供应商和地铁专业保障志愿者单位，提供的地铁车辆总数达414辆，占广州地铁投入运营的地铁车辆总数的三分之一，确保亚运旅客乘坐舒适、旅行便捷。

【出口产品】 完善中国南车城轨技术标准体系，在国际标准制定工作中取得重大突破。制定并主导IEC两项国际标准，推行IRIS国际标准，积极拓展国外市场，实现市场和产品拓展双突破。株机公司获得印度新德里DLH地铁项目15辆（5列）1.35亿订单，四方股份公司顺应国家“走出去”和中国南车国际化战略要求，新加坡地铁项目正按计划执行。浦镇公司实施“走出去”战略，海外市场实现重大突破，陆续获得香港轻轨车辆、印度孟买地铁车辆等多个海外市场订单，实现海外市场良好布局。

【磁悬浮列车研制】 株机公司启动中低速磁悬浮列车工程化研制工作，与西南交通大学合作的“中低速磁悬浮轨道交通系统方案”已通过中国南车技术评审。完成中低速磁浮列车关键系统技术研究、中低速磁悬浮列车研制、常导短定子中低速磁悬浮列车研制等10项科研项目申报，着手研制试验线样车，初步构建起中低速磁悬浮列车产品平台。

【新加坡项目】 该项目由四方股份公司、川崎重工、新加坡-川崎作为联合体中标，项目为A型铝合金132辆车（每列6辆共22列）4M2T编组，供电制式为直流750伏第三轨受流，最大设计时速90公里，最大运营时速度80公里。由四方股份公司承担生产、组装、试验、运营服务，已完成首列车辆总装、型式试验及例行试验，并通过联合鉴定，12月完成首列车辆交付。

【南京地铁1号线南延线车辆项目】 浦镇公司与南京地铁公司签订的南京地铁1号线南延长线自主研发A型铝合金24辆(4列)。完成首列车型式试验、列车控制软件编制和测试，并通过中国交通运输委员会城市轨道交通专业委员会评审。

【孟买地铁车辆项目】 印度孟买地铁车辆项目为64辆（4辆编组），合同金额7.9亿。3月20日浦镇公司孟买地铁1号线首列车辆下线，4月16日抵达印度孟买港交付用户。

（城轨事业部　供稿）

客、货车辆生产与技术开发

【青藏铁路客车】 4月28日，浦镇公司中标83辆青藏铁路客车生产订单，在上海至拉萨作为旅游观光车运营，青藏铁路客车设计时速160公里。通过运用先进成熟的模块化技术，实现客车整体内装高档化，整车电器模块化，对车体密封性能、内装、制氧、防寒、防风沙、电气性能等都提高了技术要求，完全适用于高原地区特有的低气压、强紫外线、多风沙、多雷电、冻土带等恶劣气候条件。全部车辆5月底交付用户，7月1日正式上线运行。

【货车生产资质】 5月，二七公司70吨级集装箱专用平车样车通过铁道部科技司和运输局组织的技术审查，定型为X_{70}型，长江公司株洲分公司、石家庄公司和南方汇通公司获得生产资质。二七公司SQ_6型凹底双层运输汽车专用车段修方案通过铁道部审查，试修的C_{80}型、C_{80H}型铝合金运煤专用敞车2组各3辆，通过铁道部生产质量认证。

石家庄公司、长江公司、二七公司和南方汇通公司先后完成X6系列集装箱平车锁闭装置改造，并通过铁道部生产质量认证。完成提速国铁货车低摩制动改造、折角塞门改造试改公司级技术评审，均已达到铁道部要求。

南方汇通公司取得PB型代用棚车厂修资质认证，长江公司武汉分部取得PB型、B_{15E}型棚车、DK_{23}型车和RE2B（A）型车轴检修资质。

眉山公司获得NX_{70A}型车生产资质。

【货车业务工作会】 7月23日，铁道部运输局装备部在西安召开货车业务工作会。中国南车有关领导参加，运输局副局长陈伯施就发展铁路货物重载运输技术发表重要讲话。中国南车各货车生产企业积极投入到新一轮货车重载技术升级换代工作中，11月10日铁路货车重载技术管理办公室成立，中国南车多位货车专业人员参与其中工作。

（客车事业部　货车事业部　供稿）

新产业生产与技术开发

【概述】 以株洲所为主，联合中国南车内部相关企业组成联合项目组开展2.5兆瓦风电机组研制，相关企业同步开展电机、叶片、齿轮箱、轮毂等关键部件研制，并与英国GH公司一起完成载荷计算、概念设计和初步设计，样机已开始组装即将下线。配套的TMT－50.3叶片设计、试制和样片的静强度载荷试验已完成。根据市场需求，开发 1.5 兆瓦高原风机。获得 WT1650/82 型风机国产化设计认证。开展低电压穿越技术研究分析和仿真研究，完成低电压穿越技术试验室测试并通过现场测试。

株洲电机公司完成 1.5 兆瓦异步风力发电机、1.5 兆瓦和 1.65 兆瓦双馈风力发电机试制，开展 3 兆瓦水冷双馈风力发电机、3.2 兆瓦永磁半直驱、5 兆瓦和 6 兆瓦永磁同步风力发电机研发。

以宝鸡时代公司为主，联合成都公司、四方股份公司、四方有限公司、戚墅堰所等企业联合研制时速 160 公里内燃电传动快速轨道车，完成方案设计和施工设计，关键部件进入试制，主要外购件已完成订货，12 月 30 日整车成功落车。与美国 SPERRY 公司签订钢轨探伤车技术转让协议，开展钢轨探伤车技术转让及国产化工作。株洲所研制的 DWL-48 型捣固稳定车网络控制系统通过铁道部样机评审，戚墅堰所研制的 DWL-48 型连续走行捣固稳定车捣固装置、稳定装置和车轴齿轮箱通过铁道部组技术审查。

北京时代公司研制成功全球最大吨位的 TR500C 旋挖钻机，11 月 23 日在上海国际工程机械宝马展上亮相，突显了在大功率旋挖钻机研制上的优势。同时，还研制成功 CQUY1500 履带式起重机、TG35 型地下连续墙抓斗、TR138D 型旋挖钻机 3 种新品。

株洲所封装的绝缘栅双极晶体管（IGBT）已经在上海地铁车辆装车试用，并在 7200 千瓦电力机车上装车考核。研发的三电平 IGCT 相模块成功通过功率试验，已具备在 IGCT 及配套二极管、功率单元等项目上的研发能力和工程化应用能力。

南车时代电动公司完成基于新型串联的两级踏步和低入口两种混合动力客车开发，完成 ATM 并联混合动力系统客车开发。开发 100 千瓦功率等级永磁驱动电机系统，实现装车考核。“电动汽车关键技术突破及产业化应用”项目通过湖南省科技厅鉴定。参加第 25 届世界电动车大会和第 12 届中国国际高新技术成果交易会，新研制的 12 米串联式混合动力高端城市公交客车、12 米并联式 AMT 混合中高端城市公交客车、12 米纯电动城市公交客车、7.5 米纯电动高级商务车等 4 款电动汽车在展会上展示。

（新产业事业部　供稿）

能源管理与环境保护

【概述】 完善基础管理制度，贯彻落实国资委《中央企业节能减排监督管理暂行办法》，以及国家工信部、财政部、科技部等部委关于两型企业建设工作要求，结合中国南车实际，积极开展创建基础准备工作。修订下发《中国南车环境统计管理办法》、《节能减排统计报表制度》规范各子公司能源、环境统计数据。开展中国南车全系统能源诊断工作，以供用水系统为重点，对所属子公司进行检查，督促整改。对所属企业污染源、重要环境因素和主要污染物进行检查，核验企业污染物排放数据。根据国资委中央企业考核工作要求，编制中国南车第三任期节能减排考核指标建议。参加中华环保联合会和中国企业报社联合举办的节能减排功勋企业申报、评选，中国南车获“2009 中国节能减排功勋企业”称号。

全年节能减排三项指标：万元工业增加值综合能耗（可比价）为 0.4 吨标煤/万元，较“十五”末降低 48.23%，累计节能 88.7996 万吨标准煤；二氧化硫和化学需氧量 2 项主要污染物排放量分别为 509 吨和 510 吨，较“十五”末分别减少 64.58%和 13.86%，超额完成“十一五”节能减排工作目标。

（运营管理部　供稿）

人力资源管理

人事管理

劳动工资管理

技能培训

人 事 管 理

【概述】 坚持党管人才原则，构建“系统化、一体化、规范化”的人力资源管理体系，着力推进人力资源信息化建设。持续推进“四好”班子创建活动，加强中高层管理人员队伍建设，创新开展新一轮后备干部选拔；选拔“三大项目”核心技术人才，探索职称量化评审工作。系统规划“十二五”人力资源管理工作，提出“3351”战略目标和“6115”战略举措。调整总部员工队伍，根据干部培养、工作需要及中层领导人员到年龄退休等情况，共调整中层管理人员35人，其中涉及副总师级及以上领导干部11人、部门正副职负责人16人、二级机构负责人（正、副处长）8人。

年末，有员工89644人，比上年增加3247人。本科以上学历17684人，占员工总数19.73%，较上年上升1.91个百分点。其中博士生学历82人，较上年末增加26人；硕士生学历1645人，较上年末增加395人。大专学历19032人，占21.23%；中专学历9897人，占11.04%；高中技校学历24054人，占26.83%；初中及以下学历18977人，占21.17%。在岗员工占员工总数的92.79%，其中生产人员51328人、技术人员13534人、管理人员12709人、服务人员4846人、其他人员761人；非在岗员工占员工总数的7.21%，其中内部退养5048人，因病因伤长期休假559人，集体外出劳务89人，其他770人。

年内新增员工9861人，其中农村和城镇招收1173人，接收复转军人101人，接收高校毕业生3681人、中专毕业生266人、技校毕业生1948人，其他新增2692人。年内减少员工6614人，其中退休2472人，解除合同2231人（含改制分流143人），终止劳动合同87人，其他减少1824人。

【领导班子建设】 规范一级子公司领导班子构成管理，制定《中国南车各一级子公司领导班子职数设置意见》，明确一级子公司领导班子职数上限。下发《关于明确一级子公司董事长有关职责的通知》，细化部分子公司董事长工作职责。组建株洲电机公司领导班子，撤销株机公司、四方有限公司、铁工经贸公司董事会、监事会，向新成立的广州电力机车有限公司、广东轨道交通车辆有限公司两家合资企业推荐董事、监事、经理层人选。10月，调整长江公司、资阳公司、四方有限公司、眉山公司、成都公司、洛阳公司、石家庄公司、戚墅堰所等8家子公司领导班子主要负责人。完成对眉山公司、二七公司、四方股份公司、洛阳公司、石家庄公司、戚墅堰所等6个子公司领导班子副职任期届满考评及班子整体履职情况考核，重新办理副职聘任手续。考察资阳公司、长江公司和石家庄公司领导班子整体履职情况，通过竞选方式为株机公司、资阳公司、四方股份公司、浦镇公司、石家庄公司、戚墅堰所等6家子公司补充15名领导班子副职，通过考察考核推荐方式提拔任用4家子公司4名正职、1家分公司1名正职和6家子公司19名副职。新提拔34人进入子公司领导班子，其中半数以上为上世纪60年代后期和70年代初出生人员，研究生学历或硕士学位15人，教授级高工7人。有7名超过任职年龄人员退出领导岗位，改任调研员，1名由正职岗位调整到存续企业任负责人。结合班子结构、工作任期、工作状态和干部培养需要，进一步落实领导人员交流制度，21名中高层领导人员进行异地（企业）交流，其中涉及企业正职11人，总部有3人交流到企业任职。按班子自评、员工代表满意度测评、组织考评、公司领导评价四个层面六个维度对2009年度子公司“四好”领导班子创建活动情况进行总结、评比，有10家子公司受到表彰，3家子公司受到表扬，34家基层单位受到表彰。配合国务院国资委干部考察组对中国南车领导班子及成员进行2009年度任职考核，对领导班子后备人选进行推荐与考察。

【后备干部管理】 对五类后备干部2009年度综合情况进行考核，选拔部分后备干部进入子公司领导班子。开展新一轮五类岗位200名中高层管理人员后备人才选拔工作，首次引入人才测评机构对初审合格人员进行能力素质测评，了解推荐人选的职业能力倾向和能力素质结构。

【科技人才管理】 依托高速动车组、大功率电力机车和大功率内燃机车三大项目，实施科技人才创新工程。制定《关于实施“三大项目”人才创新工程的意见》《中国南车股份有限公司“三大项目”核心技术人才选拔管理办法》，开展“三大项目”核心技术人才选拔工作，评选8人为中国南车“首席技术专家”、30人为中国南车“技术专家”、68人为中国南车“科技拔尖人才”。开展国务院特殊津贴、詹天佑铁道科学技术奖、茅以升铁道工程师奖等奖项人选推荐选拔工作，11人（技术人员7人、高技能人员4人）获政府特殊津贴，2人获詹天佑科技奖青年奖，4人获茅以升铁道工程师奖。

【人才队伍建设】 开展技能专家2009年度绩效考核和论文评审工作，并将获奖论文编印成专辑发放至全体高级技师和技能专家等高端技能人才，实现成果共享，促进互相交流。组织32名技能专家赴日本培训，拓宽技能专家视野，提升技能专家综合素质。开展中国南车第二届技术能手评选工作，评选出25名中国南车技术能手。推荐上报中华技能大奖、全国技术能手候选人和国家技能人才培育突出贡献奖候选单位、候选个人，2人获“全国技术能手”荣誉称号，1人获“国家技能人才培育突出贡献奖”个人荣誉称号，戚墅堰公司获“国家技能人才培育突出贡献奖”单位荣誉称号。组织29名高层管理人员赴美国GE培训，组织29人赴台湾台塑学习培训，组织技术、管理岗位业务骨干参加香港项目管理、高级管理培训4期，培训174人；组织技能人才赴香港进行技能提高培训1期，培训44人。与国家外国专家局联合举办国际项目管理（PMP）培训班1期，培训62人，首批参加认证考试35名学员全部取得PMP证书。组织中南大学英语高级人才培训班2期64人，其中第一期30名学员全部获得全国出国培训备选人员外语水平考试（BFT）高级证书。选派23名人员参加西南交通大学、天津大学EMBA课程学习，与中国企业联合会共同举办高级职业经理人培训1期，总部副总师及以上管理人员、部分部门正职、一级子公司和部分重要二级子公司高管共74人参加系统学习，并通过考试取得高级职业经理人认证考试。组织完成车辆工程硕士培训43人、项目管理专业工程硕士培训33人的第二期课程集中学习。完成参加青岛BST公司工作学习人员选拔，选派7名优秀管理人员参加为期90天的项目管理专业工作培养。组织非财务人员财经管理培训项目1期50人、机车车辆新技术研修项目64人、车间主任岗位培训项目1期56人。

【职称评聘】 深化职称制度改革，尝试专业职务任职资格量化评审工作。开展专业职务任职资格评审工作。组织职称计算机考试和教授级高级工程师职称外语考试，953人报名参加职称计算机考试，其中高级378人、中级575人，合格人数分别为354人、526人。53人报名参加教授级高级工程师职称英语考试，核准参加考试26人，考试合格20

人。完成子公司评委会调整备案，召开工程（教授级高工和高级工程师）、政工、会计、经济、法律等五个系列六个高级评委会，262人取得高级任职资格（教授级高工51人、高工171人、高会10人、高经8人、高政22人），16人取得中级任职资格。

【高校毕业生接收】 开展校园专场招聘，所属企业42名招聘人员组成两个招聘团按南、北两线分赴西南交通大学、中南大学、哈尔滨工业大学、大连交通大学等30余所高校现场招聘。组织所属企业参加教育部全国高等学校学生信息咨询与就业指导中心11月20～26日举办的“网上双选周”活动，完成2010年进京毕业生指标申请、计划落实工作。全年接收本科以上学历毕业生2095人，其中博士研究生16名、硕士研究生447名、本科生1632名，“985”、“211”、教育部直属高校毕业生1356人，具备外语六级及以上合格证书607人、国家计算机一级及以上合格证书601人。

【人力资源信息化建设】 以e-HR系统为手段，推进人力资源信息化建设。组织大型重要会议8次，项目组工作例会46次，形成管理性项目文件28个，下发各类工作通知13个、编发项目简报40期，举办各类培训9次，8000余人次参训，课程累计498课时，编制各类培训资料20余套。通过梳理业务需求，召开评审会，初步规范15个功能模块、55个信息子集、700余项信息内容，对176项信息项进行对标。制定《中国南车e-HR系统基础编码（暂行）规范》、《中国南车岗位设置（暂行）》、《职业（工种）编码》、《专业代码规范-2009》、《专业技术职务代码规范》等基础标准，制定自培自学、现场实施、系统运行、运行推广、运行管理、完善提升的“六步走”实施计划，总部请假出差管理、薪资发放、年度绩效考核、培训需求调查等业务在e-HR系统中全面运行。眉山公司10月率先实现e-HR系统薪资发放，第一期项目实施范围由资阳公司、眉山公司2家子公司和总部扩大至9家子公司和总部，实现“9+1”一体化上线运行。

（人力资源部　供稿）

劳动工资管理

【概述】 年内，薪酬管理遵循“适度增长、差距合理、关系和谐”原则，注重提升薪酬激励与约束效果，建立薪酬与绩效联动机制。开展薪酬分配制度改革，推进股权激励计划，加强薪酬及工资总额预算管理。按照预算管理下工效挂钩办法，控制总量平衡，薪酬及工资总额调控符合“两低于”原则，薪酬及工资总额增长率约为29%，低于销售收入增长率和净利润增长率，员工平均工资增长率为23%，低于人均净利润增长率。

【劳动用工管理】 调查一级子公司劳动用工情况，掌握一级子公司的劳动用工形式、用工总量、劳动合同管理以及未来几年的用工需求等情况，撰写劳动用工管理调查分析报告，提出加强劳动用工和劳动合同管理的措施。制定《中国南车关于加强劳动用工和劳动合同管理的指导意见》，指导下属企业逐步建立与现代企业制度相适应、与市场化接轨的劳动用工制度，提高劳动效率，防范用工风险。在子公司之间开展劳动力余缺调剂，针对浦镇公司人员临时性短缺情况，协调长江公司铜陵分公司、洛阳公司及戚墅堰公司的电焊工、冷作工等225人前往援助。开展货车制造企业劳动定员对标，制定货车制造企业人员分类标准。开展劳务派遣机构资质认定工作，制定规范劳务派遣机构工作方案，规范劳务派遣用工管理。

【薪酬制度改革】 开展薪酬分配制度改革，确定薪酬分配制度改革方案，制定《中国南车实施岗位绩效工资制的指导意见及实施办法（试行）》和《中国南车实施全员绩效管理指导意见（试行）》，在株机公司、浦镇公司、成都公司、戚墅堰所等4家子公司进行试点。推进股权激励计划，调整2009年提报的股权激励计划，将原H股增值权调整为A股期权。9月将新股权激励计划（草案）提交薪酬与考核委员会、董事会审议，激励对象名单提交监事会审议，11月获国资委批复。

【薪酬管理】 完成2009年度子公司高管年薪清算，调整子公司副职与正职目标年薪比例水平，由60%～70%调整为65%～85%，根据岗位职责和贡献确定高管副职薪酬水平，适当拉开副职与正职之间以及副职之间的薪酬。推进薪酬及工资总额预算管理，调控企业提取工资费用和工资总额发放。完成2009年度集团公司对国资委工效挂钩清算和对子公司结算工作，提报国资委2009年度工资总额清算分解情况汇报和2010年度工资总额预算报告。完成2010年薪酬及工资总额预算审核、编制、汇报及下达工作。制定《中国南车加强工资管理、规范工资支付的规定》，对在湖南、江苏的几家子公司开展工资检查。建立月度薪酬发放分析报告制度，定期开展统计分析。

【主要劳动工资指标】 全年实发工资总额448956万元（其中股份公司426411万元），比上年增长29.3%（股份公司增长30.1%），实发员工工资总额为429740万元（其中股份公司411237万元），比上年增长29.6%（股份公司增长30.6%）。员工平均工资为48921元/人（其中股份50625元/人），比上年增长26.6%（股份公司增长26.2%），比上年增加17.7个百分点。实际发放工资总额增长低于效益增长，员工人均工资增幅低于劳动生产率的增幅，工资提取与发放符合“两低于”原则。全年销售收入工资含量为6.6%，比上年下降0.9个百分点。工业总产值劳动生产率为893454元/人，比上年提高41.8%；工业增加值劳动生产率为173092元/人，比上年提高29.6%。

【“两个确保”与稳定工作】 指导各单位妥善处理涉及离退休人员养老金、劳动关系、内退员工基本生活费等问题，确保离退休人员基本养老金和内退员工基本生活费按时足额发放。完成“妥善处理98问题”试点工作，总结株机公司、四方有限公司、长江公司株洲分公司试点情况。成都公司、资阳公司、眉山公司、株洲所和长江公司铜陵分公司顺利完成“妥善处理98问题”工作。按国务院国资委有关要求，安排株洲所、戚墅堰所落实中央转制单位转制前退休人员待遇问题。

（人力资源部　供稿）

技能培训

【概述】 年内，培训工作注重优化培训体系建设，以项目需求为依托，重点培养战略型、紧缺型人才。制定下发《中国南车培训管理体系文件（试行）》，形成包括培训管理手册、17个程序文件和55个输出记录表格的体系文件，初步建立培训管理体系。全年培训员工6.7万人次，其中管理人员1.4万人次，专业技术人员1.2万人次，技能人员4.1万人次。开展公司级各类培训25项，培训班30期。制定《中国南车培训班管理办法》。

【技能培训】 举办焊接技师、钳工技师和电工、机床工、数控机床、探伤工、钳工、焊接高级、冷作工、液压设备故障分析与维修、质量检验员等项目培训12期，培训436人。培训实施中，组织学员填报《培训学员调查表》并根据调查结果开展教学，组织学员将个人特长和实践典型案例转化为课件，开展学员讲座，提升培训效果。

【入职培训】 制定《中国南车新员工入职培训管理办法（试行）》，统一部署并组织开展2010年新员工入职培训工作，3000余名新员工接受入职系统培训。开发《快速发展的中国南车》、《打造同一个中国南车》、《让文化之树长青》、《职业化你的人生》、《南车的技术、产品与市场概述》、《安全管理》、《精益概论》、《南车青年如何成长成才》等8门公司级培训课程PPT课件，明确各门课程主讲讲师。

【职业技能鉴定】 首次将复合型技能人才纳入年度培养目标，全年组织两次统一的职业技能鉴定理论考试，召开职业技能考评委员会会议。新培养高级技师187人，技师650人，掌握二技能的复合型技能人才1350名，高技能人才占技术工种技能员工的比例达到50%。开展模范职业技能考核站总结评比和优秀管理员、考评员评选，评选出8个模范职业技能考核站、28名优秀管理员和98名优秀考评员。开展职业技能鉴定考评人员、质量督导员培训考试取证工作，共有458名考评员、215名高级考评员、42名质量督导员取得证书。承担国家人力资源和社会保障部车工、机修钳工两个职业的技师考评方案开发工作。

【职业技能竞赛】 参加国务院国资委开展的首次中央企业职工技能大赛先进单位和先进个人评选表彰活动，集团公司获得先进单位荣誉称号，集团公司总部刘惠云、洛阳公司施绍民等2人获得大赛先进个人荣誉称号。

（人力资源部　供稿）

党群工作

组织工作

宣传工作

纪检监察工作

工会工作

共青团工作

机关党务工作与老干部管理

学会·协会

组 织 工 作

【概述】 中共中国南车集团公司委员会，有党委委员22人，其中党委常委7人，设党委书记1人，党委副书记2人。中国南车下属18个党委，其中一级子公司党委16个、学校党委1个、总部机关党委1个。中国南车有党员39164人。其中：正式党员37150人，预备党员2014人；在岗员工党员25967人，离退休党员13110人，其他党员87名；在岗党员占员工总数的29.2%；女党员7903人。基层党组织827个，其中党委52个、党总支部62个、党支部713个。

2010年，中国南车各级党组织以邓小平理论、“三个代表”重要思想和科学发展观为指导，学习和贯彻党的十七届四中全会精神，认真贯彻落实中国南车第二次党代会和年初工作会议精神，围绕企业改革发展稳定大局，以改革创新精神抓好领导班子建设、基层党组织建设和党员队伍建设，更好地发挥党组织的政治核心作用、党支部的战斗堡垒作用和党员的先锋模范作用，为中国南车科学发展提供坚强的思想保证、政治保证和组织保证。

【学习实践科学发展观“回头看”活动】 进一步巩固扩大学习实践科学发展观活动成果，扎实做好整改落实后续工作，确保学习实践科学发展观活动取得实实在在成效，推动企业科学发展。集团所属各单位以“加快中国南车向世界行业三强迈进步伐、建设具有竞争实力和发展活力的国际化南车”为目标，以本单位整改工作内容为重点，按照“坚持解放思想、突出实践特色、贯彻群众路线、正面教育为主”的原则，坚持高效、简洁、务求实效，从4月初开始至11月底开展了深入学习实践科学发展观“回头看”活动。整个活动分为对照检查、主题教育和检查评估三个阶段进行，重点从五个方面进行“回头看”，一看学习实践科学发展观活动中制定的整改方案落实情况，二看解决突出问题的情况，三看“保增长、保民生、保稳定”等工作的落实情况，四看建立完善体制机制情况，五看组织建设和党员干部思想、作风转变情况。

【主题教育】 贯彻落实集团公司2010年工作会议和党委二届二次全委（扩大）会议精神，加强党员领导干部的党性修养，树立正确的人生观、价值观，组织开展“加强党性修养、弘扬优良作风、促进科学发展”主题教育活动。公司各级基层党组织、党员和中层以上领导班子成员参加这次主题教育活动，整个活动按照“五个一”进行。组织一次专题学习，各单位采取集中学习、专题讲座、个人自学等形式，重点学习《中国南车规章制度汇编》和《中国南车领导干部廉洁从业实施细则（试行）》。主要领导上一次党课，各单位党政正职结合纪念建党89周年，以“加强党性修养、弘扬优良作风、促进科学发展”为主题，结合生产经营实际，在一定范围内讲一次党课。开展一次廉政谈心活动，公司党委常委分头对各一级子公司党政正职进行一次廉政谈心活动，各单位也逐级开展廉政谈心活动。召开一次领导班子民主生活会和基层组织生活会，公司党委常委分头参加各单位领导班子民主生活会。实施一批整改落实举措，各单位在提高思想认识、严格对照检查和提出整改措施基础上，针对存在的突出问题，通过开展专题调研、走访、解决实际问题、为员工办实事等方式，践行宗旨、改进作风。

【创先争优】 按照中央统一部署，6月初在各基层党组织和党员中深入开展创先争优活动，有910个基层党组织、39663名党员参加。活动分为三个环节、两大阶段：三个环节，一是广泛发动、安排部署，二是全面争创、扎实推进，三是系统总结、完善机制；两大阶段，第一阶段从 2010 年 6 月～2011 年6月，着重围绕迎接建党90周年开展活动，各单位创先争优活动工作重点是扎实开展学习实践“回头看”系列活动，抓好学习实践活动整改落实后续工作，切实兑现向员工作出的承诺，努力形成基层党组织履行职责，共产党员立足本职岗位争创一流业绩的良好局面。第二阶段，从 2011 年 7 月开始，围绕迎接党的十八大开展创先争优活动，引导基层党组织和广大党员以昂扬向上的精神风貌，更加出色的工作，向党献礼，推动活动向纵深开展，确保活动更富有成效。2012 年“七一”前后，各级党组织要系统总结创先争优活动，在理论、制度和实践层面形成一批重要成果。

各级党组织贯彻中央企业关于开展创先争优活动总体部署，按照“推动科学发展、促进和谐稳定、服务员工群众、加强基层组织”目标要求，围绕“发挥三个作用，加速南车高速发展”主题，坚持高起点谋划，高标准定位，创造性推进。活动主要特点是：一是组织领导有力。5 月 21 日，中央企业创先争优活动动员部署会议后，集团公司党委高度重视，进行专题研究，成立创先争优活动领导小组，组建领导小组办公室，负责日常工作。6 月 9 日，向基层党组织下发《中国南车深入开展创先争优活动实施意见》。6 月 10 日，召开中国南车创先争优活动动员部署会议，传达中央及中央企业创先争优活动精神，对创先争优活动进行全面部署。各基层单位十分重视，迅速行动，成立领导机构，制定工作方案，建立领导联系点，认真落实中央和国资委要求，精心安排和部署本单位创先争优活动。6 月中旬前，各单位通过多种形式对本单位深入开展创先争优活动进行全面安排。二是开展顺利、特色鲜明。按照紧密联系实际、突出实践特色的要求，按照中央和国资委提出的“领导班子好、党员队伍好、工作机制好、工作业绩好、群众反映好”和“带头学习提高、带头争创佳绩、带头服务群众、带头遵纪守法、带头弘扬正气”五好五带头的基本要求，以“发挥三个作用，加速南车高速发展”为活动主题，分三个层面开展创先争优活动。在企业党委层面，着眼党委政治核心作用的发挥，重点围绕创建“四好”领导班子和争创“四强”党组织开展活动；在基层党组织层面，着眼战斗堡垒作用的发挥，重点围绕“书记作用突出、班子坚强有力、队伍素质优良、制度规范健全、机制灵活有效、工作业绩显著”支部创建开展争创活动；在党员层面，着眼先锋模范作用发挥，重点围绕党员双培养、党员责任区、党员品牌工程、党员公关项目和争创“四优”共产党员来开展活动。三是创先争优氛围浓厚。各级党组织始终注重宣传引导，坚持正确的舆论导向，突出各自创先争优的特点，积极进行宣传报道，保持强大的宣传声势，营造浓厚的舆论氛围，推动创先争优活动深入开展。集团公司创先争优活动领导小组办公室和各单位对创先争优等活动高度关注，制订宣传报道方案，整合报纸、网络等宣传媒介，在 OA 网专门开辟专栏发布创先争优活动中的各类信息。

【党委换届选举】 各级党组织认真贯彻《中国共产党基层组织选举工作暂行条例》，修订了《党代表大会换届选举工作程序规定》，加强代表选举、候选人提名、报告起草、会议召开各环节工作，提高党代会质量。年内，长江公司、株机公司、眉山公司、二七公司、石家庄公司 5 个单位分别召开党代会，完成党委换届改选工作。常铁校因移交等不确定因素，经集团公司党委同意延期召开党代会。通过换届选举，健全党内民主，明确企业改革发展总体目标和党委工作主要任务，优化两委班子的年龄、知识、专业结构，提高整体素质。

【党组织建设】 按照党章规定和集团公司关于南车株洲电机有限公司升格为一级子公司有关规定，批复成立南车株洲电机有限公司党委，组建临时党委和纪律检查委员会。按照党的领导关系随行政隶属原则，经与湖南省教育厅协商，湖南铁道职业技术学院党的领导关系于 4 月底移交湖南省教育厅机关党委管理。

【新党员发展】 各级党组织贯彻发展党员工作方针，落实《中共中央组织部关于进一步做好新形势下发展党员工作的意见》，加强入党积极分子教育和培养。年内，发展新党员 809 名。其中：生产一线党员 592 名，占发展总数的 73.2%；工人党员 379 名，占发展总数的 46.8%；35 岁以下青年党员 503 名，占发展总数的 62.2%；高中以上文化程度的党员 779 名，占发展总数的 96.3%。发展优秀团员入党 157 名，经团组织“推优”157 名，“推优”率为 100%。

【两级领导班子民主生活会】 各级党组织按照集团公司党员领导干部民主生活会制度，认真开好党员领导干部民主生活会。第三季度，所属企业党委按照集团公司党委主题教育活动安排，召开党员领导干部民主生活会。集团公司党委常委和党委部门领导分别参加所属企业的民主生活会。12 月 17 日，集团公司（股份公司）党委以“贯彻落实《党员领导干部廉洁从政若干准则》切实加强领导干部作风建设”为主题召开党委常委民主生活会。

【党建检查评估】 下发《关于对学习实践科学发展观“回头看”活动进行检查评估的通知》，制定学习实践科学发展观“回头看”活动检查评估细则和工作标准。集团公司党委组织部采取听情况汇报、看基础资料、抽查基层单位等方式，对各一级子公司开展学习实践“回头看”活动、主题教育活动、创先争优活动进行检查指导，并将检查情况向各单位通报。

【党员教育管理】 各级党组织注重从加强党费收缴使用管理工作入手加强党员教育管理工作，并根据中央组织部印发的《关于中国共产党党费收缴、使用和管理的规定》和国资委有关要求，修订和完善本单位党费收缴、使用和管理细则，进一步加强党费工作的制度建设，普遍开展一次党费收缴、使用和管理工作的专项自查。通过中心组学习等方式，切实加强党员教育管理，提升党费工作水平。

【党支部书记培训】 5 月 25～31 日在常铁校举办一期“党支部书记岗位能力”培训班，所属企业 77 名基层党委书记、党（总）支部书记参加培训。经各方面共同努力，圆满完成培训工作，参加培训的学员全部结业。通过培训对提高基层党组织书记工作能力和业务素质，适应新形势下党建工作需要，促使基层书记成为企业复合型人才，做出积极努力。

（组织部　供稿）

宣传工作

【概述】 认真贯彻党的十七届四中全会精神，围绕中国南车发展中心，坚持抓突破、抓特色、抓到位，充分发挥思想政治工作和企业文化的优势，内聚中国南车文化之力，外塑中国南车品牌形象，认真履行“推动发展，服务群众，凝聚人心，促进和谐”的工作职责，为中国南车又好又快发展发挥宣传作用。

【对外宣传报道】 加强组织协调和策划，对外新闻发布和执行力得到保证，完成计划内宣传报道60多项，计划外宣传报道30多项。对外发布和刊登新闻稿100余篇，更新OA网新闻中心新闻稿925篇，更新外网新闻510多篇，上报国资委新闻稿111篇。突出重点，组织实施重大宣传报道项目。通过与国资委、铁道部等部委和社会媒体沟通协调和策划，圆满完成“高铁大会”、“沪杭线冲速”、“京沪线486.1冲速”、“加快经济发展方式转变访谈录”、“经济发展方式转变调研行—参与中亚铁路改造”、“铁路现代化成就报道”、“中国南车国际化成果报道”、“自主创新重大项目报道”、“铁道科技奖系列报道”等重大宣传报道项目。

【宣传报道策划】 组织中央媒体和行业财经媒体到所属子公司进行专题采访、采风，为各个媒体提供自主创新及相关人物典型素材，形成集中宣传效果。重大宣传活动有三个显著变化，一是媒体策划和媒体运作能力大为提升。二是参与媒体层次最高，宣传力度前所未有。三是媒体类别丰富，网络、电视、广播和纸质媒体形成联动。通过持续不断深度报道，取得广泛的社会影响，有力促进了中国南车知名度和美誉度提升。围绕中国南车国际化进程，借助中国高铁国际形象提升，加强与外媒联系。先后与路透社、彭博新闻社、英国广播公司（BBC）、德国《明镜周刊》、《华盛顿邮报》、英国《金融时报》、IRJ等国际主流媒体建立联系，开展良性互动，取得良好正面效果。与海外部共同策划IRJ杂志系列品牌形象传播，规范和优化中国南车外部中英文网站，打造对外交流自有平台。

【品牌建设】 围绕“品牌提升年”重点工作，对本年度品牌建设进行总体规划，下发年度品牌工作计划，全面推进中国南车品牌建设工作。搭建品牌管理平台，构建中国南车三个层次品牌管理组织，初步形成各部门分工负责的工作机制。品牌执行委员会定期召开例会，发挥职能，对品牌工作进行总结和部署，推动各项工作落实。实施品牌准入管理，对近50家二级子公司逐一审核，形成准入意见，为统一品牌管理打下基础。制定和细化品牌管理制度与流程。5月～6月，对11家一级子公司开展首批品牌检查督导，有效促进品牌工作在重点公司执行。

统一全员品牌思想，开展品牌全员培训。完成集团公司中心组成员、一级子公司主要领导、总部员工、子公司品牌部门负责人和内训师培训。在子公司层面，基本完成中层干部、品牌专管员、品牌重点部门人员集中培训，及形式多样的员工培训。实施品牌核心要素标语化可视化工作，充分利用内部媒介开展品牌知识和品牌文化传播，扩大覆盖面和影响力，促进品牌理念“入眼、入脑、入心”，促使员工理解和认同中国南车品牌内涵。

优化品牌形象展示载体，中国南车品牌形象各种宣传物进一步得到完善。对各子公司VI应用整改情况及时指导、督查。一级子公司VI整改进展顺利，做到视觉上有变化、形象上有改观。制作过渡版宣传片，参与策划设计新版宣传册，重新设计PPT模版和中国南车品牌形象海报、产品形象广告，优化中国南车对外网站。

系统推进品牌传播，抓住“高铁大会”、“沪杭线冲速”、“京沪线486.1冲速”、中国南车成功入选全球最有价值500品牌排行榜等契机，做好品牌传播策划。参加“最具责任感企业颁奖”、“具价值企业颁奖”、“行业创新企业、创新人物、创新产品颁奖”、“企业家活动日”、“世界广告主协会品牌会议”、“自主创新 TOP100 评估活动”，扩大中国南车社会品牌形象。规范各子公司参展行为，主推中国南车统一品牌。参加铁路装备展等，积累展会经验。

【企业文化建设】 完成“十一五”企业文化与品牌战略自我评价，提出“十二五”集团公司总战略中企业文化与品牌子战略内容建议，对企业文化核心理念和品牌内容进行充实完善。完成企业文化故事征集活动，共收到各子公司选送近 100 篇企业文化故事，择优编入企业文化手册。积极宣贯精益文化，结合中国南车打造精益企业进程，利用报纸、杂志、网络等媒体刊登专题稿件，深入宣传精益文化。结合企业文化宣传，布置一楼大厅企业形象展示，按照品牌建设要求进行总部文化形象整改。完成国资委等部门企业文化评价、企业故事征集、企业理念上报工作。配合完成企业文化与品牌、企业重点新闻剪影等培训课件制作，参与企业文化与品牌理念培训工作。

【宣传思想工作】 按计划组织党委中心组学习，组织党委中心组课题组对南车“十二五”发展重大问题进行研讨。发挥《中国南车》报主导宣传作用，确保定期出版。改进报纸版面内容及形式，及时结合中国南车中心工作和重大事件，编辑 10 余个专版。将 3 年来《中国南车》报版面进行整理，出版合订本。开展学习型企业创建活动调研，下发株机公司、资阳公司等 6 个单位经验和做法。编辑《看南车·十年特刊》画刊，总结中国南车 10 年成就，宣传和传播中国南车形象与品牌。开展中国南车成立 10 周年宣传教育活动，编辑中国南车 10 周年优秀新闻报道作品集，出版专刊、开辟专栏，集中展示中国南车 10 年发展历程，激励中国南车员工自豪感。 （宣传部 供稿）

纪检监察工作

【概述】 年内，在国资委纪委和集团公司党政领导下，各级纪检监察机构认真贯彻落实党的十七大和十七届三中、四中全会精神，以深入学习实践科学发展观活动为契机，围绕实现中国南车发展战略目标，坚持“标本兼治、综合治理、惩防并举、注重预防”的方针，以深化惩防体系建设为重点，扎实推进党风廉政和反腐倡廉建设，为中国南车改革、发展、稳定发挥了积极的保证和促进作用。

【纪检监察工作会议】 3 月 6 日，中国南车党委召开中国南车纪检监察工作视频会议。股份公司董事长、党委书记赵小刚作题为《加强组织协调，科学构建体系，全方位保障中国南车健康发展》的重要讲话，党委副书记、纪委书记刘化龙作了题为《实践科学发展，完善惩防体系，在深化公司治理中加强反腐倡廉建设》的工作报告。集团公司党政领导、纪委委员、党政部门负责人及纪检监察人员、南车投资租赁公司和北京铁工经贸公司党政负责人出席会议。集团公司各一级子公司党政领导、纪委委员、党政部门负责人及纪检监察人员在分会场参加了会议。

【惩防体系建设】 根据中央惩防体系建设《五年规划》和国资委关于落实惩防体系建设《五年规划的实施意见》，以深化和推进公司治理为契机，把落实惩防体系建设《五年规划》与深化公司治理紧密结合，全面推进惩防体系建设。调整中国南车惩防体系领导小组及工作机构，加强对惩防体系建设的组织领导。对 2009 年度惩防体系制度建设进行认真梳理，明确年度内 38 项制度建设的目标任务，查找出在制度建设重要流程控制节点方面存在的 6 大主要问题，明确提出在“三重一大”决策、投资入股、兼职取酬、基本建设招投标、物资设备采购招投标、废旧物资设备处置招投标、供应商管理、重要岗位人员管理等制度建设中流程设计的重要控制节点117个，使其融入到岗位职责设置、制度流程设计和风险内控手册中，以强化惩防体系的源头治理和超前预防功能，达到惩防体系建设和公司治理工作双推进。对中国南车总部及所属一级子公司（院校）2009年度惩防体系建设目标任务的分解落实和实施进度情况、惩防体系建设评估整改情况进行新一轮的巡视督查，有效推进惩防体系建设。

【领导干部廉洁自律】 根据党中央、国务院、国资委的有关精神和中国南车党委部署，组织各级领导人员深入学习贯彻《国有企业领导人员廉洁从业若干规定》，认真开展自查自纠和监督检查工作。年内，重点进行了两个阶段工作：一是各级领导班子和领导人员采取集中学习和自学相结合的方式，认真学习中央颁发的《国有企业领导人员廉洁从业若干规定》、国资委《关于认真贯彻落实〈国有企业领导人员廉洁从业若干规定〉有关事项的通知》等12个方面文件资料，进一步深刻理解廉洁从业行为规范的内涵，掌握法纪要求，把握是非界限，增强廉洁从业意识，提高贯彻执行的自学性。二是各级领导班子和领导人员围绕学习落实《国有企业领导人员廉洁从业若干规定》，认真开展“五对照五检查”，并认真填报《领导人员亲属从业情况申报登记表》、《领导人员廉洁从业自查自纠情况申报登记表》，为推进领导人员廉洁从业打下良好基础。一年来，中国南车及所属各级子公司领导人员拒收和上缴礼品、礼金、礼券、有价证券37人次，合计人民币35.25万元。

【党风廉政建设】 坚持以企业领导人员和重要管理岗位人员为重点，运用多种形式加强党性党风党纪宣传教育。年内，集团公司领导人员讲党课或作反腐倡廉专题报告4人次，集团公司主要负责人作反腐倡廉报告2场次，受教育人数360人次。集团公司开展警示、案件教育4场次，受教育人数720人次。开展领导人员廉洁从业教育267场次，受教育人数16134人次。实施领导人员廉洁承诺和述廉议廉制度，有2244名领导人员进行廉洁承诺，1810名领导人员进行述廉议廉。对485名领导人员进行任职谈话，对80名领导人员进行诫勉谈话。根据国资委党委《关于对中央企业落实党风廉政建设责任制情况进行检查的通知》精神和要求，在加强组织领导、研究制订方案、深入宣传教育的基础上，紧密结合惩防体系建设目标任务的分解落实，突出以制度建设、履行责任、落实措施为重点，组织总部机关和所属一级子公司认真开展自检自查和监督检查，发挥党风廉政建设责任制在惩防体系建设中的重要作用。年内，中国南车及所属企业共签订党风廉政建设责任书866份，检查所属单位388个，考核单位183个；责任追究17人，其中纪律处分1人，减扣薪酬处理20人，经济处罚14人。

【投资监督管理】 根据党中央、国务院、国资委关于加强投资管理的精神和要求，针对中国南车上市以来投资密集、投资额大和快速发展的新趋势、新要求，组织召开中国南车投资与监管工作会议，对中国南车成立以来投资与监管工作进行回顾和总结，交流了所属8个企业投资与监管工作的经验，系统分析投资与监管工作存在的问题和面临的新情况，明确投资与监管工作的主要任务及措施。与此同时，从新增中央投资项目着手，开展投资管理监督检查，在投资与监管方面加强和促进制度建设、资金管理、规范运作、监督检查等工作。为加大投资监管和预防职务犯罪力度，中国南车及所属16个一级子公司与地方检察机关建立企检共建机制，有11个一级子公司加入地方预防职务犯罪协会，积极探索和实践投资监管、预防职务犯罪的新方式、新方法。在构建企检共建机制、探索共同监管模式、积极预防职务犯罪方面进行了有益的探索和实践。

【专项督查与治理】 根据国资委纪委和中国南车党政的部署安排，成立“三重一大”督查领导小组及工作机构，组织所属一级子公司深入开展“三重一大”集体决策制度执行情况的督查工作。督查结果显示，中国南车及各一级子公司已建立“三重一大”相关制度409项，正在建立、修订或完善的相关制度109项。根据《中共中央办公厅、国务院办公厅〈关于开展工程建设领域突出问题专项治理工作的意见〉的通知》和国资委《关于印发〈国资委开展工程建设领域突出问题专项治理工作实施方案〉的通知》精神，确定了中国南车工程建设项目专项治理工作目标，成立专项治理领导小组和工作机构，就中国南车工程建设项目的招标、工程转包分包、附属工程建设、设备材料采购、设计变更、资金拨付和使用、质量监督、交（峻）工验收等20个重点内容，认真开展专项检查和治理工作，进一步完善相关制度，加强监督管理，为形成规范的工程建设管理体系发挥了积极作用。

【案件检查与审理】 坚持贯彻落实惩治和预防两手抓、两手都要硬的方针，高度重视信访举报和查办案件工作。全年，受理群众信访举报54件次，初核12件，立案9件，转立案6件，结案15件；党政纪处分19人，其中党纪处分16人，政纪处分5人，党政纪双重处分2人；刑事处理1人，组织处理2人，责任追究4人。根据案件查处情况编发案例通报，在全集团开展广泛的案例警示教育。案发单位通过“一案一整改、一案两报告、一案三反思”等措施，认真剖析案例，研究案发原因，认真查找企业生产经营管理中的漏洞和薄弱环节，提出有针对性的完善管理意见并督促整改。同时，寻找教育、制度、作风等方面存在的缺失，提出有针对性的改进措施，发挥查办案件的综合治本功能和预防作用。

【效能监察】 坚持把深化效能监察作为纪检监察工作融入中心、服务大局的切入点和关键点，统一组织和开展“固定资产投资管理、企业成本管理”专项效能监察，对所在四川的3个公司地震灾后重建资金使用管理情况进行监督检查。各企业紧密结合实际，针对企业生产经营管理关键环节中存在的效益、效率、质量、安全等问题，针对企业资金管理中存在的突出问题，针对企业重组改制、产权转让的重要环节，针对侵害员工合法权益的问题等，自主选题立项深入开展效能监察，为企业堵塞漏洞、强化管理发挥积极作用。年内，中国南车及所属一级子公司先后实施效能监察项目114项，发现案件线索3个，其中立案2个，给予党政纪处分3人，移送司法机关5人，查出违规违纪金额101.7万元，避免经济损失41.06万元，挽回经济损失109.22万元；节约资金6652万元，直接增加经济效益1309万元；提出监察建议465条，作出监察决定47个，整章建制146个，取得较好的效果。

【纪检基础建设】 根据中央、国资委和中国南车党委部署，结合学习和实践科学发展观，开展“做党的忠诚卫士，当群众的贴心人”主题实践活动。按照中国南车惩防体系五年规划制度建设和公司治理的要求，制定《中国南车领导人员廉洁从业实施细则》《中国南车一级子企业纪委书记向中国南车纪委述职试行办法》《中国南车投资监督管理暂行办法》《中国南车效能监察工作手册》等制度。积极采取以会代培、专题培训、委外培训等多种方式，对40名纪委书记、监察部（处）长进行投资监管业务培训，对45名纪检监察人员进行惩防体系信息管理系统操作业务培训，选拔5名纪检监察人员参加非财务人员财务理论培训，组织11监察部（处）长参加地方举办的“招投标采购与评标监督管理实务操作研修班”业务培训。年内，中国南车及所属一级子公司培训纪检监察人员254人次。编发《南车纪检监察信息汇编》41期，进行信息传递、经验交流和理论研究。

（纪　委　供稿）

工会工作

【概述】 围绕建设工会四大“精品工程”，融入中心、服务大局，找准切入点、着力点，不断推动工会工作创新发展。在推动科学发展、维护员工权益、促进企业发展稳定上，切实体现工会组织大有可为、大有作为。年末，中国南车下属工会18个，其中一级子公司工会16个，院校工会1个，总部机关工会1个；有会员89794人。

【劳动竞赛】 围绕企业生产经营重点和难点，结合推进精益生产、加强成本控制、严格质量管理等方面，深入开展“八比八创”劳动竞赛。11月，在青岛召开中国南车“八比八创”劳动竞赛现场推进会，6个单位在会上作交流。年底前，充分发挥各级工会组织和广大员工创先争优积极性和主动性，形成决战“十一五”，喜迎“十二五”良好氛围，组织开展“当好主力军，全员保目标，喜迎‘十二五’”主题劳动竞赛活动。积极推行《岗位安全作业标准》，坚持和完善职工代表安全巡视制度；组织和开展“班组安全讲话”活动和“安康杯”竞赛，不断增强员工安全和劳动保护意识，努力提高企业安全生产水平。评选和表彰“班前安全讲话”先进个人70名、先进班组80个。

【劳模选树】 发挥好典型示范、引导作用，按照中国南车统一安排，对近年来在引进消化吸收再创新工作中涌现出的典型经验进行总结，宣传和弘扬先进，提升中国南车影响力和感召力。组织20名劳模到欧洲进行为期15天的健康休养和学习考察，组织36名劳模参观世博会。向中华全国铁路总工会推荐“火车头”奖章获得者36名、“火车头”奖杯获得单位5个、“工人先锋号”1个，向国资委推荐先进员工11名、先进班组11个，推荐产生6名“全国劳动模范”，评选和表彰106名南车劳模、47个南车先进集体。

【民主管理】 按照《中国南车职工代表大会实施办法（试行）》要求，切实完善职代会组织，充分发挥职代会作用，坚持企业生产经营，特别是有关企业改革的重大决定和涉及员工切身利益的重大事项必须提交职代会审议。各一级子公司认真抓好职代会民主评议企业领导人员工作。12月22日，召开股份公司一届三次职工代表大会（视频），讨论、审议总裁年度工作报告。12月24日，组织召开股份公司一届四次职工代表大会（视频），选举产生第二届职工董事、职工监事。进一步加强厂务公开工作制度化和规范化建设，不断完善厂务公开三级网络，着力在规范操作、落实责任、监督制约上取得新进展。按照厂务公开“控制程序”要求，继续深入推进二、三级厂务公开。进一步健全、规范平等协商和集体合同制度，加强平等协商和集体合同制度情况检查。按上级有关要求，开展集体协商要约行为，依法维护员工合法权益。学习贯彻《劳动合同法》和

《劳动合同法实施条例》，有效维护员工劳动权益。建立健全企业工会劳动法律监督制度、劳动保护监督检查制度、劳动争议预警和调处制度。年内，中国南车获“全国厂务公开民主管理先进单位”称号。

【“创争”活动】 引导员工积极投身“创建学习型组织，争做知识型员工”活动，推动“创争”活动深入开展。组织实施员工素质工程，开展创建“工人先锋号”等群众性建功立业活动，组织开展员工技能大赛，促进企业解决生产经营重点、难点和关键问题。协助做好技能人才培养，通过开展员工岗位练兵、技术比武、技能竞赛等活动，提高员工技术业务素质。10月，在常铁校举办为期1个月的第四期劳模（高技能人才）电工培训班，38人参加培训。配合制定《中国南车关于加强班组建设的实施办法》协助组织班组建设培训班，努力提高班组长职业素质和管理水平。

【文化建设】 按照“同一个中国南车”要求，开展精益制造文化、先进价值文化、优秀质量文化活动，增强企业凝聚力和员工执行力，提升中国南车在国内外市场的美誉度和知名度。协同组织开展中国南车10周年庆祝活动，编印《多彩南车》画册，反映中国南车成立10年来群众体育开展情况。贯彻《全民健身条例》，举办《普通人群体育锻炼标准》测试和社会指导员培训班、健身操和健身秧歌培训班。在济南举办第二届“南车杯”羽毛球比赛，在桂林举办首届“南车杯”《普通人群体育锻炼标准》测试赛，中国南车获“全国全民健身活动优秀组织奖”。

【帮困救助】 本着合理扩大范围、适当提高标准的原则，积极消化沉淀资金。开展“两节”送温暖活动，共发放慰问费1359.6万元，走访和慰问困难员工19767人。重视员工心理健康，探索开展心理咨询、心理调适活动，引导员工树立健康、积极的生活态度和生活方式。在抓好节日期间走访慰问同时，加强员工平时突发、临时救助和慰问工作，高度重视和关心弱势群体、困难员工、生产一线员工和先进模范人物的工作和生活，切实为他们办实事、做好事，把企业党政的关怀、工会组织的温暖送到员工心坎上。集团公司工会分四批次走访慰问沪宁、武广、郑西、沪杭等高铁线售后服务人员380人，投入资金25万余元。组织员工开展向青海玉树地震灾区献爱心捐款活动，向中国红十字会捐款176.79万元。

【女工工作】 积极推行女工权益保护专项集体合同工作，有效维护女工特殊利益和合法权益。对各单位“专项协议”执行情况进行督促检查。在“三八”妇女节期间，表彰“三八红旗手”10名、优秀女工18名、优秀女工工作者18名。制定并出台《中国南车工会女职工委员会工作实施办法》。

【目标管理】 下发中国南车工会重点工作目标管理责任，各级工会完善和全面推进工会工作目标管理，分解、细化工会各项重点工作，保证年度工作有目标、季度工作有重点、月度工作有亮点。对目标管理实施指导推进、跟踪考核，评选出2009年目标管理优秀单位5个、2010年上半年优秀单位4个，推进工会工作上新台阶。

【自身建设】 制定会员评家指导意见，切实推进评家工作，会员评家活动取得实效。总结推广建家、评家典型经验，组织开展“两模三优”评选活动，推荐上报全国模范职工之家（小家）2个、全路模范职工之家（小家）5个、优秀工会工作者2名、优秀工会各级分子4名。中国南车工会获“全路模范职工之家”称号。重视和加强工会干部能力建设和作风建设，组织召开中国南车工会二届九次、十次全委会议、女职委二届五次全委（扩大）会议。中国南车工会举办工会副主席培训班1期、工会主席培训班1期，组织一级子公司工会主席（副主席）参加铁总任职培训。加强工会信息管理，全年编发《南车工会信息》155期。推进和指导基层工会工作，指导南车电机公司成立工会组织。在活动开展、经费划拨等方面向基层倾斜，进一步活跃各级工会工作，增强基层工会活力和凝聚力。做好工会财务和经审工作，对四方股份公司、长江公司株洲分公司、总部机关工会主席进行离任审计，对株机公司等5个单位工会“三关心三保证”专项资金进行审计。按照新的工会财务制度要求，进一步强化工会经费收缴工作，依法管好用好工会经费，确保工会资产安全。

（工会办公室　供稿）

共青团工作

【概述】 2010年，中国南车团委面对新形势新任务，认真贯彻中国南车工作会议、中央企业团工委工作会议和中国南车第三次团代会精神，适应中国南车成为有影响力的上市公司和国际化发展新要求，以强化青年人才培养和服务生产经营中心为工作主线，着重抓好国际化经营青年人才培养和具备较高综合素质团干部培养。在广大团员青年中加大精益生产学习、宣传和实践，发挥共青团工作在企业发展中应有的作用。

【国际化经营青年人才培养】 举办首届中国南车青年英语大赛，来自中国南车16家所属企业和中国南车2010年第二期高级英语人才培训班（长沙）的17支代表队共51名选手参赛，大赛为青年英语人才提供展示自我的平台，激发青年员工学习英语热情，为发现和培养青年英语人才起到积极作用。举办中国南车国际化经营征文和合理化建议活动，征集企业青年员工在参与国际市场竞争和实践中的心得体会，为中国南车国际化经营青年人才成长提供交流平台。向每个单位赠送100部中英文配音的国际经典电影光盘，引导青年员工在娱乐中学习英语，为国际化经营青年人才成长提供学习平台。对浦镇公司国际市场部青年人才成长进行调研，总结浦镇公司国际化经营青年人才“实战成才”成长模式，并撰写调研报告，供各单位参考借鉴。

【生产创新】 以市场为导向、以创新为手段、以创效为目标，积极开展符合青年特点、深受青年喜爱的创新创效活动。把精益生产作为共青团服务生产经营中心工作的主要抓手，按照企业统一部署，全力组织推进。开展各种精益生产学习宣传活动，通过现场观摩、改善提案、交流评比、创建青年精益生产示范岗等活动，开动脑筋，创新形式，为精益生产做出有价值、有成效的实质性推进工作。全年各一级子公司组织精益生产活动30多项，不少企业初步形成了品牌特色活动。组织中国南车第三届科技论坛论文征集工作，参与评价评选办法制定和论文初评组织工作，为青年科技人才成长提供通道。7个项目获中央企业第二届青年创新奖优秀奖，中国南车团委获优秀组织奖。对2009年安全生产课题研究活动进行总结表彰，在团员青年中开展质量意识宣传教育活动。

【共青团创先争优活动】 认真贯彻中央和上级组织关于党团共建、创先争优要求，下发中国南车共青团深入开展创先争优活动实施意见，明确“组织建设强基础、创先争优展风采、特色活动上水平”工作思路。加强团组织建设，开展上级文件（三部委59号）贯彻落实情况检查。召开第五届中国南车“十大杰出青年”表彰暨共青团组织深入开展创先争优活动动员大会，株机公司方长征、株洲所黄燕艳、浦镇公司杨奇、四方股份公司王垚、南车总部审计和风险部陈震晗、戚墅堰所朱正锋、戚墅堰公司谢经广、四方有限公司卞青华、洛阳公司李勇、眉山公司李冬当选第五届“中国南车十大杰出青年”。第十三届“中国青年五四奖章”获得者四方股份公司青年专家邓小军荣登2010年1月《中国青年》杂志封面人物，先进事迹受到广泛宣传和报道。2010年12月27日，《中国青年报》“创先争优”专栏刊登中国南车《高铁车轮唱向青春之歌》报道，株机公司团干部配置的经验被收入全团电视片教学案例。

【青年文明号创建】 组织团员青年认真做好上海世博会、广州亚运会服务工作，慰问参与上海世博会售后服务的中国南车员工。与上海申通地铁团委联合开展“携手奋战闭幕月，安全生产保畅通”活动，有4个单位7个青年集体被中央企业团工委授予中央企业“迎世博 展风采”优秀服务窗口青年文明号，4个单位5个青年集体被授予中央企业“迎亚运盛会、展央企风采”优秀服务窗口青年文明号。

【新入企员工活动】 开展迎新入企员工活动，让新加入中国南车的员工充分了解南车、及早融入工作环境和文化环境。开展思想教育，通过红色之旅活动、座谈会等形式，了解新员工思想状况，因势利导开展思想教育，帮助树立正确的成才观。全面参与培训，提高新员工素质。由中国南车团委开发、各单位团委书记主讲的《南车青年如何实现成长成才》培训课等课程，受到新员工欢迎。开展拓展训练、远足拉练等活动，磨炼青年员工意志，增进互相了解。搭建平台，为新员工展示自我创造条件。株机公司团委组织新进大学生自荐展示会，选举产生2010届大学生自管会主席。戚墅堰所团委以公开竞选方式选举产生临时团支部负责人，从加入企业开始就接受企业公开竞争、择优选人用人的理念。组织各项文体活动，丰富业余文化生活，充分展示新员工朝气蓬勃的精神风貌，增强凝聚力。

【中国南车共青团第三次代表大会】 1月29～30日，共青团中国南车集团公司暨中国南车股份公司第三次代表大会在北京召开，有110人参加会议。国务院国资委群众工作局青年工作处处长巴清宏，赵小刚、郑昌泓、刘化龙等集团公司领导出席会议。何明新代表中国南车第二届团委作题为《融入中心 突出特色 展现作为 为中国南车新发展奉献青春和智慧》工作报告。大会以差额选举、无记名投票方式选举产生共青团中国南车集团公司暨中国南车股份公司第三届委员会，王刚、王小军、文勇、白玉、代智辉、许军辉、毕宇鹏、李姝、沈豪、沈洪丽、肖启厚、何明新、张艳红、郑丹、徐子心、唐皓、蒋勇、雷辉（以姓氏笔画为序）等18人当选第三届委员会委员。在三届一次全委会上，选举何明新为第三届委员会书记，王刚为副书记。大会还通过《学习邓小军同志及其团队 练过硬本领岗位建功》倡议书，并举办“融身中国南车发展伟业 奏响青春建功成才之歌”图片展览和“青春南车 昌盛中国”中国南车第三次团代会文艺联欢会。

【团干部队伍建设】 加大团干部培训力度，举办一期一级子公司团委书记培训班，选派1人参加中央企业团工委组织的集团级团委书记培训班，选派4名新上任的团委书记参加中央企业基层团干部培训班，选派1人到共青团中央挂职，1人到中央企业团工委挂职。组织团干部开展学习中央企业团工委《理论探索》《实践荟萃》《身边的榜样》3本书活动。完成团务知识、生产经营知识、职业经理人能力等内容的标准化团干部培训课程体系大纲编写，并开展课程内容编写工作。

【团的基础工作】 召开中国南车共青团三届二次全委会扩大会议，完善组织体系，积极推进组织全覆盖工作，做好南车电机公司成立新团委和湖铁院团组织移交工作。抓好计划总结、团费收缴、信息报送、推优评比、统计存档等基础工作，推进团工作扎实开展。下发五四红旗团委评比打分办法，形成各子公司团委比工作、比成绩、比特色的良好氛围，调动各级团组织争创积极性。全年编发《南车团讯》40期，信息数量300余条。

（团委　供稿）

机关党务工作与老干部管理

【概述】 机关党委认真贯彻集团公司党代会精神，全面落实机关党代会提出的各项任务，围绕中心，服务大局，努力建设四型员工队伍，转变作风，提高效率，为中国南车跨入世界行业前3强作贡献。加强理论宣传教育，建设四型员工队伍。机关党委结合公司重点工作，组织6场专题报告，全面提升员工素质。按照南车股份党组［2010］21号和23号文件精神，扎实做好总部机关学习实践科学发展观“回头看”和主题教育活动。结合总部实际，制定详细活动计划，下发各支部并在全体员工大会上进行动员，以部门为单位按照整改方案，认真进行回头看自查，并全部上报了自查报告。有13个党支部召开专题民主生活会，认真开展批评和自我批评，找出差距，明确整改方向。认真落实国资委和公司党委部署，深入开展创先争优活动，组织党员和员工学习国资委和公司党委视频会议精神，全面领会精神，立足岗位创先争优。坚持党要管党，认真抓好自身建设。坚持定期召开党委会，重大问题集体讨论决定。注重抓好组织建设，根据机构和人员变化，及时调整书记、委员和支部。坚持标准，确保质量，按照程序，全年发展新党员5名。按时收好，用好管好党费，为支部活动创造条件。认真落实惩防体系，努力搞好廉政建设。坚持经常性的廉政教育，落实廉政建设责任制，开展国有企业廉洁从业教育读本《镜鉴》学习，结合主题教育活动，开展廉洁从业知识竞赛，有206人参加。全面进行总部机关小金库自查自纠工作，31个部门上报自查报告，签订小金库自查承诺书。认真开展员工思想政治工作，按照党委领导的要求，全年与近百名员工进行沟通交流，涉及面广，议题多，为解决问题，理顺情绪，做好工作打下基础。关心和支持群团组织工作，活跃总部员工生活。召开机关党委、纪委、机关工会、经审委和团委联合工作会议，牵头组织总部春节团拜会。关心不同员工需求，关心困难员工和生病住院员工，做好三关心三保证工作。协助团委召开团代会，组织总部青年联谊活动。组织总部机关为受旱地区捐款，捐款4.43万元。做好离退休老同志工作，举办2010年老同志春节团拜会。公司领导专程看望10多位老领导和生病困难的老同志，组织老同志体检。

（机关党委　供稿）

学会·协会

【中国南车党建思想政治工作暨企业文化研究会】 贯彻落实党的十七大和十七届四中全会精神，按照中央企业党建思想政治工作研究会和中国南车工作会议工作部署，围绕“打造更具竞争实力和发展活力的国际化南车”目标，巩固和扩大学习实践科学发展观活动成果，着力开展在新形势下加强和改进党建及思想政治工作、企业文化建设工作的专题研究，加强政研会的思想理论、能力素质和自身作风建设，为企业发展提供良好的文化氛围和精神动力。

深入贯彻党的十七届四中全会精神，配合宣传部组织广大党员深入学习《中共中央关于加强和改进新形势下党的建设若干重大问题的决定》，在《南车文化研究》开辟专栏刊登学习心得体会及专题文章 14 篇。推动学习贯彻落实科学发展观活动开展，配合宣传部在巩固和扩大深入学习实践科学发展观活动成果上下工夫，把各单位在实践科学发展观活动中提出的新思路、新举措作为开展研究活动、推动党建工作的新课题。

贯彻中国南车工作会议精神，协助党委、配合宣传部（企业文化部）开展工作，调动广大员工爱企业、爱南车、多奉献的积极性、创造性，促进企业深化改革、加速发展、实现目标、保持和谐稳定的政治局面，全年刊登相关稿件 38 篇。

围绕企业中心工作，着力开展专题研究活动。开展“如何通过南车文化建设提升南车品牌价值”专题研究，重点围绕“抓好企业文化建设，提升南车品牌价值”课题，组织全系统开展“如何通过南车文化建设，提升南车品牌价值”研究和论文征集。各单位政研会报送研究论文 70 余篇。开展成果评选工作，评选奖励一等优秀论文 17 篇、二等优秀论文 20 篇、三等优秀论文 21 篇。

配合宣传部开展“党委书记谈高铁时代党建思想政治工作”论文征集，征集到论文 9 篇，评选出一等优秀论文 6 篇、二等优秀论文 2 篇，三等优秀论文 1 篇。

完成中央企业政研会 2009 年～2010 年立项课题，围绕“贯彻科学发展观，提高企业科学发展水平的探索”等，开展调研及成果申报工作。按照中国企业文化促进会和中国文化管理学会关于全国组织文化管理体系测试工作的要求，协助做好推荐、调研等及前期工作，为推进企业文化建设上层次、上水平和扩大南车品牌影响力做了一定工作。

加强自身建设，着力提高政研会工作水平。进一步健全研究会工作机构，根据组织机构变动和人员调动等情况，及时调整政研会机构和相关人员，做到机构健全、人员到位，确保政研活动正常开展，适应新形势发展要求。进一步完善和落实政研会工作制度。根据中国南车建设新体制要求和各单位实际，及时修订政研会工作制度。各单位政研会基本做到严格执行《关于调整中国南车党建政研会会员单位缴纳会费标准的通知》，按标准及时缴纳会费。

进一步提高会刊质量，根据新形势新任务不断调整会刊栏目，增强思想性、针对性、可读性。全年出版《南车文化研究》4 期，为南车党建思想政治和企业文化工作者提供良好的学习交流园地，为社会提供了解中国南车的可视平台。　（党建政研会　供稿）

【中国南车企业协会】　以促进改革发展为主旨，发挥《改革与管理》杂志的舆论传播作用，为公司重点工作提供支持。及时把公司上层声音传递给下属企业和员工，把下属企业和员工的意见和建议反馈给公司上层，发挥沟通和桥梁作用。横向交流各子公司管理部门工作经验，相互取长补短，促进企业整体管理水平提高。为不同观点提供争论平台，拓展管理创新思路。《改革与管理》2010 年第 5 期出版，迎来杂志 50 期发行。赵小刚董事长为杂志题词“希望《改革与管理》越办越好，为南车的发展作出新贡献”。郑昌泓总裁还撰文《祝贺与希望》。同时，杂志也深受系统内广大管理干部和员工的欢迎。

着力办好《改革与管理》杂志。紧扣中心工作，精心准备每期内容。针对各个时期的重点工作，开辟专题栏目，及时报道公司重要会议和公司领导重要讲话，并配发相关言论，进行宣传、解读。在文章编排、观点阐述上，精心设计。在每年第一期“高层特稿”栏目首要位置，刊发集团公司全年总体思路和工作目标。通过刊首语，对企业所面临的新形势和新挑战做出有一定深度的分析，并撰稿对集团公司工作会议精神进行深层次解读。同时，在“特别推荐”、“特别策划”栏目，重点介绍部分厂所、公司年度工作规划和设想，及时统一员工思想认识。及时刊登中国南车高峰论坛上高层领导演讲，对论坛意义和公司发展前景作概括和分析。公司各个时期的重点工作，无论是自主创新、精益生产、企业文化培育，都能及时在“特别关注”栏目得到反映。突出实践性，为基层改革与管理服务。为使刊物更好地为企业改革与管理提供指导，精心组织一系列具有可操作性的经验介绍、典型范例和体现管理精髓的总结性文章，用以指导企业实践，受到企业欢迎。配合企业 ERP 系统建设，及时刊登了企业ERP系统研究与设计及如何推行 ERP 系统的文章，对集团公司推进 ERP 管理起到积极作用。再如，实行新版企业会计准则，在“财务管理”栏目相继刊发“新版会计准则”的相关文章，全面分析新版会计准则在企业实际应用中应注意事项。在“管理实务”栏目，刊登制造企业成本管理存在的问题及对策、“小批量产品生产成本的控制”、“质量成本控制”、“加强应收账款管理”等一系列文章，从多个角度论述了加强企业成本管理的具体问题。《改革与管理》坚持开门办刊的方针，发挥通讯员作用，面向企业，广泛收集基层对刊物的意见和建议，不断扩大基层稿件来源，突出稿件的原创性，努力提高刊物质量。在各子公司支持下，现已拥有一支年轻而充满活力、写作能力较强的通讯员队伍，为开门办刊提供了组织保证。

评审管理创新成果，中国南车第三届管理创新成果上报 39 项，经过初审、预审，共推荐 20 项成果报公司评审委员会终审。经评审，南车总部战略规划部、四方股份公司、株机公司和资阳公司（合项）3 项成果被评为一等奖，其余分列二、三等奖。

（企协　供稿）

【中国南车科学技术协会】 举办 2010 年“讲理想、比贡献”活动交流会暨创新方法培训班，会上戚墅堰公司科协、四方股份公司科协、二七公司科协进行“讲、比”活动情况介绍。戚墅堰公司科协结合 HXN5 型大功率传动内燃机车生产中出现的难点，两年来立项“讲、比”项目 38 个。协助企业成立院士工作站，聘请两院院士沈志云，建立重载货运机车开发体系，帮助企业培养技术骨干，为实现企业战略目标提供技术支撑。四方股份公司科协通过开展“讲、比”活动，在开发新一代高速列车过程中，会员发扬锐意创新、无私奉献精神，攻克一个个技术难关，为企业提升市场竞争力作出贡献。二七公司科协组织广大技术人员开展“讲、比”活动，在企业开发新型铁路货车和工艺攻关等方面取得新成果。

重视发挥科协桥梁纽带作用，努力为科技人员服务。及时修订管理制度，坚持工作定位与时俱进，主动沟通情况，调动各方面积极性，保证工作实际成效。通过持续开展“讲、比”活动，选题立项，凝聚广大科技人员的聪明才智，促进企业发展和技术进步。在开展活动的同时也体现出科技人员的自身价值，“讲、比”活动得到领导和广大员工的认可和参与。

把开展创新方法培训，提高企业创新能力作为“讲、比”活动的重要内容。鼓励企业开展创新方法培训，进一步提升科技人员的创新意识和创新能力，为推动企业自主创新增添活力。举办创新方法培训班，对象以科协干部和部分青年科技人员为主，学习TRIZ理论基础知识，并结合工程技术领域典型案例介绍，初步掌握TRIZ理论核心思想。重点了解运用39个通用工程参数和40个发明原理分析创新过程中的技术冲突和求解标准方法，学会对照工作中已解决的问题，用创新方法对照已有的成果，看能否符合现有的解决方案。通过模拟训练方式，加深理解，举一反三，逐步够熟练运用TRIZ理论和方法。在企业内组织中青年技术人员为主的培训，深入学习和应用技术创新方法，突破原有思维惯性，开拓自己思路，有利于提升创新能力。

11月28日，戚墅堰公司科协被评为2009～2010年度中国科协“讲理想、比贡献”先进集体单位。中国科协每两年组织评比一次，戚墅堰公司科协已连续11次获得此项称号。南方汇通公司周家干被评为2009～2010年中国科协“讲、比”活动全国优秀组织者。（科协　供稿）

【中国南车人力资源研究会】　以人力资源管理规范化、系统化、一体化为核心课题，组织开展理论研讨，积极推动管理创新。紧贴重点工作推进和深化，在紧缺人才开发、e-HR项目建设、深化薪酬改革、加强班组建设等方面创新理论研究，着力提升人力资源管理专业化水平。坚持把会刊办精、办细、办响的原则，编辑出版《南车人才开发》4期，专辑1期。采用各类稿件172篇、图片76幅。研究会撰写的论文在中国培训杂志主题栏目发表。推荐和上报27篇论文、9个培训课件，参加中国职协2010年度优秀科研成果评审，取得多项奖励。其中获职工教育论文类成果一等奖2篇、二等奖2篇，三等奖15篇，参评课件类获成果一等奖1个、二等奖2个，三等奖4个。研究会在宣传中国南车形象、研究人力资源政策、推介南车人才典型、促进人力资源管理创新等方面，提供了重要的舆论导向和理论支持。

（人力资源研究会　供稿）

【中国南车体协】　各级体协以体育竞赛、员工健身活动为平台，组织参与多项体育活动和体育竞赛，取得优异成绩。7月，组织羽毛球代表队参加在呼和浩特举办的全国铁路职工羽毛球比赛，获得混合团体季军，女子双打亚军，创历史参赛最佳战绩。9月，参加全国铁路大众健美操比赛暨2010年“浩沙杯”全国万人健美操大赛火车头赛区比赛，夺得职工组自选动作第一名和职工5级操规定动作第一名，获得两项一等奖。10月，南车代表队首次参加中国火车头体协在宁夏银川举办全路第五届《普通人群体育锻炼标准》测试赛，包揽了男子、女子两项个人第一，所有参赛运动员均进入前八名。12月，南车健美操代表队代表中国火车头体协参加第九届“浩沙杯”全国万人大众健美操总决赛，南车健美操代表队获自选动作组总决赛第二名，在规定动作五级操比赛中获得第一名。年内，还相继举办“南车杯”第二届员工羽毛球比赛和首届“南车杯”《普通人群体育锻炼标准》测试赛，收到良好效果。

以“服务新南车、新发展战略目标、服务员工健康、服务和谐企业建设”为宗旨，努力把体育健身活动融入到企业经营发展大局中。结合实际精心策划，不断创新，组织开展多种健康科学，员工喜闻乐见的健身活动，员工体育健身活动生机勃勃，为企业又好又块、健康发展增添活力。以组织体育竞赛活动为桥梁，增进相互了解。中国南车总部先后与国资委、铁道部、中国建设银行等单位，开展篮球、羽毛球、足球等联谊竞赛。洛阳公司等单位体协与营销中心密切配合，安排羽毛球、毽球、乒乓球队随同营销人员到西安、郑州、朔皇、新乡等业务单位进行友谊比赛，借助体育活动开展营销，为企业生产经营注入新活力。

引入市场元素，创新办赛模式。12 月株洲所体协举办“中国南车贺岁杯”足球、羽毛球邀请赛，南车在株洲地区的几个单位（株机公司、株洲所，株洲电机、长江公司株洲分公司）近百名运动员、裁判员应邀参赛。通过区域性体育邀请赛，进一步推动群众体育工作开展。同时，株洲所在举行的赛事中还引入“酒鬼酒杯”、“时代铸件杯”等商业冠名，为探索利用品牌发展体育，通过体育宣传品牌为拓展提升体育文化进行有益尝试。

南车各级体协组织根据企业特点和员工需求，开展各具特色的员工体育健身活动，为广大员工搭建多元化的体育健身平台。长江公司把员工日常体育健身活动和专项体育竞赛活动相结合，常年坚持开展小型多样、丰富多彩、适合员工身心健康特点、积极向上的体育健身活动。在员工中营造“我锻炼、我运动、我快乐”的氛围，5`月，长江公司在株洲分公司举办了首届员工羽毛球比赛。

资阳公司举办第二届职工运动会，4000 余人次参加。南方汇通公司举办第六届员工体育运动会，2300 多名员工参加活动。二七公司举办第一届运动会，3300 多人次参加。戚墅堰公司以“我运动，我快乐，我健康，我幸福”为主题，举办员工健身运动会，全年组织群体活动 130 项次，参与员工近 4000 人次。眉山公司第二届文化艺术节期间举办“和谐杯”气排球比赛和领导干部羽毛球比赛，23 支代表队参赛。

株机公司、戚墅堰所、四方股份公司、浦镇公司、石家庄公司、成都公司、四方有限公司、株洲电机公司等单位，发挥各体协分会作用，把员工日常体育活动与专项竞赛、纪念日活动相结合，员工体育健身活动与基层、社区体育活动相结合，做到年有计划、月有比赛、日有活动。

提高体育人才队伍建设。在石家庄举办《社会体育指导员》和《普通人群体育锻炼标准》测试培训班，22 个单位的 38 名体育干部、体育骨干和积极分子参加培训，全部取得国家二级社会体育指导员资格证书和《普通人群体育锻炼标准》结业证书。选派 5 人参加全路羽毛球裁判员培训班，被批准为国家一级羽毛球裁判员。选派戚墅堰公司周斌、成都公司罗明亮参加全路国家一级社会体育指导员培训。

中国南车被国家体育总局表彰为全国“2010 年全民健身活动优秀组织奖”单位。

（体协　供稿）

下属单位

南车长江车辆有限公司

南车株洲电力机车有限公司

南车资阳机车有限公司

南车戚墅堰机车有限公司

南车青岛四方机车车辆股份有限公司

南车四方车辆有限公司

南车南京浦镇车辆有限公司

南车眉山车辆有限公司

南车成都机车车辆有限公司

南车洛阳机车有限公司

南车二七车辆有限公司

南车石家庄车辆有限公司

南车株洲电力机车研究所有限公司

南车戚墅堰机车车辆工艺研究所有限公司

南车株洲电机有限公司

南车投资租赁有限公司

中国南车（香港）有限公司

南方汇通股份有限公司（中国南车集团贵阳车辆厂）

常州铁道高等职业技术学校

中国南车集团投资管理公司

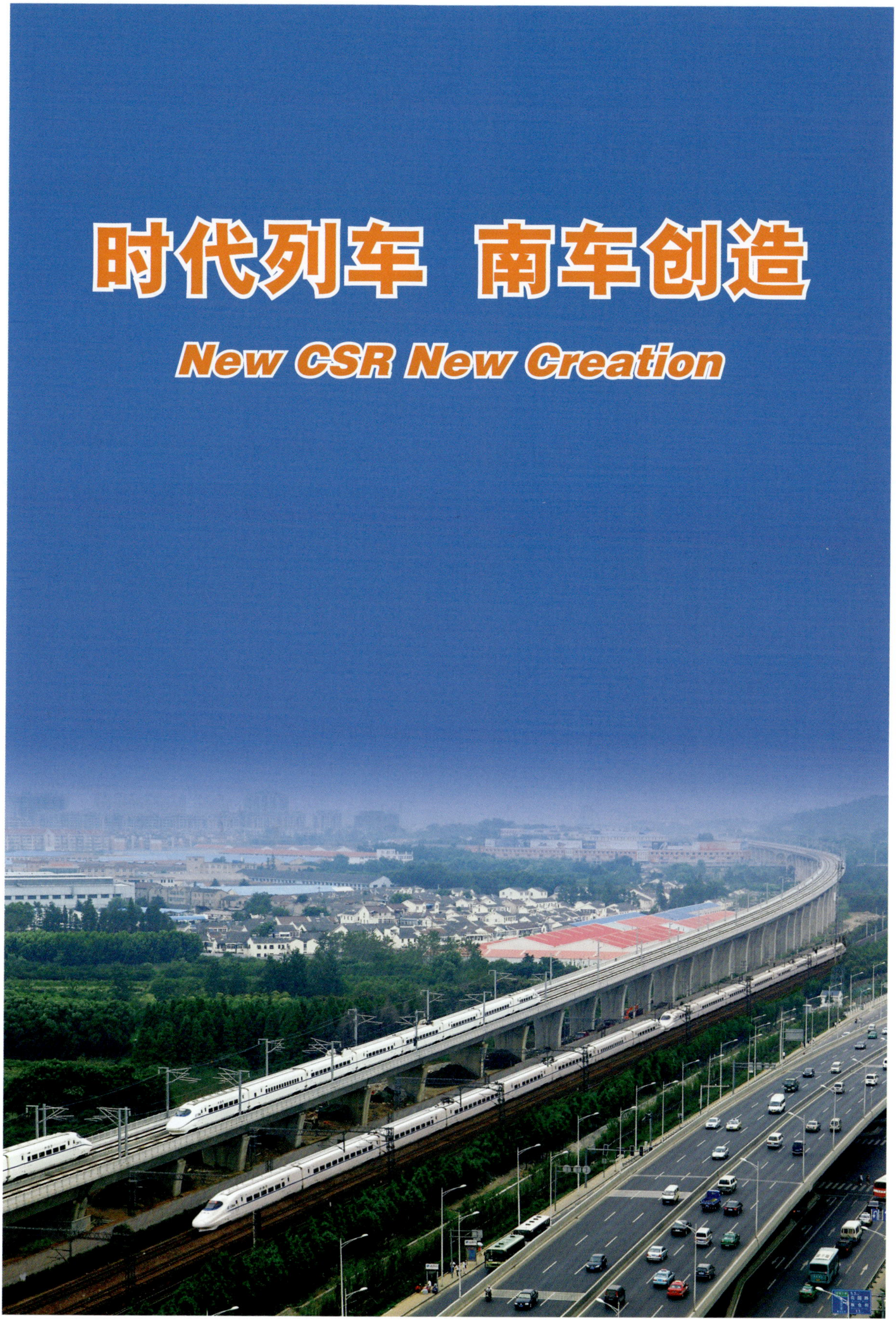
时代列车 南车创造
New CSR New Creation

CSR 中国南车

南车长江车辆有限公司

CSR YANGTZE CO., LTD.

● 12月20～21日，公司召开第一次党员代表大会

● 4月28日，株洲分公司欢迎全国劳动模范欧清莲载誉归来

● 4月15日，武汉分部美国AARM－1003质量体系复评

● 公司举行国庆升旗仪式

● 常州分公司举行TPM现场经验交流会

● 铜陵分公司开展“员工手册、精益生产”知识竞赛

● 出口沙特磷酸盐漏斗车

● 出口沙特敞车

● 端墙调修胎

● 成品轴加工

● P70底架校正检测胎

● 车体钢结

● L_{70}粮食漏斗车

● GHA_{70}醇类罐车

● GQ_{70H}轻油罐车

● C_{70}敞车

● TP_{9}特种棚车

● GN_{70}粘油罐车

● 出口沙特棚车

● 出口沙特罐车

● 出口澳大利亚轴重40吨矿石敞车

● 激光切割机

● 多功能轮对压装机

● 轮对自动组装生产线

南车株洲电力机车有限公司

CSR 中国南车

CSR ZHUZHOU LOCOMOTIVE CO., LTD.

● 12月3日，公司召开第一次党员代表大会

● 1月18日，公司举行销售收入过百亿庆典

● 5月13日，中央媒体采访团到公司采访

● 10月14日，中国南车精益生产培训及交流会在公司举行

● 10月15日，公司与广西壮族自治区南南铝加工有限公司签订合作协议

● 7月28日，公司参与投建的昆明南车城市轨道车辆有限公司基地昆明轨道交通产业园举行开工仪式

公司生产的大功率交流传动六轴7200千瓦电力机车整装待发

● 10月12日，公司研制的首台大功率交流传动六轴7200千瓦高原机车落车

公司为深圳环中线生产的地铁列车

● 公司为武汉地铁1号线生产的地铁列车

4月24日，公司举行乌兹别克斯坦客运电力机车下线典礼

● 公司研制的出口乌兹别克斯坦新型客运电力机车

CSR 中国南车

南车资阳机车有限公司

CSR ZIYANG CO., LTD

● 8月10日，股份公司董事长赵小刚与独立董事到公司调研

● 12月27日，公司签订孟加拉2个重油电厂总承包合同

● 9月1日，公司与澳大利亚客户签订交流传动内燃机车购销合同

5月16日，公司首批120台六轴7200千瓦电力机车车体、转向架完工

● 12月24日，首台具有自主知识产权的混合动力交流传动机车在公司下线

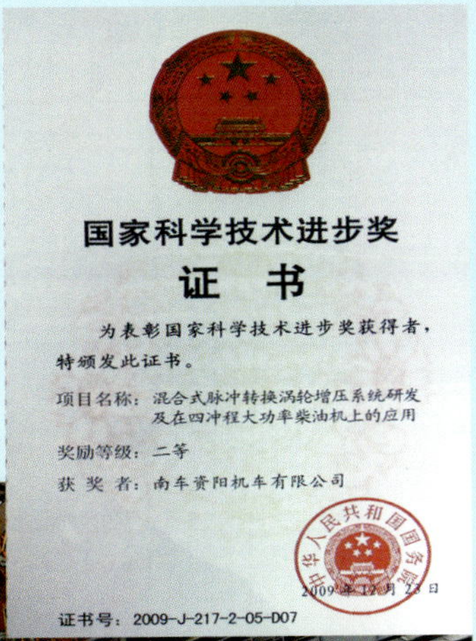
国家科学技术进步奖

证 书

为表彰国家科学技术进步奖获得者，特颁发此证书。

项目名称：混合式脉冲转换涡轮增压系统研发及在四冲程大功率柴油机上的应用

奖励等级：二等

获 奖 者：南车资阳机车有限公司

证书号：2009-J-217-2-05-D07

● 公司荣获国家2009年度科学技术进步二等奖

● 公司生产的EMD265内燃机车曲轴

● 5月18日，公司首批大功率电力机车下线

● 公司生产的MAN7L2738船用发动机

南车戚墅堰机车有限公司

中国南车 CSR

CSR QISHUYAN CO., LTD

● 9月9日，公司与美国通用电气（中国）有限公司合资成立常州的南车通用电气柴油机有限公司举行开工奠基仪式

● 9月18日，中国南车企业文化与品牌建设工作会议代表到公司参

● 10月25日，铁道部联办专项检查组来公司检查HXN5型内燃机车制造质量

● 公司内燃机车生产线

● 公司自主创新的和谐HXN5型机车举行交车仪式

● 柴油机组装线

12月8日，公司参加国际铁路装备展览会

● 9月13日，公司党委书记拜会中国驻沙特大使

11月18日，公司举行津巴布韦机车司乘人员培训结业典礼

● 6月11日，伊朗国会代表团到公司参观访问

公司生产的和谐HXN5型内燃机车

● 公司生产的津巴布韦机车

中国南车

南车青岛四方机车车辆股份有限公司

CSR QINGDAO SIFANG CO., LTD.

● 4月14日，股份公司董事长赵小刚到公司调研

● 7月1日，股份公司总裁郑昌泓慰问公司上海服务站售后服务人

● 11月7日，公司举行庆祝CRH380A高速动车组上线运营暨建厂110周年庆典

● 10月21日，公司举行“八一号”蒸汽机车荣归故里揭幕仪式

● 9月29日，公司举行纪念建厂110周年主题雕塑“腾飞”落成揭幕仪式

● 5月1日，公司研制的CRH380A高速动车组头车在上海世博会中国铁路馆精彩亮

12月3日，公司研制的和谐号CRH380A高速动车组在京沪高铁先导段联调联试中以486.1公里的时速再次刷新世界铁路运营试验纪录。

● 10月26日，沪杭高速铁路正式开通，公司研制的和谐号CRH380A高速动车组投入运营

7月16日，公司举行天津地铁3号线首列车辆竣工下线仪式

国家科学技术进步奖

证　书

为表彰国家科学技术进步奖获得者，特颁发此证书。

项目名称：时速250公里动车组高速转向架及应用

奖励等级：一等

获 奖 者：南车青岛四方机车车辆股份有限公司

2009年12月25日

证书号：2009-J-254-1-01-D01

● 公司荣获国家科学技术进步一等奖

公司研制的沈阳2号线地铁车辆

● 公司研制的北京大兴线地铁车辆

● 公司研制的北京昌平线地铁车辆

南车四方车辆有限公司

CSR SIFANG CO., LTD.

● 4月15日，股份公司董事长赵小刚到公司调研

● 3月30日，股份公司总裁郑昌泓到公司调研

● 1月5日，公司召开2010年工作会议

● 12月28日，公司荣获中国南车“十一五”特别贡献奖

● 7月1日，公司新建员工食堂正式启用

● 3月12日，公司举行《员工手册》颁布启动仪式

● 公司研制的首台SDB-160型转向架

5月13日，国有重点大型企业监事会主席路耀华到公司检查指导工作

● 10月26日，公司召开“十二五”发展战略研讨会

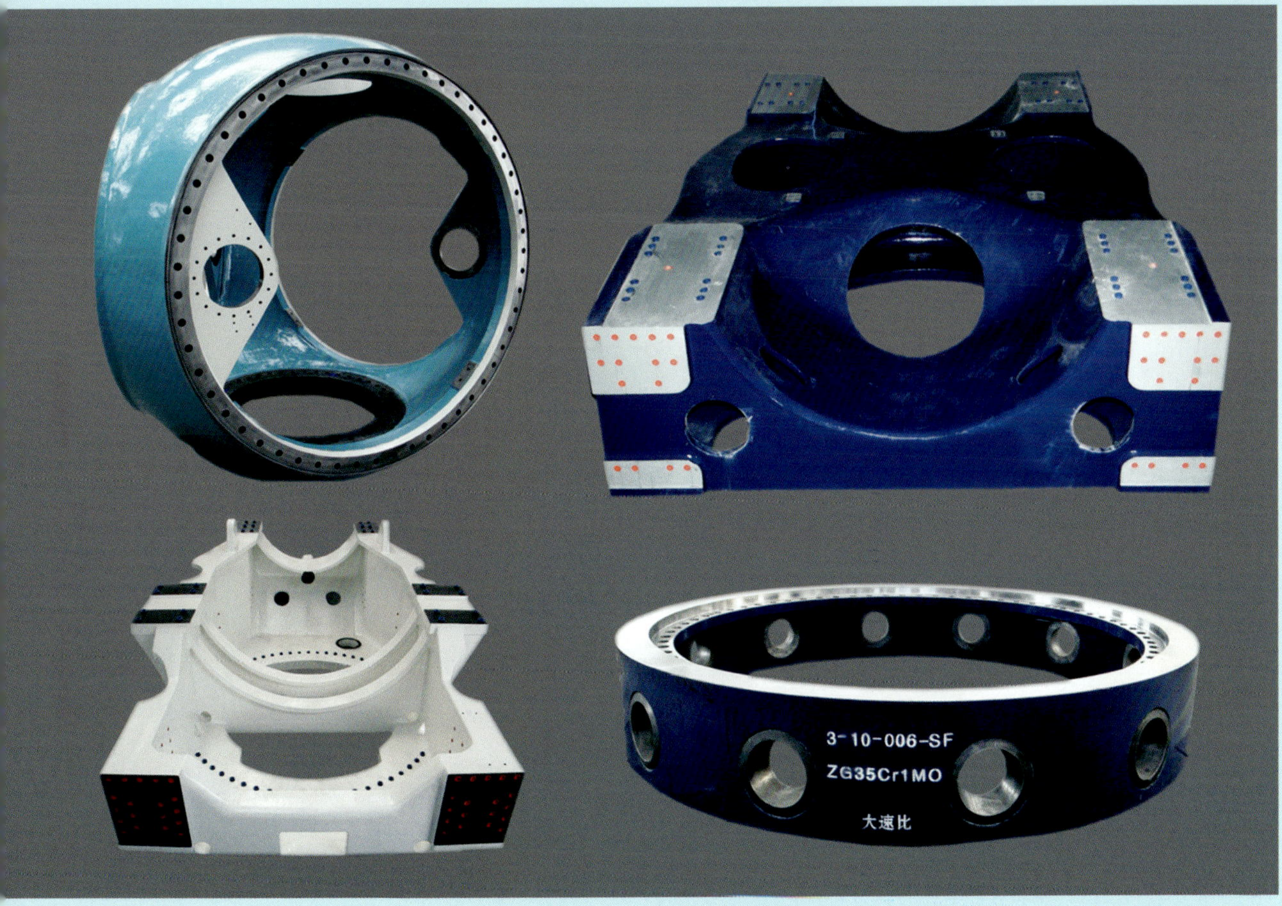

公司新开发的大型风电铸件

● 6月23日，股份公司董事长赵小刚到公司调研

● 2月4日，股份公司总裁郑昌泓到公司调研

● 12月31日，公司举行苏州轨道交通1号线首列车辆接车仪式

● 12月16日，公司举行广东轨道交通车辆有限公司签约仪式

● 2月4日，哈萨克斯坦国家铁路公司代表团到公司访问

● 2月4日，公司举行南车浦镇海泰制动机研究所成立暨奠基仪式

公司荣获2010年全国思想政治工作先进单位

● 1月20日，公司召开先进表彰大会

印度孟买线地铁车辆内部装饰

● 4月24日，几内亚客车项目交接仪式在上海港举行

月20日，公司举行印度孟买地铁首列车下线庆典仪式

中国南车 CSR

南车眉山车辆有限公司

CSR MEISHAN CO., LTD.

● 12月16日，公司召开第一次党员代表大会

● 9月15日，公司举办品牌知识抢答赛

● 8月30日，公司启动人力资源信息化系统

● 6月30日，公司举办“质量生命”电视演讲比赛

● 4月7日，公司试制的NX70A共用平车通过生产质量认证

● 11月2日，公司试制的X70型集装箱专用平车通过铁道部生产质
认证

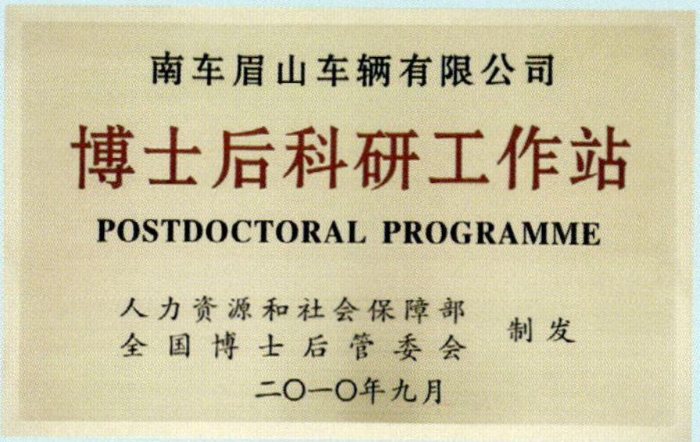

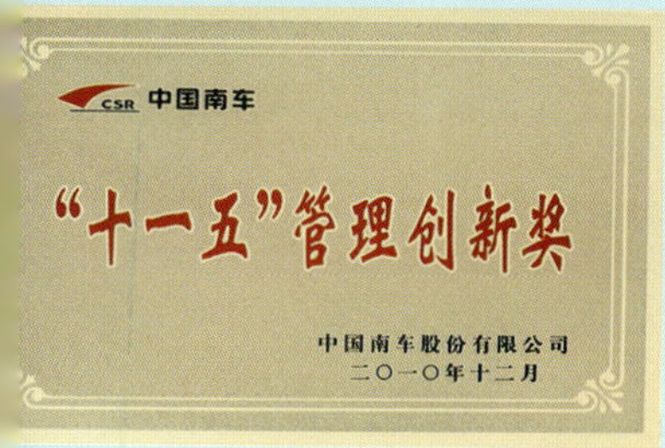

● 公司获得的各项荣誉

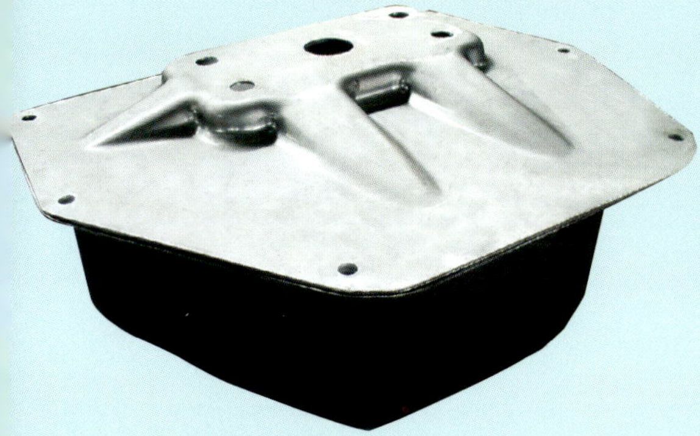

20—1型空气控制阀防护罩

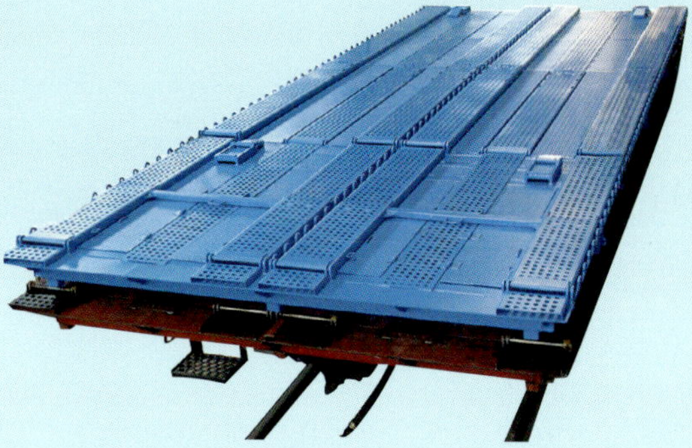

● 20英尺汽车板架箱

出口坦赞多用途平车

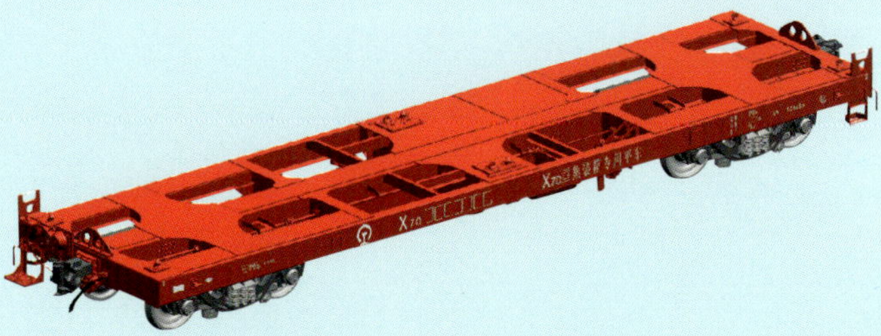

● X70型集装箱专用平车

南车成都机车车辆有限公司

中国南车 CSR CHENGDU CO., LTD.

● 8月10日，股份公司董事长赵小刚与独立董事到公司调研

● 2月2日，股份公司总裁郑昌泓到公司调研

高新技术企业

证书

企业名称:南车成都机车车辆有限公司　　证书编号: GR200951000320

发证时间:2009年12月28日　　有效期: 三年

批准机关:

● 4月21日，大连机车研究所有限公司代表团到公司访问

● 7月31日，公司组织部分女员工体验成灌快铁

● 2月1日，公司召开一届三次职工代表大会

韶山$_{4G}$型电力机车

● JD$_{160A}$异步牵引电动机

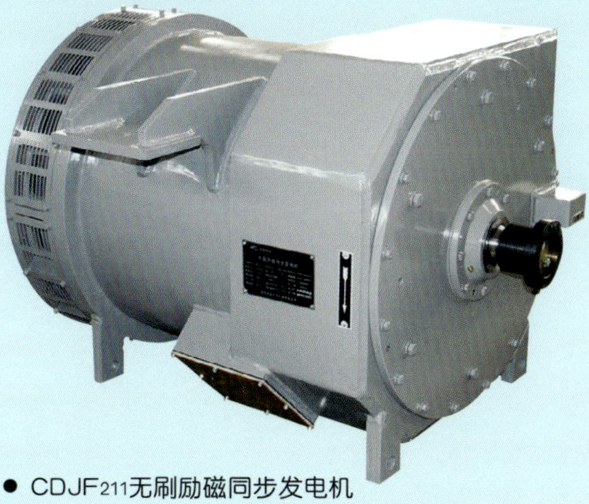

● CDJF$_{211}$无刷励磁同步发电机

● JD$_{157}$异步牵引电动机

● CA$_{25G}$型餐车

● RW$_{25G}$型软卧车

南车洛阳机车有限公司

CSR 中国南车

CSR LUOYANG CO., LTD.

● 3月23～24日，股份公司董事长赵小刚到公司调研

● 3月31日，股份公司总裁郑昌泓到公司调研

● 6月30日，公司召开庆祝建党89周年表彰大会暨洛阳分部一届七次职代会

● 1月3日，公司召开2010年工作会议

● 6月12日，公司工矿棚户区西区住宅改造项目正式开工

● 7月28日，公司召开劳动竞赛暨创意改善阶段总结表彰大会

3月23日，公司举行洛阳南车城市轨道车辆有限公司揭牌暨项目开工奠基仪式

● 11月27日，襄樊分公司举行韶山$_{6B}$型电力机车试修竣工仪式

4月12日，首台DF_{7G}轮对试修通过铁道部技术鉴定，取得大修与新造资质

● 11月份，公司完成两台GKD_3型机车首次中修

12月26日，公司召开和谐型电力机车二年检启动动员大会

● 12月28日，首台和谐型电力机车二年检开工

中国南车 CSR

南车二七车辆有限公司

CSR ERQI CO., LTD.

● 12月8日，公司召开第一次党员代表大会

● 公司举办安全生产知识答题活动

● 9月9日，公司举办技术交流会

● 5月7日，公司通过EN15085焊接质量体系认证审查

● 公司第一届运动会二七接力赛

● 公司组织IRIS培训

● 第四届女员工运动会绸扇舞比赛

公司生产的散堆箱

● 激光切割机投入运用

JC系列弹性旁承拆装检测机

公司研制的X70型集装箱专用平车

● 1月22日，公司与石家庄铁道学院签订战略合作框架协议

● 4月25日，公司欢送许秀峰参加全国劳模表彰大会

● 5月20～21日，公司举办"同一个中国南车"品牌培训班

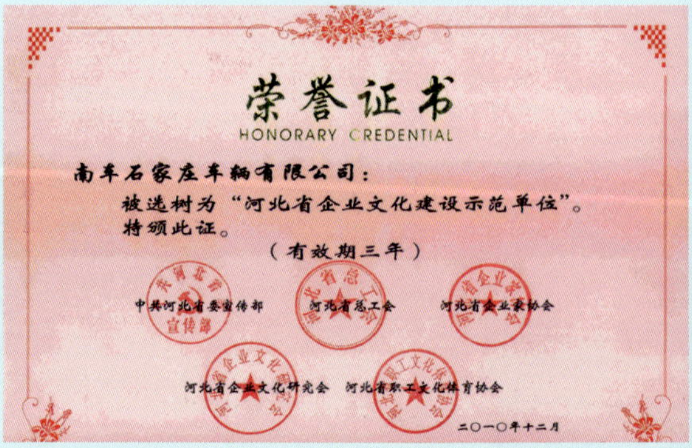

荣誉证书
HONORARY CREDENTIAL

南车石家庄车辆有限公司：

被选树为"河北省企业文化建设示范单位"。
特颁此证。

（有效期三年）

中共河北省委宣传部　河北省总工会　河北省企业家协会

河北省企业文化研究会　河北省职工文化体育协会

二〇一〇年十二月

● 公司被河北省选树为"企业文化建设示范单位"

● 10月29日，公司试制生产的X70型集装箱专用平车通过铁道部生产质量认证

● 5月14日，公司X6系列集装箱平车锁闭装置改造通过铁道部生产质量认证

10月5日，公司举行首批国铁新造货车中标暨TQ80型履带式起重机首件底盘总成下线仪式

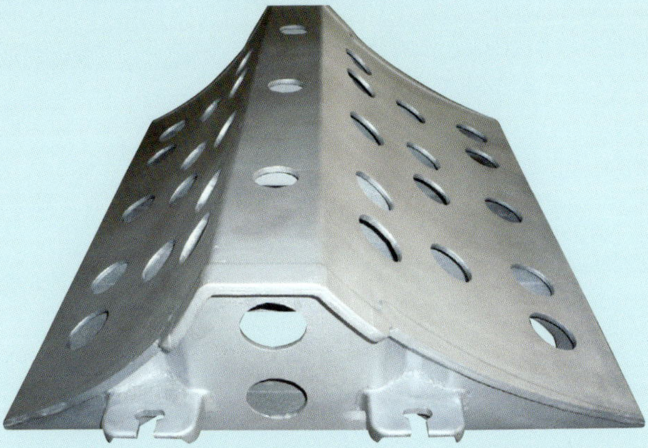

● 轻量化设计改进的新型铸铝止轮挡

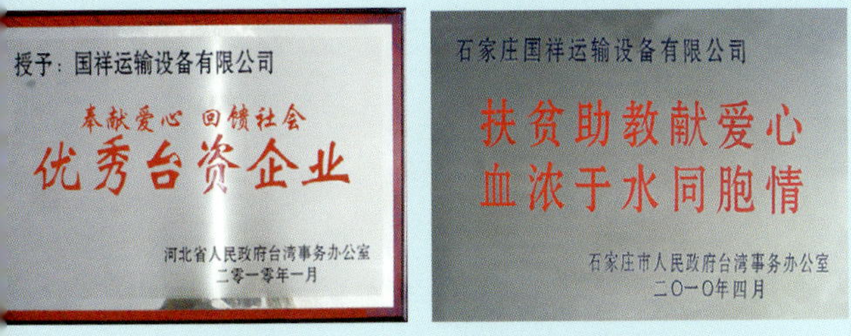

公司合资企业石家庄国祥运输设备有限公司获得的荣誉

● 7月15日，石家庄国祥运输设备有限公司自主研发制造的350公里速度级动车组用客室空调装置出厂

公司为中土集团利比亚和沙特铁路施工项目设计的NT60平车

● X70型集装箱专用平车

南方汇通股份有限公司

SOUTH HUITONG CO., LTD.

● 1月26日，股份公司董事长赵小刚到公司调研

● 迎新春联谊会

● 元宵节晚会

● 公司第六届员工运动会

● 公司举办第二届技能运动会

● 公司投资数千万元对货车检修、新造生产线进行提质改造

● 公司全年货车检修突破万辆

南车株洲电力机车研究所有限公司

CSR ZHUZHOU INSTITUTE CO., LTD.

中国南车

● 6月11日，湖南省委书记周强到公司视察

● 7月7日，湖南省代省长徐守盛到公司视察

● 5月12日，公司举行南车时代电气半导体研发中心启动暨丹尼克斯首条六英寸晶闸管开通庆典

● 9月17日，公司携手英维思进入城轨信号市场

● 10月26日，公司协办IEC/TC9年会

● 12月4日，公司与内蒙古通辽市科左后旗签订投资协议

公司总经理丁荣军荣获全国劳动模范称号

● 6月29日，公司研制的500余台电动公交车交付用户

● 公司荣获湖南省百强企业

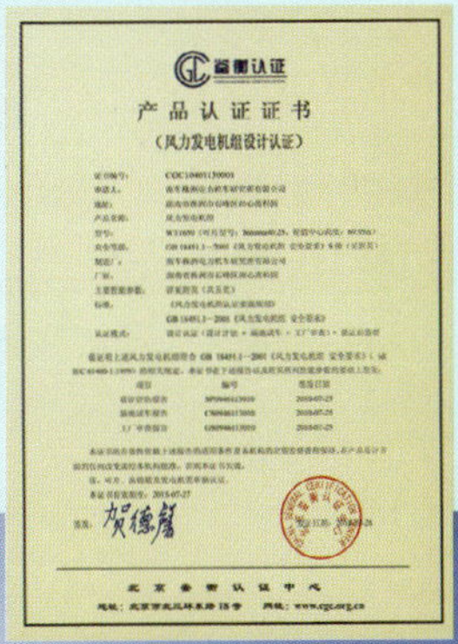
鉴衡认证

产品认证证书

（风力发电机组设计认证）

● 公司风力发电机组获北京鉴衡认证

国家科学技术进步奖

证 书

为表彰国家科学技术进步奖获得者，特颁发此证书。

项目名称：特大功率电力电子器件技术研发及推广应用

奖励等级：二等

获 奖 者：株洲南车时代电气股份有限公司

证书号：2010-J-219-2-02-D01

公司获得国家科技进步二等奖

中国南车 CSR

南车戚墅堰机车车辆工艺研究所有限公司

CSR QISHUYAN INSTITUTE CO., LTD.

● CRH380A动车组齿轮箱驱动装置生产现场

● 风电齿轮箱综合试验台

● 班组看板

● 班前喊话

● 5月25～27日，公司对试点单位班组长进行军训

● CRH380A动

● 汽车零部件机加工车间

● 热处理车间

驱动装置

● 9MeV电子加速器工业CT系统

● 磨齿车间

○ 公司总部全貌

● 3月23日，股份公司董事长赵小刚到公司调研

● 10月13日，股份公司总裁郑昌泓到公司调研

● 11月7日，公司全资子公司江苏南车电机有限公司举行奠基仪式

● 11月13日，公司全资子公司北京南车电机销售有
公司成立

● 公司创先争优总结大会

● 公司分厂党员公开承诺大会

● 公司健美操队代表铁道部参加全国健
比赛荣获冠军

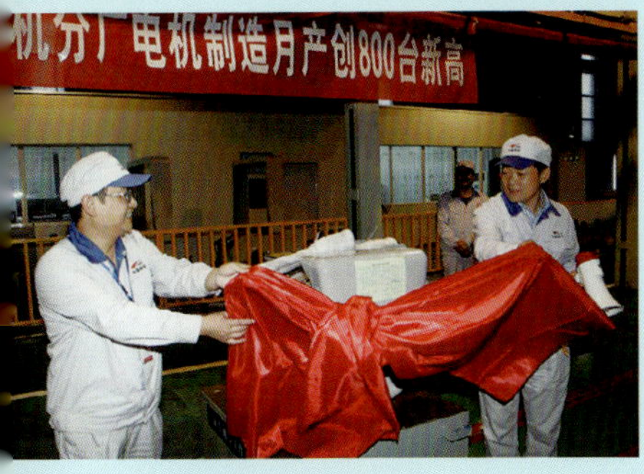

● 公司产能屡创新高

● 公司举办首届技能大赛

● 混合动力电动汽车电机

● JD130电动汽车牵引电机

● CHR380A动车组变压器

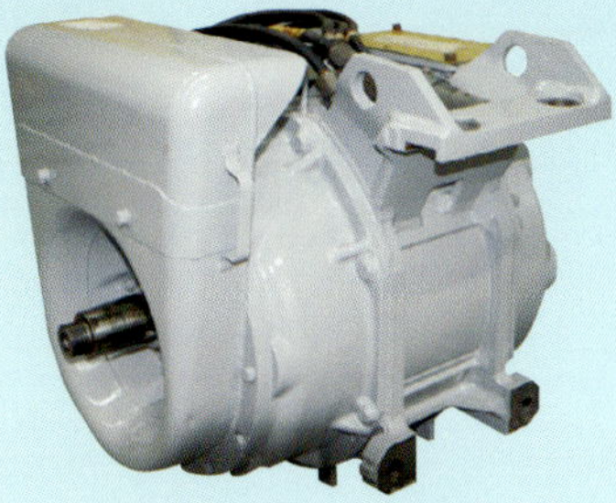
● CRH380A动车组电机

● YSP315石油钻机电机

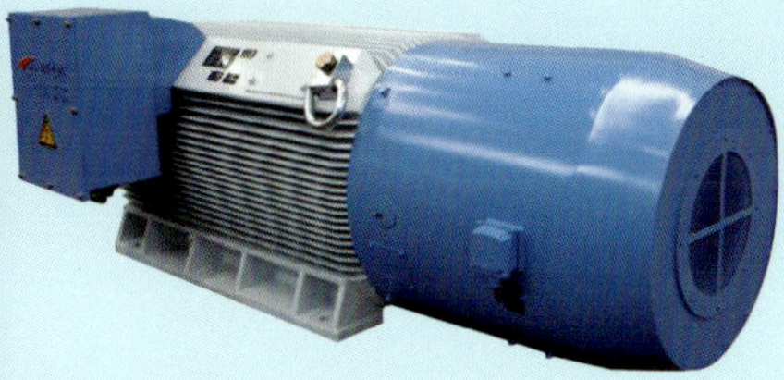
● YJPQ变桨电机

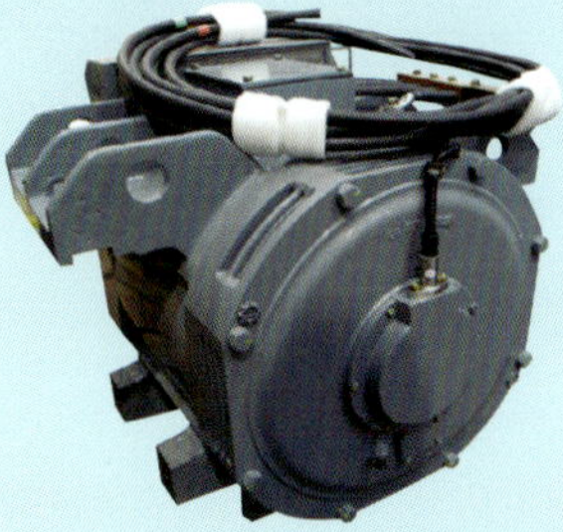
● 北京地铁房山线牵引电机

● 9600千瓦机车牵引变压器

● 7200千瓦机车牵引变压器

● 3MW风力发电机

常州铁道高等职业技术学校

CHANG ZHOU RAILWAY WOCA TIONL & TECHNICAL ACADEWY

● 中国南车基层组织书记岗位培训班

● 学校举行纪念建党89周年暨创先争优动员大会

● 中国南车劳模（电工）培训班

● 中国南车车车间主任岗位培训班

● 学校举行2010年国家奖学金颁发仪式

● 中国南车班组建设管理人员培训班

● 共青团常州市委领导来校调研

学校举行师德师风知识竞赛

● 学校举行庆祝教师节暨表彰大会

学校四川绵竹班学生毕业典礼

● 学校召开三届三次教代会

● 学校2010年安全工作会议

学校焊接技能大赛

● 学校省级课题结题会

● 新生军训结业典礼

欢迎2010届新生

● 学生干部培训班

● 学校第23届田径运动会

中国南车下属子公司分布图

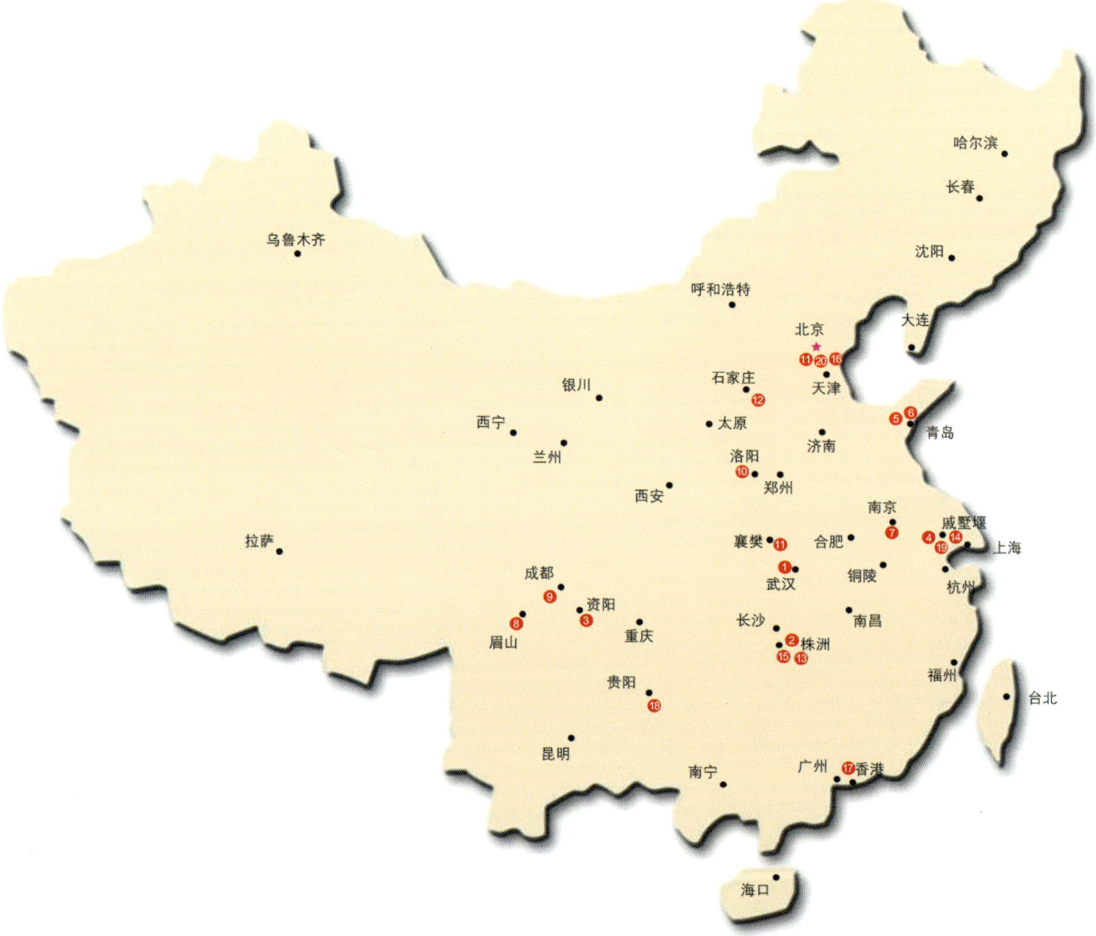

1. 南车长江车辆有限公司
2. 南车株洲电力机车有限公司
3. 南车资阳机车有限公司
4. 南车戚墅堰机车有限公司
5. 南车青岛四方机车车辆股份有限公司
6. 南车四方车辆有限公司
7. 南车南京浦镇车辆有限公司
8. 南车眉山车辆有限公司
9. 南车成都机车车辆有限公司
10. 南车洛阳机车有限公司
11. 南车二七车辆有限公司
12. 南车石家庄车辆有限公司
13. 南车株洲电力机车研究所有限公司
14. 南车戚墅堰机车车辆工艺研究所有限公司
15. 南车株洲电机有限公司
16. 南车投资租赁有限公司
17. 中国南车（香港）有限公司
18. 南方汇通股份有限公司
19. 常州铁道高等职业技术学校
20. 北京铁工经贸公司

南车长江车辆有限公司

（工商登记营业执照编号：420115000003429）

董事长　张　作

总经理　胡海平

党委书记　桂祖康

【概述】　2010 年，公司围绕全面预算管理以 ERP 信息管理系统为平台，结合绩效考核管理，进一步细化各项专业预算，在公司总部和分支机构两个层面以及产品目标成本预算和费用计划两大方面改进优化财务预算管理，基本实现各业务预算与公司财务总账系统以及预算指标与绩效指标的有效对接，初步建立滚动预算机制，确保预算目标有序可控。完善全员绩效管理体系，充实了班组绩效管理系统、部门绩效评价系统和部门周边绩效评价方案，并且不断优化绩效管理（KPI）指标，与公司发展战略、年度经营预算密切关联和对接，增强了部门绩效与公司绩效的正向关联度。着力改进目标成本管理体系，优化目标成本指标，通过绩效考核促使各成本责任中心挖掘降耗潜力，与上年相比，主产品新造车物耗成本降低 1.04%，修理货车综合毛利率上升 3.74%，以全年采购量和同业平均采购成本计算，主要钢材采购成本节约 203 万元。强化财务风险管控，加大应收账款管理力度，全年收回应收账款 35.74 亿元，收回应收账款与营业收入比率为 100.87%。加强资金管理，融资成本得到有效控制，开具商业票据 22.2 亿元，节省融资成本 512 万元；盘活铜陵分公司因产品结构调整产生的呆滞资产 6200 万元。

创新安全检查形式，与体系运行有机结合，按照体系内审的方式要求开展 4 次公司级安全检查，确保了生产安全，全年轻伤事故为 1.24‰，同比下降 38.8%。加强人才队伍建设，按照民主、公开、竞争、择优的原则，分级选拔后备人才，建立较为完整的后备人才库，同时，着力培养高技术、高技能人才，全年晋升技师 50 人，高级技师 21 人。根据市场价格分析及物料需求计划的特点，制定多种采购策略，实现最佳物料采购供应方案，战略采购和定向采购累计降低采购成本 3660 万元。重点抓住“生产技术准备、产能综合平衡”两条线，从人、机、料、法、环、测六个方面，对资源进行梳理、优化，将准备、生产、沟通三者相连贯进行一体化管理，不断对综合生产能力平衡工作进行完善，有效提升生产管理水平。围绕重点客户，加大沟通力度，瞄准特种车市场，加强市场调研，着力海外市场，拓展国际贸易，营销工作取得成效。全年国铁车中标5853辆，自备车中标2490辆。厂修车中标8291辆。海外市场新签整车项目7个，共计1332辆，实现整车出口226辆。

株洲分公司坚持围绕公司总部年度经营目标和分公司主要职能，强化安全基础管理，制定《株洲分公司安全生产“三同时”管理办法实施细则》，规范和细化株洲分公司安全管理制度，提高管理操作性和指导性，全年无重大火灾爆炸事故，实现安全生产“三零”目标，并且通过“国家安全质量标准化一级企业”周期考评。

围绕成本中心定位，深化财务管理，加强成本控制，全年产品成本节约额达792万元。优化生产技术服务，不断创新企业技术实力，完成货车制动系统优化、旧油漆线改造、转向架生产能力提升等扩能技改项目。加强人才队伍建设，规范劳动用工管理，完善KPI指标体系，绩效激励作用进一步发挥。以优化ERP管理为平台，全面推进精益生产工作，在人才育成、TPM设备保全、5S现场管理、改善提案等方面进行不断探索和实践，台车车间轮对线被南车审定为二星级精益生产示范线。围绕创建“两型企业”，全面落实创建工作中的28项具体工作，连续10年保持“绿色企业”称号。

坚持用户利益至上原则，不断创新质量管理举措，开展“质量信得过检查员”、“质量信得过班组和质量信得过员工”评选活动，促进员工质量意识和产品实物质量提升。加强对质量管理体系运行情况的监督检查，定期发布“质量管理体系运行监控通报”，确保体系的有效运行。强化供应商管理，对供应商生产许可合法性进行全面清理和评审，并且按季组织对外购件进行了全品种识别，保障外购件产品质量。加强产品实现过程的作业指导，落实“工艺一口清、操作一手精”要求，编制各种作业指导书共计363份，并对各种作业人员分别组织进行培训、口述答辩、理论和实作考试，使各种作业人员熟练掌握相关作业要求。下发《株洲分公司交车作业流程》，规范向客户交车作业程序，针对文件、实物的符合性、齐全性、有效性，开展“三对三查”活动。制定《互检工作实施细则》，明确各单位职责，规定“识、看、检、记、做”为互检标准动作，规范互检制度实施流程，明确上下工序互检要求。开展“质量安全大检查、大整治活动”，自查发现95项问题，对问题逐一分析原因，明确责任单位，制定整改措施，专项检查组对各单位措施完成情况进行复查验证。组织开展“质量月”活动，开展以“下工序即是用户”为主题的质量大讨论，刊发质量方面新闻稿件67篇次。围绕改进管理、改进操作方法、提高效率和产品质量等方面，组织提报改善提案，提报实施改善提案59条，针对存在的质量问题，组织质量攻关活动。全年新造货车一次交验拒收率累计为2.99%，同比下降5.53%。用户发现的致命缺陷辆均下浮率67%，重要缺陷辆均下浮率48.48%。主产品辆均废品损失由上年72.3元，降为50.48元。无批量返厂修和险性、重大、大行车责任事故。C_{70H}敞车在铁道部春季货车质量抽查对标评比中排名第三，秋季货车质量抽查对标评比中排名第十，产品实物质量稳步提高。不断提升订单履约能力和均衡生产能力，全年完成X_{70}型平车、FMG道砟车、PN磁铁矿敞车、沙特硫酸罐车等14种新产品的试制及17种产品的批量生产，实现主营业务收入14.8亿元。

铜陵分公司根据长江公司战略规划，抓“技改转型”和“生产经营”两不误。加快实施铸造、锻造系统在建工程项目，完成新建车轴机加工、车钩造型、110千伏变电站等厂房及动能站所26座，修缮铸造车间利旧、发运利旧等厂房6座，建成铸造、锻造车间各项设备基础设施139项，铺设天然气、给排水等各种管道41000米，架设各种动力电缆53000米，共计完成建设面积61005立方米，添置新设备826台/套，搬迁、改造安装设备123台/套。至年末，已签订技改项目合同36812万元，实际完成28604万元，当年完成18419万元，累计完成投资78%。

加强财务预算管理，建立费用滚动预算与季度分析工作制度，强化财务风险管控，加大对应收账款的管理力度，全年完成核销项目906万元，分公司荣获安徽省2008-2009年度A级纳税信用等级。推进信息化建设，全面预算系统、人事管理系统、财务成本管理系统等六项ERP子系统以及新开发的车轴质量管理系统上线运行。加强体系管理，“三合一”管理体系通过年度监督审核，测量管理体系完成全面换版。

抓住技改契机，全面导入精益理念，提高员工精益意识，突出点的示范作用发挥，狠抓试点单位车轴车间的TPM和6S等基础工作，夯实“精益班组建设、现场6S、TPM和改善提案”四大模块，在过程控制上，实行ERP系统控制措施，设备故障停机率控制在8.6%，分公司108个班组全部按要求进行注册，试点车间现场班组管理看板覆盖率达到100%，改善提案全年完成104项，参与率达到26%，实施率达到98%，完成年度精益生产工作目标。

根据《长江公司2010年方针目标分解方案》与《南车长江公司2010年质量工作要点》，制定下发《铜陵分公司质量管理考核办法和质量指标》、《铜陵分公司专项质量奖励办法》、《铜陵分公司售后服务管理办法》，完善质量管理与考核机制，推进质量管理体系健康有序地运行。组织“铁道部货车质量安全检查问题整改”、“南车股份货车造修质量大检查和轮轴探伤工作专项对规对标检查问题整改”、“南车股份货车质量专项整治检查问题整改”、“长江公司总部货车造修质量专项检查的问题整改”专项活动，制定质量指标分解计划，通过对全体员工进行质量意识教育，对关键特殊工序操作人员进行在岗培训，对工艺纪律进行频繁检查与跟踪验证，产品质量得到改进提高。车轴与摇枕侧架质量监督抽查合格率均为100%；车轴一次交验拒收率0.99%，比考核目标5%，降低4.01个百分点。摇枕侧架一次交验拒收率为0，比考核目标8%，降低8个百分点。全年，通过对3A级测量管理体系认证年度监督复查审核，在用测量设备合格率为99.3%，比考核目标95%，上升4.3个百分点。

全年完成车轴23046根，其中RD2半光轴7360根，RE2B半光轴7035根，RE2B精工轴7110根，RD3A半光轴546根，昆明中铁半加工轴429根，其他各种车轴566根。生产摇枕侧架3589只，其中原工艺K2侧架520只、摇枕189只，K6侧架1414只、摇枕469只，潮模砂工艺K6摇枕300只、侧架600只，其他产品：转8G侧架97只，砂箱138只。实现主营业务收入14335万元，较上年同期18928万元，减少4593万元，降低24%；亏损5724万元，较上年亏损6244万元，减亏520万元，减幅8%。人均收入20987元，比上年19862元，增幅5.6%。

常州分公司夯实基础管理，开拓外部市场。在基础管理方面，加强制度的建设和完善，优化绩效管理体系，提升管理水平。加大成本绩效指标的管理力度，公布《细录成本绩效指标管理办法》等办法，加大监控、考核力度。规范协作单位管理，实施源头质量控制。加强劳动定额管理，做好定额工时申报。合理调整岗位设置，充分优化人员配置。完善薪酬分配制度，组织修订岗位绩效工资实施办法，制定《高技能人才奖励管理办法》，切实调动高技能人才主动性和积极性。加大精益生产推进力度，通过宣传发动，建章立制，全员参与，齐抓共管，营造“强管理、推精益、保生产”氛围，提高员工对推行精益生产重要性认识。加大精益生产考核力度，层层传递压力，把精益生产纳入分公司月度重点工作管理。加强现场管理，在各车间分别开设“6S”试点区域，在对试点区域工艺布局优化的基础上，重点开展整理、整顿工作，充分发挥好三级组织作用，狠抓定置率达标工作。按照“TPM”自主保全活动步骤，逐步实施设备清扫、发生源、污染源的改善、润滑注油基准制定等。以目视化为管理手段，以生产班组和设备使用者为主体，通过对设备自主保全活动，持续改善分公司设备管理水平，提高重点设备自主保全实施率。

拓展非主营业务，在司机室、美摇、机车车钩、机车车轴等传统产品基础上，增加米轨轮对、焊轨车、地铁轮对等产品。全年完成非主营产品 GE 司机室 195 台份、GE 车轴 1767 根、焊轨车 11 辆，实现非主营业务收入 4026 万元。

组织开展分公司技术改造项目环评报告，做好技改方案的设计与实施。年内，完成抛丸间大修兼改造技术方案制定及实施、油漆库改造技术方案制定及实施、整体技术改造方案设计及报批实施。完成钢结构、台车、落车、分解、美摇、信息化、综合技术楼、动力系统等项目技术改造实施方案设计以及关键设备采购技术要求和招标文件的编制（激光切割机、等离子切割机、数控折弯机等设备和信息化），实施钢拆、美摇场地调整以及前期施工。

围绕“一个增强”、“两个提升”，完成专用焊轨平车设计及研制、正火车集装箱设计及研制、上海铁路局专用平车、自带动力正火车研发等设计及研制，完成 P_{64AK} 型棚车、P_{64AT}、C_{64K} 试修、中集公司集装箱锁闭装置、货车低摩制动、货车折角塞门、C_{76} 等车型改造试修及厂级鉴定各项工艺服务。

以细化工艺布局和货车检修工艺为抓手，制定新型交叉杆检修工艺、旧型后档修复工艺、MT 缓冲器检修工艺、戚机公司机车车钩缓冲装置检修工艺、P64 系列棚车木结构状态修工艺、铁敞车门板挖补、截换检修工艺，通过新型工艺的制定和实施，降低修车成本，提高产品效益。

部署开展货车质量安全“大检查、大整改”专项活动，整改问题点 27 项。会同部驻常州机车车辆验收室开展货车修理“三对三查”产品实物质量对标检查工作。强化工序质量控制，对现场工艺文件执行情况进行检查、整改和考核，从源头上查找原因，消除质量安全隐患。加强提升质检队伍素质，开展检查人员培训与教育。全年未发生行车事故及批量返厂修，厂内验收质量反馈中未发生产品批量性错、漏检，铁道部货车 HMIS 抽查排名（厂修）第一。

组织领导干部和安全管理人员参加安全生产管理培训，明确落实安全责任，形成齐抓共管的安全生产局面。大力开展“平安创建”活动，开展消防知识的培训宣传，坚持消防器材检查、应急预案演练，全面完善治安防控体系。全年员工轻伤 3 起，低于 8‰ 的轻伤指标，实现“死亡为零、重伤为零、新增职业病为零”的年度安全生产目标。

武汉分公司以生产管理为核心，以制度管理为基础，不断深化 ERP 管理，完成 ERP 质量管理子系统（采购及外协配件入库检验部分）、全面预算系统、设备及固资管理子系统的上线运行。对管理职责及流程进行梳理，并结合管理流程对管理制度进行重新修订。下发《武汉分部全员绩效管理办法（试行）》、《武汉分部部门 KPI 评价办法》、《武汉分部部门周边绩效评价办法》，全面推进全员绩效管理工作。加强成本费用管控，根据年度费用预算确定各部门归口管理的费用项目及全年预算金额，按季度分劈年度费用预算指标，形成季度滚动预算，将费用控制在预算范围内。强化目标成本指标管控，以历史数据为基础，根据各部门责任大小，将目标成本指标进行分解并制定相关考核办法。对货修旧件委外检修合同价格进行重新核定，价格管理成为增收节支的重要手段。制定《分部现场目视化管理方案》、《分部现场定置管理点检表》、《分部“6S”活动实施管理办法（试行）》和《分部工间休息区管理制度》等现场管理制度，严格按照规范要求，切实推进生产现场管理。

完善多项管理措施，修订《质量考核与曝光管理办法》，建立《检查员内部错、漏检考核制度》、《产品升级交检、交验制度》等管理制度，实施检查员上、下工序间错漏检内部考核激励机制，对出现重大错漏检的责任人实施内部考核，增强专检人员岗位责任感和危机感，降低错（漏）检和厂外质量故障发生率，促进产品实物质量提高。面对新造、修理产量大、车型多的生产局面，为保证新造、货修产品质量，要求不论时间再紧、工作再忙，质量标准坚决不降低，严格按照技术标准和质量要求把好产品质量关。狠抓原材料及零部件的入厂检验，以源头质量保工序产品质量。落实“三检一验”制度，产品质量实行实时考核，强化货车检修关键部件、关键部位质量控制。针对车辆典型故障率和上半年对规对标检查排名情况，开展为期两个月的产品质量大反思、大讨论活动，员工的产品质量意识得到增强。制订《分部吊索具管理办法》、《装备管理处工具管理与考核办法》、《装备管理处采购管理办法》等各项管理制度，规范业务流程。结合分部实际情况，将设备维修人员划归车间管理，理顺了关系，明确了责任，对重点设备的运行实行重点管理，对其运行状态进行跟踪统计，从中分析故障发生原因及规律，最大限度减少设备的停机时间。完成货修整车涂装线设备的维修调试，并根据现场实际情况，协同厂家、基建方对生产、安全等方面问题进行整改，保证生产正常进行。

针对精益生产专业性特点，武汉分部相关职能管理部门成立专业执行小组，处室及车间成立本单位的精益生产实施小组，将精益生产管理工作落实到每个班组和岗位，有效保证了分部精益生产工作顺利开展。按照公司精益生产要求，制定二十项制度，初步建立精益生产相关制度体系。在 6S 工作方面，制定下发 6S 精益生产管理制度，对试点车间生产现场存在的问题进行了整顿，现场环境有较大改观。部分车间完成了 6S 责任区划分及优化，各班组的区域划分及标识固化，组织对吊索具存放、配件存放托盘等工位器具和工装进行改善。依照南车集团要求，在台一车间成立轮对压装精益生产示范线，在落车车间成立钩缓检修精益生产示范线。根据 TPM 年度实施计划和分部实际情况，注重抓重点和员工观念转变，以点带面，先从试点车间的试点设备开始推进 TPM 工作，在试点设备取得成效后推行到全部关键重点设备。全年，完成全部 180 台关键重点在用设备的清扫润滑点检规范和板预、型预专业点检规范的制作。

针对生产任务重、时间紧以及设备磨合能力不稳状况，强化生产组织指挥，采取“七对七”两班倒甚至三班连轴转的工作制，加强生产协调，合理调配使用人力资源，有效调动员工积极性，确保生产任务完成。

【基建与技改】 围绕公司发展战略和产能提升，加快推进相关技改和基本建设工作。年内，武汉分部货车配套项目厂房和办公区以及构筑物工程全部完工并按期交付。铜陵分公司车轴机加工部分完成搬迁并批量生产，K6摇枕、侧架通过部级生产质量认证评审，投入批量生产，形成车轴9000辆份、摇枕侧架6000辆份生产能力；车钩技改项目加速实施，将于来年4月开始试制；车轴扩能项目和冷弯型钢项目按计划推进。常州分公司货车整车油漆涂装生产线技改项目进入实施阶段，全年技改投资4967万元，占总投资10494万元的47.3%，完成设备招标采购42台套，完成厂房改造的80%工程量。株洲分公司6200辆新造货车扩能改造全部完成。

【技术创新与新产品开发】 全年完成39个整车产品和零部件的试制及批量生产工艺工作，首次应用柔性轨道等离子自动焊新工艺，开展并完成铁路货车滚动轴承压装技术研究等10余项工艺创新项目。共申请专利83项（包括申请国外专利4项），获得国内授权专利52项。

完成40吨轴重旁承承载转向架、摇枕安装式转向架集成制动装置及C80BH型运煤专用敞车、转K5型转向架装车样机、K16A矿石漏斗车改进样车研制和K16A用3D轴构架式转向架改进设计。完成载重80吨级通用敞车优化设计及可靠性研究和载重85吨级通用敞车、载重100吨级运煤专用敞车、载重100吨级煤炭漏斗车、大轴重氧化铝粉罐车、TP9、特棚70、2021运输车组方案设计。完成香港道砟车和集装箱平车及转向架、JB7-1特种车的工作图设计。开展转K4、K5型转向架关键零部件可靠性、低动力大轴重摆动式转向架可靠性研究、转向架低动力作用技术和评价标准研究以及自调高转向架技术方案研究。

完成沙特磷酸盐漏斗车、通用敞车、通用棚车、通用平车、柴油罐车、硫酸罐车、带盖敞车、道砟车、澳大利亚FMG公司钢轨运输车、平车、平渣车、自翻车研制。完成出口加蓬车、沙特双层集装箱车和重油罐车设计。完成出口澳大利亚PN磁铁车、PN煤车控制型转向架、缅甸米轨转向架、加蓬车转向架研制。完成BHP车钩改进研制及FMG矿石敞车用E+级钢F型车钩改进研究。开展滑动梁缓冲装置技术研究和非洲矿业漏斗车、澳大利亚ARG公司两种磁铁矿敞车方案设计。

【质量管理】 成立公司质量管理委员会，加强质量工作的组织领导，落实质量职责。以货车“八防”为重点，强化对关键工序、关键零部件的质量控制，健全供应商准入、分级、评价机制，并对27家协作件供应商的质量保证能力及生产能力进行综合评价，加强质量源头控制。对涉及货车“八防”的工序和相关零部件进行重新识别，制定《货车新造、修理“八防”工序和相关零部件范围界定的工艺通知》，加强过程控制。下发《关于对关键设备进行开工前性能验证工作的通知》，对重新识别的94台设备关键设备，规定每台关键设备的开工性能验证方法，严格执行每日开工前关键设备技术性能验证制度，提高装备保障能力。制定产品升级交验、交检管理制度，落实“四不放过原则”。以员工质量责任意识、质量理念教育为载体，推进“精益生产”和国际标准体系建设，举办了《铁路交通事故应急求援和调查处理条例及规则》培训，开展“工艺一口清，操作一手精”员工培训和达标活动，组织了IRIS标准培训以及RAMS/LCC培训（产品的可靠性、实用性、可维护性和安全性、寿命周期）、APQP（先期产品实现策划）PPAP（生产件批准程序）、MSA（测量系统分析）等先进质量管理工具培训。建立常州分公司、铜陵分公司、武汉分部ERP质量管理系统（采购及外协件入库检验部分），制定《ERP质量管理系统采购及外协件入库检验管理办法（试行）》，加强对原材料、配件入厂复验的控制。

通过 AARM-1003、AARM-101 认证以及国军标质量管理体系认证，完成 IRIS 质量管理体系文件编制和评审工作。开展产品质量安全大检查大整治活动，组织各分公司（分部）以货车转向架、制动装置、钩缓装置、车体悬挂件造修、车轴制造实物质量和探伤工序实物质量为重点，开展“三查三对”，认真排查和整治质量安全隐患，针对货车质量专项整顿和产品质量安全大检查大整改活动中发现的 119 项问题，制定整改措施，逐项贯彻落实，促进产品实物质量的提高。年内，公司实现无 D 类及以上行车责任事故、无批量返厂修事故、产品监督抽查合格率 100%、货车新造及货修一次交验拒收率<10%的质量目标。

【精益生产】 建立并完善组织机构、工作机制和制度保障体系，逐步形成党、政、工、团联动，精益办带动，职能部门主动的工作格局。制定精益生产各类管理制度 66 项，下发执行了精益生产五年规划、三年滚动实施计划和年度计划。编印《精益生产知识手册》，利用各种宣传载体和形式宣传精益思想、工具和方法，实时反映公司各单位的做法、取得的成绩，跟踪曝光需要改进的问题。举办 196 场精益生产特训营及各类培训，开展精益生产知识和理念普及“五个一”活动，组织公司 230 名中层管理人员参加网上精益生产理论考试，精益理念、工具和基本方法得到普及，有效保证了精益生产工作的顺利推进。年内，公司精益生产的质量指标、效益指标均达到中国南车要求，株洲分公司“轮对生产”示范线被评为中国南车二星级精益生产示范线。各分公司（分部）现场定置、自主保全、班组管理实施程度和效果指标持续向好，全员参与热情明显提升，实施改善提案 2893 件，实现可衡量直接经济价值 173.4 万元。

【党群工作】 公司党委以开展深入学习实践科学发展观“回头看”活动为主线，以系列主题教育实践活动和“四好”创建活动为载体，积极发挥党组织的政治优势，为公司实现打造行业领军企业的目标提供有力的政治保障。注重将“回头看”活动与推进生产经营工作相结合，与推进整改方案落实相结合，加快成果转化，把科学发展观落实在实处。开展“加强党性修养、弘扬优良作风、促进科学发展”主题教育活动，重点学习《反对自由主义》、《中国共产党党员领导干部廉洁从政若干准则》等篇目，并结合工作提出具体要求，确保“回头看”自查整改和主题教育与当前工作两手抓、两不误、两促进。开展“转变发展方式，承担时代使命”专题学习，以发展的愿景引路导航，以典型人物引领示范，不断提振员工士气，调动员工积极性、主动性和创造力。开展“立足岗位，降本增效”党内主题实践活动，各分公司围绕“精益生产”，结合实际，进行降本增效选题立项，增强主题实践活动的针对性和有效性。健全理论中心组学习制度，学习讨论活动实现制度化、规范化，全年集中学习 13 次，学习内容包括：党的十七届五中会精神、中国南车党风廉政集体谈话的有关要求、中国南车品牌整体规划、内部控制建设与全面风险管理、破解管理困境、迈向人才强国、实践科学发展观与企业自主创新、全员绩效管理、管理核心技能等，公司党委中心组获“武汉市 2007～2009 年度企业党委中心组理论学习先进集体”，并作了题为《用学习成果推进企业整合步伐》的经验交流。打造学习型企业，全员读书活动持续深入，将《员工手册》宣贯与规范员工行为、建设精益文化相结合，促进员工思想观念转变，加速文化融合和核心价值观的培育，公司读书励志活动入选武汉市《首批创建学习型党组织 22 个典型案例》。围绕完善惩治和预防腐败体系建设、加强党风廉政建设和深化效能监察，突出制度建设，强化反腐倡廉宣传教育和对用权行为的监督，制定《南车长江车辆有限公司关键技管岗位及人员交流办法（试行）》《南车长江车辆有限公司“三重一大”事项决策和监督管理办法》《南车长江车辆有限公司廉洁风险防控工作实施意见》等8项制度。针对中国南车惩防体系建设检查评估组对公司惩防体系建设情况评估检查时提出的意见和要求，召开专题会议研究部署整改工作，下发《关于落实惩防体系整改工作计划的会议纪要》，明确整改项点、整改措施和落实时间， 37 项整改内容全部完成。开展领导人员廉洁自律自查自纠检查，组织公司班子、部门签订集体廉洁承诺和领导干部个人廉洁承诺书活动，促进各级领导人员廉洁从业。结合精益生产、成本控制、投资监管、等重点工作，实施效能监察，全年参与日常生产用料集采和项目招议标现场程序监督51项，通过物资配件采购管理效能监察节约资金170多万元。

公司工会以“建立一个体系，畅通两个渠道，抓住五个重点”为工作重心，建立公司工会组织机构和工作制度，实行“统一领导、分级管理”。召开第一次女职工代表大会，组建公司第一届女职委。畅通民主管理渠道和帮扶救助渠道，召开公司第一届一次职工代表大会，组建职代会四个专门委员会，颁布《长江公司职代会实施细则》《职代会专门工作委员会工作制度、工作流程（试行）》，对涉及公司重大决策和员工切身利益的《长江公司劳动合同管理办法》《公积金调整方案》《员工轮岗学习管理办法》等制度广泛征求员工意见，并依法进行审议。抓住劳动竞赛、劳动保护督查、素质教育、文体工作、自身建设等重点，切实履行工会工作职能，发挥工会组织的双维护双促进和桥梁纽带作用。发挥“三保证”专用资金的救助作用，足额投入，专款专用，切实保障困难群体的基本权益，走访慰问特重困员工205人、困难员工1781人，发放困难补助和物资131.12万元，金秋助学资助困难员工357人，支出24.96万元。

公司团委坚持党建带团建，加强团的建设，增强组织活力。根据公司“总分”式集中管控型治理模式的特点，探索和研究共青团工作的运行模式和机制，制定《关于进一步加强和改进长江公司共青团工作的实施意见》，不断改进自我运行能力和工作效能。围绕党政中心工作，深化团内主题活动，为团员青年建功立业搭建平台，组织“青年英语人才选拔大赛”，15位团员青年被授予“长江公司青年英语人才”称号。组队参加中国南车首届青年英语风采大赛，获得团体三等奖，团员青年张新获得最佳英语思维奖。部署“抓精益促成长”主题实践活动，各分公司团委根据各自实际和特点，采取多种形式，深化主题实践活动，切实发挥团组织助推作用，青年精益实践活动取得真绩实效，轴重40 吨敞车工艺设计项目组获得“神华杯”中央企业青年创新奖。

【重要纪事】 4月13日，与华菱公司就有关战略合作达成相关协议。5月18日，国务院国有重点企业监事会主席路耀华到长江公司调研。5月20日，首批125辆出口沙特的磷酸盐漏斗车在武汉分部完工，陆续运抵沙特阿拉伯交付使用，中国南车品牌首次亮相中东。6月9日，伊朗国会高级参议员代表团到公司访问，7月4～5日，长江公司召开高管人员务虚会，共商“十二五”发展大计，提出到 2015 年长江公司销售收入力争达到100亿元的奋斗目标。10月15日，长江公司领导班子调整，张作任董事长（法定代表人）。12月21日，公司第一次党代会召开。

【企业主要领导】

董　事　长　桂祖康（10月免）
　　　　　　张　作（10月任）
总　经　理　胡海平
副总经理　桂祖康（兼）
　　　　　　胡胜斌（10月免）
　　　　　　刘建华
　　　　　　刘　涛（10月任）
　　　　　　何朝阳（10月任）
　　　　　　郭　杰（10月任）
　　　　　　周东海（10月任）
　　　　　　姚国胜（10月任）
　　　　　　吴晓东（10月任）
总工程师　姜强俊（10月任）
党委书记　桂祖康
党委副书记　沈绍泉
　　　　　　胡海平（兼）
　　　　　　张　作（兼，10月任）
纪委书记　沈绍泉（兼）
工会主席　孙玉昌

（长江公司　供稿）

地　址　湖北省武汉市江夏经济开发区大桥新区
邮　编　430212
电　话　027-81942011
传　真　027-81942011
网　址　www.scrcj.com
电子邮箱　office@csrcj.com

南车株洲电力机车有限公司

（工商登记营业执照编号：4302001004949）

执行董事、总经理　徐宗祥

党委书记　刘　宁

【概述】　2010年，公司通过优化内部管理，提升整体效能，采用高管“A、B角”分工，推行中层管理者选聘和轮岗交流，激发管理层活力。通过调整营销、物流、技术等业务模块组织机构，创新分公司体制，优化管理架构，形成面向市场、加速培育新产业的组织运作模式。不断优化生产园区，深入推进精益生产，生产效率与产品质量大幅提升。加强资金管理和降成本工作，多方争取财税优惠政策，超额完成了年度利润指标。完善制度流程和体系建设，强化计划执行和组织绩效管理，职能部门绩效得到显著提高。全年新聘大学生等各类人才435人，人才储备进一步夯实。推行薪酬制度改革和弹性激励，员工福利待遇得到大幅提高，幸福指数持续提升。全年无重伤及以上事故，实现连续安全生产3831天。进行了城轨不锈钢厂房、车体铆焊厂房辅助间改造、九方公寓第三期、城际动车组落车及调试基地建设项目调试厂房、城际动车组落车及异地城轨制造基地等23项基建工程。全年资本性支出计划签订合同58项，合同金额9744.7165万元，完成设备采购招标83项，费用1.9468亿元，安装设备1370台（套），投入使用设备1244台（套），设备完好率达到96.9%，同比提高0.1个百分点。成功进入城际动车组产业领域，轨道工程车市场影响和客户认同不断提升，磁悬浮项目资源整合进展顺利，公司“1+Y”区域布局进一步拓展，“3+X”产业格局成效显现。市场营销完成40次整车、82次零部件投标，中标订单近240亿元，其中机车692台，继续占据国内电力机车龙头地位。城轨车辆中标8次，市场占有率首次突破50%；海外订单占据中国南车海外订单总额64%，产品成功打入马来西亚和印度。全年实现销售收入160亿元、利润3.87亿元。公司售后团队紧密配合产品销售，年内开通35个服务网点，尤其是世博会和亚运会期间的高质量服务赢得社会广泛好评。谋划“十二五”发展，制订2012年200亿、2015年400亿经营规模“两步走”发展规划。

【新产品开发】　机车新产品开发：出口哈萨克斯坦KZ4AC型交流传动机车和出口乌

兹别克斯坦电力机车研制成功并分别于 3 月、5 月成功下线。开展大功率交流传动六轴 7200 千瓦（高原）电力机车和时速 200 公里六轴大功率客运交流传动电力机车研制，完成施工设计及样车试制。电力调车机车完成方案设计。城轨车辆新产品开发：开展土耳其、印度等国城轨车辆设计，并成功研制和交付深圳地铁 5 号线（环中线）高端 A 型车产品、广州 3 号线北段（GZML3E）项目 B 型地铁列车、WHL1E 项目铝合金 B 型地铁车辆等新产品。动车组产品研发：完成马来西亚动车组技术设计，掌握时速 120 公里级米轨转向架技术。磁悬浮列车的研制：启动中低速磁悬浮列车工程化研制工作，与西南交通大学合作的《中低速磁悬浮轨道交通系统方案》通过中国南车技术评审。完成《中低速磁浮列车关键系统技术研究》《中低速磁悬浮列车的研制》《常导短定子中低速磁悬浮列车的研制》等 10 项科研项目申报；与日方合作，着手研制试验线样车，初步构建起中低速磁悬浮列车产品平台。

全年申报国家级科技项目 4 项、中国南车项目 10 项、湖南省科技项目 2 项。

【质量管理】 倡导“零差错、零缺陷、零故障”要求和精益理念。深入执行国际铁路行业标准，以预防为主，强化过程控制，不断创新质量管控模式和方法。加大对六轴机车和城轨车辆质量管控，不断提升质量管理体系的总体绩效和产品可靠性。设定体系运行改进、产品设计开发、采购过程、调试和顾客服务、RAMS/LCC 控制、测量和分析及改进、资源管理等过程质量目标 16 项，设定投标管理、设计和开发、采购控制、生产和服务提供、项目管理、配置管理、首件检查、调试和顾客服务、RAMS/LCC 控制、老化管理、监视和分析及改进、资源管理等过程关键绩效指标 62 项，确定七大类 23 个方面的质量重点工作保证措施。制定《公司（定量）质量目标测量方法和控制要求》，明确测量和控制方法，形成能完整、准确反映产品质量状况的公司质量目标测量、分析、监控和改进系统。落实“八防”控制措施，积极开展强化岗位质量安全职责和“八防”工序管理专项竞赛活动，重点加强对机车走行部、制动装置、电气设备、车底悬挂装置、车顶设备等安全部件的质量控制，不断提高“八防”工序质量管控能力。贯彻和落实铁道部铁路装备安全工作会议精神，在全公司范围内开展机车设备大检查大整改活动并取得成效，获得铁道部运输局、安监司肯定。

通过国际铁路行业标准（IRIS）质量管理体系年度监督审核，并高水平通过电力机车、地铁车辆车体、转向架焊接质量体系 DIN6700－2 标准第二次年度监督审核。公司计量理化室通过 ISO17025 国家实验室认可和 ISO10012：2003 测量管理体系认证年度监督审核。年内，铁道部和中国南车产品质量监督抽查合格率 100%，在用测量设备合格率 99%，计量标准合格率 100%，理化试验报告准确 100%。

【党群工作】 公司党委以服务公司“两步走、翻两番”发展规划为主线，深入开展“创先争优”活动，发挥“引领思想观念、参与重大决策、组织宣传动员、培育优良文化、实施监督保障”功能，将党的政治优势转化为公司发展优势。积极参与公司发展目标、经营方针、工作规划及“三重一大”重大事项决策，发挥党组织在把关定向、政治保障方面的主导作用。以“创国企党建工作之先，争中国南车及湖南新型工业化排头兵之优”为主旨，深入开展创新争优活动，并组织各级党组织和广大党员围绕自主创新、市场开拓、质量提升、增收节支、精益生产等中心任务，充分发挥政治优势和先锋模范作用。

组织各基层党组织开展“精益党建”、“身边的旗帜”、“亮身份、担责任、做表率”等基层党建活动，形成新时期党建工作的新平台。公司创先争优活动阶段性测评满意度达到90%以上。开展形势任务教育，宣传报道典型团队和个人先进事迹，激发各团队奋勇争先的责任感、使命感，“两步走、翻两番”成为全体员工共同追求的目标和愿景。开展“志存高远求发展，解放思想促改革”大讨论活动，“一切为了市场、一切为了项目、一切为了产业”理念成为指引各部门开展工作的原则和标准。结合公司精益示范线建设，开展精益理念推广活动，员工作业习惯和责任意识显著增强。以学习型组织建设、现代工业文明培育、优良传统教育、典型文化推广普及以及文化异地平移等为实践平台，开展各类特色文化建设活动，文化的浸润作用、导向作用和激励作用显著增强。召开公司首次党代会，完成公司两委的换届选举工作，明确了未来4年的工作目标和主要任务。按照中国南车党委统一部署，在修订和完善基础党建制度的基础上，开展党务公开和基层党员、党组织双重评议的试点工作，同时按照“三个转变”原则，促进党建与生产经营的融合。认真贯彻落实上级党委和纪委工作要求，全面落实两级惩防体系责任分解，认真履行“一岗双责”，开展教育、监督、预防、惩处和制度建设等工作，筑牢防范从业人员廉洁风险的有效防线。

公司工会组织努力将“快乐工作、健康生活”的理念落实到具体工作中：继续开展疗休疗养、夏送清凉、全员体检、改善作业条件、“三关心、三保证”等工作，员工职业体面度得到提升。不断致力改善员工薪酬福利，提升员工幸福指数。开展形式多样的文体活动和劳动竞赛，为员工舒缓压力、增添乐趣。围绕生产经营热点、难点问题，开展多项劳动竞赛。推行目标管理和会员评价制度，加强工会自身建设。年内，公司内部测评满意度达到98%以上。

公司团委紧扣“融入企业生产经营，服务青年建功成才”两大主题，引领广大团员青年充分发挥生力军和突击队作用，在公司第三次创业中建功立业。

【城轨及海外市场开拓】 全年，公司城轨、海外市场开拓获得销售订单近120亿元，其中在海外市场获得马来西亚城际动车组项目和印度新德里DLH地铁项目订单，合同金额达41亿元。公司海外市场由最初的伊朗、哈萨克斯坦、乌兹别克斯坦等3个国家拓展至土耳其、新加坡、马来西亚、印度等7个国家，并成立马来西亚、中亚和台湾3地办事处机构。城轨车辆除上海、广州、深圳、武汉等市场外，又进入宁波、郑州、长沙、昆明4个新市场市场，订单签约1248辆，为全国城轨招投标市场份额 51.4%，占中国南车全年城轨订单份额86.1%。

【第三次创业】 3月5～6日，公司围绕百亿规模后如何迈向更高目标，召开“十二五”改革发展研讨会暨2010年党委务虚会，提出实施“两步走”，确立“3+X”产业模式，并在此基础上开发研制轨道牵引的前延后伸产品及新兴产品，拉开公司第三次创业序幕。随后，公司全面进行组织机构调整并对一级职位中层管理人员岗位进行大规模调整交流。全面深入开展“志存高远求发展，解放思想促改革”大讨论活动，为第三次创业奠定思想基础。举办 2010 年中层管理者MBA 硕士班，提高管理团队的运营管理能力。进行薪酬分配制度改革与调资增资，建立适应和符合企业发展要求的薪酬体系和激励机制。组建成立电气设备分公司、制动分公司，大力拓展公司前伸后延产业。先后在洛阳、广州、昆明投建城轨制造基地，完成中原地区、珠三角地区、西南地区市场布局，为进一步抢占市场赢得先机。

【重要纪事】 1月18日，举行百亿庆典，庆祝2009年销售收入成功突破百亿，并表彰做出突出贡献的集体和个人。3月22日，公司研制的首台设计时速200公里、功率为4800千瓦的KZ4AC型出口哈萨克斯坦交流传动机车成功落车。3月23日，由公司控股的洛阳南车城市轨道车辆有限公司揭牌暨项目开工仪式在洛阳市隆重举行。4月30日，由公司与广州地铁公司共同投资创建的广州南车城市轨道装备有限公司在广州揭牌。7月15日，制动分公司在株洲河西组建成立。7月28日，联合中国南车香港公司等投建的昆明南车城市轨道车辆有限公司在昆明轨道交通产业园正式奠基。10月15日，公司与广西南宁铝加工有限公司在南宁市签署战略合作框架协议。11月5日，签约入驻株洲轨道交通千亿产业基地（轨道科技城）。12月3日，公司第一次党代会召开。

【企业主要领导】

执行董事、总经理　徐宗祥
副　总　经　理　刘　宁（兼）
马克湘　周清和
陈又专　傅成骏
肖高华　张洪权
李铁生　索建国
杨志华（挂职）
财　务　总　监　李铁生（兼）
总　工　程　师　索建国（兼）
杨志华（兼）

党　委　书　记　刘　宁
党 委 副 书 记　徐宗祥（兼）
郭鹏飞
纪　委　书　记　郭鹏飞（兼）
工　会　主　席　郭鹏飞（兼）

株 机 厂 厂 长　马克湘

（株机公司　供稿）

地　　址　湖南省株洲市田心
邮　　编　412001
电　　话　0733-8441266
传　　真　0733-8432399

南车资阳机车有限公司

（工商登记营业执照编号：512000000001009）

董事长　罗燕鸣

总经理　　向　军

党委书记　姚卫东

【概述】　2010年，公司按照精细管理理念，全面梳理各类管理制度，提高内部管控力。完善公司绩效考核体系，严格控制费用支出。建立目标成本体系，完善成本控制程序，产品成本在研发、工艺、物流、制造、销售等各个环节处于受控状态。细化分解存货周转率与总资产周转率两项指标，定期分析、评价，持续改进存货管理，资金利用率提高。优化资金管理，利用相关优惠政策，切实降低融资成本。加强应收账款管理和考核，提高资金回收率，有效降低经营风险。编制《公司内部控制手册》，初步建立起风险控制体系。加大审计监督力度，开展关键业务领域内部审计调查，强化合同和工程结算审计，经济行为得到有效规范。加强计算机应用和信息化建设项目管理，开展创建“国家标准化良好行为企业”活动，系统采集所需国外标准，为公司经营管理和产品开发提供技术支持。狠抓安全生产责任制落实，连续28年实现安全生产无责任死亡事故。

优化人力资源管理，进一步完善中层领导干部选聘机制，通过严格考试、考核、考察，选拔推荐年轻人才入中国南车后备干部人才库。开展技术人员分层分级公开选拔工作，18个层级439人次参加竞聘。推行工艺、技术人员分层分级工资和营销人员业绩工资制，激发技术、营销人员工作热情。结合组织机构调整，合理配置人力资源，全年组织完成47个岗位97人次内部招聘。加强人力资源管理信息化建设，成为中国南车E-HR系统首批上线试运行单位。

着力拓展产品销售新市场、新领域。以机车销售为龙头，抓住国铁市场，巩固路外市场，新签机车订单91台。探索新渠道，开拓海外市场，新签海外机车订单28台，首次进入发达国家高端机车市场。积极培育其它市场，新签船用柴油机50台，MAN机合同8台，实现发动机应用领域从工程船向特种运输船延伸。签订孟加拉电站项目合同，成功打入南亚成套发电设备市场。签订乌海燃气发电站项目合同，实现国内成套电站项目零的突破。积极应对政策、技术、市场壁垒，全年新签盾构机订单5台。探索新的营销模式，采用租赁方式签订昆明地铁盾构机2台。

依托机车服务网络，借鉴汽车“4S”服务模式，在国内外用户集中区域创建服务网点，为用户提供产品全寿命周期服务技术支持。

全年除完成新造内燃机车生产任务外，配套生产和谐型六轴大功率电力机车车体、转向架200台。新造商品发动机38台、盾构机6台。生产曲轴1000余支，其中成品曲轴600支。实现营业收入23.11亿元，利润1400万元。

【技术改造】 全年投入9297万元实施技术改造。优化发动机板块工艺布局，完成发动机及集成电站新组装试验工艺规划方案和大功率发动机试验站、大型工艺装备、厂房工艺平面布局设计工作。建成国际先进的大型发动机试验台，大型发动机制造平台初具规模。大型曲轴技改有序推进。高标准完成锻铸事业部搬迁工艺方案设计和厂房内工艺平面布局方案设计，整体搬迁工作稳步实施。

【新产品开发】 全年申报76项专利，获得申请号70项，取得专利授权29项。研制出国内首台混合动力交流传动内燃机车样车。完成2个技术平台、3个产品平台、7个产品的方案设计及公司评审。开发6L280柴油机，发动机功率等级更加完整。加快MAN机国产化步伐，成功试制MAN6-9L32/40系列发动机，并投入小批量生产。完成乌海电站项目全部图纸设计，开展孟加拉电站项目总体方案和低浓度瓦斯输送方案设计。开展关键核心技术和重要零部件研究，完成HXD1C交流传动电力机车装用径向转向架设计以及调车机车故障诊断和远程监控系统、CAT柴油机与机车通讯用PRCM等研制。开展大轴重窄轨转向架、Fast Brake和CCBⅡ电空制动系统应用研究以及船用电推技术研究。完成12V240船用柴油机简配设计工作，持续优化6240燃气机及机组。初步掌握隧道掘进机制造、组装调试和现场施工验证技术。开发多功能钻机，并完成样机试制。独立承担国家985优势学科创新平台项目“西南交大2米多功能土压平衡盾构机”研制任务。

【质量管理】 推行“大工艺、大质量”管理模式，集中优势力量开展基础性、前瞻性工艺技术工作。大力推进MAN机国产化工作，曲轴、机体等主要部件实现国产化。持续提升产品实物质量，EN15085焊接体系通过监督审核。开展曲轴工艺降成本，提高材料利用率，4种曲轴锻件材料利用率平均提高12.5%。启动原材料材质替代、新TR装置设计等10余项工艺技术创新工作。试制27/38、32/40系列船用曲轴及石油机械曲轴等10余种新产品，形成曲轴产业新经济增长点。开展安全质量检查活动，切实抓好问题整改，通过铁道部机车联合办公室检查。

【精益生产】 全面导入精益理念，精益示范线建设初见成效，电力机车车体生产线实现“1天1台车”节拍化生产，制造周期缩短33%。曲轴加工生产线推行准时化生产，3种代表品种生产周期下降31.11%，平均在制品数量减少26.18%。机车总组装、发动机组装生产线试行拉动式生产，编制作业要领书和作业组合票，实施标准化作业。全面实施5S管理，27个生产现场班组通过评审验收。推进TPM设备自主保全活动，形成设备保养制度化，主要设备完好率达90%。发动全员参与改善提案活动，全年申报改善提案1600余条，评选出“十大金点子”和“百佳提案”。启动人才育成工作，开展精益班组建设，强化班组自主管理。

【党群工作】 公司党委以开展学习实践科学发展观“回头看”活动为载体，结合“四好”领导班子建设，认真开展“加强党性修养、弘扬优良作风、促进科学发展”主题教育以及争创“四强党组织”和争创“四优”

共产党员等活动，促进两级领导班子综合素质和能力增强，公司党委获资阳市“五好四强”基层党组织称号。强化惩防体系建设，开展公司领导班子成员廉政谈心活动，丰富廉政教育形式，促进公司廉洁文化建设。开展效能监察及源头治理工作，实现“三重一大”决策制度化和规范化。开展“同一个中国南车”企业文化及品牌培训，系统推进公司品牌建设，提升公司影响力。

公司工会坚持“依靠”方针，深化职工经济技术创新活动，全面推进“八比八创”竞赛活动。加强民主管理，维护员工权益。坚持“爱心日”、“送温暖”活动，3914 人共计捐款 89322 元，慰问员工、家属 2250 人次，发放慰问金 109.1 万元。开展“金秋助学”活动，向 43 名困难员工子女发放助学金 10.3 万元。公司团委深化主题活动服务企业发展，开展“青年保安全促发展”和首届青工职业技能大赛，促进青年成长成才。

【重要纪事】 1 月 11 日，公司与上海交通大学等单位合作的“混合式脉冲转换涡轮增压系统研发及在四冲程大功率柴油机上的应用”项目获国家 2009 年度科学技术进步二等奖。6 月，公司首支引进美国技术生产的 EMD265 内燃机车曲轴通过铁道部验收，成为国内机车行业唯一一家同时掌握焊接平衡块、曲轴圆根强化和轴颈及圆根表面中频淬火 3 种曲轴制造技术的企业。9 月 1 日，公司与澳大利亚客户签署总额超亿元的交流传动内燃机车购销合同。12 月 10 日，公司与中国神华集团下属公司签订总规模 8 兆瓦的瓦斯发电站购销合同，成功进入新能源电站集成领域。12 月 24 日，国内首台具有自主知识产权的混合动力交流传动车在公司下线。12 月 27 日，公司作为总承包商，与东方电气集团国际合作有限公司签订孟加拉 Shantahar & Katakhali 重油电厂项目总承包合同。该项目机组总容量为 100 兆瓦。

【企业主要领导】

董事长	罗燕鸣
副董事长	夏春生（10 月免）
总经理	夏春生（10 月免）
	向　军（10 月任）
副总经理	向　军（10 月免）
	温晓听
	张贵明（12 月免）
	熊建平
	许德祥（12 月任）
	李　权（12 月任）
	张　敏（2 月免）
	陈　勇（2 月任）
财务总监	张　敏（兼，2 月免）
	陈　勇（兼，2 月任）
总工程师	金　彪（12 月免）
	许德祥（兼，12 月任）
党委书记	罗燕鸣（10 月免）
	姚卫东（10 月任）
党委副书记	夏春生（10 月免）
	罗燕鸣（10 月任）
	向　军（10 月任）
	马　旭
纪委书记	马　旭（兼）
工会主席	马　旭（兼）
资阳厂厂长	李建平（12 月免）
	张贵明（12 月任）

（资阳公司　供稿）

地　址　四川省资阳市晨风路 6 号
邮　编　641300
传　真　028－26653416
网　址　http：//www.zyloco.com
商务热线　4008899431

南车戚墅堰机车有限公司

（工商登记营业执照编号：13716142—X）

执行董事、总经理　王洪年

党委书记　刘岱华

【概述】　2010 年，公司全面深化精益生产，突出“品质、效率、效益”核心，加快精益生产技术推广应用。按照“布局合理化、生产平准化、作业标准化、管理目视化”要求，加强示范线建设，先后建成 HXN5 型内燃机车总组装、柴油机总组装、构架组装 3 条精益生产示范线，生产效率大幅提高。加快信息化建设和管理创新步伐，经营管理信息系统（EAS 系统）建设得到中国南车高度评价，并作为样板推广。开发接车决议执行管理信息系统，对机车接车进行全过程跟踪管理。推进人力资源管理信息系统（e-HR）建设，项目 9 月正式运行。开发执行力管控（EMAC）信息系统，及时跟踪铁道部来文来电及重要文件办理进度和处理结果，实现公文长效管理。推出腾讯通（RTX）软件，增强公司信息共享，降低内部沟通成本。公司获“江苏省信息化与工业化融合示范企业”称号，是常州市唯一入选单位。推进公司 ERP 项目建设进程，开展 ERP 基础资料（数据）采集，完成 ERP 项目第一阶段业务流程优化方案及财务实施方案确认工作，建立功能覆盖市场营销、生产、采购、财务、成本、质量、设备、人力资源、售后服务和供应商管理等所有资源的计划、监督、控制及信息共享的统一信息管理平台，真正实现规范化、制度化、科学化管理。

加强技术引进、消化、吸收和再创新工作，大功率内燃机车产业化基地建成投用，改变公司造修混合布局，有效提升优势产品产能，新造能力大幅提升。加快气阀生产扩能项目建设，项目年内进入设备调试安装阶段，即将实现投产。与美国通用电气公司合资建立常州南车通用电气柴油机有限公司，引进国外内燃机车生产关键技术，实现 GEVO 柴油机系列化。加强产品研发平台建设，公司仿真平台通过中国南车验收，科研成果得到国家和地方政府资助 1600 万元，技术中心被认定为国家级技术中心，并设立院士工作站，获得国家级博士后科研工作站授牌，对吸纳人才，培养高层次科技和管理人员，提高企业自主技术创新能力和推动科技成果转化具有重要作用。

全方位拓展产品市场，在巩固和发展国

铁市场的同时，抓住海外市场复苏机遇，采取积极营销策略，分别与伊朗、沙特、坦桑尼亚和赞比亚、津巴布韦等多个国家签订60余台内燃机车出口合同，实现整车批量出口，机车新造和修理市场份额大幅上升。全年内燃机车修理中标数占铁道部内燃机车投放总数21.79%，同比增长23.38%。

【新产品开发】　完成首批300台大功率HXN5型内燃机车生产，实现批量生产。通过技术引进和消化吸收再创新，完成创新型国产化HXN5型内燃机车研制，并通过铁道部国产化项目成果审定。研制出口津巴布韦内燃机车，在防风砂、小曲线半径通过、主要部件质量、系统技术方面得到提升和改进。研制出口沙特内燃机车，针对沙特地理环境，对所用机车技术方案进行优化设计，机车技术和运用提升方案得到沙特铁路组织认可。进行除冰雪内燃机车研究，SX型除冰雪机车在完成各种性能试验后，在佳木斯进行线路运行作业试验。完成出口几内亚、伊朗内燃机车机车研制，启动HXN5B型内燃机车设计工作。开展R12V280ZJ型柴油机共轨系统研究、VTG增压系统试验研究、280柴油机性能试验台进气加温系统技术研究，完成中广核电SBO发电机组用柴油机研制。

【质量管理】　提高工艺设计、工艺执行和工艺管理工作效率，全面落实中国南车17项工艺管理标准，修订和完善公司各项程序文件、管理办法，推进标准化体系建设，抓好企业标准、国家标准制定和修改工作。加速技术创新，将三大平台建设作为提升公司核心竞争力的重要途径和方法，出台《公司三大技术平台建设工作管理办法》加快技术标准体系建设和质量管理体系建设。在开展“大检查、大整改”及“四防”活动同时，开展“高标准抓质量、讲科学抓管理、不懈怠抓落实”主题活动，固化质量整改工作中好的做法，形成长效管理机制。持续改进质量管理，筑高公司质量管理新平台，从规章制度完善、管理流程梳理、问题信息处理等环节入手，在质量体系、工艺文件、技术管理、部文部电管理等方面做出明显改进。加快推进IRIS标准贯标工作，引入国际铁路行业标准（IRIS），开展IRIS体系文件培训工作，并取得认证证书。加强“四防”措施落实，在对东风8B型机车“四防”零部件梳理基础上，完善其他种类机车“四防”零部件控制。做好各级质量目标分解、落实、考核，公司产品质量和工作质量得到全面提升。加强质量源头控制，建立严密的安全保障体系，强化外购外协件产品质量。完善运行监测、检修工艺和作业标准，提高产品运行品质，确保运用安全。

【党群工作】　公司党委联系公司发展战略，在如何加快实施整体技改步伐，加大自主创新力度，提高市场拓展能力等方面加强学习和研究，为制定好“十二五”发展规划做好思想和认识上的准备。强化党委中心组学习，把抓好党委中心组学习作为创建学习型组织的着力点和突破口，创新学习形式，提升学习质量，发挥示范引导效应，努力把学习收获转化为具体工作思路和实际成果。不断完善中层干部和党员学习制度，规范学习内容，创新学习形式，努力营造干部、党员和广大员工主动学习、善于思考的学习氛围，促进员工的思维观念紧跟时代发展步伐。开展学习实践活动“回头看”活动，抓好整改落实，进一步增强科学发展的紧迫感和使命感，确保整个活动成为员工满意工程。完善“四好”领导班子创建考评实施细则，把增强领导班子整体合力作为重点，强化大局意识，提高执行力，提升破解发展难题、驾驭发展大局的能力，全面推进领导班子建设。完善干部选拔任用机制，培养、锻炼和考察优秀年轻后备干部形成制度化、规范化管理，推进干部队伍可持续发展，为公司快速发展做好优秀人才储备。围绕经营目标，创新形式，推进党的建设科学化，完善“双向进入、交叉任职”的党组织参与重大问题决策领导体制，完善党组织参与“三重一大”问题决策的规则和程序，完善领导班子成员联系基层制度。增强基层党组织活力，重点加强生产一线党支部建设，把解决生产经营、产品质量等工作中的难点作为党支部活动重点。扎实开展创先争优活动，形成创先争优浓厚氛围，推动企业科学发展。深入推进党员“双培养”活动，按照实施细则要求，不断创新活动方法，深化活动内涵，总结活动中取得的经验并加以推广。开展学习型组织创建活动，加大企业文化建设力度，创新企业文化培育工作方法和形式，在凝心聚力上下功夫。围绕反腐倡廉，落实党风廉政建设责任制，不断完善责任制内容，强化惩防体系建设。开展廉洁文化建设，发挥教育基础作用，严肃查处在重大投资、工程建设、物资设备采购、营销活动中违纪违法行为。

公司工会坚持抓住“发展兴家、员工当家、保障聚家、文化育家、强基固家”五个工作着力点，积极探索和深化工会工作目标管理的新途径和新举措，促进工会作用的发挥和工会活力的增强。按照中国南车开展“八比八创”劳动竞赛要求，结合公司实际，着重抓好劳动竞赛立项指导和过程管理，劳动竞赛由传统的生产突击型向质量保证型、技术创新型、管理提升型延伸。拓展竞赛内容、丰富竞赛形式、创新竞赛模式，在突破生产瓶颈、提升产品质量、推进精益生产、保障安全生产、加快新基地建设等方面发挥劳动竞赛积极作用。发挥骨干示范引领作用，组织岗位技能带头人推广先进技术操作法，举办先进操作法示范表演等活动，签订传帮带目标责任书52个。进一步完善“吴淑玄劳模工作室”工作机制，工作室创新成果获常州市成果奖。深化企业民主管理，开展职工代表满意度测评，组织员工建言献策和职工代表对领导干部民主评议。开展工会劳动保护专项检查、职工代表巡视检查等活动，在基层工会中开展创建劳动保护工作合格、示范工会活动。推行安全标准化作业，开展争创天车司机标准化作业“五比五好”示范岗活动。落实“三关心、三保证”各项措施，做好“暖人心”工作。营造氛围，文化育家，激励和鼓舞员工在践行中国南车文化中展示风采。营造学先进、赶先进的浓厚氛围，举办建家成果交流会，引导和组织员工在建设职工之家活动中提升绩效。

公司团委以推进精益生产为重点，引导团员青年在市场开拓、生产经营等工作中建功立业。探索及时了解和掌握团员青年思想动态的方法和途径，用创新的活动形式和内容建立培养、举荐、留住青年人才的有效机制。探索适应现代企业制度的共青团工作运行机制，不断创新工作方法，提高工作能力和水平。加强“党建带团建，团建学党建”活动，抓好团干部队伍建设，培养团的中坚力量。加强青年员工文化素养培养，激励青年学习新知识，掌握新技能的紧迫性，提高青年员工健康心理和人格素质，为增强企业活力和竞争力提供合格青年人才。

【内燃机车重要部件认证】 1月30～31日，中国铁路产品认证中心对公司生产的柴油机气门、缸盖、缸套、连杆、凸轮轴等产品进行现场监督审核，重点审核CRCC（中国铁路产品）产品认证质量保证能力中相关17个条款，详细检查产品设计、工艺设计、质量保证、制造等环节的文件控制、过程控制、不合品控制和质量记录、内部质量审核、试验设备等执行情况。审核组充分肯定公司在贯彻落实CRCC产品认证质量保证能力、产品认证检验规则，特别是在文件控制、过程控制、产品实现、实物质量控制等方面所做的有效工作，审核组确认体系运行平稳，建议 CRCC 中心继续确认上述 5 个单元产品认证的有效性。

【柴油机合资企业成立】 3 月 17 日，公司与美国通用电气（中国）有限公司合资建立常州南车通用电气柴油机有限公司签约。公司自 2005 年 10 月与美国通用电气公司合作与铁道部签订大功率内燃机车项目合同以来，在成功取得 HX_N5 型内燃机车制造技术基础上，为进一步引进内燃机车关键技术，实现 EVO16 型柴油机系列化和拓展国际国内市场，与美国通用电气（中国）有限公司围绕组建柴油机合资公司展开 2 年多谈判。合资企业主要从事机车柴油机及相关零部件制造与装配、检测和售后修理服务等，企业落户常州市戚墅堰经济开发区轨道交通产业园，占地 100 亩，项目总投资约 6.5 亿人民币，合资双方各占 50%股份。项目分两期投资建设，一期投资额为 2 亿元人民币，占地约 2 万平方米，生产 EVO16 柴油机增压器和动力组，投产后可达年组装及大修 250 台 EVO16 柴油发动机动力组及增压器的生产能力。

【院士工作站】 5 月 13 日，公司聘请中国科学院院士、中国工程院院士、西南交通大学教授沈志云领军主持公司院士工作站开展科研工作。沈志云长期从事车辆动力学研究，主持创建西南交大牵引动力国家重点实验室，在轮轨动力学、运动稳定性、曲线通过理论和随机响应等方面取得显著成绩。公司建立院士工作站，将以公司创新需求为方向，以产学研合作项目为纽带，为企业发展服务，攻克核心关键技术，促进科技成果产业化，增强企业自主创新能力和市场竞争力。同时，依托沈志云科研团队优势为企业培养一批技术骨干，提升公司技术创新水平，为实现重载货运机车等重大技术领域突破和公司战略目标提供技术支撑。

【SX 型除冰雪内燃机车研究】 针对雪灾冰冻天气给铁路运输，尤其是电气化高速铁路客运专线接触网冰凌对高速动车组受电弓正常工作带来的严重危害，公司研发出一种具有线路除雪和接触网除冰功能的内燃机车。除冰雪机车是在东风 $_{8B}$ 型内燃机车基础上进行改造，作了接触网除冰装置设计及安装、钢轨上部积雪清除和除雪装置对整车动力学性能影响等方面研究和利用。8 月 10 日，铁道部在常州召开除冰雪机车技术方案评审会，除冰雪机车技术方案通过评审。12 月 21 日 SX 型除冰雪机车在完成各种性能试验后，到佳木斯进行线路运行作业试验。

【出口津巴布韦机车研制】 1 月 23 日，公司与中国国际基金公司签订 5 台出口津巴布韦机车供货协议。根据津巴布韦当地风砂多、湿度大、温差大等特点，在 SDD_6 型内燃机车基础上进行防风砂、小曲线半径通过、主要部件质量提升和系统技术改进。机车采用交直流辅机电传动、康明斯 QSK60-L1 型柴油机、轴式为 C_0—C_0 径向转向架、轴重 16 吨，双机重联控制。

【沙特内燃机车国际招标项目】 7 月 20 日，沙特机车国际招标项目签约仪式在沙特达曼举行。2009 年 5 月以来，公司积极参与沙特机车项目国际招标。针对沙特地处气温高、风沙大等气候条件，对所用机车技术方案进行精心设计，机车技术和运用方案通过中国南车技术专家委员会评审，并得到沙特铁路组织认可。经过一年多准备，公司在众多国内外同行竞争中一举中标。根据合同将向沙特提供 10 台内燃机车，这是国内机车制造商首次向中东地区出口干线机车产品。

【重要纪事】 3月17日，公司与美国通用电气公司就成立柴油机合资企业签署《合资公司合同》及《合资公司章程》。5月13日，公司举行院士工作站院士聘请仪式，中国科学院院士、中国工程院院士、西南交通大学教授沈志云受聘主持公司院士工作站工作。8月12日，公司经消化吸收后设计的国产化HXN5型内燃机车通过铁道部国产化项目研制成果审定。9月9日，公司与美国通用电气（中国）有限公司合资成立常州南车通用电气柴油机有限公司奠基。10月8日，公司召开出口伊朗机车设计联络会，伊朗RWT公司专家出席会议并与相关专业人员就机车设计联络安排、技术规范修改等进行沟通确认。11月24日，公司举行首批自主创新HXN5型内燃机车交车仪式，4台机车通过铁道部验收交付用户。12月21日，与铁科院共同研制的SX型除冰雪机车在完成各种性能试验后到佳木斯进行运行试验。

【企业主要领导】

执行董事、总经理　王洪年

副总经理　刘岱华（兼）

陈　笃　刘春阳

徐　俊　秦　辉

王卫平　张力强

总工程师　许人华

财务总监　张力强（兼）

党委书记　刘岱华

党委副书记　王洪年（兼）

史小余

纪委书记　史小余（兼）

工会主席　史小余（兼）

戚墅堰厂厂长　史小余（兼）

（戚墅堰公司　供稿）

地　址　江苏省常州市戚墅堰延陵东路358号

邮　编　213011

电　话　0519－85060114

传　真　0519－88770358

电子信箱　qs@qscn.sina.ne

南车青岛四方机车车辆股份有限公司

（工商登记营业执照编号：370200018079774）

董事长、党委书记　江　靖

副董事长、总经理　王　军

【概述】　2010 年，以建设世界轨道交通客运装备最强企业为目标，立足科学发展，坚持自主创新，核心竞争力、品牌影响力和知名度显著提高，经营业绩实现历史性跨越。全年实现销售收入 165 亿元，净利润超 7 亿元，同比增长 63.53%和 60.23%，净资产收益率 19.49%。

加强战略管理、投资管理、运营管理、制度管理等核心环节管控，形成有指导、分重点、有支撑的系统运营管理体系。运用 PEST 分析、SWOT 分析等技术，将企业置于全行业、全球化对标定位，分析确定公司“十二五”期间收入和利润、经营和资产、市场竞争和业务板块等核心指标。通过加强年度经营计划管理、投资计划管理、资产经营责任制管理、重点工作管理、运营分析管理等，抓住年度企业管理核心。通过实施业务优化方案和资源整合，体现系统集成的核心特点，提高整体效能。着力公司管理制度体系完善和整合，开展公司管控模式研究，初步确定子公司管理和国家工程实验室管理模式。拓宽预算管理范围，强化预算管理过程控制。完善标准成本数据，持续改进制造工艺，成本及费用得到有效控制。通过改善资金运营效果，使财务收益提高。加强内控制度建设和风险管控，使财务决算质量和效率得到提升。实施 ERP 项目，初步实现物流、资金流、信息流的统一和财务一体化管理。建立以 PDM 系统为核心，包含产品设计、CAE 仿真分析、电子样机应用、产品展示为一体的数字化设计平台。建立集成协同仿真管理系统、多学科仿真应用环境和高性能计算中心应用平台，基本满足研发仿真分析需求，稳步推进产品虚拟现实中心等项目。

推进技改扩能项目实施，完成时速 350 公里高速动车组产业化建设项目及动车组铝合金车体生产线、不锈钢车体生产线、转向架构架自动焊接生产线和总装生产线改造，建成高速列车产业化基地，实现由生产传统机、客车产品向研发制造高速动车组和城轨地铁高端产品转型，形成年产高速动车组 200 列、城轨车辆 1000 辆、高档客车或内燃动车组 300 辆、检修高速动车组 180 列（8 辆编组）及高速动车组不锈钢车体 480 辆的生产能力。

不断完善质量保证体系，强化质量控制，着力将产品技术和制造优势转化为市场优势，在国铁市场、城轨地铁市场、产品检修服务市场和海外市场的开发上均取得不俗业绩。获得时速 250 公里动车组 30 列、不锈钢车体 320 辆、转向架 83 辆等项目订单，新签订单 39.48 亿元。获得成都地铁 2 号线、广州地铁 6 号线、广州地铁 5 号线增购等项目订单共计 526 辆，新签订单 36.83 亿元。在美国设立代表处（南车美国公司），与 GE 公司签署《合资框架协议》，合资合作工作有序进行。成功中标委内瑞拉高速动车组项目，新加坡地铁项目、斯里兰卡内燃动车组项目、第二批土库曼斯坦客车项目按计划执行。促进企业由提供产品向提供产品全寿命周期解决方案和服务的转变，在动车组检修服务上，初步建立涵盖产品全寿命周期的动车组检修运营服务体系。

【技术创新】 搭建高速动车组研发平台，整合国家工程实验室、国家级技术中心、博士后科研工作站等研发机构和资源，建立仿真和试验平台。针对系统集成、车体、转向架技术，建立结构模态分析、动力学分析、疲劳分析、噪声分析等 9 个仿真平台。按照“方案设计、技术设计、施工设计和试验验证”4 个阶段开展设计工作，以仿真分析为依据，以测试试验为验证，以过程评审为保障，以安全可靠为核心，做到方案设计有对比、有论据，技术设计有仿真、有分析，施工设计有三维、有模型，试验验证有数据、有结论，实现高速动车组全流程创新与创新流程的再造，形成基于顶层目标的研发创新模式和方法。

年内，研制出具有完全自主知识产权的和谐号 CRH380A 型高速动车组，实现列车低阻力流线头型、振动模态系统匹配、高气密强度和气密性车体、高速转向架、噪声控制技术、高性能牵引系统、高速双弓受流性能、安全环保制动系统、人性化旅客界面以及智能化性能等十大技术创新成果。完成时速 350 公里二阶段高速动车组研制，实现对舒适度、车体结构、模态、转向架、牵引制动能力等关键技术优化。完成时速 400 公里综合检测车研发，并开展时速 500 公里试验车、CRH6 型城际动车组、委内瑞拉高速动车组、美国高速动车组研发。完成北京昌平线车辆轻量化设计，开展新加坡地铁车辆、广州 5 号线国产化线性电机车辆、沈阳 2 号线全国产化车辆以及线性电机国产化转向架、时速 140 公里地铁快速转向架研发，完成地铁列车网络控制系统研制并已装车试验。

组织国家重大科技专项、“973”、“863”科技项目申请，通过国家高速列车总成工程技术研究中心、国家火炬计划重点高新技术企业评审。完成铁道部、中国南车、青岛市科技立项申报项目 9 项，获得授权专利 88 项，其中发明专利授权 9 项。

【精益生产】 以动车组推行拉动式生产为主线，拉动生产、工艺、物流、供应链和现场管理五大系统，打造围绕生产现场改善的精益拉动式生产模式。深化精益工具应用，作业要领书在高速动车组生产线全面落实，现场应用作业要领书达 1000 余份，看板管理在各分厂实践运用取得突破。精益标准化班组建设取得实效，班组建设和管理板管理实质内容得到进一步深化，标准化样板班已在高速动车组生产线 104 个班组全面推广。员工改善提案 5700 余项，其中成果类提案占总提案的 47%，公司级改善提案 56 项。质量检验点前移、物流储运一体化工作有效开展，在全员中初步形成用精益思想发现问题、解决问题的氛围。动车组生产线在中国南车精益生产示范线评比中名列前茅。

【质量管理】 通过IRIS国际认证和计量理化检测ISO17025认可、EN15085不锈钢焊接质量体系认证。完成质量管理体系、测量管理体系监督审核，质量损失成本管理体系成功试运行。通过运用FRACAS系统，完成车辆可靠性分析和可靠性指标计算。强化质量控制，推行影像化质量管理和质量要素参与分配。实施供方可靠性体系建设，对59家承制高速动车组关键、重要部件供方RAMS、FRACAS系统进行审核。加强供方产品进货检验策划、首件鉴定、监督监造、国产化审核、供方交班和质量索赔等工作。

【党群工作】 公司党委围绕中心，深入开展“保持共产党员先进性教育活动”和“学习实践科学发展观活动”，党委的政治核心作用，基层党组织的战斗堡垒作用和共产党员的先锋模范作用得到有效发挥。坚持开展“四好”领导班子创建活动，各级领导班子整体合力进一步增强。以深入开展创先争优活动为载体，不断提高党建工作的实效性。更新观念、转变机制、创新方法，积极探索与经营发展密切结合的有效途径，努力将党的政治优势转化为企业竞争力。以惩防体系建设为重点的反腐倡廉工作有效推进，通过开展“落实制度规定，提供纪律保证”主题教育、警示教育等系列活动，形成具有公司特色的廉洁教育和廉洁文化建设体系。以建厂110周年为契机，举办一系列纪念庆祝活动，着力培育质量优先的文化理念，打造以创新、诚信、质量、安全为核心的“高速文化”、“精益文化”、“质量文化”。

公司工会坚持以发展求和谐，以和谐促发展的工作理念，全心全意依靠员工办企业，不断深化厂务公开和维权体系建设工作，维护员工合法权益，本年度集体合同各项条款得到全面兑现，职代会立案的29项职工代表提案全部落实。突出“以人为本”，改善员工作业环境，投入3690万元进行厂房除尘、除湿、保温系统改造。完善员工生活保障体系，全年员工福利支出1.14亿元，比上年增长60%。深化“三关心、三保证”工作，加大困难员工走访慰问和帮扶救助力度，发放助学金、补助金、慰问金、救助款近百万元。抓好劳模选树，3人获火车头奖章，11人获中国南车劳动模范。注重关心涉及群众利益的问题，努力提高广大员工的幸福指数，员工劳动价值得到回报，工资收入实现大幅度增长，平均工资较上年增长19.1%。

【和谐号CRH380A型高速动车组】 9月28日，公司研制的CRH380A型6001号高速动车组在沪杭高铁试运行中，创造时速416.6公里世界铁路运营试验最高速。12月3日，CRH380A型6041号高速动车组16辆编组在京沪高铁枣庄至蚌埠段先导段联调联试和综合试验中，再次创造时速486.1公里的世界铁路运营试验最高纪录。该车是目前世界上运营速度最快、科技含量最高的高速列车，在气密强度、旅客界面、智能化等多个方面进行了系统创新，达到世界领先水平，已在沪杭、武广等高铁批量投入运营。

【建厂110周年庆典】 11月7日，公司举行和谐号CRH380A型高速动车组上线运营暨建厂110周年大型庆典，中国南车以及铁道部运输局装备部有关领导与公司各条战线3000多员工共庆盛会。公司总经理王军主持，中国南车总裁郑昌泓，铁道部运输局装备部客车处处长刘作琪、铁道部专运处书记王奭，公司董事长、党委书记江靖共同启动庆典仪式。中国南车总裁郑昌泓、铁道部运输局装备部客车处处长刘作琪、公司总经理王军分别致辞，中国铁路文工团演出大型精彩文艺节目，演出分“百年寻梦”、“风行四方”、“继往开来”三个篇章。

【"八一号"蒸汽机车回归故里】 10月21日上午，公司举行"八一号"蒸汽机车荣归故里揭幕仪式。中国南车总裁郑昌泓出席并发表讲话，公司总经理王军致辞，中国南车总裁郑昌泓，公司董事长、党委书记江靖和原中车公司老领导杜景新、王泰文，原四方厂老领导戚文、李常顺共同为"八一号"蒸汽机车揭幕。

1952年7月26日竣工落成的解放型"八一号"蒸汽机车，是原四方工厂设计制造的新中国第一台蒸汽机车，它结束了中国人不能设计制造机车的历史，开创了中国机车车辆制造业新纪元。该机车因"八一"前夕诞生而得名，是年8月机车投入运营，肩负起抗美援朝和国家经济建设的重任。在此后几十年岁月里，"八一号"机车始终奔驰在祖国的铁路线上。1992年5月30日，"八一号"机车在淮南机务段"退役"，后由大同工厂保存至今。2010年5月26日，"八一号"蒸汽机车经过长途运输返回故里，在公司建厂110周年前夕整修落成。

【重要纪事】 1月11日，CRH2型高速动车组转向架科技成果在国家科学技术奖励大会上获国家科学技术进步一等奖。2月18日，公司董事长、党委书记江靖荣获"2009青岛年度经济人物"奖，公司荣获"2009青岛年度最具成长性企业"奖。5月11日，中共中央政治局委员、全国政协副主席王刚到公司视察。6月，公司实验室通过中国合格评定国家认可委员会专家组评审。7月16日，公司以486分通过"国家AAAA标准化良好行为企业"验收。9月20日，老挝副总理宋沙瓦·凌沙瓦到公司考察。12月15日，公司荣获"青岛工业经济超万亿领军企业"称号。

【企业主要领导】

董事长	江　靖
副董事长、总经理	王　军
副总经理	张在中　龚　明
	张　敏（1月任）
	陈　雄（1月免）
	赵家舵　王日钢
	王成龙（6月任）
	田学华（6月任）
	倪胜义（6月任）
	罗　斌（6月任）
	马云双（6月任）
总工程师	龚　明（兼）
总工艺师	张在中（兼）
财务总监	张　敏（兼，1月任）
	陈　雄（兼，1月免）
党委书记	江　靖
党委副书记	王　军（兼）
	韩和平（6月免）
	王成龙（兼，6月任）
纪委书记	韩和平（兼，6月免）
	王成龙（兼，6月任）
工会主席	韩和平（兼，6月免）
	王成龙（兼，6月任）

（四方股份公司　供稿）

地　址　青岛市城阳区
锦宏东路88号
邮　编　266111
电　话　0532-87801188
传　真　0532-87801688

南车四方车辆有限公司

（工商登记营业执照编号：370200018030200）

执行董事、总经理　夏春生

党委书记　王海玉

【概述】　2010年，公司除完成各型客车检修任务外，修造各型路用和出口轮对4228条，生产各类高速动车组、轻轨地铁和机客车铝合金、碳钢、不锈钢及电气配套产品753831件套，风电焊接配套产品2003台套，生产各类铸锻产品2万多吨，其中风电产品近7000吨。

深化体制改革，调整优化资源配置，进一步完善事业部制管理模式，将四方铸铁资源调迁到胶州铸造基地，将原属配套事业部的电气业务划转充实到客修事业部，将原属铸锻事业部的锻压分厂和从四方股份转入的机加工资源整合，组建机械锻压分厂并划归配套事业部管理，将配套事业部铝合金下料、焊接配套业务改组为铝合金分厂，将能源设备分厂和从四方股份转入的碳钢生产线整合改组为车体分厂，从而完成公司事业部制管理模式下新一轮产业资源布局和管理架构调整。成立公铁车项目部并划归技术中心管理，致力于培育和发展公铁车业务。成立市场部，初步搭建起公司统一的市场营销体系。进一步梳理明确总部职能部门职责权限和各事业部发展定位，着力打造“发展导向、效率优先”的运营新机制，逐步形成职能部门与事业部上下联动、左右互补、发展共促的运营新局面。

加强基础管理，持续完善内部管理流程。出台系列财务管控制度，进一步规范和完善企业财务管控流程，全年降低财务费用1000万元。按照“适用性和重要性”原则，研究确定企业内控关注重点21项，编制39项关键业务环节控制流程和控制矩阵，并汇编公司《内部控制手册》。全力推进“金蝶K3”、“ERP”、“EAS”和“e-HR”四个信息管理系统运行，结合企业整合实现“四方、棘洪滩和胶州”三地的网络互联和集中管理，企业信息化程度不断提升。积极推进精益生产，编制《2010～2014年精益生产实施规划》；精益示范线打造取得一定成效，示范带动作用逐步显现。

结合公司产业升级发展需要，完成25T型高档客车修理升级改造项目、风电零部件配套技改项目等新一轮技改和填平补齐项目，促进相关产业发展。客车修理产业，产品结构向高档产品集中，市场份额不断扩大。轨道交通配套产业，为四方股份公司和BST公司配套的规模和水平逐步提升，出口轮对、构架和端部底架等产品达成批量均衡生产，产品质量稳定。风电配套产业，逐步淘汰低附加值产品，重点发展大型高附加值产品，产品结构不断优化。机加工能力得到完善，综合产能显著提高，盈利能力不断增强。物流产业，探索新的物流服务模式，对四方股份公司实现直接服务生产工序，对BST公司实现准时化配台配送。

【新产品开发】 全年科技开发立项51项、结题40项，其中青岛市级项目4项、南车级项目5项。申请专利26项，其中发明专利5项、实用新型专利21项。完成SDB-160交流传动快速轨道车转向架研制，该型转向架既适应工程车，也适应公铁车和200公里以下普通客车。完成TGC-3A型公铁车系列化设计、试制及TRS-41型公铁两用牵引车、公铁两用轨道线路检测车研制。完成减速机箱体、轮毂和底架等风电铸铁大件研制并实现批量生产。完成出口沙特机车电器室、电机室、操纵台等产品技术设计。

开展三大技术平台建设，不断加大科技创新投入力度，技术创新工作逐步由低附加值小型零部件制造工艺开发和改进向高附加值大部件、系统组件自主研发和设计转变，为公司各产业转型升级提供了技术支撑。

【安全质量管理】 构建和完善公司安全质量防控体系。开展安全质量大检查活动，积极查找自身安全质量管理方面存在的问题和隐患，系统研究和制定纠正预防措施并落实整改。不断深化“四防”工作，强化非正常作业的规范管理，重点抓好关键零部件的质量管理，确保企业产品质量安全。加强制度建设，修订安全质量管理制度和流程13项。开展群众性质量攻关活动，成立QC小组32个，发布成果35项，4个QC小组获“青岛市优秀QC小组”称号。推进体系建设，通过质量、环境、职业健康安全管理体系认证复审及IRIS管理体系和EN15085焊接资质认证。加强理化检测中心建设，通过新一轮的资源补充和体系理顺，公司理化检测中心检测手段、人员配置和运营机制不断完善，实现内部资源统一规范管理和主体作用的优质高效发挥。年内，公司完成中国南车下达的年度安全质量管控指标，并保持“国家安全质量标准化二级企业”称号。

【党群工作】 公司党委积极开展“加强党性修养、弘扬优良作风、促进科学发展”主题教育活动，并结合公司改革发展实际，认真做好组织发展与管理工作。组织召开各级领导班子民主生活会，促进公司各级党组织建设。加强惩防体系建设，把廉政文化建设贯穿于生产经营和企业发展全过程。坚持源头防范，运用制度的约束力、监督的强制力，促进领导干部廉洁自律，防止违规违纪现象发生。开展“品牌提升年”活动，用品牌力的提升助推公司战略的实现。履行维护职能，坚持民主管理原则，落实职代会提案，维护员工合法权益。推进企业年金制度，提高公积金缴存比例和冬季取暖费标准，组织员工健康查体，显著改善员工福利。广泛开展“三关心、三保证”、“金秋助学”等活动，为困难员工排扰解难，形成了宽口径、广覆盖的救助体系。结合“三八节”、“建厂110周年”等节庆活动，精心策划、认真组织各类文体活动，丰富员工业余文化生活，增强员工集体荣誉感、归属感和凝聚力。

【重要纪事】 1月29日，物流公司被青岛市授予首批“工商业物流发展示范基地”称号。3月30日，中国南车总裁郑昌泓到公司棘洪滩客车修理及配套产品生产基地调研。4月6～9日，公司全体员工向西南五省干旱灾区捐款 105988 元。4 月 15 日，中国南车董事长赵小刚到公司棘洪滩基地调研。5 月 13 日，国有企业监事会主席路耀华到公司考察调研。7 月 5～6 日，公司“TGC 型铁路公路两用车”、“出口庞巴迪低温抗冲击球墨铸铁机客车铸件”、“出口美国电站辅机产品的制造工艺开发与研究”等项目通过中国南车科技成果审定。10 月 9 日，公司领导班子调整，夏春生任公司执行董事、总经理、党委副书记，兼任 BST 公司董事长，王海玉任公司党委书记、副总经理。10 月 18 日，公司与四方股份公司签订承接土库曼斯坦客车总组装作业技术协议。12 月 17 日，公司负责研制的首台 SDB-160 型转向架通过南车级产品鉴定。12 月 28 日，公司在中国南车 2011 年度工作会议上获授“‘十一五’特别贡献奖”。

【企业主要领导】

执行董事、总经理　刘　杰（10 月免）
　　夏春生（10 月任）
副总经理　郭昌龙（兼，10 月免）
　　王海玉（兼，10 月任）
　　臧庆春　姚林强
　　姜　炯　张　军
　　颜　强
总工程师　臧庆春（兼）
财务总监　颜　强（兼）

党委书记　郭昌龙（10 月免）
　　王海玉（10 月任）
党委副书记　刘　杰（兼，10 月免）
　　夏春生（兼，10 月任）
　　高明义
纪委书记　高明义（兼）
工会主席　高明义（兼）

（四方有限公司　供稿）

地　址　山东省青岛市城阳区宏平路 9 号
邮　编　266111
电　话　0532-68017018
传　真　0532-68017212
网　址　//www.csrsf.com.cn

南车南京浦镇车辆有限公司

（工商登记营业执照编号：320191000201102170001N）

执行董事、总经理　楼齐良

党委书记　陶云南

【概述】　2010 年，公司坚持以战略规划指引发展方向。制订“十二五”发展规划草案，确定城轨车辆、城际动车和时速 200 公里客车三大战略产品，全力拓展城轨城际市场、海外市场和铁路客车市场。加快产业结构调整，抓住动车东扩重大机遇，开展 CRH6 型城际动车组技术平移工作，获得城际动车组生产资质，实现产业结构调整重大突破。加速推进广东江门基地项目、浙江项目、贵阳项目建设。

设计技术、制造技术和产品技术三大技术平台建设稳步推进。建成高端设计技术平台，为公司“引进、消化、吸收、再创新“奠定基础。加强重大部件和系统集成技术的深入研究，建立网络牵引、转向架、制动机试验验证平台，掌握了列车网络控制、转向架以及制动系统关键核心技术。按照欧洲标准，建立了完整的设计技术标准体系和标准资料数据库。全面实行 CATIA 三维设计，建立协同仿真系统，建成一流设计技术平台。建成占地 1000 亩的城轨车辆制造基地，形成高端制造技术平台，年生产能力轨道车辆 800 辆，转向架 1000 辆份。初步建立产品技术平台，自主集成创新的孟买地铁、深圳 4 号线 A 型地铁、南京 1 号线南延线四列车、苏州 1 号线 B 型车等产品成功交付，形成高端新产品市场业绩。掌握列车网络、转向架和制动系统三大关键核心技术，车辆系统集成能力得以提升，为开拓市场提供了技术支撑。

按照修理高档化目标，进一步巩固修理车市场。实施“走出去”战略，海外市场实现重大突破，陆续获得格鲁吉亚动车组、香港轻轨车辆、印度孟买地铁车辆、马来西亚内燃动车组、突尼斯内燃动车组、几内亚客车、津巴布韦客车以及马达加斯加 DMU 电动车组等多个海外市场订单。国内城轨地铁市场稳步做强做大，在巩固长三角地区优势的基础上，成功进入珠三角市场，并且保持住 A 型车市场优势，形成 B 型车市场业绩。全年获得青藏客车 83 辆、暑运车 700 辆、屯兵车 950 辆、客车修理 348 辆以及 140 列时速 350 公里动车组制动系统、40 列时速 200 公里动车组制动系统等生产订单。此外，中标马达加斯加 6 辆 DMU 车辆项目订单，获得 640 个 EMU 构架项目订单。全年新造客车 2136 辆、修理客车 456 辆，完成轴承 50000 套，EMU 构架 495 个，城轨车辆 362 辆。

【新产品开发】 年内，通过江苏省省级企业技术中心认证，科技创新能力不断增强，共申请专利 115 项，获得 27 项专利。

完成时速 120 公里 B 型地铁转向架和 A 型地铁转向架研制，并开展上海、杭州、深圳等新项目转向架研制。完成新型内装材料部件试制，样车试制正在抓紧进行。时速 200 公里不锈钢车体设计技术取得突破，制动机完成研制。孟买地铁 1 号线首列车、南京地铁 1 号线南延线集成创新项目首列车以及苏州地铁 1 号线首列 B 型车先后下线并实现交付，具有自主技术、自主品牌的高端技术产品市场业绩逐步形成。加快推进新研制项目，完成孟买地铁 1 号线 1 列 4 辆车、深圳 4 号线 2 列 8 辆车、苏州 1 号线 1 列 4 辆车、香港轻轨 20 辆车以及上海 SATIC 铝合金车体 18 列 108 辆车等新产品的交付。

【质量管理】 切实加强质量基础管理，以精益管理"七大任务"分解落实为抓点，以深化工位制管理为平台，突出质量"六要素"管控，深入贯彻落实南车 17 项工艺标准，全面开展质量安全防控体系建设，产品质量稳步提升。启动 IRIS 国际铁路行业标准导入和实施宣贯，开展过程控制再识别和现状诊断，强化体系管理。质量、职业健康安全、环境、测量管理体系通过认证审核中心的监督审核，ISO17025 实验室能力通过国家认可中心评审。在"四防"工作的基础上，深入推进质量安全防控体系建设，质量安全防控项点进一步识别并在过程中得到有效控制。组织质量安全大检查，持续开展现场质量点检工作，检查整改常态化闭环管理，基础管理工作不断加强。完善供方管理制度，加强供应商业绩考评，对 12 家供方黄牌警告，暂停采购 3 家，取消 85 家供方资质。深化质量改进活动，全年注册 QC 小组 58 个，形成质量管理成果 44 项。

【党群工作】 公司党委坚持抓好两级中心组学习，把学习重点放在党的重要会议精神、企业发展战略规划以及关系企业改革发展重大问题上，全年组织党委中心组集中学习 17 次，参学率 89.6%。深入开展"四好"班子创建活动，以打造"行业一流、世界知名，引领轨道交通车辆发展新潮流"的领导团队为目标，进一步解放思想，坚定信念，提升战略谋划能力和运作能力。组织学习实践科学发展观"回头看"活动，对中长期持续整改项点的落实情况进行跟踪督查，44 条改善项全部落实。围绕公司质量管控、精益生产、教育培训等工作，以"先锋先行"三项工程（质量示范工程、精益建设工程、人才育成工程）为载体，把组织优势转化为服务保证作用，进一步巩固和扩大学习实践成果。深化"党务公开"，加强党内监督，推行发展党员"票决制"，有效落实党员民主权利。将计算机信息管理技术和精益看板管理有机结合，建立"党群管理系统"网，加强对党群系统各支部年度、月度工作的管理。以公司愿景、理想引导员工，以共同的价值观、经营理念和企业精神教育员工，围绕"统一的价值观、统一的愿景、统一的精神、统一的品牌"，构建公司跨越式发展的文化平台。在员工中倡导公司实现百亿目标所必须的"大局意识、用户意识、品质意识、发展意识"，持续推动责任文化建设。学习贯彻"三重一大"制度，进一步完善制约和监督机制，深化效能监察，健全反腐倡廉制度，推进惩防体系建设，不断推进廉洁文化建设。

工会围绕中心工作，以南车"八比八创"竞赛活动为载体，开展大干屯兵车劳动竞赛，参与员工达万余人次，表彰奖励 3160

人次。组织精益改善提案竞赛活动，1729 名员工提出改善提案 4898 项。开展不锈钢、铝合金、碳钢焊接、天车司机等 4 个工种技能大赛，470 名次员工参赛，表彰奖励 24 名优胜选手。组织厂务公开工作组公开 32 项公司重大决策和职工关注的热点问题，同时，做好年度集体合同的拟定、平等协商、职代会审议通过签定以及合同的审报、公布、实施、督查等各个环节的工作。全年对近 5000 名次各类生活困难员工及其家庭进行走访慰问，慰问金额近 150 万元，并且对 1457 名因病住院、死亡、慢性病员工及退休员工支付各项互助补充保险费用 71 万元。

团委不断创新企业团组织建设方法，通过团内会议、团委网站等形式，宣传形势任务，明确方向目标，先后组织“打造百亿企业——我们共同努力”青年座谈会，“理想・信念・成长・奉献”青年演讲比赛等活动。同时，围绕“精益七大任务”开展青年精益推进行动，评选出 6 个“精益生产示范岗”、3 个“精益示范工位”。组织争创青年“安全生产示范岗”活动，评选出 3 个青年“安全生产示范岗”。开展“抓质量水平提升，促发展方式转变”为主题的质量月征文活动，收到征文 236 篇。在节能周活动中，团组织征集节能创意金点子 127 条、节能短信 150 条。深化青年创新创效活动，共征集青年双“五小”成果 168 项。建立“双推双选”工作机制，推优入党 19 人，占全年公司发展党员总人数的 31%。

【重要纪事】 2 月 4 日，南车浦镇海泰制动设备有限公司轨道交通车辆制动机技术研究所成立暨奠基仪式举行。7 月 15 日，阿根廷联邦计划部部长 MINISTRO JULIO DE VIDO 到公司考察。7 月 19 日，美国磁悬浮 Maghlanga 公司总裁兼技术总监 Bruce Montgomery 到公司进行访问考察。7 月，公司申报的《浦镇列车网络中央控制单元应用软件》获得国家版权局颁发的《计算机软件著作权等级证书》。8 月 3 日，中国南车高速动车制动系统集成创新工作会议在公司召开。12 月 10 日，举行南京地铁 1 号线南延线集成创新项目首列车下线庆典仪式。

【企业主要领导】

执行董事、总经理　楼齐良
副总经理　陶云南（兼）
　　赵大斌　王晓阳
　　李定南　忻　群
　　施青松（10 月任）
　　余江（4 月任）
　　吕任远（12 月任）
财务总监　忻　群
总工程师　赵大斌（兼）
总工艺师　吕任远（兼）

党委书记　陶云南
党委副书记　楼齐良（兼）
　　胡耀华
纪委书记　胡耀华（兼）
工会主席　胡耀华（兼）

浦镇厂厂长　陶兆山

（浦镇公司　供稿）

地　址　南京高新开发区泰山园区浦珠北路 68 号
邮　编　210031
电　话　025-85847402、85847433
传　真　025-58604655
网　址　www.csrpz.com
电子邮箱　csrpz@csrpz.com.cn

南车眉山车辆有限公司

（工商登记营业执照编号：511400000001304）

执行董事、总经理　孟维新

党委书记　郑　平

【概述】　2010年，公司严格预算控制，强化绩效管理，打造精细管理平台。根据管理体制调整，完善绩效管理办法，健全绩效管理体系，确保经营目标的分解落实。强化预算管控，建立重大项目预算管控模式，采用以零基预算为主，结合增量预算为辅的原则，确定年度各项预算目标，确保各项支出可控。开展对规对标工作，不断优化指标体系，以先进的指标引领各项经营管理工作，费用总额同比下降11.9%。细化成本费用过程控制，实施成本费用节约奖惩制度，全年实现降本增效1700万元。完善物资配件招标采购、工程项目招标流程，开展效能监察和专项审计，优化库存结构，实施大宗原材料战略储备与零库存并举，通过多种途径盘活资产。加强企业规章制度建设，建立完整管理工作流程体系，制定完善各项规章管理制度168项，编制与优化各项工作流程82项。强化人力资源基础管理，完善人力资源制度体系，编制《人力资源引进管理工作流程》等12个专业工作流程，修订各项人力资源管理规章制度24个。加强劳动用工管理，调整技术工人引进政策，保障生产用工需求。完善薪酬激励机制，规范工资管理流程，推行岗位绩效工资。围绕安全质量标准化达标创一级企业，全面落实安全生产责任制，层层分解安全生产责任，实现安全生产目标管理。同时，推行员工安全绩效管理，强化安全隐患排查与整改治理，深化“6S”管理，提升现场管理水平，持续改进HSE管理体系，安全生产实现“有序在控，总体稳定”。强化知识产权管理，全年申报各类专利60项，取得国内专利11项，其中“可重复用拉铆钉及使用方法”专利获得“第十二届中国发明专利奖的优秀奖”。被国家知识产权局确立为“全国企事业知识产权试点单位”，被四川省知识产权局等七部门确定为“四川省知识产权示范企业”。

持续实施提升制造水平的技术改造，全年投资5238万元，完成转向架重点技术改造、轮轴生产线恢复、国家技术中心项目，铸钢改造项目，货车及拉铆钉改造等各类基建项目232项，购置各类先进设备159台。强化工艺保证与服务，打造产品精益制造平台，贯彻精益理念，系统推进精益示范线和6条精益链建设，总资产周转率、存货周转率分别比中国南车考核指标提高9%、18%。强化生产作业计划平衡和生产技术准备，克服原材料供应紧张、部分工序用工短缺等困难，全年完成新造各型铁路货车3567辆。围绕开源、节流、增效主线，着力开拓铁路货车市场，跟踪国内铁路货车运用情况和发展趋势，抢抓整车及配件市场订单，同时加快发展专有技术延伸产品，紧固件市场份额由统一招标时的25%上升到35%，非国铁货车市场收入比重占到外销收入40%以上。调整专用汽车产品结构，丰富产品系列，创新营销模式，全年外销收入再创新高。

【新产品开发】 按照“生产一代、开发一代、预研一代”的开发战略，借鉴世界重载运输成功经验，推进下一代重载货车研发，全年完成科技开发项目28项。完成80吨级通用敞车、载重100吨运煤专用敞车的优化设计。完成P_{70B}型滑动顶棚车样车整改、C_{70F}型敞车换装转K6型转向架的设计及改制。引进国铁货车新产品技术，完成25英尺汽车板架箱、X_{70}型集装箱平车技术转化、样机试制及相关试验。开发市场产品，研制出口坦赞铁路集装箱平车，实现签约出口90辆车。完成苏丹平车改造设计和对外技术转让，以及攀矿载重80吨自翻车、载重100吨自翻车，博兹瓦纳运盐敞车、沙特凹底平车、叙利亚石碴漏斗车、越南底开门敞车、缅甸木材车、出口突尼斯磷酸盐漏斗车、孟加拉油罐车、巴西矿石敞车、德国2种罐车、印度尼西亚2种货车、澳大利亚3种货车、伊朗5种货车，阿根廷5种货车等项目投标技术方案设计。开展大轴重货车转向架技术研究，完成27吨/32.5吨轴重径向转向架优化及整体式副构架对比方案的设计、制造和试验。结合转K7型转向架运用，开展转K7型转向架技术研究，完成采用分体式承载鞍、在承载鞍顶部设置橡胶垫、在连接杆头部设置弹性球铰的优化方案设计。针对橡胶堆外置导线防盗性差的问题，完成橡胶堆内置导线的方案设计和样机试制。完成转K7防脱方案设计并获铁道部文件批准。进行时速160公里快速货车转向架优化研究，完成一系橡胶弹簧、二系橡胶堆及弹性旁承优化设计。完成出口坦赞铁路货车转向架、Y25转向架、单元制动梁研制，以及出口委内瑞拉货车转向架等多项市场货车配套转向架技术方案设计。研制开发120/120-1型空气控制阀防护罩、货车中梁标记，并通过铁道部技术审查，防护罩已完成批量生产技术准备，实现对外技术转让。开展铁路货车悬挂件防脱技术研究，在C_{70}等主型货车上采用拉铆销或短尾拉铆钉防脱技术方案，通过铁道部技术审查，并在第二批招标车采用。

【质量管理】 加强质量体系建设，按照IRIS质量体系程序文件要求，进行全面清理整改，促进公司质量管理水平整体提高。修订完善12个质量管理制度，加强产品实物质量检查控制，有效杜绝不合格品流出。推行入厂原材料可追溯管理，加强对供应商资格的审查及管理。开展“大检查、大整治”专项质量活动，有针对性地加强内部质量控制，严把产品质量关，确保产品实物质量，整车质量明显提高，整车一次交验合格率达98.17%。加强用户走访和调研，认真收集用户意见和建议，促进售后服务质量提高。全年无质量重大、大事故发生，产品质量监督抽查合格率为100%，无批量返厂及批量质量事故。

【党群工作】 公司党委以“深化精益制造，提升管理水平，增强企业持续发展能力”为主题，开展学习实践科学发展观“回头看”活动，通过“五看五查”，建立贯彻落实科学发展观长效机制，推动学习实践活动向深度和广度发展。加强领导班子和人才队伍建设，深化创建“四好”领导班子活动，扎实开展“五个一”活动，实施领导人员联系服务基层签到制度，促进领导班子整体功能发挥。开展“加强党性修养、弘扬优良作风、促进科学发展”主题教育活动，教育党员干部做到政治坚定、作风优良、纪律严明、清正廉洁。加大公开选拔、竞争上岗力度，提高干部工作民主化水平。加强党的组织建设，召开公司第一次党代会，选出新一届党委班子。开展“争做四强四优，争创一流业绩，圆满完成年度经营指标，以实际行动向公司第一次党代会献礼”主题活动，评选出“十大模范四优党员”。以“五个好”、“五带头”为基本要求，以“贯彻一次党代会精神，全面推进‘十二五’科学发展”为主题，深化创先争优活动，涌现出2个红旗党组织、11先进党组织、32个先进党小组、182名优秀共产党员、5名优秀党务工作者。围绕生产经营的重点和难点，不断深化党建课题实践活动，形成课题成果36项。建立健全适应公司制要求的党建工作责任机制，加强党群制度建设，确保党的建设和生产经营工作实现“双促进双提高”。探索实践创岗建区的途径和载体，推进“双培养”工程，提高党员在重要、关键岗位的比例。积极构建惩治和预防腐败体系，将构建惩防体系纳入企业发展规划，努力从根本上遏制腐败。深化党风廉政教育，开展以“落实若干规定，提供纪律保证”为主题的廉洁文化宣传教育月活动。重点做好领导人员廉洁自律、源头治理、效能监察、案件信访调查处理等工作，形成层层分解、层层抓落实的党风廉政建设责任体系。坚持廉洁从业承诺制度，组织领导人员、主管岗位人员和重要岗位的“六管”人员签订《廉洁从业承诺责任书》。加强思想政治工作，努力把思想政治工作融入到生产经营的全过程和各个环节，动员和号召全体员工紧紧围绕精益制造、成本控制、产品质量、技术研发、市场营销、安全生产等热点、难点问题，创造性地开展工作。

公司工会融入企业生产经营重点，开展主题劳动竞赛，全年完成悬赏攻关竞赛6项，小型多样劳动竞赛36项。开展“工会创先争优”、“工人先锋号”创建活动，评选“工人先锋号”6个，举办各类培训班6个，组织76人次员工委外培训。涌现出全国“安康杯”竞赛优秀班组1个，四川省劳动竞赛优胜班组1个，南车先进集体3个和南车“站立式安全讲话”优秀班组3个。突出双向维护，加强企业民主管理，落实职代会的审议建议权民主监督、参与权，开展民主评议公司级领导干部及中层领导干部测评。推行厂务公开制度，将基层班务公开作为厂务公开的重点，抓住员工工资奖金分配、安全生产和产品质量等事项，实现厂务公开与企业管理、班组管理和员工利益的结合。公司工会荣获“四川省职工民主管理理论研究先进单位”。切实履行帮扶救助职能，推进“三关心三保证”活动。在“两节”和日常送温暖活动中，各级工会慰问劳模、离退休员工、困难员工和遗属等47万余元。中秋、国庆、重阳节期间走访慰问困难员工及退休员工，送去慰问金近11.74万元。全年为500员工办理困难、病故、生育补助20余万元，对患大病、重病及病故员工，因突发事件造成家庭生活困难的员工实施特困补助154人次，发放困难补助金30万余元。

公司团委以培养和造就青年人才为着力点，以思想教育、实践活动为依托，开展“加快创新步伐，提高管理水平，提升效率效益，全面推进企业稳定协调发展”为主题的形势任务教育。开设青年网络学习家园，为青年搭建成长平台。发挥团组织思想引导职能，开展先进典型的示范教育，为青年岗位奉献和岗位成才树立前进的目标和学习的榜样。

以职业技能大赛为契机，开展形式多样的岗位练兵活动，以竞赛促进青年员工队伍综合素质提升。坚持标准，确保质量，扎实开展“推优”工作。开展青年志愿者活动,服务企业、服务社会。

【重要纪事】 1月，在四川三峡认证有限公司组织的质量管理评比中，公司获优秀质量管理奖。2月，铁道部2009年摇枕侧架质量检查，公司在16个生产单位中名列第一。5月4日，公司第10万辆铁路货车C_{70}型（1639205）敞车下线。6月3日，公司被确立为第四批全国企事业知识产权试点单位。6月9日，公司IRIS质量体系通过法国贝尔国际验证机构认证。6月29日，公司召开工会第一次代表大会，会议选举产生了新一届工会委员会。8月3日，通过EN15085焊接企业评审，获得底架及转向架一年有效期证书。11月13日，国家人力资源和社会保障部授予公司为博士后科研工作站。11月16日，公司符合双标准铁路货车空气制动系统通过中国南车技术评审。11月18日，在四川省企业百强发布会暨四川企业发展峰会上，公司入选四川省百强企业。11月19日，公司环境/职业健康安全管理体系通过中联认证中心审核。11月28日，公司通过国家实验室认可委员会“国家认可实验室”资格复评审。12月16日，公司召开第一次党员代表大会，选举产生第一届党委会。

【企业主要领导】

执行董事、总经理　张　作（10月免）
孟维新（10月任）
副总经理　孟维新（10月免）
郑　平（10月任）
雷自原　孟庆远
吴岱滨
总工程师　肖　颖
财务总监　吴岱滨（兼）

党委书记　孟维新（10月免）
郑　平（10月任）
党委副书记　张　作（10月免）
孟维新（10月任）
王志强
纪委书记　王志强（兼）
工会主席　王志强（兼）

眉山厂厂长　王云东

（眉山公司　供稿）

地　址　四川眉山市东坡区崇仁镇
邮　编　620032
电　话　0833-8502013
传　真　0833-8502046
电子信箱　cb@msrsco.com

南车成都机车车辆有限公司

（工商登记营业执照编号：510100000083143）

执行董事、总经理　赵晓谦

党委书记　曾继宗

【概述】　2010 年，公司加强市场营销，在全力拓展机车市场份额的同时，积极培育新的经济亮点，机车大部件合同订单大幅增长，电机市场订单稳中有升，国贸市场份额名列业内第一，自营出口实现突破，首次与南非客户签订电机配件订单。强化与 GE 公司战略合作伙伴关系，破解技术、商务等系列难题，成为 GE 公司全球供应商。发展延伸产业，进入城轨地铁、工程机械、新能源机车配套电机市场，车辆市场份额强力增长。实行服务信息流程化和服务标准化，故障处理及时性和有效性得到大幅提高。夯实服务体系，重点关注 HXN5 机车配套电机服务，快速反映，及时处置电机质量问题，维护品牌形象。

推行中层领导助理制，明确岗位任职条件，有 25 位员工走上中层领导助理岗位。开展岗位绩效工资制度改革，建立以岗位绩效工资制为基础的薪酬分配制度，健全岗位胜任力评价体系及绩效评价新体系，提高员工绩效、能力与薪酬的匹配度。加强信息化平台建设，实施铁路客车信息管理系统（K-MIS），开发推进经营管理系统和人力资源管理系统。完善企业内部管理，强化公司机关公共服务平台职能，集成机车修理、电机制造、客车检修三大业务营销优势，提高各业务板块的效率和能力。

完成固定资产投资 3793 万元，重点项目完成 HXD1C 电力机车牵引电机技术改造项目中的交流变频电动机例行试验台、真空压力浸漆设备、转子荧光磁粉探伤机、超声波探伤机、超高压齿轮压装工作站、高频绝缘检测仪、直流耐压机、线圈厂房净化风房等 12 个子项。同时，完成车体防锈防腐喷漆房、数控立车、西区污水处理站改造等 11 个非重点项目及 50 万元以下项目 63 个。

全面推进精益生产，建成以机车总组装、电机线圈组装、客车构架检修为代表的 6 条精益生产示范线，电机线圈精益示范线被评为中国南车二星级精益示范线。推行 5S 管理，规范现场操作，完成 139 个班组、公共区域、库房的 4S 达标。开展 TPM 活动，形成车间、二级公司、公司的三级标准库的动态管理，完成 300 台重点、关键设备 TPM 达标，设备故障率下降 22.4%。以精益生产带动品质和产能提升，细化关键工序，严格定点作业。全年完成机车修理 229 台，其中内燃机车 160 台，电力机车 69 台。制造各类电机 2702 台，客车修理 588 台。

【新产品开发】 完成 DF4D 型机车整体车轮新造及大修，并通过部验收室首件评审。完成时速 160 公里轨道车 CDJF211 主发电机、JD159 牵引电动机、混合动力机车 CDJF201J 主发电机、JD158 牵引电动机、北京房山线地铁车辆 JD157 牵引电动机以及 CDZD102C 直流石油钻井电动机的开发试制。完成融雪车、沙特车、澳大利亚车、4400 马力机车配套电机设计方案。完成 HXD1C 机车 7200 千瓦电机的技术平移，实现小批量生产。完成 25G 型软卧车、餐车试修和 DC600V 电源装置检修工作，并通过中国铁路产品认证中心的生产质量认证（CRCC）评审和认证。

【7200 千瓦电力机车牵引电机项目】 3 月 31 日，铁道部决定公司转移生产 7200 千瓦电力机车（HXD1C）牵引电机（JD160A 牵引电机）。5 月 14 日，中国南车成立以傅建国为组长的企业项目领导小组，明确责任主体是南车株洲电机公司和成都公司，正式启动向成都公司转移制造 7200 千瓦电力机车（HXD1C）牵引电机项目。7 月 31 日，南车株洲电机公司共向公司平移技术资料 13 批，主要包括：JD160A 电机全套蓝图、JD160A 电机技术条件、试验大纲、BOM 单、供应商信息、订货技术条件 35 项、工艺文件 28 项、工装图纸 15 项、检验作业指导书 12 项、入库检验指导书 5 项、产品质量特性重要性分级管理办法及工艺文件清单、工装清单。6 月，专项技术改造设计方案确定并实施。11 月 27 日，公司自制的首台 7200 电机总装成功。11 月 29 日，首台 7200 千瓦电力机车牵引电机通过南车电机公司的整机技术质量评审。12 月 8 日，2 台 7200 电机样机在南车株洲电机公司电机试验站一次性通过出厂例行试验项目测试，各项试验技术指标合格。

【质量管理】 开展机车车辆质量安全大检查大整治活动和 QC 课题攻关活动。应用 CRCC 方法，从人、机、料、法、环 5 个方面对机客车生产业务进行检查和试验。加强质量体系建设力度，开展质量管理体系内部审核和质量/环境/职业健康安全管理体系外审，及时修补体系管理漏洞和缺陷。开展“质量月”活动，围绕“抓质量水平提升，促发展方式转变”和 IRIS（国际铁路行业标准）培训等专项工作，有针对性地解决质量问题，取得良好效果。以抓“八防”为突破口，完成工艺整改和验证。完善“八防”体系建设，识别“八防”项点，完成中国南车 17 项工艺标准对标工作，工艺覆盖率达到 100%。

【党群工作】 公司党委坚持融入中心、服务大局、凝聚力量，为保持公司平稳快速发展提供坚强的思想、政治和组织保证。深入贯彻落实科学发展观，精心部署，对照自查，突出特色，扎实开展实践回头看活动，完成 11 项近期解决的主要问题及 26 项中长期整改措施。加强两级中心组学习，丰富学习内容，创建学习型企业。进一步深化“四好”领导班子创建活动，根据公司实施的绩效管理，结合 KPI 指标，修订和完善《“四好”领导班子考核实施细则》，不断提高创建水平。以“加强党性修养，弘扬优良作风，促进科学发展”为主题，认真落实民主生活会制度。加强人才队伍建设，构建“系统化，一体化，规范化”的人力资源管理体系。围绕“四个着力”，在深入推进凝聚力工程建设上下功夫。继续深化和加强基层党组织建设，完成党建活动创新课题申报 55 项。开展“两优一先”评比活动，做好党员发展工作。开展品牌提升年活动，按照“整体推进与突出重点相结合、集中整改与日常管理相结合、自查自纠与追踪督导相结合”的原则，从管理体系建立、品牌意识培育、VI 应用整改、宣传推广等多方面入手，品牌建设工作取得初步成果。加强对外宣传报道，及时宣传公司重大业务进展、重大合同签约、重大产品问世以及重大规划实施成果等内容。加强惩防体系建设，构建源头防范机制，完善责任体系，进一步强化责任制落实监督。开展物资招标采购、大额度资金调动使用情况等七大项效能监察，加强事先防范，事中监管，事后监控，最大限度减少违纪行为发生。

公司工会以“八比八创”为主要内容，以建功立业劳动竞赛活动为载体，充分调动员工参与企业管理的积极性、创造性。开展精益生产创意提案活动，征集创意提案 2010 条，员工参与率 51.5%。以“三关心、三保证”为重点，健全帮扶维权机制，为员工提供各项救助 1036 人次，总计支出 98.22 万元。开展送温暖活动，提升企业凝聚力。

公司团委积极探索适应现代企业制度的共青团工作运行机制，不断创新工作的方式方法，提高工作能力和水平。结合生产经营热点，开展质量安全教育，深化“青年安全生产示范岗”创建，发挥团员青年在安全生产中的积极作用。开展新入职大学生培训、纪念“五四”运动 91 周年、“学理论、保生产、促发展”知识竞赛等多项特色活动，激发青年工作热情。

【重要纪事】 6 月 2 日，铁路客车信息管理系统通过验收并正式运行。6 月 16 日，混合动力机车配套的 CDJF201J 电机开发成功。11 月 12 日，公司通过 2010 年度质量/环境/职业健康安全管理体系外审。11 月 18 日，公司获四川省企业 100 强称号。11 月 29 日，公司首台 7200 千瓦电力机车配套交流牵引电动机（型号 JD160A）通过中国南车整机技术质量评审。12 月 14 日，25G 型餐车、软卧车试修通过中铁铁路产品认证中心质量验证。12 月 21 日，公司通过《机械行业安全质量标准化》国家二级认证复评。12 月 29 日，经铁道部批准，公司正式进入 25G 型软卧车、餐车厂修领域。

【企业主要领导】

执行董事、总经理	曾继宗（10 月免） 赵晓谦（10 月任）
副总经理	赵晓谦（兼，10 月免） 曾继宗（兼，10 月任） 危　勇　杨　明 杨　松　蔡德权
财务总监	危　勇（兼）
总工程师	胡　彬
党委书记	赵晓谦（10 月免） 曾继宗（10 月任）
党委副书记	曾继宗（兼，10 月免） 赵晓谦（兼，10 月任） 曾得江
纪委书记	曾得江（兼）
工会主席	曾得江（兼）
成都厂厂长	曾得江（兼）

（成都公司　供稿）

地　址　成都市二仙桥北路 31 号
邮　编　610057
电　话　028—84113424
061—48222（路电）
传　真　028—84128984
电子信箱　cdc@cdjcc.com

南车洛阳机车有限公司

（工商登记营业执照编号：410300110053423）

执行董事、总经理　王官成

党委书记　高　亢

【概述】　2010年，公司按照“系统规划，试点推行；流程再造，洛阳先行；交流认同，两地并行”的三步走策略，逐步规范基础管理。以ISO9000体系为主线，以精益管理建设为指导，全面推进“提质增效，精益管理”工程，实现品质、效率、效益的提升。以信息化建设为手段，规范生产现场物流管理，完成MES系统设计。人力资源建设，以挖掘潜能、激发活力为目标，以强化岗位职责履行和目标达成为重点，建立绩效评价体系，在洛阳分部建立中层管理团队及中层领导、管理部门和生产单元的绩效评价办法，在襄樊分公司和襄樊电机公司完善中层管理人员年度绩效评价体系。强化工资总额预算管理，提升预算执行，规范工资发放。贯彻落实中国南车与河南省政府战略合作框架协议精神，全力推进城轨组装与服务基地项目工程，3 月下旬实现开工建设。和谐型电力机车二年检项目全面启动，完成厂房改造和主要设备招标购置。工程机械项目完成大型设备安装调试，初步形成工程机械制造能力。推进机车大部件项目实施，完成轮对制造和曲轴加工专用设备安装调试，形成10000条各型轮对修造能力。

襄樊分公司围绕“建设标杆轮对生产线，打造国内一流轮对修造基地”目标，大力推进精益生产，缩短生产周期，按照工序再造总体规划要求，完成工艺布局调整、基础设施改造、工艺装备配置等后续规程，实现机车检修能力的总体提升。加强安全生产设备管理，健全基础工作，强化体系培训，规范操作纪律，开展事故隐患排查与整改，推动安全生产体系正常运行。在11月中国南车组织的安全大检查工作中，襄樊分公司在被检查单位中名列第一。

襄樊电机公司坚持“立足路内，开拓路外，适应市场，稳步发展”的规划，以“提高收入，改善环境，构建和谐”为目标，以“把握机遇跟上南车，创造条件融入南车”为中心，全面提升人的能力、装备能力和管理能力，加强对外合作，拓展市场新领域。与南阳防爆集团的合作进入整机配套批量生产阶段，与铁科院签订预应力锚具战略合作协议，低回缩锚具取得CRCC证书，预应力锚具获得京沪高铁“优秀供应商”称号。形成民用防爆电机整机制造能力，与全球风电巨头VESTAS公司合作取得突破。

面对市场投放机车数量减少冲击，转观念、变机制，强化市场拓展，全年机车承揽515台，其中国铁367台，地方铁路148台，国铁市场占有率达25%，同比上升2%。地方铁路承揽较上年增加32台。完成机车检修484台，实现销售收入13.25亿元，净利润2658万元。

【精益生产】 编制公司精益生产实施规划草案，在洛阳分部建立轮对示范区、柴油机示范线、机车总装示范线，轮对计划兑现率由上年的62%提高到72%，柴油机示范线精密件检修周期从44个小时，缩短到33个小时。洛阳分部建立精益生产管理评价机制，并将创意改善纳入月度绩效评价。襄樊分公司制定精益生产实施推进计划，强化对5S、TPM、创意改善等精益管理工具的学习和推广。襄樊电机公司以锚具现场为试点，以班组建设为基础，以劳动竞赛为手段，加大精益生产的推广和实践。强化生产组织和物料保障，建立生产现场应急处理机制，提升响应处理速度，最大限度地提高合同兑现能力。洛阳分部以降低物耗为根本，开展精益成本创效活动，确定15个单位2400万元的精益创效项目，实现成本创效2700万元。

【技术进步】 全面启动和谐型电力机车二年检及六年检工作，开展韶山SS_{4B}、SS_{6B}、SS_{3B}型电力机车及GKD_3型内燃机车试修。完成东风DF_{7G}、8K轮对，新制ZD109B2直流牵引电动机，蒙古车TQFR-3000E主发电机，ZD109B牵引电机等产品试制以及DJ_1型机车轮对换修工作。完成内电并线运行方案，工位制作业技术方案设计。在工程机械方面，DJK14O型架桥机组车辆通过铁道部生产质量认证，获得架桥（铺轨）机组车辆生产资质。城轨及工程维护车辆转向架制造项目全面启动，GCS220转向架开始试制。公司向河南省科技厅申报的“河南省机车车辆工程技术研究中心”获得批复。

【质量管理】 以ISO9001质量体系换版认证为契机，对质量方针、质量目标、质量控制流程进行统一。以“八防工序”为主线，以质量控制为重点，联合驻厂验收室开展机车车辆安全质量大检查大整改工作，并按要求对问题进行认真整改。按照中国南车17项工艺标准要求，对原有工艺标准进行修订和完善。积极开展QC活动，实现质量改善全员参与，全年参与评审项目181项，结题93项。全年机车一般D21及以上事故4件，同比减少8件。机破107件，同比减少6件。返厂修13件，同比上升4件。临修1129件同比减少543件。2010年公司连续3次获得铁道部机车大修质量综合评价第1名。

【党群工作】 公司党委坚持“三心一确保”工作思路，加强和改进党建和思想政治工作，为推进发展规划的落实，加速企业转型及产业布局的调整，实现企业精益发展提供坚强的思想和组织保证。加强领导班子建设，增强引领企业科学发展能力。通过强化理论学习，把握企业发展大局。坚持中心组学习，拓宽视野，促进决策层的目标明确和意志统一。深入开展“学习实践科学发展观回头看”、“加强党性修养、弘扬优良作风、促进科学发展主题教育”和“争创四强党组织、争做四优共产党员”三项活动。扎实开展回头看活动及迎检工作，围绕深化整合和提升能力两个核心、对难点问题反复审议，确定整改措施。围绕“四个明确”，整改落实项目，有力推动公司科学快速和谐发展。紧贴企业中心工作，扎实开展创先争优活动，通过认真策划方案，深入宣传发动，开展创争活动，促企业科学发展。

开展品牌提升年活动，推进两地三企文化融合。结合公司实际，从5个方面推进品牌建设工作落地。编制完成企业文化建设规划，明确企业文化建设目标和方向。通过深入开展“我们离精益有多远”思想大讨论活动，理清影响企业生存发展的根源，为公司实现快速持续发展奠定基础。以重要岗位管理人员为重点，党风廉政教育取得新成效，同时围绕重点环节和关键流程，深入开展效能监察和专项检查，通过优化生产经营环境，立足防范标本兼治，使党风廉政工作进一步加强。发挥群众工作特色，开展“八比八创”劳动竞赛，融入中心激发活力。举办第四届员工技术运动会，提升员工素质。开展丰富多彩的员工文化体育活动，构建积极向上的文化氛围。坚持开展送温暖、大病救助、金秋助学等活动，组织员工定期体检，启动劳模、骨干员工疗养活动。深化“三关心三保证”活动，把关爱员工放在首位，让员工共享发展成果。

【重要纪事】 3月23日，洛阳南车城市轨道车辆有限公司揭牌暨项目开工仪式举行。4月18日，襄樊电机公司低回缩锚具通过CRCC真正中心专家组现场评审并取得CRCC证书。6月8日，公司通过天一公司审核换版认证GB/T 19001—2008（ISO9001：2008 IDT）。11月4日，获得和谐型电力机车检修业务资质。11月27日，襄樊分公司举行韶山6B型电力机车试修竣工庆典仪式。

【企业主要领导】

执行董事、总经理　胡　洋（1月免）
姚卫东（1月任，10月免）
王宫成（10月任）

副总经理　姚卫东（1月免）
高　亢　范宝林
黄建东　王　淼
王永和
杜志品（1月任）
李　涛（10月任）

总工程师　陈东平

财务总监　黄建东（兼）

党委书记　姚卫东（1月免）
高　亢（1月任）

党委副书记　胡　洋（1月免）
姚卫东（兼，1月任，10月免）
王宫成（兼，10月任）
邱立成

纪委书记　邱立成（兼）

工会主席　邱立成（兼，7月任）

洛阳厂厂长　李　涛（10月免）
邱立成（兼，10月任）

（洛阳公司　供稿）

地　址　河南省洛阳市启明东路2号
邮　编　471002
电　话　0379－62635310
传　真　0379－63570296
网　址　http://www.lylw.com
电子信箱　bgsh@lylw.com.cn

南车二七车辆有限公司

（工商登记营业执照编号：1101066010299723）

执行董事、总经理　史硕致

党委书记　饶　庶

【概述】 2010年，开展公司级生产纲领能力基础性研究，确定较为合理的生产组合、日产水平、生产周期与灌线周期，为科学排产提供依据，为资源配置提供政策导向。完成中国南车6项精益生产指标，选定转K6型转向架组装生产线等3条生产线和转向架车间等3个单位开展精益生产示范工程建设，转K6型转向架组装生产线被中国南车评定为二星级精益生产示范线。健全精益生产评价与保障体系，全年进行1184人次精益专题培训。开展工位制节拍化生产，新造轮对组装生产线、转K6型转向架组装流水线日产能力得到提升，新造轮对实现“无选配”。扎实应用精益工具，全面推进5S现场管理、装备故障报修及PDA条码交接系统，积极开展TPM、全员改善提案等活动。优化物流方案，基本实现准时配送，降低在产品资金。落实中国南车17项工艺管理标准，实现工艺方案模板化管理，完成公司工艺布局诊断优化工作。

抓住行业回暖趋势，深入调研市场，完成国铁及路外市场产品的招标采购工作。散堆箱销售收入实现较大增长，可拆卸式运输钢卷加固承载架成为继散堆箱之后又一重要市场产品。JC旁承检测机成为公司新经济增长点，年签合同11笔。针对合同批次多、合同间隔期长、产品交货周期短、质量要求高等情况，采取并行、交替开工灌线等组织方式，合理配置各种资源，周密制定生产预案与排产计划。加强信息反馈与沟通协调，密切市场、技术等要素与生产之间的协同联动，超前考虑市场变化及各种不确定因素，明确各生产工序的时间节点进度，不断压缩在厂周期，努力提高生产效率。全年新造货车2648辆，修理货车2265辆，完成供外配件69603件（套）。

加大“1113人才建设工程”实施力度，以造就“三高”人才为重点，全年举办各级培训班138期，培训5216人次。全年新评聘技师51人，高级技师15人，技能人才团队达到209人，教授级高级工程师增加到9人，获中国南车第三届有突出贡献中青年专家1

人，被评为南车第三届拔尖人才 1 人。通过实行弹性用工制度，完善短期劳务用工管理，健全以岗位绩效工资制为基础、多种分配形式并存的分配制度，调动员工工作积极性。

创建成本逐步结转体系，细化成本核算对象，不断降低造修成本。加强物资与供应链管理，采购成本得到有效控制。完成 PLM 系统二次开发及实施工作，开发供应商管理系统，ERP 系统渐趋优化。下发内控手册，明确风险监控点。启动国家一级安全生产标准化企业复评。加强节能环保工作，全面完成节能减排指标。

【新产品开发】 围绕铁路货车重载、快捷化需求，在研制大轴重货车同时，同步开展配套的大轴重转向架、大容量缓冲器等关键技术研究。X70 型集装箱专用平车、焊轨用 NX70 型共用车、JC 系列旁承检测机、弹性胶泥芯体等通过认证，其中 X70 集装箱专用车在带来批量定单与可观技术转让收益的同时，巩固了公司集装箱车主导厂地位。JC 系列旁承检测机被确定为全路唯一 JC 系列弹性旁承拆装检测专用装备，自行研制的法兰螺栓防松垫片在全路推广使用，换装高摩闸瓦、组合式制动梁改造技术向 7 家企业进行技术转让。全年完成 60 项专利项目申报，专利工作获丰台区专利试点企业合格证书。

【质量管理】 全面启动 IRIS（国际铁路行业标准）认证工作，通过新世纪认证公司年度管理体系监督审核。围绕流程制度、质量体系、实物质量等方面开展安全质量大检查、大整治活动，对部运输局、安监司联合检查组检查出的 50 项问题，46 项已完成整改并关闭，4 项问题整改工作正在落实中。组织“100 个质量问题回头看”、技术质量问题清单化管理等活动。开展了提高检修车制动组装一次合格率等 10 多项质量攻关活动。与部驻公司车辆验收室共同完成的 QC 小组成果获全国铁路“京铁杯”QC 小组优秀奖。

【党群工作】 公司党委以“创先争优”活动为党建工作主线，着力抓好企业党的组织建设、思想建设、作风建设和党风廉政建设。深入开展学习实践科学发展观“回头看”活动，进一步巩固和扩大整改落实成果。重新制定党委中心组学习制度，确立领导干部政治理论学习新机制。以实施“1113 人才建设工程”为主线，加强知识和技能培训，全面提高建设三支队伍的力度，为公司发展积蓄力量。成立公司品牌管理机构，制定公司企业文化建设实施纲要及 2010～2012 年企业文化建设 3 年实施总体方案，下发《文化宣传设施及视觉识别系统应用管理办法》，系统推进品牌建设。以惩防体系构建为中心，加强“三重一大”和效能监察工作，认真贯彻落实中央《建立健全惩治和预防腐败体系 2008～2012 年工作规划》，对近几年来构建惩防体系所涉及已建和在建制度进行梳理，对相关责任单位 2010 年惩防体系制度建设的分解和任务完成情况进行认真检查和落实。围绕中国南车“落实若干规定，提供纪律保证”主题活动，积极开展党风廉政宣传教育活动。积极落实国资委开展“小金库”专项治理工作要求和中国南车“小金库”专项治理视频会议精神，下属 38 个单位针对“小金库”治理全部进行了承诺和公示。参加公司物资、设备采购和基建工程发包招议标工作，开展招投标现场监察 31 次，对招投标过程中存在的问题提出改进建议。

公司工会以“八比八创”竞赛为主要内容，大力开展群众性经济技术创新活动。以“和谐企业”为工作目标，强化民主管理，维护好员工合法权益。不断深化“三关心、三保证”活动，完善困难员工帮扶机制，加大救助力度，全年救助员工 1022 人次，发放救助款 80 万余元。做好节日期间走访慰问工作，坚持不懈地做好“冬送温暖、夏送清凉、一年四季送关怀”活动。关注员工身心健康，组织劳模、员工进行疗养和体检。以公司第一届运动会为主线，不断丰富员工文体活动内容，推进企业文化建设。

公司团委按照“融入中心，服务企业，贴近基层，服务青年”的工作原则，坚持抓服务、办实事、创品牌、促发展，努力提高团员青年思想政治素质。围绕安全生产管理，推进“安全知识定向越野比赛”活动。开展“拜师学技”、“南车第一届科技学术论坛”、“英语演讲比赛”、“南车国际化发展征文及合理化建议”等活动，激发青年热情。做好共青团基层组织数据采集系统的建设，积极开展推优工作。

【重要纪事】 1月21日，公司研制的NX_{70}型平车（焊轨用）通过铁道部技术审查。4月13日，公司研制的铺轨、架桥机用多功能平车通过铁道部审查。4月22日，中国南车独立董事戴德明、陈永宽、蔡大维一行在中国南车董事、党委副书记、纪委书记刘化龙等陪同下考察二七公司。5月6日，公司研制的新型 70 吨级集装箱专用平车通过部级审查。5月7日，公司 EN15085 焊接质量体系通过认证审查。5月18日，C_{80}、C_{80H}型敞车厂修通过铁道部生产质量认证。5月19日，以国家安全生产应急救援指挥中心综合部主任王端武为组长的国务院安全生产委员会督察组一行4人对公司安全生产情况进行检查。8月31日，公司研制的NJ_3型、NJ_4型平车用轮轴通过部级技术审查。10月21日，历时近10个月的公司第一届运动会圆满完成各项赛事后落下帷幕，有3300余人次参与各项比赛。12月6日，朝鲜铁道省代表团一行16人到公司参观访问。12月8日，中共南车二七车辆有限公司第一次代表大会召开，选举产生了新一届党委委员和纪律检查委员会委员。

【企业主要领导】

执行董事、总经理	史硕致
副总经理	杜向东　饶　庶（兼） 杨瑞欣　戴志勇 安　卫 孙　斌（6月任） 张志山（6月免）
总工程师	兰　叶
党委书记	饶　庶
党委副书记	胡朝晖 史硕致（兼）
纪委书记	胡朝晖
工会主席	胡朝晖（兼）

（二七公司　供稿）

地　址　北京市丰台区张郭庄甲1号
电　话　010-83804071
传　真　010-83876184
邮　编　100072
网　址　http://www.eqc.com.cn
电子邮箱　cb@eqc.com.cn

南车石家庄车辆有限公司

（工商登记营业执照编号：130100000081406）

执行董事、总经理　赵维宗

党委书记　王合法

【概述】　2010年，公司按照企业科学化、规范化、标准化要求，修订形成以6个基本管理制度为基础、216个管理标准为核心的管理制度体系。启动工程机械、制冷风机等新产业项目，初步培养出工程机械研发制造队伍。成立城轨工作组，加快城轨装备产业研究。组建新产业事业部，新产业实施迈出重要一步。结合公司搬迁建设和战略发展要求，完成新厂区总体布局规划设计。

全年顺利完成国铁中标车、集装箱锁闭装置专项改造和异地检修货车等货修生产任务。同时，涉足货车新造国铁市场，高质量兑现首批订单，新造货车422辆，公司生产结构进一步改善。制冷业务产能达到10000当量台，营业收入突破8亿元。完成各项资产经营责任制指标。

【新产品开发】　公司瞄准“特种、专用”方向，推动货车产品开发。完成特种凹底平车、长大平车、米轨平车项目产品图样设计和80吨气动自翻车试制。轻量化铁鞋项目通过公司级技术评审，制动盘项目取得阶段进展，制动盘样件摩擦系数稳定可靠。完善细化C_{70}型敞车、KM_{70}型煤炭漏斗车生产工艺。完成X_{70}型集装箱专用平车试制并通过部级生产质量认证。完成C_{64K}、P_{64AK}等车型低摩制动改造以及X_{6B}、X_{6C}、X_{6K}系列车型与集装箱锁闭装置改造，形成稳定的批量检修、改造能力。

【质量管理】　公司成立质量管理委员会，建立月度质量分析例会制度，从组织机构和运行机制层面不断强化质量工作。充分发挥厂验会作用，加强沟通，妥善解决用户关注的焦点问题。开展供应商评价，加强原材料及外购配件的入厂检验，强化源头质量控制。广泛开展“学工艺、讲工艺、保质量”竞赛和“优秀检查员（分解员）、信得过检查员（分解员）”评选。加强轮轴压装过程质量控制，实现检修车轴等级加工、分区选配，工艺质量管控能力进一步提升。实施“标准检车法”，过程质量控制不断加强。QC小组活动取得新进展，7项成果分获国优、部优和省优。

【党群工作】 公司党委以党委两级中心组理论学习带动公司党员和员工的学习，将理论学习与生产经营、新产业发展、创新管理等实际工作紧密结合，用党的最新理论成果武装头脑，指导实践，促进工作。组织开展学习实践科学发展观“回头看”活动，切实解决影响公司发展的一些突出问题。组织各党支部开展“公开承诺、亮出身份、岗位争优”、“筑坚强堡垒、展先锋作用、建岗位业绩”、“以保进度、保质量、保成本、保安全”竞赛、“大干第四季度，决胜全年目标，向党代会献礼”等活动，深化创先争优活动。丰富“源、近、活、实”思想政治工作法，坚持每季度召开舆情分析例会，准确掌握员工的心态和动向。建立党员手机短信平台，不定期为不同群体党员发送短信，实现形势任务教育的短、平、快。全面启动“品牌提升年”工作，下发《关于贯彻落实中国南车“品牌提升年”有关工作的通知》，编制《VI 视觉识别系统整改计划》，开展 VI 视觉识别系统和宣传环境整改，塑造公司全新形象。加强两级领导班子建设，修订公司《“四好”中层领导班子考核评价实施细则》。配合中国南车在公司范围内进行高层竞选，2 人经过竞选走上高层领导岗位。年内发展党员38 名。

公司工会组织召开公司第一届三次职代会暨工作会议，审议通过工效挂钩办法、职代会管理程序等重要事项。制定职代会管理程序，将公司职代会建设纳入体系管理。深入开展“八比八创四提高”劳动竞赛和员工素质提升工程活动。扎实开展“职工代表主题安全巡查”。实施帮扶救助送温暖和慰问活动，开展“救助困难职工一日捐”活动，组织公司党政工领导对劳模、特重困员工进行走访慰问。

公司团委开展深化“青年安全生产示范岗”创建活动、“百问百查”安全知识竞赛、“我为安全生产志愿贡献两小时”活动、消防月主题电子板报设计竞赛、“精益工具运用大 PK”、青年风采才艺展、创意生活 DIY、“我的青春•我的团”征文、青年毽球比赛、青年篮球比赛、单身青年交友会等活动，增强了团组织的凝聚力。

【重要纪事】 2 月 5 日，河北省人民政府台湾事务办公室授予由石家庄公司控股的国祥公司“奉献爱心、回馈社会优秀台资企业”荣誉牌匾。4 月 7 日，中国南车总裁郑昌泓到石家庄公司和国祥公司调研。10 月 5 日，公司举行首批国铁新造货车中标暨 TQ80 型履带式起重机首件底盘总成下线仪式。10 月 12 日，公司召开中层以上领导干部会议，中国南车副总裁、财务总监詹艳景到会并作重要讲话，中国南车人力资源部部长薛松宣读了中国南车党委常委会的研究决定：赵维宗任南车石家庄车辆有限公司执行董事、总经理、党委副书记；王合法任南车石家庄车辆有限公司党委书记、副总经理。12 月 2 日，公司举行副总经理、副总经理兼总工程师岗位公开竞选演讲答辩会。12 月 10 日，公司被中共河北省委宣传部、省总工会、省企业家协会等五家单位联合授予“河北省企业文化建设示范单位”荣誉称号。12 月 20 日，公司召开中层以上领导干部会议，中国南车人力资源部部长薛松受中国南车党委委派，宣布中国南车党委、中国南车关于公司领导班子成员职务任免的决定：马俊书改任石家庄公司调研员；贾海林任石家庄公司党委副书记、纪委书记、监事，做为工会主席人选；耿祥建、张建武、孙瑞林任期届满，经过考评，继续任石家庄公司副总经理；唐绍明任石家庄公司副总经理、财务总监；陈伟京任石家庄公司副总经理、总工程师；王宏斌任石家庄公司副总经理。

【企业主要领导】

执行董事、总经理　王海玉（10月免）
赵维宗（10月任）
副 总 经 理　郑　平（10月免）
王合法（兼，10月任）
耿祥建　张建武
孙瑞林
王宏斌（12月任）
陈伟京（12月任）
唐绍明（12月任）
总 工 程 师　王合法（12月免）
陈伟京（兼，12月任）
财 务 总 监　李　略（12月免）
唐绍明（兼，12月任）

党 委 书 记　郑　平（10月免）
王合法（10月任）
党委副书记　王海玉（10月免）
赵维宗（兼，10月任）
贾海林（12月任）
纪 委 书 记　马俊书（12月免）
贾海林（兼，12月任）
工 会 主 席　马俊书（兼，12月免）
贾海林（兼，12月任）

石家庄厂厂长　贾海林

（石家庄公司　供稿）

地　　址　河北省石家庄市车辆厂前街125号
邮　　编　050000
电　　话　0311-87637642
传　　真　0311-87023570
电子信箱　szgs@sjzclc.com

南车株洲电力机车研究所有限公司

（工商登记营业执照编号：430200000006791）

执行董事、总经理　丁荣军

党委书记　邓恢金

【概述】 2010年，公司加速推进“3343”战略工程，将“科技化、高效化、全局化、人本化”理念贯穿全年工作。夯实管理稳步发展，加强了对全所业务的战略管控、运营调控、平台建设及资源整合力度，促进协同发展，全面落实“1249”管控思路；创新人力资源管理，推出“乔”型职业发展体系；搭建信息网络基础平台，办公自动化系统全面推进，ERP-SAP系统大面积覆盖，PLM、e-HR系统上线运行，初步形成信息化架构平台；完善IRIS体系、运行FRACAS系统，质量管理跃上新台阶；全面构建风险预警体系、风险信息平台，不断完善法律风险防范机制，启动保密体系建设；实施资金集中管理，提高资金利用效率，扩展利润空间；大力推进精益生产，运营指标得到切实改善。产业延伸规模发展，城轨业务实现新突破，自主牵引系统中标项目首次超过联合体，屏蔽门产业实现“零”的突破；安全装备、大功率半导体器件、复合母排等关键部件市场占有率又创新高。时代新材经营业绩大幅攀升，市场地位不断巩固，桥梁支座、风电叶片等主导产品整体性突破。节能与新能源装备产业奋力开拓，实现预期增长，成为带动株洲所整体业绩进步的有生力量。风电产业走向壮大，成为株洲所第三个过十亿规模的业务主体。工程机械完成七大片区销售网点铺建，电动汽车市场推广持续领跑全国，累计投放混合动力整车800余辆，占全国三分之一份额。工业变流装置在多个重点市场开花结果，行业影响力稳步提升。光伏发电、智能交通等新兴产业成功起步，点燃核心技术延伸发展新希望。资本运作快速发展，利用融资平台，发挥资本优势，成功开展系列资本运作，时代新材定向增发圆满成功，募集资金8亿多元。与曙光汽车集团正式联姻，时代电动合资合作实现重大突破，与华能新能源公司合资成立风电项目公司，实现以投资换市场。时代电气再融资工作有效推进，时代高新在资本运作方面的探索与实践，拓宽了发展视野。能力跃升高效发展，批量平台化能力建设项目相继启动或续建，为加快实现百亿跨越提质扩能。河西风电基地批量投产，实现产能平滑转移。检测试验体系建设达成规划目标，昌平试制示范厂房主体工程完成，沈阳基地投入使用，天津工业园建设、IGBT芯片实验室、变流产业整合、宝鸡时代改扩建、弹性元件产品扩能、抗震减隔振（震）产品与兆瓦级风电叶片产业化等 20 多个产业能力提升项目均取得阶段性成果或标志性进展，为公司可持续高效发展奠定坚实基础。年内，公司销售收入突破 100 亿元，迈入“提速、跨越”发展新阶段。

【技术创新】 重大科研项目和关键技术研发取得突破，时速 500 公里动车组三大部件完成型式试验；9600 千瓦机车产品开始批量生产，ATP、大型养路机械电气系统等技术再创新如期推进，时速 160 公里轨道车平台研制成功，大功率 IGBT 器件通过城轨应用考核，实时以太网、永磁同步牵引系统等基础研究项目取得实质性进展。在高分子复合材料应用领域，系统结构、材料及配方等核心技术和装备水平在行业处于领先地位。完成 2.5 兆瓦风机样机研制，智能电网低电压穿越技术得到验证。完成串联、并联、混联以及混合动力与纯电动系统和整车等新型产品技术开发，技术升级换代。桩工机械产品实现全系列化，巩固了大吨位旋挖钻机领域的领先优势。电能质量治理技术在国内领先地位进一步增强，级联型高压变频技术日趋完善，地铁能量回馈、柔性直流输电等重点项目加快推进。

【品牌建设】 开展“品牌提升年”活动，成立品牌建设领导机构和工作小组，明确品牌归口管理部门及各职能分工，制订工作计划并逐月组织落实，完成二级子公司品牌准入管理工作。建立品牌管理制度体系，完成中国南车 VI 标识使用规范及工作流程，对公司各主体负责人、品牌专管员进行多次培训，并通过到兄弟单位参观学习、交流经验等形式，有效提升了品牌队伍业务水平。利用各种载体，宣传品牌核心要素，指导各单位参加津洽会等各种展览会，推进开展网站平台建设，塑造认知度广、美誉度高的品牌形象。根据南车 VI 全面推进整改，大到建筑物标识，小到员工胸卡、逐一进行规范和整改。在中国南车两次检查中，公司品牌建设的情况得到高度评价。

【党群工作】 公司党委围绕公司发展大局，坚持以促进企业和谐发展为出发点，以增强企业凝聚力为着力点，抓党建、促发展，为公司实现可持续跨越发展提供了强有力的政治和思想保障。扎实开展“创先争优”活动，明确提出“跨越百亿目标、争当先锋表率，对标行业先进、争创卓越企业”的活动主题，成立活动领导小组和活动办公室，组织创先争优演讲赛、知识竞赛等丰富多彩活动，有效增强了组织活力和队伍凝聚力。以“四好领导班子”创建活动为抓手，加强领导班子建设，完善领导班子中心组理论学习，指导并带动各主体单位班子理论学习，有效提升干部理论素养和领导企业科学发展能力。坚持民主生活会制度，开展批评与自我批评，增强班子整体合力。严格规范干部基础管理，依照制度和流程，全年完成 57 人次干部的调整和任免，完成 21 人次新任干部的组织考察，使干部工作走向科学化和专业化。启动干部和后备管理人才项目，通过访谈、问卷调查、专题研讨等形式，历经现场调研、总体规划、详细设计三个阶段，形成管理体系，为后续提升干部管理和后备管理人才培养奠定坚实基础。深入开展学习实践科学发展观“回头看”活动，建立组织领导机制，进行专项安排部署，按计划扎实推进，并逐项检查落实。夯实组织基础，激发组织活力，加大党组织负责人和党员培训力度，选送 15 名新任党支部书记参加中国南车专题培训班，组织公司 50 名基层党组织负责人赴井冈山干部学院培训。加强党员队伍建设，举办入党积极分子培训班，受训员工达140余名，全年发展党员90名，为党组织注入了新鲜血液。围绕创新争优活动、科研重大项目和重点工作进展情况，集中进行宣传报道，全年对外报道共计350条次，有效提升了企业知名度和美誉度。开展廉洁勤政教育，学习廉洁从业规定和实施细则，组织下属七大主体单位签订党风廉政建设责任书，与253家主要供应商（施工方）签订《廉政共保协议》。推进惩防体系建设，将惩防体系建设任务和责任落实到单位，具体到人，建立199个内控管理制度和97项管理流程，做到管理有制可依。出台《株洲所投资监督管理实施细则》等3个制度，使纪检工作有章可循。开展效能监察工作，对干部工作交接情况、营销费用管理情况、车补和通讯补贴情况等进行专项检查，并直接参加54个项目共33418万元的招标监督，节约资金约5843万元。

群团工作围绕中心工作，组织"当好主力军，全员保百亿，喜迎'十二五'"主题劳动竞赛活动，并将"合理化建议"、技能比武有机结合起来，激发员工的创造热情。落实"三关心三保证"，全年慰问困难员工420人次，困难补助和送温暖资金达83万元。通过安全生产示范岗、青年文明号等创建工作，积极引导广大青年在岗位上成长、在实践中成长，一批青年人才脱颖而出。通过开展"雷锋月"、"青年月"、"迎新月"、"读书月"主题活动，举办"英语文化节"、迎新晚会、首届音乐大赛等青年人喜闻乐见的文体活动，丰富青年人业余生活。

【重要纪事】 1月11日，中共南车株洲电力机车研究所有限公司第一次代表大会召开。4月27日，公司执行董事、总经理丁荣军当选为"全国劳动模范"。5月11日，南车时代电动自主研发的TEG6120EV1纯电动城市客车、TEG6119SHEV串联式混合动力城市客车在第10届世界客车博览（世界客博会）亚洲展览会上夺得"2010年度最佳舒适巴士奖"和"年度最佳创新巴士奖"两项世界顶级大奖。5月12日，南车时代电气公司半导体研发中心启动暨丹尼克斯首条六英寸IGBT芯片线开通庆典仪式在英国举行。7月13～14日，由中国工程院产业工程科技委员会、湖南省科学技术厅和中国南车共同举办的"轨道交通电力牵引工程论坛"在公司举行。11月23～24日，南车时代电气公司作为唯一一家中国企业参加在澳大利亚珀斯举办的"澳大利亚铁路展"。

【企业主要领导】

执行董事、总经理	丁荣军
副总经理	邓恢金（兼）
	刘连根　贺文成
	卢澎湖（10月免）
	冯江华　曾鸿平
财务总监	贺文成（兼）
技术总监	冯江华（兼）
党委书记	邓恢金
党委副书记	丁荣军（兼）
	杨首一
纪委书记	杨首一（兼）
工会主席	杨首一（兼）

（株洲所　供稿）

地　址　湖南省株洲市石峰区
邮　编　412001
电　话　0733-8498304
传　真　0733-8432946
电子信箱　suoban@zeiri.com.cn

南车戚墅堰机车车辆工艺研究所有限公司

（工商登记营业执照编号：320400000000790）

执行董事、总经理　刘　杰

党委书记　王　奇

【概述】　2010年，围绕“夯实发展基础，提升关键能力”中心任务，深化“内控、质量/环境/职业健康安全、人力资源管理”三大体系建设，着力提高“技术创新、市场开拓、产业化配套、基础管理”四大能力，企业管理持续改善。完成公司“十二五”发展规划和技术、人力资源、财务等业务规划的编制，为公司今后发展指明方向。制定公司内部控制手册、全面风险管理手册，深入开展全面风险评估、内部控制审计、专项管理审计和专项效能监察，风险管控得到全方位加强。将月度预算工作纳入考核范围，有效提高预算执行力。梳理财务核算流程，决算编报周期由3个月缩短到1.5个月。完成产品库存管理系统与金蝶K3系统的对接，对产品盈利、费用、存货等情况实施动态管理，开展工装、刀具等易耗品的清产清查，成本管理得到进一步加强。深入实施17项工艺管理标准，加大供应商管控力度，加强生产过程质量控制，生产组织水平得到明显提高。建立机制、理顺流程，抓住重点，班组建设形成长效推进机制。完成戚墅堰产业化基地网络、中心机房、一卡通、视频监控、服务器存储、信息安全等系统的安装调试，公司信息化硬件水平得到整体提升。人才开发创新步伐加快，制定岗位绩效工资制实施办法、全员绩效管理实施办法、工资支付管理办法等规章制度，形成体现岗位价值与个人绩效结合、短期激励与长远激励结合的宽带薪酬管理体系。全年招聘应届大学毕业生137人、成熟人才7人、各类技能人才1058人，人才队伍得到充实。完成公司补充副职领导公开竞聘，并首次实施主管岗位（中层管理后备人才）公开竞聘，干部选拔制度进一步完善。广泛开展各类培训，全年培训1500余人次。进一步扩大技能鉴定工种范围，并首次实施技能鉴定补考制度，全年有193人通过技能鉴定。e-HR系统顺利实现上线，人力资源管理基础不断夯实。公司被国家人力资源和社会保障部确定为“首批国家级高校毕业生就业见习示范单位”，获江苏省“高校毕业生就业见习优秀见习基地”称号和常州市“引才工作奖”。1人获“全国优秀科技工作者”称号，1人获“茅以升科学技术奖”，1

人获“茅以升铁道工程师奖”，2 人获中华全国铁路总工会“火车头奖章”，1 人获“第九届常州市科学技术杰出贡献奖”。

制定公司精益生产实施规划，搭建从公司到班组逐层负责的精益生产推进组织体系。将存货周转次数、总资产周转次数等精益生产评价指标纳入经济责任单位考核范围，加快形成精益生产推进长效机制。结合戚墅堰产业化基地实施情况，进一步优化车间功能区域划分、工艺布局、物流方案，有效缩短生产的过渡期。进一步细化 5S 管理、目视化管理，深入推进班组建设，持续开展生产改善合理化建议、TPM 活动，精益生产工具应用水平不断提高。以增强全员精益理念、提高实施精益的自觉性和能力为目标，系统开展覆盖公司各级干部员工的精益生产培训。重点推进精益生产示范线建设，其中铁马公司夹钳组装线产能提升 45%，汽车零部件事业部涡壳生产线单班产量提高 50%。戚墅堰产业化基地建设推进迅速，齿轮传动系统机加工车间和热处理车间、汽车零部件机加工车间、技术中心大楼及配套建设等一期工程竣工，新增建筑面积 17 万平方米，实现整体搬迁并投产，公司产业化能力提高，解决了长期制约公司快速发展的产能瓶颈问题。二期工程无箱铸造车间完成主体工程土建施工，进入设备安装阶段，制芯车间主体结构封顶，有箱铸造车间进入土建施工阶段，精密锻造车间完成主要工艺设备螺旋压力机招标采购，土建部分按照设备交货计划进入开工准备。

市场开拓成效显著，轨道交通装备关键零部件产业进入动车组用半主动减振器、粉末冶金闸片等多个市场，形成新的经济增长点。CRH380A 型动车组驱动装置首批交付，取得进入高速动车组齿轮传动系统市场的战略性突破。大功率机车齿轮传动系统市场占有率进一步提高，地铁齿轮传动系统进入重庆、昆明、长沙等多个城市地铁市场。汽车零部件产业紧跟世界汽车产业复苏步伐，商用车增压器配件市场实现销售大幅增长，乘用车增压器配件市场实现突破，排气管、差速器、飞轮等新的汽车零部件市场增长迅速。工程机械产业首次取得铁道部直接采购焊轨车的订单，焊轨机组成功应用于国内全部高铁线路建设，在市场上占据主导地位。全年实现销售收入同比增长 55.5%、净利润同比增长 56%，全面完成中国南车下达的各项资产经营业绩考核指标。

【新产品开发】 全年开展 175 项科研项目研究，其中国家科技支撑计划项目 1 项，国家 863 项目 1 项，国家火炬计划项目 2 项，铁道部项目 3 项。取得科技成果 30 余项，其中国家重点新产品 1 项，铁道学会特等奖 2 项、二等奖 1 项、三等奖 1 项，江苏省科技进步奖三等奖 1 项、高新技术产品 5 项。

完成CRH380A型动车组驱动装置引进图纸消化吸收和第一阶段国产化任务。1.65兆瓦风电齿轮箱自主设计完成2台样机试制，联合设计通过GL设计认证，完成样机试制并通过FAI。开展CRH6城际动车组齿轮传动系统、车钩缓冲装置、基础制动系统，时速500公里试验列车齿轮传动系统，2.5兆瓦风电齿轮箱等项目研制。推进巴西EMU齿轮传动系统、时速160公里内燃交流传动快速轨道车齿轮传动系统及基础制动系统等项目研制，部分产品完成样品试制。完成高速铁路扣件系统主要工艺设备研制和主要零件试制，进入系统集成阶段。完成高镍、不锈钢及带排气管等乘用车涡壳和排气管、差速器等其他汽车零部件产品试制。完成在线钢轨感应正火热处理作业车样机试制，开展焊轨车整车集成技术与关键零部件国产化研究，完成直流焊接原理验证。围绕产业发展需要，开展铸钢材料、风力发电低温球铁材料、耐磨铸铁材料、高强韧铝合金材料、液态成型法制备铁基碳化铌复合材料、铸钢制动盘材料等研究和开发。

完成专利申请102项，取得授权专利54项，其中移动式接触焊焊轨车获第十二届中国外观设计专利优秀奖，高速列车用密接式车钩及缓冲装置被评为“江苏省装备制造业专利新产品金奖”。公司获“江苏省知识产权管理标准化示范创建先进企业”。

【CRH_2型高速动车组驱动装置国产化】 2月22日，公司与日本东洋电机公司签订CRH_2型高速动车组驱动置技术转让合同。为如期完成国产化任务，公司科学组织，集中力量打攻坚战，先后完成零部件样品首件鉴定、量产初品首件鉴定，进口压装设备调试及进口零部件开箱检验和清洗试验台、跑合试验台、低温试验台调试，完成第一阶段国产化驱动装置首件鉴定等一系列工作。至11月下旬，公司已完成24套CRH_2型高速动车组驱动装置生产任务，首批发货的12套已完成轮对压装，装于动车组进行运用考验。至此，公司完成CRH_2型高速动车组驱动装置第一阶段国产化任务，标志着公司齿轮传动系统产业在动车组领域取得战略性突破。

【质量管理】 IRIS体系贯标工作全面启动，ISO10012计量体系通过认证，质量/环境/职业健康安全体系、ISO/TS 16949质量管理体系通过复评，质量安全防控体系建设顺利推进，质量管理信息平台完成建设并投入应用，质量安全“大检查大整治”、“质量月”、“安全月”以及QC小组等专项活动扎实开展，产品实物质量和过程质量水平得到全面提高。

【党群工作】 公司党委围绕公司改革发展的中心工作，积极探索新时期企业党建工作行之有效的途径和方式，为实现全年各项任务提供坚实的政治保证、精神动力和智力支持。深入开展学习实践科学发展观“回头看”活动，制订和完善活动推进计划，明确整改具体项点、时间节点以及责任落实点。年内，整改落实方案涉及的15个项点75条整改措施已经基本完成，影响和制约科学发展的一些突出问题得到破解。不断加强和改进思想政治工作，发挥党的凝聚作用，开展“践行激情文化，争创一流业绩”主题教育活动，集中力量重点弘扬劳模文化，举办多个层次的劳模座谈会，编印《劳模风采》一书。缩短员工思想动态的收集周期，及时掌握员工的想法与期待。继续做好日常宣传载体和队伍建设，进一步加大对外宣传工作力度。按照“同一个中国南车”的品牌核心，大力加强品牌建设工作力度，在品牌基础管理、品牌理念推广、品牌形象再造、品牌传播等方面有了新突破。统筹推进各类人才队伍建设，不断提升干部人才的能力。开好两级领导班子民主生活会，加强领导班子内部的交流与沟通，提升领导班子的合力。坚持党委中心组学习制度，加强干部员工培训力度，提升领导干部科学发展的能力。开展高层副职、部分中层干部以及主管岗位人选（中层管理后备人才）选拔工作，大力引进公司外部专业人才、应届大学生及各类员工，充实公司各层次人才的队伍。以创先争优活动为契机，以载体创新为突破，不断加强党建创新工作。开展以争创“四强”党组织、争做“四优”共产党员为主要内容的创先争优活动，各级党组织结合实际，创新载体开展党建创新活动。开展“双培养”工作，加强党员教育培训力度。开展党风廉政建设，突出贯彻落实《若干规定》，围绕干部廉洁从业，开展“五个一”廉政主题教育活动，切实推进廉政文化建设。加大“企检共建”工作力度，设立“廉政建设保证金”制度，抓好基地二期工程建设预防工作。以开展“六查”

活动为载体，加强“三重一大”事项监督，加强对重要岗位人员的教育监督。

加强群团工作，注重和谐，切实发挥群团工作的特色和优势。指导工会组织完善以职代会为基本形式的企业民主管理制度，加强所务公开力度，不断深化“八比八创”劳动竞赛，广泛开展群众性经济技术创新活动，深化“三关心、三保证”活动。指导共青团组织紧密联系公司生产经营实际，充分发挥共青团组织的突击队和生力军作用。

【重要纪事】 1月23日，公司“江苏省轨道交通关键零部件与材料工艺工程技术研究中心”项目顺利验收。2月8日，伊朗内务部副部长 Hamidreza Ershadmanesh 与伊斯法罕、大不里士和设拉子3城市地铁主管部门负责人到公司进行访问。3月17日，国际科技支撑计划——高速列车齿轮传动系统 CRH2—350EMU 施工设计通过评审。3月，公司获批为江苏省“博士后科研工作站”。11月16日，德国曼公司（MAN）总部高级采购经理 Martin Dunau 及其采购团队到公司进行商务访问。12月16日，美国通用电气运输系统（金属件）全球采购总监 Mr.Justin Downs 到公司访问。

【企业主要领导】

执行董事、总经理 王　奇（10月免）
刘　杰（10月任）
副总经理 苗永纯（兼，10月免）
王　奇（兼，10月任）
王文虎
陈智芳（12月免）
孙周明　罗玉红
陈　伟
周　平（12月任）
李培顺（12月任）
财务总监 罗玉红（兼）
总工程师 周　平（兼，12月任）

党委书记 苗永纯（10月免）
王　奇（10月任）
党委副书记 王　奇（10月免）
周玉喜（12月免）
刘　杰（10月任）
陈智芳（12月任）
纪委书记 周玉喜（兼，12月免）
陈智芳（兼，12月任）
工会主席 周玉喜（兼，12月免）
陈智芳（兼，12月任）

（戚墅堰所　供稿）

地　　址　江苏省常州市戚墅堰区五一路81号
邮　　编　213011
电　　话　0519-89808888
传　　真　0519-89808889
网　　址　www.leadrun.com
电子信箱　szb@leadrun.com

南车株洲电机有限公司

（工商登记营业执照编号：430000000021082）

执行董事、总经理　胡　洋

党委书记　周军军

【概述】　2010 年，公司升格为中国南车一级子公司，按照中国南车做强做大电机产业的战略意图，公司为实现百亿战略目标，有效拓展三大业务，对原有体制与管理方式方法进行改革，搭建更适合业务发展的组织架构，构筑起机车、动车、城轨业务纵向产销体系。同时，大力实施管理创新与文化创新，重新梳理业务与职能的关系，建立和完善制度流程，构建目标管理体系。

围绕“客户”做文章，大力贯彻客户价值理念，坚持客户价值导向，从生产、销售、研发、管理各个环节，全面构建适应高铁发展的企业发展新模式。提升客户需求响应速度，建立高端对接工作机制，确定重要客户工作流程，制定客户关系发展方案，每周对客户信息进行汇总管理，不断强化对客户和客户价值的认知。构建预防性服务体系，开展标准化服务，建立故障词典，不断提高服务质量和水平。全年获得订单 74.2 亿元，其中轨道牵引产品订单 46 亿元、风电产品订单 27.4 亿元、工业特种电机产品 0.9 亿元。

为铸造一流品牌、提升核心竞争力，在员工队伍建设上建立和完善成长通道、系统培训、技能提升、荣誉设计、薪酬激励、团队建设等素质提升的方法和手段。推出制造单元基础工资承包责任制，根据岗位、责任、强度、技能、条件的不同，设置相应岗位系数，研发人员实行项目工资制，营销人员试行项目提成制等分配方式。通过举办技能大赛、技能鉴定、技师评聘，构建荣誉体系、推选模范共产党员、劳动模范、岗位明星等方式，搭建各类人员职业通道，设定相应层级和晋升机制。

改善质量体系运行模式，在考核方式上突破责任虚拟的屏障，从思想上建立信心。积极创造生产组织方法、内容和结果的新标准，系统改善制造计划，生产要素得到全控制。将现场管理纳入制造系统，重点关注现场物流，充分发挥生产组织职能。持续推进 TPM 活动、精益生产、成本管理，现场工作效率不断提升。全年完成销售 HX_D1B 机车产品 209 台车、HX_D1C 机车产品 500 台车，韶山 SS_{4B} 型、SS_{4G} 型、TM3 等机车产品 36 台车，动车组电机 1480 台，变压器 149 台，各类地铁电机 144 台，800 千瓦、1.5 兆瓦、2.5 兆瓦等风力发电机 1283 台，高压电机、石油电机、电动汽车电机等 1021 台。实现销售收入 32.97 亿元，净利润 1.62 亿元，分别同比增长 79%和 7%。

【新产品开发】 加快轨道交通、风力发电、工业特种三大产业技术平台建设，技术创新成果不断。全年申报专利 62 项，已获专利申请受理通知书 38 项。

完成和谐号 CRH380A 型动车组牵引电机、变压器研制和功率提升。开展时速 200 公里交流传动客运电力机车、时速 200 公里城际动车组、时速 120 公里高原电力机车、时速 400 公里和时速 500 公里高速试验列车等项目的牵引电机、变压器研制。完成 1.5 兆瓦高海拔水冷双馈风力发电机、1.65 兆瓦水冷双馈风力发电机国产化、3 兆瓦水冷双馈风力发电机、3.2 兆瓦半直驱永磁同步风力发电机等研制。开展 2.5 兆瓦高速永磁同步风力发电机研制、5 兆瓦水冷双馈风力发电机预研究和永磁电机失磁模式的研究。组织大型 NEMA 电机开发、工业用高低压变频电机的研究和 1100 千瓦异步风力机研制。实施 200 级有机硅绝缘体系国产化、高铁电机绝缘结构防风沙、海上风电绝缘耐候性的研究等科研项目。

【质量管理】 严格遵循 ISO9001、IRIS 标准，开展质量管理体系文件重新构建工作，在体系文件的符合性、适宜性和先进性上有较大改善。推行 IRIS（国际铁路行业标准），创新提升公司产品质量保证关键、基础能力，系统化建立并实施RAMS技术系统和管理体系，有序、有效地推进 RAMS 工程技术，提高产品的 RAMS 水平。开展 EN15085 焊接质量体系认证年度监督评审， 10 月通过德国杜伊斯堡焊接技术研究院（SLV）审核。开展主题为“人人有责任，质量在心中”的增强全员质量意识活动和“冲世界第一速，面对成绩须清醒；创企业高品质，深挖问题不懈怠”的质量安全大检查大整治活动，对全体员工起到质量警示、警醒和教育作用。通过引进消化吸收再创新，在设计上基本掌握高速重载产品特性，工艺保障能力提高，从根源上实现质量的可控。

【党群工作】 公司党委围绕中国南车电机产业重组战略要求和生产经营中心工作，积极探索党建新机制，加强思想政治教育，完善惩防体系建设，调动各方积极因素，努力推动公司产业规模、技术平台、队伍建设、整章建制和文化进步的全面发展，在公司进入“行业一流，具有国际竞争力”的总体战略中发挥政治优势。不断优化党组织机构设置，探索研究适应一级子公司、具有现代企业制度的党组织工作体制与运行机制，逐步形成与现代企业制度和公司法人治理结构相适应的企业党组织工作体制和运行机制。认真组织各基层党组织调整、换届、增补工作，通过加强业务指导，严格审批程序，七个党总支在短时间内搭建完善，支委年龄和素质结构得到优化。同时，着力抓好基层党组织规范管理和特色专题活动，深入调研、精心编写公司党委组织工作手册，以“七一”评先为契机，对各个基层党总支进行基础工作检查。切实落实“三会一课”制度，宣贯上级党组织的方针政策，对基层干部进行教育培训。深入开展学习实践科学发展观“回头看”活动，调动各方积极因素，集中解决现场管理、工艺布局、技术研发、员工队伍建设、成本控制、员工满意度等方面影响和制约公司发展的关键、突出问题。在全体党员中组织开展“加强党性修养、弘扬优良作风、促进科学发展”主题教育活动，切实加强和弘扬全体党员党性修养和优良作风。以“学习型党组织建设推动学习型组织建设”为主要载体，启动创先争优活动，并根据创建学习型组织的方法，确定以愿景搭建、工作改善、量化评价、反馈激励PDCA管理循环为手段的工作机制，取得显著成效。

公司工会在进一步强调和突出维护员工合法权益和职能的基础上，充分调动和发挥广大员工的积极性。召开公司首届职工代表大会，职工代表的民主权利得到充分发挥和保证。借助“岗位明星”、“劳模”以及“精益明星”评选，鼓舞广大员工工作热情。开展走访活动，充分调查和了解员工群体，尤其是困难员工的生活和工作现状，对发现的问题进行妥善地协调和解决。

公司团委结合新形势下团委工作的特点，利用新的形式，激发广大团员青年要求进步的积极性，充分做好推优入党工作。同时，通过开展丰富的比赛活动，让团员青年充分地展示自己，营造团员队伍积极向上的工作氛围。

【重要纪事】 1月20日，根据中国南车电机产业重组发展战略，南车电机升格为中国南车一级子公司并更名为“南车株洲电机有限公司”。4月14日，国家风力发电电机研究室揭牌，公司与金风科技战略合作关系进一步巩固。4月29日，公司首届工会会员代表大会暨职工代表大会胜利召开，选举产生工会第一届委员会主席、委员和经费审查委员会委员等。4月29～30日，公司召开“站在新起点，跨越100亿”战略发展研讨会。11月7日，公司子公司江苏南车电机有限公司在江苏大丰举行新基地项目奠基仪式。11月13日，公司全资子公司北京南车电机销售有限公司挂牌成立。12月3日，装用南车电机自主研制的牵引电机、牵引变压器的和谐号CRH380A型高速动车组在京沪高铁参加联调试验。

【企业主要领导】

执行董事、总经理　胡　洋
副　总　经　理　李　瑾　肖安华
　　　　　　　　王小方　江有名
　　　　　　　　李敏良　胡雄辉

党　委　书　记　周军军
党 委 副 书 记　余　斌
工　会　主　席　余　斌（兼）
纪　委　书　记　余　斌（兼）

（电机公司　供稿）

地　　址　株洲市石峰区田心高新技术开发区
邮　　编　412001
电　　话　0731-28441308
传　　真　0731-28441530
网　　址　http://www.csrelectric.com/
电子信箱　ncdj@csrelectric.com

南车投资租赁有限公司

（工商登记营业执照编号：100000000031587）

董事长　肖孝州

总经理　王石山

【概述】　2010 年，公司围绕经营目标，积极推进机制和体制创新，不断完善预算管理体系，强化内部管理，努力构筑富有国际竞争力的物资与供应链管理体系，集中采购业务得到发展，社会贸易初具规模，租赁业务有所突破，经营业绩稳定增长。全年实现营业收入 23.53 亿元，是“十五”末期 2005 年营业收入 1.06 亿元的 22.2 倍，在中国南车排第八位。实现归属母公司净利润 1858 万元，是 2005 年净利润 100 万元的 18.58 倍，完成资产经营责任制考核指标。

完善预算管理体系，强化内部管理，推进供应链管理。针对业务量大，新人多的特点，采取物资项目负责和业务操作流水作业相结合的工作方式，明确岗位工作职责，并结合以往工作中存在的问题，对人员分工进行适当调整。梳理和优化工作流程，结合系统功能，编制业务操作手册，进一步规范工作细节，工作及时性和准确性逐步提高。针对金蝶 EAS 系统使用上的各种问题，向金蝶公司提出改进建议，得到金蝶公司领导高度重视，并拟定时间表落实整改。根据公司全面预算管理要求，对采购、销售的数量、金额及资金情况进行逐月滚动预算。完善部门日常管理，通过月度部门例会和供应分析会的形式，落实重点工作，沟通相关信息，解决疑难问题，建立库存、订单、业务执行状态等 8 张报表，分析经营状态，不断改进和提高。注重库存控制，组织超储积压物资处理，编写中国南车物资清查分析报告和集中采购情况报告，起草《物资集中采购管理办法》，规范南车集中采购业务流程，统计中国南车各企业超储积压物资明细，并通过 OA 网建立超储积压物资内部调剂的信息平台。组织 C70（H）型、C80B 型敞车定额对标，对主要物资定尺规格进行简化和统一，C70（H）型敞车耐候板总订货规格由 44 种简化为 27 种，C80B（H）型敞车不锈钢板总订货规格由 13 种简化为 5 种。各类型材订货长度也进行了统一，实现内部资源共享，材料利用率提高，采购成本降低，中国南车整体战略储备得以优化。制定利润总额同比增长 20%的目标，发挥集采优势，科学分析预测，采取多种措施做好大宗物资采购和储备工作，坚持低价供应，让利给各生产企业，全年累计为各公司降低采购成本1.4亿元。

【集中采购】 年内，新增硅钢、槽钢、客车与地铁不锈钢、城轨车轮等物资集中采购业务。为确保物资供应，公司加强与上下游企业的联系，到供应商和客户现场了解订单、生产、库存等实际情况，充分利用供应商对中国南车的政策支持，在满足当月需求申请的基础上，综合考虑供应商的生产周期、设备检修及中国南车各子公司的订单预测、生产进度、运输距离等因素，合理安排交货时间，适量进行保险储备，有效降低缺货风险。通过内部调剂为各子公司解决急需产品，协调交货进度，确保集中采购物资供应，及时满足生产需求。全年累计销售钢材37.3万吨、轮轴等79985件，比上年分别增长65.8%和195%，其中：集中采购26.3万吨、44761件，共计17.5亿元，占销售收入的74%；市场贸易11万吨、35224件，共计6.2亿元，占销售收入的26%。货车板块集中采购物资品种的综合集采率达到99%，比上年提高25个百分点，集中采购执行力明显增强。机车、客车板块除城轨车轮外，各公司其他品种集中采购物资品种的集采率均达到100%。

【拓展租赁业务】 年内，融资租赁业务得到稳步推进，先后同广西沿海铁路公司、株洲所南车昌平公司洽谈、签定租赁合同9个，已执行6个。产品包括内燃机车、旋挖钻机和混凝土泵车，执行合同金额2429万元。此外，利用中国南车优势，积极开发海外市场，先后与蒙古国铁内燃机车项目、英国动车组项目进行多轮洽谈，相关工作已有序开展。

【物资与供应链管理会议】 3月，根据中国南车的部署，组织召开第一次中国南车物资与供应链管理工作会议，中国南车总裁郑昌泓在会上做了重要讲话，提出要从战略高度加快推进供应链管理，按精益思想构建富有中国南车特色的供应链管理流程和机制。中国南车副总裁傅建国作题为《运用先进理念改进管理模式，构筑富有国际竞争力的物资与管理供应链管理体系》的工作报告，结合中国南车发展战略，强调了加强物资与供应链管理的重大意义，提出了加强物资与供应链管理的总体工作思路，安排部署了2010年物资与供应链管理的重点工作。这次会议对中国南车构筑富有国际竞争力的物资与供应链管理体系，完成“十一五”发展目标，夯实“十二五”发展基础提供了有力支撑。

【企业主要领导】

董事长 肖孝州
总经理 王石山
副总经理 王国靖 赵世军
财务总监 赵世军

党委书记 王国靖
监事会主席 徐伟锋

（租赁公司 供稿）

地 址 北京市海淀区西四环中路16号院5号楼
邮 编 100036
电 话 010-51862096
传 真 010-51862606

中国南车（香港）有限公司

总　裁　李志轩

【概述】　2010年，公司在利用H股资金代付款、贸易、投资等方面积极开展工作，全年实现营业收入2175万港元，净利润1744万港元，分别比上年增长10.1%和208.1%，完成了中国南车下达的指标。

公司按照中国南车和香港地方的要求，陆续建立和完善基本制度和流程，并设置了内部分工和授权责任。针对H股募集资金项目的付款业务管理流程复杂，进口报关和信用证开具等手续繁琐，付款核对工作量大的特性，建立了进口设备、配件付款以及信用证付款流程，并设计《季度付款计划表》等表格，逐步完善了代理付款业务的管理，没有发生付款金额不相符和未经授权的付款等违规现象。建立健全公司财务会计制度和流程，按照香港会计准则的要求设置科目并记账，在凭证处理上按照中国南车财务制度要求进行。年末，公司按照香港会计准则出具会计报表，由安永会计师事务所出具审计报告，并按照国资委要求以中国会计准则出具年度决算。利用香港各银行汇率和利率的高低，开展无风险的资金运作，降低资金成本或增加收益。

【H股资金代付款业务】　H股募集资金项目的付款业务涉及到南车股份、用户子公司、香港公司、进口代理商、进口供货商和银行等6个业务主体。中国南车根据相关方已签订协议，至年底累计向香港公司拨款347789万港元（本年度拨款7714万港元），其中进口设备111455万港元，进口配件235257万港元，技术合作1077万港元。香港公司累计通过电汇对外支付预付款34333万港元、尾款1698万港元，开立不可撤销信用证306756万港元，合计342787万港元。其中进口设备106843万港元，进口配件234905万港元，技术合作1039万港元（浦镇公司和戚墅堰所各1个项目）。信用证付款295523万港元，本年度付款134476万港元。

年内，香港公司分别与中国南车有关子公司签订代付款手续费协议的补充协议，共结算代付款手续费2175万港元，其中株机公司1195万港元，资阳公司55万港元，戚墅堰公司65万港元，四方股份公司637万港元，浦镇公司57万港元，戚墅堰所156万港元，株洲电机公司10万港元。

【进口贸易业务】 香港公司作为进口配件供货商与株机公司签订了广州市轨道交通三号线车辆采购项目进口部分（2）的委托代理协议，负责供应制动系统、管接头、地板布供株机公司生产地铁车辆。全年，香港公司向境外供货商实际支付货款222.7万欧元（累计支付440.8万欧元），向买方开具商业发票和形式发票，编制装箱单等。在株机公司书面保证的前提下，香港公司垫付部分货款，使得境外供货商能按时供货，从而保证了株机公司按时交车和履约。与资阳公司探讨国外某项目借助于香港公司的部分贸易流程并初步达成一致意见，等待运作。

【投融资业务】 利用香港优秀的投资平台，扩大对实体企业的投资，共投资1315万美元，合10223万港元，其中与株机公司等共同投资昆明南车城市轨道车辆有限公司并与株机公司签订股权代持协议，以利于实现南车城轨车辆业务年均市场占有率目标。与华能新能源股份有限公司共同投资华能盘锦（铁岭、铁岭大兴、铁岭开原）风力发电有限公司并与株洲所签订股权代持协议，帮助株洲所获取风力发电装备整机订单，以实现专有技术延伸产业年销售收入目标。与戚墅堰公司、浦镇公司、戚墅堰所等单位探讨了为其融资的可行性和操作流程。继续持有600万股中国中冶H股，中国中冶H股股价连续两年表现劣于整体股市（2010年恒生指数上升5.32%，而中国中冶却下降了25.27%），其业绩持续低于券商的预期，年底市盈率只有10倍，公司在公允价值上减值696万港元。

【重要纪事】 3月19日，在香港注册CSR CO. LTD. 并转让给中国南车。4月26～28日 中国南车董事长赵小刚带队在香港开展业绩推介路演和举行业绩发布会，并在香港公司接受媒体专访，介绍了公司业绩发展情况和未来计划。9月9日，代表中国南车出席在香港举办的第五届亚洲品牌盛典颁奖晚会并领奖。

【企业主要领导】

总　　裁　李志轩
总裁助理　杨　理
财务经理　王佳欣

（香港公司　供稿）

地　址　香港湾仔港湾道1号
会展广场办公大楼
41楼H室
电　话　852 25981959
传　真　852 28779375

南方汇通股份有限公司
（中国南车集团贵阳车辆厂）

（工商登记营业执照编号：5200001205272）

董事长、党委书记　黄纪湘

总经理　周家干

【概述】　2010 年，公司狠抓市场开拓，加强生产组织，完善工艺流程，做好质量控制，强化基础管理，有效发挥在货车厂修方面的地域优势、扩能改造后的产能优势和投资企业股权优化后的结构优势，全面完成年度各项生产经营指标。

强化基础管理。编制、修订规章制度近 80 项，使各项管理工作有章可循。加强资金管理、成本控制和绩效管理工作，积极争取退税减税和社保补贴政策，公司效益显著提高。重新辨识和评估风险事件，规范合同及授权工作，减少贷款担保额度，降低公司运营风险。加强商品价格走势的研究，开展适时采购，降低采购成本。规范投资管理，着力盘活闲置资产，提高资产使用效率。完善仓储管理，优化物流配送服务，生产效率进一步提高。加强企业文化宣贯工作，文化理念渐入人心。坚持安全质量标准化长效管理，通过“二级安全生产标准化企业”换证审核。采取加强安全巡视、强化制度执行、狠抓员工培训等措施，杜绝重大安全事故，全年工伤频率为 5.48‰，连续实现第 11 个安全生产年。推进节能减排工作，加强环保设施的使用管理，修建油棕清洗废水罐体沉淀池，完成宇宙钢丝绳公司酸洗工艺改造，使公司主要污染物排放总量控制在政府规定的范围之内。通过建立健全精益生产管控体系，开展精益生产月度评价，大力推进 5S、TPM、目视管理、创意提案、班组建设等基础精益工具的运用，总资产周转次数、存货周转次数等精益生产重要指标大幅提高，精益示范线建设初见成效，全年改善提案从上年的 361 件提高到 1054 件。

秉承“以人为本，人尽其才”的人才观，通过实行继续教育制度、发放年度职称津贴、加大项目奖励等方式，增强企业凝聚力。开展副主任工程师（管理师）以上高级技术管理人才师带徒工作，发挥高级技术管理人才的“传、帮、带”作用，促进年轻员工的岗位成才和快速成长。举办第二届生产技能运动会，激发广大员工学技术、钻技术的热情。围绕公司发展战略，以员工素质建设为重点，举办多期管理知识、业务知识、技能知识培训班，全年培训员工 7330 人次。

科学制定生产计划，创新生产管理手段，强化生产调度系统的指导作用，开展完整出段和流水作业，大幅提高劳动效率。全年新造货车 1223 辆，修理货车 8000 余辆，修造合计首次突破万辆大关，同比增长 90.56%。铁路配件全年外销收入实现 9300 万元，超额完成年度指标。货车新造坚持“多品种，小批量”策略，先后开发 10 多个品种。全年实现营业收入 14.5 亿元，实现利润 5700 余万元，员工收入增加，人均增长幅度超过 20%。

切实履行出资人职责，不断加强对投资企业的各项管理和服务，逐步完善投资企业法人治理结构，开展体制机制创新，推动新产业快速发展。通过实施经营管理团队持股、引进战略投资者等措施，完成大自然公司、申发钢结构公司股权改造，建立符合市场经济规律、有利于新产业发展的股权结构。完成航天电源全部股权、华城楼宇部分股权转让，并积极推进千叶塑胶股权转让，公司产业结构得到优化，经营风险降低。

【产品开发】 完成 PB 型棚车厂修、X6 系列集装箱专用平车锁闭装置改造、X_{70} 型集装箱专用平车新造和 MT-2、MT-3 型缓冲器大修等产品开发。铸造事业部成功开发 30 吨轴重摇枕侧架、南非Ⅶ型摇枕侧架、GE 公司定子架、青年汽车机体座等高附加值产品。弹簧事业部完成机车、客车、地铁、汽车弹簧等 10 多种产品开发。时代沃顿公司在配方、工艺、膜元件结构、装备研究等方面都取得进展，新产品纳滤膜 VNF1、VNF2 已推向市场。大自然公司成功开发“梵境”和“翡罗奇”等高端产品。申发钢结构公司开发人行天桥产品。全年申请专利 40 余项，其中“棕纤维弹性材料生产设备”发明专利荣获贵阳市优秀专利一等奖，“一种极低压复合反渗透膜的生产方法”荣获第十二届中国专利优秀奖。

【新兴产业】 通过完善企业法人治理结构，开拓市场，公司新产业实现快速发展。全年新产业实现销售收入 4.8 亿元，完成年度预算目标的 103%，相同企业构成同比增长 29.7%。利润 5580 万元（股权折算利润 2476 万元），完成年度预算目标的 171.2%，同比增长 54.4%。其中，申发钢结构、时代沃顿、大自然销售收入同比分别增长 44.7%、33.6% 和 25.2%。通过加大扶持力度、实施股权改革、加强基础管理等措施，时代沃顿、大自然、申发钢结构、宇宙钢丝绳 4 家企业全部走上发展的快车道。与“十一五”初相比，时代沃顿公司销售收入增长 400%，利润增长 633%；大自然公司销售收入增长 66%，利润增长 58%；申发钢结构公司自 2008 年成立以来，销售收入增长 68%，利润增长 223%；钢丝绳公司销售收入增长 35%，利润从亏损 52 万元到盈利 80 万元。

【质量工作】 通过加强对关键工序、关键项点的控制，狠抓质量整改措施的落实，全年没有发生铁路行车一般 D 类以上事故和货车修造批量返厂事故。在铁道部网上对规对标中，取得新造车第一、检修车第四的成绩，在全路春季、秋季两次对规对标中，新造和检修成绩均保持在中上水平，在铁道部首次质量信用评价中公司检修、新造均达到 2 级水平。公司连续实现第二十个质量安全年。

【技术改造】 完成车钩厂房、内制动厂房及货场建设，启动厂区环境治理工程。开展新渣场的选址及施工设计。货车检修扩能改造工程基本竣工，完成制动组装流水作业线、敞车车体检修流水作业线、敞车中小门检修线、棚车门板检修线建设。新建 1400 米存车线，设计制作棚车调修机、X 系列平车带钩翻转机、固定式钩缓装置存放架，GQ_{70} 罐体落成组装胎、牵枕组装胎、罐体附属件底板组对胎等工装设备。

【党群工作】 公司党委坚持“围绕发展抓党建、抓好党建促发展”的方针，结合公司生产经营实际，开展一系列基层党建活动。结合学习实践科学发展观“回头看”活动，开展党员争创“四最”、“双培养”、“创建学习型组织、争做知识型员工”、“抓精益、重管理、降成本、增效益”等活动，充分调动各级党组织和广大党员的积极性，进一步发挥党委的政治核心作用、党支部的战斗堡垒作用和党员的先锋模范作用。开展形势任务教育，把公司面临的形势和任务及时向员工宣传，员工思想认识达到高度统一，形成战胜困难、完成好生产经营任务、促进公司发展的精神动力。深入生产经营一线了解员工思想动态，把各种思想矛盾化解在萌芽状态。推进企业文化建设，建立健全公司的文化体系和有关规章制度，并且按照中国南车对企业文化视觉体系的要求，对各单位的文化视觉系统进行统一设计和改造，初步形成符合 VI 规范的视觉系统。通过开展文化系列活动，营造企业文化建设的氛围，激发广大员工爱党、爱国、爱南车、爱汇通的热情，展现奋发向上的时代风采。

【重要记事】 1 月 22 日，公司转 K6 型摇枕、侧架整体芯机械下芯技术通过部级评估。1 月 26 日，中国南车董事长、党委书记赵小刚到公司调研，对公司未来发展提出明确要求。3 月，投入超过 2 亿元、历时两年的货车系统技术改造结束，公司年货车检修能力达万辆。4 月 10 日，公司召开战略研讨会，分析公司今后面临的发展形势，提出稳定铁路产业，加快发展新产业，促进公司又好又快发展的经营战略。5 月 10 日，公司试改的 X6 系列集装箱平车锁闭装置改造样车通过部级生产质量认证。11 月 3 日，公司试制的 X_{70} 型集装箱专用平车通过铁道部运输局生产质量认证；12 月，公司货车修造年产量首超万辆，实现货车检修能力的大提升。

【企业主要领导】

董 事 长　黄纪湘
总 经 理　周家干
副总经理　张万军　许国梁　刘火长
总会计师　张英凯
总工程师　张晓南

党委书记　黄纪湘
党委副书记　周家干（兼）　崔景泉
纪委书记　崔景泉（兼）
工会主席　崔景泉（兼）

贵阳厂厂长　胡鹏飞

（南方汇通公司　供稿）

地　　址　贵州省贵阳市白云区都拉营
邮　　编　550017
电　　话　0851-4470382
传　　真　0851-4470141
网　　址　http://www.southhuiton.com
电子信箱　nfht@southhuiton.com

常州铁道高等职业技术学校

（事业单位法人证书编号：46728393-X）

党委书记　曾金传

校长　罗靖宇

【概述】　2010 年，常州铁道高等职业技术学校有全日制在校生 4000 余人，教职工 230 人（其中教师 153 人），专业教师中具有高级以上职业资格证书的“双师型”教师占 60%以上。年内，学校录取新生 1007 人，毕业生数 730 人，一次性毕业率达到 95%以上。学校设材料工程系、机械工程系、电气工程系、信息工程系、基础部和成教部，开设机电一体化技术、计算机网络技术、机械制造与自动化、数控设备应用与维护、焊接技术及自动化、电子商务等十多个高、中职专业。其中，焊接、机电技术应用、机械制造与控制、计算机网络技术等 4 个专业为江苏省五年制高职示范专业。

学校始终把示范学校创建工作当作发展中的头等大事来抓，加强组织领导，充分准备，精心组织实施，保质保量完成建设项目。学校办学条件明显改善，专业建设不断深化，课程改革成效显著，师资力量得以增强，教科研取得丰硕成果。10 月，学校顺利通过省级示范职业学校评审答辩，跨入省高水平示范性职业学校行列。

强化师资队伍建设，通过强化培训、打造“双师”等手段，不断促进师资队伍结构优化。2010 年，学校组织 18 名教师参加国家级和省级骨干教师培训，通过组织外出培训、校内培训、下企业锻炼等多种形式，提高教师的综合素质及业务能力。组织新教师参加岗前培训，促其尽快适应工作岗位；组织做好职称评审，2010 年新增副教授 3 人，高级工程师 1 人，高级技师 1 人，高校讲师 16 人，双师型教师比例得到进一步提高。学校鼓励教师在职读研，至年末，在职读研人数达 40 余人，取得结业证书 5 人。开展“崇师德　铸师魂　争先锋”知识竞赛活动，增强教师“依法执教、敬业爱岗、教书育人”的责任心和使命感，促进师德师风建设。坚持把加强专业建设作为抓内涵、抓质量，上台阶、上水平的突破口和着力点来抓，取得较好成效。5 月，学校五年制高职计算机网络技术专业通过省职业学校示范专业建设视导，被确定为省高职示范专业，机械制造与自动化专业被评为市级示范专业。9 月，焊接技术及自动化专业被中国机械工业教育协会、机械工业教育发展中心评为“特色专业”。新专业开发取得成效，开设了五年制高职模具设计与制造专业，调整五年制高职营销与策划专业为电子商务专业，并正式招生开课。年内，学生参加“三创”竞赛活动获得全国一等奖2个、二等奖2个、三等奖8个，省级一等奖5个、二等奖12个、三等奖16个，市级一等奖1个、二等奖2个、三等奖3个。学校跨入省高水平示范性职业学校行列，并获得“全国机械行业优秀职业院校”、“校企合作先进单位”等荣誉称号。

【行业培训】 发挥企业办学优势，不断强化校企合作的办学特色，学校被评为“全国职业技能竞赛活动优秀组织奖”。继续加强与中国南车和地方知名企业的交流与合作，为企业培训人才服务。年内，为南车集团承办焊接技师、车间主任、班组长等各类培训班10期，计478人。开展社会培训及服务，为地方企业进行员工培训8期，计345人。承担再就业培训班和农村劳动力转移培训班共计25期，计1512人次。抓好成人学历教育，稳定与上海交大、河海大学和常州信息职业技术学院等高校的联合办学关系。加强与企业合作，推进“工学结合”的教学新模式，将“工学结合”推向纵深。

【重要纪事】 1月，被常州市教育局评为首批“职业教育德育特色学校”。3月25日，获“全国职业技能竞赛活动优秀组织奖”。4月22日，学校机械制造及自动化、信息技术及自动化两个专业被确定为常州市五年制高职示范专业。6月1日，学校计算机网络技术专业接受江苏省教育厅示范专业评估组评估。11月2日，学校被确立为常州市社区大学首批分校。11月22日，学校被确立为江苏省高水平示范性职业学校。

【学校主要领导】

党委书记　曾金传
党委副书记　朱月红
纪委书记　朱月红（兼）
工会主席　朱月红（兼）

校长　罗靖宇
副校长　丁说　苗苗

（常铁校　供稿）

地　址　江苏省常州市戚墅堰区工房10区1号
邮　编　213011
电　话　0519-85052428
传　真　0519-88358832
网　址　http://www.cztljx.org
电子信箱　ctx1958@163.com

中国南车集团投资管理公司

（工商登记营业执照编号：110000005012255）

总经理　赵　蔚

书　记　么治森

【概述】　2010 年，公司在资产监管、物业服务、投资战略、组织制度管理等方面不断提升管理品质，全年实现销售收入 3919 万元，利润 158 万元。

加强资产监督管理，加快变现进度。对公司的出租资产以《房屋租赁合同》为依据，严格履行合同条款，并根据承租人的经营情况，签订补充协议，明确管理主体和责任，确保国有资产的保值增值。根据泰安当地政府回收土地补偿办法，再次启动泰山疗养院资产的处置，经与意向收购人探讨当地政府回收土地补偿的可行性方案，最终该方案获得当地政府确认和中国南车批准。白纸坊楼资产转让自 5 月再次启动，在北交所信息招商挂牌，通过搜集市场信息、分析价格，确定评估机构，办理土地出让手续，已与意向买受人签订意向购买协议。

重新修订《投资公司安全及应急管理委员会机构职责设置》，完善内部安全工作机构，安全制度和保证体系，推行“分级管理、分线负责、分项控制”管理理念，把责任落实到公司各个环节，逐步建立安全生产长效机制，推进安全全方位管理。通过持续提升安全管理水平，进一步提高防范意识，强化安全保障，杜绝重伤及以上事故发生，实现中国南车提出“三零”目标。

协助中国南车签订大物业委托协议，编写中国南车办公楼工程投资概算初稿，配合工程组和总部完成物业管理交接，对中国南车大厦装修的工程质量和未完善部位进行循环检查，完善相关设施。接收前查出工程质量问题 850 项，跟进协调解决重大问题 470 项，确保大厦设备设施正常运行。

加强财务管理，搭建投资平台，通过财务预算监控和滚动预算管理，层层分解落实成本控制责任，强化事前控制，并对公司现有资金进行有效理财，有效保证了全年经营指标的完成。根据集团公司的战略部署和公司的发展要求，与南车资本运营部配合，多次对贵州精工重组项目进行分析、论证、调研，促成中国南车与航天科工集团战略合作，并签订战略合作框架协议。

加强综合管理，完善各项工作。各部门按照岗位职责和业务内容检查工作流程，通过认真梳理、改进优化，经多次完善、修改，并与各部门达成一致意见后定稿入册，编入手册的工作流程分十三类共88个，推进了公司各项管理工作的科学化、标准化、程序化。强化对下属公司监管，组织3批人员从不同项点，有针对性地开展海南鑫源公司资产、劳动用工检查，有效规范了海南鑫源公司经营承包工作。

【北京飞龙阁饭店注销】 鉴于白纸坊综合楼由公司出租经营，致使飞龙阁饭店已无实际经营内容和存在必要，2010年04月23日，经北京市工商行政管局宣武分局核定，准予注销。

【海南鑫源酒店承包经营】 鑫源温泉大酒店是鑫源置业发展有限公司下属酒店。2010年，酒店继续实行承包经营管理模式。

加大更新改造，完善功能配置，相继对酒店通信与计算机管理系统、餐厅、KTV歌厅等进行改造，逐步完善智能化商务酒店功能，设施的完善配套，彰显酒店实力，提高了酒店知名度。克服地理位置相对劣势和新旅行社条例的滞后等不利因素影响，积极采取各种措施，创新营销方式，提升服务品质。全年实现营业收入1990万元，完成年计划的99%。其中客房收入为1441万元，租赁收入为173万元，其他收入为376万元。全年客房平均出租率为64.39%，平均房价为185.9/间·天。全年上交回报690万元。设备完好率平均为96%，无重大安全事故。12月，酒店通过海南省旅游局对本酒店的“四星级饭店复核”工作，继续保持四星级酒店资格。

【泰安傲徕峰山庄租赁】 3月1日，泰安傲徕峰山庄完成新一轮租赁承包任务，与山东泰安万力集团公司签约为期10年的租赁承包协议。期间，山庄在公司指导下顺利完成资产交接工作，协调、化解了交接过程中产生的矛盾。在资产交接工作完成后，按照公司意见着手进行现有员工的回厂安置说服工作，同时，完成对泰安市环山路建设占用山庄土地边界的善后清理工作，积极争取泰安市环山路建设指挥部改变方案并投资拓宽山庄大门口路面。

【企业主要领导】

总　经　理　赵　蔚

副总经理　顾建勇

书　　　记　么治森

（投资公司　供稿）

地　址　北京市海淀区西四环中路16号院5号楼401

邮　编　100036

电　话　010-51862231

传　真　010-51862172

存续企业

中国南车集团株洲电力机车厂

中国南车集团资阳机车厂

中国南车集团戚墅堰机车车辆厂

中国南车集团南京浦镇车辆厂

中国南车集团株洲车辆厂

中国南车集团眉山车辆厂

中国南车集团武昌车辆厂

中国南车集团铜陵车辆厂

中国南车集团成都机车车辆厂

中国南车集团洛阳机车厂

中国南车集团襄樊机车厂

中国南车集团北京二七车辆厂

中国南车集团石家庄车辆厂

中国南车集团武汉江岸车辆厂

中国南车集团（青岛）四方机车车辆资产管理有限公司

中国南车集团株洲电力机车厂

株机厂非上市部分成为集团公司下属存续企业，并委托株机公司进行托管，株机厂规章制度、业务流程一律遵照株机公司现行文件执行。

株机厂综合管理一部亏损286.03万元，控制在亏损650.40万元的年度目标范围内；株机厂综合管理二部亏损215.58万元，亏损总额控制在亏损范围内；株机厂汇总报表亏损501.61万元，未超出2010年预算集团公司批复的允许范围。

2010年株机厂遵照国务院国资委、财政部令及中国南车文件精神，积极稳妥地对低效无效存续资产进行处置。深圳通业科技发展有限公司10%股权转让工作的所有审计、评估程序，于11月全部进行完毕，集团公司批准后便可进行挂牌交易。田心医院整体移交株洲市一医院工作，正与株洲市卫生局洽谈具体相关事宜，正式方案出台后即可报集团公司审批。北海九方投资开发有限公司注销因该公司存在一项债权纠纷，尚未进入注销程序，现已派专人负责且当地法院有关人员同意帮助株机厂督促对方尽快执行法院判决。株洲九方制动设备有限公司34.91%股权转让工作，待正式方案出台后即可报集团公司审批。持其他的投资企业股权处置工作已完成株洲天力锻业有限责任公司、株洲九方大酒店、株洲九方装备模具实业有限公司及株洲九方铸造有限责任公司股权处置方案（讨论稿），待株机公司审核后出台正式方案，立即上报集团公司审批。

不断完善各投资企业经营管理信息库，遵照执行《外派董事、监事工作规程和工作职责》和《株机厂股权投资企业董事会、股东会会议议案表决审批表》制度，对株机厂各投资企业进行会计工作调研、指导，组织开展株机厂全部资产大清查工作，对株机厂存续经营存在的问题及财务状况进行全面梳理。

全年收回应收款项1049.65万元，对尚未收回款项均取得债务人确认，并出具相关函证或签订还款协议，保证各项债权在法律时效上的有效性。12月配合集团公司召开株洲片区主辅分离企业负责人座谈会，妥善处理安佳公司开发的田心馨柳楼办证和工程质量问题，完成田心馨柳楼业主的房产证办证和发证工作。

中国南车集团资阳机车厂

稳步推进存续企业管理工作，完成集团公司下达的预算目标和资产处置计划任务。

不断完善存续资产管理制度，按季组织财产清查，做到账实相符，定期向集团公司报告财务和资产管理状况。按国有资产管理规定程序和方法，规范资产处置业务和账务处理，确保国有资产安全。根据集团公司对租赁资产的管理要求，合理确定租金水平和维护费用来源，最大程度减轻资阳厂负担。

根据《中国南车集团存续（非整建制）企业产权、资产转让规程》，完成对资阳晨风西铁机械有限公司等6家企业股权投资处置工作，完成对原工厂技工学校等255项实物资产处置工作。2010年末资产总额16489万元，比上年末减少6419万元，资产规模持续缩减。

按照《关于对整建制存续企业实行资金集中管理的通知》（南车资［2010］99号），合理使用资金，维持企业基本运转。除保证存续企业日常运转所需资金外，其余资金按规定上缴集团公司。日常运转所需资金不足时，及时向集团公司申报资金需求计划。

按照“政府主导、市场运作、统筹规划、成片改造、分步实施”的原则，推动老旧住宅区改造工作并取得进展。资阳市将筏子桥、黄泥坪、黄泥巴山职工老旧住宅869户，纳入2010年棚户改造计划，其中筏子桥、黄泥坪职工住宅区8栋。199户被拆迁人与资阳市雁兴投资开发有限公司签订拆迁补偿安置协议，旧房拆除完毕，安置房即将动工建设。黄泥巴山生活区670户职工老旧住宅改造，将根据相应片区改造规划和进度同步实施。此外，对刘家湾等5个老旧住宅区改造事宜，资阳市政府责成有关部门就改造涉及的土地、拆迁、补偿政策等问题进行研究，形成方案后再提交市政府讨论决定。

中国南车集团戚墅堰机车车辆厂

存续企业包括戚墅堰厂和戚墅堰所非上市部分，企业生产经营主要以自有房屋、自有设备租赁为主。2010年资产总额10488万元（其中上交集团公司资金集中款6107万元），负债总额1676万元，所有者权益8812万元，实现营业收入382万元，主要为房屋租赁收入。

管好存续企业各项资产，确保国有资产保值增值。每年年初预计本年度的经营情况，编制当年年度财务预算，每月按预算严格控制各项费用，确保年内完成集团公司下达的各项经营指标。做好2010年戚墅堰厂资产处置计划上报和资产处置工作，对外转让股权投资，对部分无使用价值的资产作报废处理。

常州戚机配件修造有限公司、常州科兴铁路装备有限公司均为按国家八部委859号文件精神实施改制的单位，戚墅堰厂分别投资58万元和48.3万元。2010年完成现场审计评估和在产权交易所挂牌的各项工作，同时完成股权转让工作，对外转让股权收入分别为77万元和259万元，收支盈余230万元。戚墅堰机车车辆厂兴力实业公司，投资成本99.6万元（占股权的27.4%），戚墅堰厂提前启动对戚墅堰机车车辆厂兴力实业公司股权投资处置转让工作，已完成现场审计评估和挂牌前的各项工作，力争在2011年上半年完成处置。大同铁路煤炭运销结算有限责任公司，投资金额25万元，在集团公司统一协调下，收回投资成本，完成资产处置。无使用价值固定资产报废19项，账面原值225万元；计提固定资产减值准备215万元、账面原值680万元，其中大部分为超出使用年限、无使用价值的资产和拟移交地方政府的资产。

做好工房区管理职能整体移交工作，组织相关部门与戚墅堰区房管局、街道办事处等部门进行多轮对接协商和谈判，双方在充分理解的基础上达成共识。7月15日，戚墅堰厂与戚墅堰区政府签订戚墅堰厂工房区管理职能综合交接《协议书》，完成与戚墅堰区政府有关职能部门各项交接工作，并做好相关资料的统计、汇总工作。

戚墅堰厂采取“商业化运作”方式加快老旧住宅区改造，争取地方政府支持，地块按照零地价、零规费测算，改造后住房安置拆迁户后，基本保持改造资金平衡。工房区改造分为5个地块，主要是平房、老旧的二层楼和三层楼住宅，全部列入改造地块。5个改造地块共有785户房屋，建筑总面积约31000平方米。至2010年末，完成1号地块北食堂、2号地块疗养所、3号地块回收队的搬迁和房屋拆除工作，共拆除房屋建筑面积5800平方米。1号、2号、3号地块被开发商摘牌，并完成项目申请、规划批准、建设许可、地质勘探等工作，即将进入居民住宅房拆迁阶段。4号、5号地块已明确实施开发，进入详细规划阶段。

中国南车集团南京浦镇车辆厂

加强存续企业资产有效管理，编制执行年度预算，做到定期分析，精打细算，严格财务监督与日常管控，确保国有资产保值增值。全年实现收入422万元，净利润5万元。2010年末资产总额25487万元，负债总额3980万元，所有者权益21507万元。其中：流动资产4576万元，可出售金融资产15926万元（期末公允值），长期股权投资32万元；固定资产账面原值9322万元、净值4954万元。

开展企业供水系统改造移交工作，推进企业办社会职能移交。开展老旧住宅区改造工作，改善员工居住环境和条件。

做好应收账款清欠、低效无效资产处置、清理工作。全年减少应收款项787万元，完成年度清欠目标。采取挂牌转让等形式清理长期投资9项，收回股权款项1991万元，形成投资收益约1109万元。精心筹划和利用税收政策，处置不良固定资产35项。

抓好资产日常管理，保持资产良好状态。开展21项固定资产大修工作，维持和保证资产状态完好和安全正常使用。做好存续企业土地、房屋产权登记工作，完成31项32776平方米房屋产权证登记和1宗7276平方米土地使用权过户登记，完善存续企业土地和房产权证台账。

加强资金流动管控，按照统一上交集中、使用申请下拨、月末限额留存模式，规范资金的调度和使用。

以完善和落实相关管理制度、推进精益生产为重点，定期开展主辅分离企业制度执行情况点检和管理诊断等活动，指导和督促改制企业加强基础管理、规范经营行为，实现持续稳定快速发展。

中国南车集团株洲车辆厂

2010年以存续资产管理和处置为中心，做好存续资产租赁经营工作，加快小产权处置进度，加速处置低效无效资产，推进存续企业房屋确权办证工作。运用金蝶EAS财务软件，加强财务基础管理。根据集团公司资金集中管理的要求，完成资金集中上交工作。贯彻国资委、集团公司、长江公司清理小金库文件精神，完成小金库及特殊管理资金清理工作。优化管理服务，保证离退休人员稳定。完成存续企业房屋中12101.75平方米未办产权证房屋的办证工作，按照集团公司要求加强组织协调，推进老旧住宅区改造工作。

2010年，总资产30875万元。其中流动资产1379万元，可供出售金融资产22559

万元，长期股权 1000 万元，固定资产净额 5937 万元；负债 6175 万元，其中流动负债 675 万元，递延所得税负债 5500 万元。净资产 24700 万元，净利润亏损 526 万元，资产保值率-2.13%。

按照《中国南车集团存续（非整建制）企业产权、资产转让规程》，通过评估、挂牌完成创通、株百公司股权对外转让，通过诉讼方式完成武陵源休养所股权处置。至 2010 年末，完成星联公司股权审计、评估及备案工作，并在北京产权交易所挂牌。开展科盟公司、锦云公司股权处置审计、评估工作，编制上报飞鹿、春华、燃化、八达铸业等 4 家改制公司股权处置方案，并获得集团公司批复。全年投资收益 133 万元，其中股权分红款 113 万元。

完成工业公司、四三零幼儿园全部租赁设备类资产以及八达铸业公司部分租赁资产处置，年内处置实物资产 73 项、原值 419 万元，取得收益 27.88 万元。

以经济适用房为主，推进老旧住宅区改造。争取地方政策支持，将株辆厂两片老旧住宅区纳入株洲市棚户区改造项目。争取到市政府资金，对茶园村 17 栋～20 栋进行公租房改造，年内 2 万平方米经济适用房建设项目全面开工。

株辆厂离退（养）人员 3060 名，其中离休老干部 46 名、退休人员 2802 名、退养人员 185 名，改制公司病伤人员 27 名。以“稳定离退休人员队伍，优质满意服务”为目标，加强内部管理，认真落实各项管理服务制度，做好离退休人员各项管理服务工作。探索离退休管理服务思路，建立离退休人员自我管理服务网络，设立离退休人员管理服务意见建议箱，印制发放老干部联系卡。

中国南车集团眉山车辆厂

根据集团公司存续资产管理规定和要求，加强存续资产管理维护，加大存续资产处置力度，完成集团公司下达的存续资产处置目标任务。

采取竞售方式出售同升小区停车位 13 个，资产原值 40 万元，净值 32.3 万元，销售总价为 86.5 万元。厂办通讯所业务移交地方后，完成通讯所资产报废、核销工作，处置资产原值 374.4 万元，净值 10.2 万元。完成有账无实资产销账手续，处置资产原值 303.8 万元，净值 28.4 万元。完成价值为零的资产核销手续，处置资产原值 71.4 万。

2010 年投入维修资金 100 万，对生活区各项设施进行维修。其中，生活区公路二次大修投入资金 20 万，文化宫、体育场馆、生活区公路和照明设施，小区基础设施维修共投入资金 30 万。生活区公用房屋、设备、设施日常维护，投入资金 50 万。对外租赁资产 5 项（商业门面、成都工贸大楼、铁龙竹木业、油漆厂、同升经贸），租赁资产原值 7410 万元，净值 4747 万元，2010 实现收入 163 万元。

完成老旧住宅改造项目初设方案、可研报告、“二证一书”、地勘、环评、项目宣传，通过四川省专家评审，取得国家项目立项和各项开工报建手续。500 套经济适用房得到政府补助资金 650 万元，完成第一期 108 户、第二期 148 户老旧住宅住户搬迁、安置和房屋拆除工作，完成生活区规划、新建住宅施工设计、招标工作。启动桥南区绿化景观工程、员工新房申报及购买工作，完成新建住宅税费减免审批手续，减免金额63万。

中国南车集团武昌车辆厂

严格存续企业资产管理流程，加速资产处置，确保国有资产保值增值。2010年武昌厂累计净利润43万元，超额完成集团公司下达的年度预算指标（盈亏平衡）。

按照集团公司和长江公司要求，对改制企业股份进行转让，逐步收回投资。盛博公司、紫荆医院、合一祥、明天物业和宏健公司的股份转让工作，已按计划完成资产评估。根据《关于武昌车辆厂存续存货资产处置的报告》和《关于江岸厂、武昌厂资产处置的批复》，做好武昌厂无处置价值类固定资产报废处理工作。对武昌厂原自备水厂水源用地进行评估，为拍卖或政府收购做好准备。根据集团公司存续资产租赁管理办法，做好存续资产租赁工作。

完成建安村项目规划方案、地籍调查、园林、绿化、人防、消防等审批手续。12月6日，位于徐家棚街三角路武车建安村用地项目已在武汉市土地交易中心公示，待武车建安公司土地腾退后该项目即可开工。

武车二村项目，经多次与规划局及土地储备中心协商，6月25日达成共识，用土地置换方法解决武车二村项目建设用地。拟将武车二村临和平大道约9413平方米用地与市土地储备中心储备的厂区用地等面积进行净地置换，武车二村经济适用房项目用地范围更加规整，并增加武车二村项目建设规模15000平方米（总建筑面积控制在55000平方米内）。12月，初步达成土地置换框架协议，框架协议正式文本待签。同时，武昌厂行文报武汉市住房保障和房屋管理局，要求新增武车二村经济适用房项目建筑面积15000平方米，希望解决武车二村住房问题（包括武车二村五层楼楼房住户），待新增指标下达后办理武车二村项目详细规划及建设前期相关手续。

贯彻国家关于做好离退休工作的文件精神，维护大局，解决离退休人员实际问题，保证离退休人员的思想稳定、生活安宁。依照《信访条例》，着力解决历史遗留问题及改制遗留问题，年内受理来信来访185件次，接待联名上访13批、120人次。

中国南车集团铜陵车辆厂

铜陵分公司综合管理处作为派遣机构、负责铜陵厂存续企业各项管理工作。2010年资产总额4503万元，其中流动资产3209万元、固定资产净额1088万元，长期股权投资207万元，负债总额1146万元。

为确保国有资产保值增值，对铜陵厂参股的11家企业，依法行使权利与义务。按照《关于印发南车集团存续〈非整建制〉企业产权、资产转让规程的通知》与《存续企业资产出租管理暂行办法》文件精神，规范程序，处置资产。年内处置股权挂牌转让4家，清算注销1家，启动国有股权挂牌转让4家。年内报废房屋构筑物45项，固定资产净值150万元；报废设备14项，固定资产净值69

万元；出租固定资产（房屋设备）840万元。

首期集资建房第一期改造项目，建房6栋、170套，用地面积5574.72平方米，建筑面积21741平方米，现已竣工验收、职工入住。制定《铜陵车辆厂廉租房实施办法》，采取廉租房形式对住宅区进行改造，计划建造保障性廉租房300套、1500平方米，预计2011年底交付。推进老旧住宅修缮工作，对10栋房屋进行集中整修，对160户住房公用部位进行零星维修，铜陵厂住房屋面修缮率已达33%。

制定《铜陵分公司大学生公寓管理办法》，做好单身宿舍、大学生公寓管理工作。加强离退休人员管理服务工作，设置离退休管理办公室，配置9名工作人员，健全铜陵厂离（退）休人员电子档案。铜陵厂离（退休）职工2053人，其中离休老干部10人、内退职工312人、退休职工1731人。组织离（退）休职工参加政策业务知识竞赛、游览革命旧址、钓鱼、打门球等各项文体活动。开展关心下一代工作，关心青少年身心健康成长。慰问老弱病残员工，为31名去世离（退）休员工办理丧事。

中国南车集团成都机车车辆厂

2010年营业收入47.42万元，较上年增长9.77%；亏损216.78万元，比集团公司下达的利润指标减亏77.22万元，减亏率26.27%。全面完成集团公司下达的资产经营指标。

2010年资产总额5984万元，其中：流动资产3619万元（货币资金531万元、预付帐款271万元、其他应收款2817万元），非流动资产2365万元（长期股权投资14万元，固定资产净额281万元，在建工程2070万元），负债总额4064万元，净资产1920万元。

全年支付55名离休人员享受地方生活补助费172万元。按照《成都市单位集资修建经济适用房住房资金监管实施办法》收取职工购房款，至2010年末，货币资金531万元。其中，集资修建经济适用房专户441万元，其余资金90万元属于旧房购房款和住房维修基金等。成都厂所有资金由托管公司（成都公司）按照集团公司要求统一管理，按照《货币资金及票据管理实施细则》规定执行。按照《关于对非整建制存续企业实行资金集中管理的通知》要求，12月6日向集团公司上划资金2480万元。

加大对存续资产的处置力度，通过委托具有相应资质的中介机构（亚洲北京资产评估有限公司），对职教楼资产以账面建筑面积进行初步评估，预计评估价948万元。房屋转让上市交易必须持有房产证，因职教楼资产未办理房产证，须通过具有资质的测绘单位重新测量才能办理产权证。职教楼所占用土地为划拨地，出售要向成都市国土局缴纳土地出让金。职教楼资产处置，预计2011年底前完成。

加强存续资产管理和经营，在资产清理基础上健全台账，实施有效管理，确保国有资产保值增值。将宿舍区105号商用房等8个铺面清点入固定资产75万元，年内资产处置损失和资产减值共计159万元。全年出租固定资产房屋建筑物30项、原值733万元，机器设备3项、原值3.78万元，出租运输设备1项、原值11.40万元，出租办公设备及其他 1 项、原值 0.62 万元，租金收入合计 47.42 万元。

8 月 15 日对一、二坪宿舍区进行老旧住宅区改造，工程项目投入 100 余万元，10 月 30 日完工并初验合格。

中国南车集团洛阳机车厂

洛阳厂本部总资产 12985.70 万元，流动资产 2747.43 万元，长期股权 7030.26 万元，固定资产原值 5397.67 万元，净值 3036.86 万元，负债总额 1998.15 万元，净资产 10987.54 万元。洛阳厂（合并）总资产 29205.67 万元，流动资产 19267.40 万元，长期股权 2330.27 万元，固定资产原值 11998.72 万元，净值 6783.57 万元，负债总额 19154.87 万元，净资产 10050.80 万元。洛阳厂本部年度收入 194.28 万元，利润亏损 633.88 万元。洛阳厂（合并）年度收入 26211.00 万元，利润亏损 262.66 万元。

洛阳厂长期投资洛阳市洛机铸造有限责任公司的股权已于 9 月完成退股，完成长期投资洛阳博泰机车装备有限公司的资产评估和年度审计，并已于 12 月完成部分退出。洛阳厂向洛阳天浩泰轨道装备制造有限公司出售原租赁固定资产共计 337 万元，洛阳厂供暖移交洛阳市热力公司，向洛阳市土地储备管理中心转让土地款 212 万元。

固资（普通车床等）设备出售，固资原值 986.23 万元，固资净值 334.83 万元，收益 18.43 万元。暖气移交出售一部分土地，固资原值 30.93 万元，固资净值 30.93 万元，收益 181.11 万元。设备（计算机等）报废，固资原值 2.32 万元，固资净值 0.12 万元。西住宅区住房改造，拆除、报废 1～4 号单身宿舍（固资原值 42.53 万元，固资净值 2.60 万元）和理发室、浴室（固资原值 12.48 万元，固资净值 3.29 万元）。

制定存续企业资产管理工作规划，实现存续资产有效管理，确保国有资产保值增值。贯彻存续企业资产处置考核办法，规范存续企业资产管理，提升存续管理整体水平。加快无效低效存续资产处置进度，增加企业盈利。对于长期挂账无收益、无战略影响的股权投资，采取挂牌转让方式处置。对于符合报废标准的设备，按照设备管理规定报废处理。对于向改制公司出租、难以变现的资产，逐年提高资产收益。落实日常维护和大修责任，保证资产状态良好，提高资产利用效果。扶持各改制公司发展，探索股权回购途径。提升存续资产管理水平，设定资产管理风险经营目标，签定风险责任书，建立存续企业中层管理者激励与约束机制。

中国南车集团襄樊机车厂

襄樊厂总资产3256.1万元，其中：流动资产842.4万元，长期股权359.75万元，固定资产原值4130.5万元，固定资产净值2054万元。负债总额1299.1万元，所有者权益（净资产）1957万元。企业年度业务收入189.8万元，其他业务成本110.9万元，税金10.6万元，管理费用147.2万元，财务费用21.2万元，投资收益2万元，资产减值损失130.7万元，营业外收入30.7万元，营业外支出588.8万元，净利润亏损786.9万元。

加强存续企业资产管理，做好房地产租赁、租金回收工作。加大低效、无效资产处置力度，开展股权投资处置工作。对襄樊福瑞特机械制造有限公司和襄樊襄车铁达缸套铸业有限公司进行财务收支审计。启动棚户区改造和生活区供水系统移交地方工作，与襄樊水务集团有限公司签订供水系统改造移交管理框架协议，该项目获得集团公司资本金注入900万元。

中国南车集团北京二七车辆厂

2010 年二七车辆厂总资产 9988 万元，负债 3048 万元，所有者权益 6940 万元，流动资产 6829 万元，长期股权投资 2013 万元。固定资产净值 1146 万元，主要由土地、房屋建筑物、住宅区公共设施设备组成。全年实现营业收入 183 万元，实现利润 258 万元。

按照集团公司对资产处置的要求，编制资产处置计划，推进剩余资产处置工作，加快存续企业资产处置。年内铸造系统资产已全部处置完毕，收回款项 684.5 万元。积极推进医院转让后续工作，根据协议收回医院转让款 550 万元。完成海南金牌科技有限公司清算后的所有款项及大同铁工煤炭运销有限公司股权清算款项。加强预算管理，做到定期分析，精打细算，严格财务监督及日常管理，及时办理结算。规范存续企业出租资产管理，始终将资产的使用保持在受控状态。

中国南车集团石家庄车辆厂

把握政策，找准问题，明确思路，开展存续资产处置，全面完成集团公司下达的经营目标和重点工作。

制定《关于明确石家庄厂有关工作事项的通知》，健全存续工作会议制度、报表制度、台账制度和考核制度，完善工作协调机制，强化执行力度。完成 2010 年财务预算编制、上报和预算指标分解工作，合理预测并计提资产损失。加强预算的事中控制，确保预算执行。

开展资产清查和南戴河职工培训中心异地资产处置专项检查，全年处置固定资产 86 项，处置账销案存资产 44 项。通过公开挂牌方式转让华铁纳公司股权，全年退出长期投资产 5 项，收回投资成本 236 万元；为解决企业遗留问题，在鹿泉市铜冶镇新增土地面积 57333 平方米。

按照集团公司要求，完成所属宾馆酒店情况调查，制定上报南戴河职工培训中心整体资产处置方案。根据集团公司有关通知要求，完成单身员工宿舍及居住条件调查。

指导改制企业建立健全经营层经营目标激励约束机制，建立风险控制制度。贯彻落实“三重一大”决策制度和“小金库”专项治理工作，指导投资企业落实“三重一大”决策制度和“小金库”专项治理工作。

执行石车公司《债权警示管理办法》，下发《石家庄厂债权清收情况的通报》，督促相关部门清收债权。根据《关于对非整建制存续企业实行资金集中管理的通知》要求，清理并注销当地开户银行2个，上交集团公司资金1990万元。

抓住石家庄市3年大变样有利时机，争取到政府给予的175.2万元资金投入，完成第四宿舍区环境改造工作。根据集团公司关于国有企业棚户区改造工作要求，把握石家庄市政府相关政策，推进老旧住宅区拆迁改造工作，年内完成第九宿舍区居民拆迁意向调查，该地块已纳入政府拆迁规划。

中国南车集团武汉江岸车辆厂

2010年固定资产原值1410万元，净值1075万元，主要是房屋土地资产及少量自用办公、车辆设备。2010年净利润预算493.9万元，初步决算盈利500万元，与预算基本平衡。

自用土地一宗（使用权面积6260.8平方米），自用房屋一栋（建筑面积1917平方米），在建工程一项（建筑面积3415平方米），该在建工程是为中百仓储二七路卖场腾退厂区厂房建造的。

江岸厂出租给3家改制企业土地（使用权面积31811.56平方米）2宗，建筑面积15930平方米，为扶持改制企业均按成本价出租；零星沿街门面4491平方米，其中3679平方米的门面按成本价出租给3家改制企业，剩余812平方米的门面按市场价出租。按期做好房屋维修保养，确保房屋状态完好。

神骏科技、江车经贸、江车豪晟、普仁医院4家改制单位，按国资委规定于2010年12月底完成股权转让工作，全面完成集团公司下达的2010年股权处置计划。完成5宗搬迁土地移交工作，已进入扫尾阶段。由于年限长、人员变动大，遗留应收账款催收困难，江岸厂各级领导调动一切可利用资源，制定相关奖励机制，全年应收账款回收取得成效。

推进老旧住宅区改造工作，启动江岸厂老旧住宅改造一期工程（为群一村集资建房），并于11月27日完成拆迁工作，现已开展“三通一平”工作，为施工做好准备。子弟学校、恒达公司、九鼎物业等房屋资产已完成变更手续，现仅剩量化九鼎物业的幼儿园房产变更手续在办理之中，预计2011年4月完成。原江车实业公司改制工作已启动。加强离退休员工管理，保证离退休员工稳定。

中国南车集团（青岛）四方机车车辆资产管理有限公司

以集团公司对存续企业运行管理意见为指导，立足企业实际，注重现金收支平衡，优化资产质量，做到管理有序可控。协调化解矛盾，有效规避风险，在完善公司整体功能和提高经济效益上下功夫、解难题、求发展，取得明显成绩。2010年公司实现营业收入135万元，同比增长46.7%。

推进股权转让，完成弹簧公司股权、债权债务清算，为四方有限公司相关单位挽回经济损失54万元。完成易捷公司第三次股权转让挂牌交易，收回股权转让金31.6万元。加强国有资产管理，先后对具备出租条件的23处房产，全部签订租赁合同，实现合同租金120万元。完成兴隆商厦两证合一工作，已具备出售转让条件。根据集团公司关于加强股权管理的要求，对建安公司、铸钢公司、宏达公司、工业公司4家进行股权投资的公司进行投资回报、股权退出与转让等调研，为下一步股权管理改革提供依据。

根据集团公司财务工作制度，结合实际加强财务预算管理、税收筹划管理、债权债务清理、在账固定资产清理和日常财会业务等工作，运用K3核算软件和EAS管理软件，不断加大财务监管力度。采取措施全面完成经营指标，全年公司总部营业收入预算120万元，实际完成132万元；利润指标预算为亏损294万元，实际实现盈亏持平。技术学校年度收入指标1700万元，实际突破2000万元；利润指标200万元，实际完成200万元。职工医院年度收入指标1350万元，实际完成1700万元，实现减亏100万元。幼儿园年度收入指标120万元，实际完成140万元，并完成减亏5万元的指标。

全年解决了四方六区宿舍、恩波小区、南昌路、方中圆小区共计648户职工房产证的历史遗留问题，四方地区仅剩一栋住宅计12户未办证，其余全部完成办证工作。对永宁路1号经济适用房和永宁路、四方五区拆迁户的房产证实施网签，拆迁户网签基本结束，已开始办证。四方五区、李沧区永宁路一号，购买经济适用住房的职工办证工作已结束。一年来先后对“98人员”后续问题、复员干部待遇问题、劳模待遇问题、华侨待遇问题等进行恰当处理，为公司和谐稳定提供保证。

（集团公司资产管理中心　供稿）

合资合作经营企业

青岛四方—庞巴迪铁路运输设备有限公司

株洲西门子牵引设备有限公司

南京南车浦镇城轨车辆有限责任公司

石家庄国祥运输制冷设备有限公司

株洲斯威铁路产品有限公司

株洲时菱交通设备有限公司

南京浦镇恩梯恩铁路轴承有限公司

青岛四方川崎车辆技术有限公司

常州朗锐东洋传动技术有限公司

常州朗锐凯迩必减振技术有限公司

丹尼克斯电力电子股份有限公司

青岛四方-庞巴迪铁路运输设备有限公司

青岛四方—庞巴迪铁路运输设备有限公司是由南车四方车辆有限公司和庞巴迪公司共同出资，于1998年11月设立的中外合资企业，注册资金约4400万美元，双方各占50%股份。合资企业主要经营范围：设计、生产高档客车、普通客车、电动车组、豪华双层客车、高速客车等，销售合资公司自产产品，并提供相关售后服务。

2010年，合资公司全年新造动车组288辆，实现销售收入约55.9亿元人民币，新获铁道部40列动车组订单。召开第十六届董事会，董事长由刘杰变更为夏春生。

株洲西门子牵引设备有限公司

株洲西门子牵引设备有限公司是由株洲南车时代电气股份有限公司、南车株洲电力机车有限公司和西门子（中国）有限公司共同出资，于1998年11月设立的合资企业，注册资金约1.3亿元人民币，时代电气持股30%，株机公司持股20%，西门子持股50%。合资企业主要经营范围：设计、开发、制造交流传动电力机车和其他交流传动轨道车辆关键零部件，销售公司自有产品，提供相关售后服务。

2010年，实现销售收入约6.9亿元人民币，主要得益于六轴机车变流器开始大量交付。大功率交流传动（9600千瓦）六轴货运电力机车项目主逆变器技术转让协议基本执行完成。召开第十八届董事会并任命新的董事会成员。

南京南车浦镇城轨车辆有限责任公司

南京南车浦镇城轨车辆有限责任公司是由南车南京浦镇车辆有限公司、南京市浦口区国有资产投资经营有限公司和麦达斯控股有限公司共同出资，于2006年10月设立的中外合资企业，注册资金约3.4亿元人民币。合资企业主要业务范围：城轨地铁车辆研发、制造和销售。

2010年，合资公司销售城轨车辆400余辆，实现销售收入20.3亿元人民币。

石家庄国祥运输设备有限公司

石家庄国祥运输设备有限公司是由南车石家庄车辆有限公司和台湾国祥股份有限公司共同出资，于2003年7月设立的合资企业，注册资金约3000万美元。合资企业经营范围：设计、生产和大修采暖设备、运输设备、电子设备、制冷空调通风设备等轨道车辆专用设备及零备件。

2010年，合资公司销售收入、出口收入和净利润大幅增长，全年实现销售收入约8.2亿元人民币。公司召开二届六次董事会和临时董事会，董事长由王海玉变更为赵维宗。

株洲斯威铁路产品有限公司

株洲斯威铁路产品有限公司是由南车长江车辆有限公司和ABC铁路产品中国投资公司共同出资，于2001年9月设立的中外合资企业，注册资金约1亿元人民币。合资企业经营范围：设计、开发、加工、制造，购买和组装并在国内及国际市场上营销和销售整套铸钢转向架、转向架部件，其他铸钢部件产品及相关铁路工业产品，为上述产品提供售后服务。

2010年，公司的经营业绩有所好转，实现销售收入约2亿元人民币。

株洲时菱交通设备有限公司

株洲时菱交通设备有限公司是由株洲南车时代电气股份有限公司、三菱电机株式会社和三菱电机（中国）有限公司共同出资，于2005年4月设立的中外合资企业，注册资金1400万美金。合资企业主要经营范围：轨道交通车辆用电气部件和机械部件的设计、开发、制造、销售及售后服务。

2010年，实现销售收入约2亿元人民币，完成北京地铁昌平线项目一期工程、天津地铁2、3号线项目约40列地铁车辆有关配件生产，以及高速动车组有关配件生产任务。

南京浦镇恩梯恩铁路轴承有限公司

南京浦镇恩梯恩铁路轴承有限公司是由南车南京浦镇车辆有限公司和恩梯恩（中国）投资有限公司共同出资，于2007年12月设立的中外合资企业，注册资金660万美元。合资公司主要经营范围：铁路高速客车车轴用精密轴承及其零部件的开发、生产和销售。

2010年，完成时速120公里铁路客车轴承制造5万余套，主营业务销售收入6362万元，营业利润146万元人民币。

青岛四方川崎车辆技术有限公司

青岛四方川崎车辆技术有限公司是由中国南车股份有限公司、南车青岛四方机车车辆股份有限公司、日本川崎重工业株式会社、日本伊藤忠商事株式会社共同出资，于2005年4月设立的中外合资企业。合资企业主要经营范围：铁路和城市轨道交通车辆的开发、设计、技术服务及相关的进出口业务。

2010年，合资企业强化经营体制，确定以不断提高设计能力、保持稳定盈利为经营方针。调整业务结构，以工程设计业务为主，项目业务为补充，积极拓展新的业务增长点，实现销售收入3140万元人民币。

常州朗锐东洋传动技术有限公司

常州朗锐东洋传动技术有限公司是由南车戚墅堰机车车辆工艺研究所有限公司、日本东洋电机制造株式会社共同出资，于2006年4月设立的中外合资企业，合资双方各占50%股份。合资企业主要经营范围：主要从事城市轨道车辆用齿轮传动系统及其他相关产品的设计开发、生产制造、销售和服务等。

2010年，实现销售收入12706万元人民币，其中出口日本370多万元，获得成都、深圳地铁订单。召开了董事会，总结2009年生产经营状况，通过2010年工作方针、经营计划和经营目标。

常州朗锐凯迩必减振技术有限公司

常州朗锐凯迩必减振技术有限公司是由南车戚墅堰机车车辆工艺研究所有限公司和日本KAYABA工业株式会社共同出资，于2008年8月设立的中外合资企业。戚墅堰所持股51%，KAYABA持股49%。合资企业主要经营范围：机车及车辆用油压减振器、自动高度调整阀、差压阀及其它相关产品的设计开发、制造、销售与服务。

2010年，实现销售收入15984万元人民币。召开董事会议，调整了日方董事会成员。

丹尼克斯电力电子股份有限公司

丹尼克斯电力电子股份有限公司（Dynex公司）是株洲南车时代电气股份有限公司于2008年收购的一家生产基地位于英国的加拿大上市公司。Dynex公司主要产品：大功率双极半导体器件、IGBT模块、功率组件以及硅蓝宝石集成电路等。

2010年，实现销售收入约2263万英镑。

（战略和发展部　供稿）

人物与荣誉

先进人物

先进集体

先进人物

【全国劳动模范】

中国南车总部　王松文
长江公司　欧清莲
戚墅堰公司　吴淑玄
浦镇公司　楚永萍
石家庄公司　许秀峰
株洲所　丁荣军

【国务院政府特殊津贴】

专业技术人员

中国南车总部　张新宁
长江公司　林量才
株机公司　杨　颖
四方股份公司　赖森华
浦镇公司　赵大斌
株洲所　周桂法
戚墅堰所　王有虹

高技能人员

株机公司　聂　毅
戚墅堰公司　杨　一
四方股份公司　周　勇
电机公司　文照辉

【火车头奖章】

长江公司
朱　斌　李建东　易　冉
袁红君　胡跃进　杨　华
株机公司
刘　颖　冯　联　胡金银
资阳公司
畅睿林　吕海寅
戚墅堰公司
曹兴贵　陈玉华　王延花
四方股份公司
马云双　崔　明　龚　明
四方有限公司
曾　佐　陈延福
浦镇公司
姚光虎　王　宁　黄文杰
眉山公司
孟庆远　张广波
成都公司
赵临深
洛阳公司
李　勇　姜向阳
章共和（洛阳厂襄樊电机公司）
二七公司
朱大为　李艳琴
石家庄公司
苏立芳
株洲所
邓恢金　杜劲松　郅建国
戚墅堰所
陆堰龙　袁礼彬
南方汇通公司
代顺生

【第十届詹天佑铁道科学技术奖】

株机公司　彭新平（青年奖）
株洲所　杨　军（青年奖）

【2010年茅以升铁道工程师奖】

株机公司　李希宁
戚墅堰公司　杨勇军
四方股份公司　丁叁叁
电机公司　成　熹

【全国技术能手】

长江公司　邹长青
眉山公司　张志发
洛阳公司　李　勇
戚墅堰公司　袁志刚
浦镇公司　王　健　姚光虎
王一宝　王　强

【国家技能人才培育突出贡献奖】

长江公司　　杨卫东

【中央企业职工技能竞赛优秀工作者】

中国南车总部　　刘惠云

洛阳公司　　施绍民

【中国职协 2010 年度优秀科研成果奖】

职工教育类论文

一等奖

洛阳公司　　李国庆

戚墅堰所　　陈　皓

二等奖

常铁校　　朱效东

三等奖

长江公司　　代晓岚

长江公司　　易　冉

株机公司　　邓孙军

四方股份公司　　王洪志

浦镇公司　　方　强

成都公司　　刁　彬

石家庄公司　　李彦坤

戚墅堰所　　陈　皓　范鹏程

戚墅堰所　　匡　玲　陈　皓

常铁校　　丁　说

湖铁院　　首　衍

优秀奖

株机公司　　刘志平

浦镇公司　　戴维开

石家庄公司　　王国彦

戚墅堰所　　倪　伟　王　刚

常铁校　　郭秀华

课件类

一等奖

四方股份公司　　王小锋

二等奖

长江公司　　李　蓉

四方股份公司　　孙淑华

三等奖

长江公司　　范顺和

资阳公司　　侯开美

浦镇公司　　王绍礼

眉山公司　　徐世平

眉山公司　　张艳平

眉山公司　　王　刚　阎　伟　贺庚平

【中央企业先进职工】

株机公司　　谌志鹏

资阳公司　　朱万奇

戚墅堰公司　　张　忠

四方股份公司　　郭忠许

浦镇公司　　王义民

成都公司　　鲍克坚

洛阳公司　　炼玉斌

二七公司　　韩铁林

株洲所　　刘可安

戚墅堰所　　蒋友强

南方汇通公司　　徐　忠

【中央企业重点工作优秀团干部】

中国南车总部　　何明新

【中央企业优秀共青团干部】

资阳公司　　文　勇

四方股份公司　　白　玉

石家庄公司　　许军辉

【中央企业优秀共青团员】

株机公司　　蒋忠城

株洲所　　柴　多

【中央企业青年岗位能手】

长江公司　　言　虎

四方有限公司　　马　伟

成都公司　　鲍克坚

洛阳公司　　刘　艳

【全国铁路优秀工会工作者】

株机公司　　　　　郭鹏飞
石家庄公司　　　　马俊书

【全国铁路优秀工会积极分子】

资阳公司　　　　　曾敏忠
四方股份公司　　　李　军
洛阳公司　　　　　任润娇
二七公司　　　　　宗　颖

【中国南车劳动模范】

中国南车总部
　　孙学军　阴明月光　李　敏
长江公司
　　郑志坚　雷　超　杨汉华　冯　波
　　侯　斌　刘建辉　易　冉　杨群力
　　陈　涛　张　卓
株机公司
　　聂　毅　刘　荣　罗　辉　刘健平
　　刘海兰　郭振尧　乔红云　陈明国
　　徐宗祥　胡　贵　文照辉
资阳公司
　　何国福　曹　军　李　军　朱万奇
　　郑　林　杨　勇　向　军
戚墅堰公司
　　李　建　浦永康　刘建华　耿丽华
　　沈亚宏　王　龙　吴祝君　王洪年
四方股份公司
　　孙兴贵　刘　华　郭忠许　宋田正
　　赖森华　王万静　马瑜业　张军龙
　　曹志伟　韩和平　王　军
四方有限公司
　　王晓峰　邱存宝　王焕友　姜　炯
浦镇公司
　　赵小文　王德忠　王崇明　陈美霞
　　陈兴琴　卢仕金　王传金　王晓阳
　　楼齐良
眉山公司
　　伏　凯　方南京　石慧斌　谢小平
　　贺才建
成都公司
　　朱天余　黎长富　范益人　晋　军
洛阳公司
　　施绍民　贾少伟　毕　睿　王泽起
　　谭地平　关小锋　刘　红（洛阳厂）
二七公司
　　李　忠　马　凯　常　亮　何　山
石家庄公司
　　李国明　冀希增　殷志英　王延春
　　马俊书
株洲所
　　周伟生　蒋时军　黎起富　黄燕艳
　　宋亚立　任小冬　高首聪　杨　军
戚墅堰所
　　万升云　陆堰龙　张　俊　周　斌
　　王　奇
南方汇通公司
　　张学忠　徐　忠　杨再权　黄纪湘
常铁校
　　李红光

【中国南车首席技术专家】

株机公司　　　　　陈喜红　樊运新
戚墅堰公司　　　　李　亮
四方股份公司　　　丁叁叁　马云双
株洲所　　　　　　忻　力　周桂法
电机公司　　　　　成　熹

【中国南车技术专家】

株机公司
　　陈清明　金希红　陈国胜　胡跃文
　　高殿柱　杨相健　方长征
戚墅堰公司
　　魏春阳　张少元　曹兴贵　仲怀清
　　陆忠民
四方股份公司
　　虞大联　高玉功　梁建英　王心红
　　林君山　吴冬华　邓小军

株洲所

刘可安　李益丰　张　明　周志飞

王　进　李江红

戚墅堰所

周　平　万升云　钱坤才

电机公司

陈红生　胡　贵

【中国南车科技拔尖人才】

株机公司

闵阳春　周建斌　杨立新　朱向阳

彭新平　赵江农　陈安俊　李小亮

李正凡　刘海涛　郭晓鹏　温建军

熊超欧　李冠军　龚晓彬

戚墅堰公司

杨勇军　张苏东　吴宏军　潘翼龙

方皎波　李友峰　管敏玮　臧坚东

楼强天　张建勤

四方股份公司

刘胜龙　石中年　宋晓文　马利军

孙　彦　陶桂东　田爱琴　鄢桂珍

邓学寿　刘学之　徐　磊　张政民

刘英臣　于延尊　侯有忠

浦镇公司

奚华峰

株洲所

张顺彪　尚　敬　刘　军　贺才春

陈燕平　宋传江　杨卫峰　程海涛

李小平　王益民　申竹林　荣继刚

戚墅堰所

朱正锋　黄智勇　郑剑云　杜利清

阙红波　董　雯　蒋田芳　刘忠伟

吴　刚

电机公司

杨振中　黄登威　邓日江　杨学军

刘　勇　邓　苹

【中国南车第二届技术能手】

长江公司　邓星火　戚健东

楚　进　陈　涛

株机公司　任　颖　罗　锋

资阳公司　李　军　吴永鹏

戚墅堰公司　张连群　丁　京

四方股份公司　鲍明春　杜永进

四方有限公司　尉建军

浦镇公司　孙景南　卞康明

眉山公司　虞　志

成都公司　鲍克坚

洛阳公司　苗　霞　曹　军

二七公司　辛小龙

石家庄公司　陈兴国

株洲所　周　进

戚墅堰所　李　敬

电机公司　蒋荣才

南方汇通公司　习亚萍

【中国南车职业技能鉴定优秀考评员】

长江公司　郑学锋

长江公司武汉考核站

曹莉洁　罗碧洲　楚　进　旷红忠

许凯福

长江公司株洲考核站

陈炳炎　邓星火　黄　谦　彭向晖

王晓军　向　明

长江公司铜陵考核站

陈祖华　丁守立　解澄剑　伍万保

株机公司考核站

李樟兴　彭茂龙　赵　卫　赖学初

资阳公司考核站

叶　伟　周　征　张　玲　张劲松

戚墅堰公司考核站

瞿文忠　邓晓金　郑蓉芬　夏焕金

谢兆东　楼强天　黄卫丰　陆忠民

方荣良

四方有限公司考核站

周　勇　史克俭　耿义光　于志良

赵君梅　代夫华　马敏庄　孙兴刚
孙先起　张　琴　刘丙臣

浦镇公司考核站
戴维开　祁金祥　王　健　胡建华
孔　前　苗庆寒　张金贵　张兴明

眉山公司考核站
周永平　张志发　伍鸿斌　王　颖
陈沛治　廖仲宾　季志强

成都公司考核站
尹显福　张广川　傅　玺　龙　刚

洛阳公司考核站
贾少伟　张　景　李万坤　李旭东
张建敏

洛阳公司襄樊考核站
刘凤娥　陈　晖　何华成

二七公司考核站
郭世艳　辛小龙　王建成　屈立新
李艳琴

石家庄公司考核站
武民福　刘志彬　张　志　王栾生
乔　东

株洲所考核站
刘　军　罗明江　尹晓平　任建明
李　勇

北京时代公司考核站
吴广华

戚墅堰所考核站
张连华　封雪平　白　剑

贵阳厂考核站
陈　耕　赵　勇　姚　飞　钱宏南
苏必文　黄元强　董合军　代启明

【中国南车职业技能鉴定优秀管理员】

长江公司　洪　涛
长江公司武汉考核站　徐亚兰
长江公司株洲考核站　谭术群　伍小辉
长江公司铜陵考核站　杨晓红
株机公司考核站　王建地
资阳公司考核站　丁　健　廖建敏
戚墅堰公司考核站　徐　俊　陈永平
四方有限公司考核站　吴晓生　曹文学　邓竹利
浦镇公司考核站　赵儒君　付朝阳
眉山公司考核站　周基建　王龙方
成都公司考核站　文　凭
洛阳公司考核站　施绍民　李现听
洛阳公司襄樊考核站　齐　斌
二七公司考核站　党永平　卢胜国
石家庄公司考核站　王广生
株洲所考核站　欧阳芳
北京时代公司考核站　邢富印
戚墅堰所考核站　范鹏程
贵阳厂考核站　杨小敏

【中国南车“三八红旗手”】

长江公司　徐　珺　杨冬艳　左言美
株机公司　黄晓蓉
资阳公司　杨　勇
戚墅堰公司　陈荷芳
四方股份公司　董力群
四方有限公司　丁兆文
浦镇公司　陈美霞
眉山公司　刘　瑛
成都公司　江　葵
洛阳公司　胡红艳　乔艳丽
二七公司　李艳琴
石家庄公司　杨淑霞
株洲所　陈燕平
戚墅堰所　翁敏红
南方汇通公司　胡素芬

【中国南车优秀女员工】

中国南车总部　常丽美
长江公司　赵　虹　潘丽亚　范新华
株机公司　吴宪宏

资阳公司　　　畅睿林
戚墅堰公司　　张晓芳
四方股份公司　刁宏磊
四方有限公司　蔡建敏
浦镇公司　　　孙景南
眉山公司　　　朱　姣
成都公司　　　彭　娟
洛阳公司　　　屈冬梅　王国莲
石家庄公司　　李　静
株洲所　　　　钟金玉
戚墅堰所　　　张　萍
南方汇通公司　梁　华

【中国南车优秀女工工作者】

长江公司　　　黄　燕　王慧民　郜红霞
株机公司　　　易红梅
资阳公司　　　林　蓉
戚墅堰公司　　刘　波
四方股份公司　王彩云
四方有限公司　王妮妮
浦镇公司　　　顾　亭
眉山公司　　　张　丽
成都公司　　　王冀蓉
洛阳公司　　　刘险峰
　　　　　　　杨秀文（洛阳厂）
二七公司　　　郭世艳
石家庄公司　　杨子萍
株洲所　　　　汪田英
戚墅堰所　　　袁晓鸣
南方汇通公司　黄胜男

【中国南车优秀团委书记】

长江公司　　　何金磊
株机公司　　　李　姝
资阳公司　　　文　勇
四方股份公司　白　玉
浦镇公司　　　徐子心
眉山公司　　　郑　丹
二七公司　　　牛宏睿
株洲所　　　　唐　皓
电机公司　　　张　超
南方汇通公司　王小军

【中国南车优秀共青团干部】

长江公司　　　张　钦
株机公司　　　程　伟　郑　玮　赵　颖
资阳公司　　　杨　森
戚墅堰公司　　徐　伟　施正宏
四方股份公司　高宝杰　杨传良
四有限公司　　郑立志
浦镇公司　　　吕　超　陈月圆
眉山公司　　　何　浩
成都公司　　　杨晨曦
洛阳公司　　　段明明
二七公司　　　张　涛
石家庄公司　　姜允程
株洲所　　　　何政军　周　伟　易　彬
戚墅堰所　　　冉成文
电机公司　　　蔺赵强
南方汇通公司　刘　才
常铁校　　　　李　妍

【中国南车优秀共青团员】

长江公司　　　陈　干　周丽丽
株机公司　　　张金传　邹靖兰　敬　昂
资阳公司　　　李恒志
戚墅堰公司　　张　斌　陈亚丽
四方股份公司　陈洪林　玄宗蕾
四方有限公司　王　滨
浦镇公司　　　孙　方　曹　凡
眉山公司　　　徐祖银
成都公司　　　夏云斌
洛阳公司　　　杨永燕　刘　平
二七公司　　　杨博源
石家庄公司　　巴淑娜
株洲所　　　　柴　多　刘倩倩　王　萌
戚墅堰所　　　姚俊杰
电机公司　　　陆燕君

南方汇通公司　卢　良
常铁校　张　华

【中国南车杰出青年岗位能手】
长江公司　赵明江（常州分公司）
株机公司　喻慧明
资阳公司　王　军（成都隧道公司）
李六如（科技论文一等奖）
四方股份公司　鲁　宁
浦镇公司　胡团结
洛阳公司　张　芳
二七公司　何　山
株洲所　刘海涛（时代电气公司）
戚墅堰所　马　凯
黄腾飞（科技论文一等奖）

【中国南车青年岗位能手】
长江公司　徐　力（科技论文二等奖）
株机公司　冯立平
资阳公司　周　建（科技论文二等奖）
戚墅堰公司　丁永明
四方股份公司　刘昌龙
四方有限公司　马　伟
王晓峰（科技论文二等奖）
浦镇公司　曾要争（科技论文二等奖）
眉山公司　高　恒
刘　昆（科技论文二等奖）
成都公司　苟　勇
石家庄公司　马　栋
株洲所　刘立军（时代新材公司）
黄燕艳（科技论文二等奖）
贺建国（科技论文二等奖）
电机公司　王　杰
南方汇通公司　钟　柯
常铁校　张　颖

先进集体

【国家技能人才培育突出贡献奖】
戚墅堰公司

【中央企业职工技能竞赛先进单位】
中国南车集团公司

【中国职协 2010 年度优秀科研单位奖】
中国南车人力资源部（中国南车 HR 研究会）

【中国职协 2010 年度科研工作组织奖】
中国南车人力资源部（中国南车 HR 研究会）

【全国厂务公开民主管理先进单位】
中国南车集团公司（中国南车股份有限公司）

【2010 年全国全民健身活动优秀组织奖】
中国南车集团公司

【全国模范职工之家】
株洲所

【全国模范职工小家】
长江公司株洲分公司组装车间中电班

【中央企业红旗班组（科室）】
长江公司常州分公司台车车间轮对班
株机公司
制造服务中心备料车间顶盖班
城轨事业部总成车间电六班
资阳公司机车事业部铆焊车间车体班
戚墅堰公司配件一车间 GE 构架班
四方股份公司
转向架分厂钳工班
技术中心车体开发室
浦镇公司转向架设计部总体组
眉山公司国际市场部
洛阳公司轮对车间轴承班
株洲所时代电气制造中心机车产品部调试班
戚墅堰所齿轮传动事业部热处理中心

【中央企业五四红旗团委】
株洲所团委
戚墅堰所团委

长江公司株洲分公司团委

【中央企业五四红旗团支部】

浦镇公司城轨分团委

二七公司机械车间团支部

【中央企业五四红旗团委创建单位】

电机公司团委

南方汇通公司团委

常铁校团委

【中央企业青年文明号】

长江公司

　　国际贸易部

　　株洲分公司组装车间底架转台班

株机公司城轨事业部调试一班

戚墅堰公司柴油机分厂配件一车间技术组

眉山公司机械车间台车班

【火车头奖杯】

长江公司武汉分部组装车间

株机公司城轨事业部

戚墅堰公司铸铁事业部

四方股份公司总装分厂 EMU 电气调试班

株洲所时代电气售后服务中心

【铁路“工人先锋号”】

资阳公司发动机事业部组装试验车间小车班

【全国铁 路模范职工之家】

中国南车集团公司（中国南车股份有限公司）

南车眉山车辆有限公司

【全国铁路模范职工小家】

戚墅堰公司柴油机分厂进口设备维修组

戚墅堰所工程事业部分工会

南方汇通公司贵州大自然科技公司裁剪班

【中国南车先进集体】

株机公司

戚墅堰公司

四方股份公司

眉山公司

洛阳公司

株洲所

戚墅堰所

中国南车财务部

长江公司

　　武汉分部落车车间三通阀组

　　株洲分公司工艺制造处

　　常州分公司台车车间轮对班

　　铜陵分公司铸造车间

株机公司

　　转向架事业部

　　项目管理中心

　　机车事业部交车车间试验班

资阳公司

　　机车事业部铆焊车间

　　曲轴事业部热处理作业区中频班

戚墅堰公司

　　生产计划部

　　钢结构事业部构架区

　　柴油机分厂配件一车间

四方股份公司

　　车体分厂

　　技术中心车内设计室

　　总装分厂地铁配管班

四方有限公司

　　锻压分厂

　　物流公司钢材经营部

浦镇公司

　　车架车间

　　转向架设计部总体设计组

眉山公司

　　产品开发部

　　备料车间风缸班

成都公司

　　车辆公司部件车间

　　电机公司总装车间总装班

洛阳公司

财务部
襄樊分公司轮对事业部
二七公司
备件车间
新车车间 C70 底架组装班
石家庄公司
新造车间
技术中心开发处
株洲所
风电事业部
时代电气公司
时代新材公司弹性元件事业本部
戚墅堰所
工程机械事业部
焊接表面技术工程部风缸班
电机公司技术中心
洛阳厂襄樊电机公司元件车间剪冲班
南方汇通公司
转向架车间探伤班
弹簧事业部
常铁校材料工程系

【中国南车一级单位“四好”领导班子表彰名单】

株机公司
戚墅堰公司
四方股份公司
四方有限公司
浦镇公司
眉山公司
成都公司
洛阳公司
株洲所
戚墅堰所

【中国南车一级单位“四好”领导班子表扬名单】

资阳公司
石家庄公司
南方汇通公司

【中国南车基层单位“四好”领导班子表彰名单】

长江公司
株洲分公司
武汉分部台一车间
铜陵分公司车轴车间
常州分公司钢结构车间
株机公司
转向架事业部
技术中心机车开发部
资阳公司
机车事业部
曲轴事业部
戚墅堰公司
铸铁事业部
钢结构事业部
四方股份公司
检修服务事业部
车体分厂
四方有限公司
配套产品事业部
转向架分厂
浦镇公司
动转设计党支部
城轨市场人力财务党支部
眉山公司
产品开发部
四川制动科技公司
成都公司
车辆公司
机车公司机车车间
洛阳公司
洛阳分部部件车间
襄樊分公司机车车间
襄樊电机公司中铁宏吉预应力设备有限公司（洛阳厂）

二七公司
产品开发部
新造车车间
石家庄公司
机制车间
国祥公司
株洲所
风电事业部
南车时代电气安全装备事业部
戚墅堰所
工程机械党支部
机关党支部
南方汇通公司
质量保证部
车体车间
常铁校
机械系党支部

【中国南车 2010 年科学技术奖获奖项目】

特等奖

株机公司　株洲所
《时速 120 km 速度等级六轴 7200 kW 大功率交流传动货运电力机车的研制》
戚墅堰公司
《HX_N5 型大功率交流传动内燃机车国产化研制》
四方股份公司
《直线电机地铁车辆开发》

一等奖

长江公司
《出口澳大利亚 FMG 道砟车研制》
株机公司　电机公司
《大功率交流传动 9600 kW 六轴货运电力机车》
资阳公司
《出口土库曼系列宽轨内燃机车》
四方股份公司
《北京地铁 1 号线车辆开发研制》
浦镇公司
《200 km/h 轨道检测车》
眉山公司
《出口委内瑞拉集装箱平车和粮食漏斗车》
株洲所
《自主知识产权机车控制系统平台》《WT1650 风电机组研制》

二等奖

长江公司
《出口澳大利亚 FMG 柴油罐车研制》
株机公司
《DK-2 型机车电空制动机研制》
资阳公司
《120 km/h 大功率交流传动货运内燃机车》
戚墅堰公司
《GEVO16 型柴油机试验台研制》《出口伊朗 DF_{8BI} 型内燃机车研制》
四方股份公司
《北京地铁 4 号线车辆研制》
浦镇公司
《CL242-K 转向架的研制和推广》
二七公司
《SQ_5 型双层运输汽车专用车》《DL_1 型大吨位预制梁运输专用车》
株洲所
《高速动车组换气装置和辅助电源系统》《基于 STATCOM 与 TSC 混杂型电能质量治理装置研制及推广》
戚墅堰所
《动车组关键铸件工艺优化及可靠性技术的研究》《“HX_D1B”（六轴）交流传动重载货运电力机车齿轮传动系统的开发》
电机公司
《7200 kW 六轴大功率交流传动电力机

车牵引电机、牵引变压器研制》《1500/2500型直驱式永磁同步风力发电机研制》

三等奖

长江公司

《铁路货车检修先油漆后组装工艺实施》

株机公司

《100 km/h 速度级 A 型地铁 ZMA100 型转向架》《25 吨轴重 120 km/h 速度级单轴功率 1600 kW 货运重载电力机车 ZED120-Co 型三轴转向架》《TM 型电力机车》

资阳公司

《出口苏丹窄轨内燃机车》

戚墅堰公司

《HXN5 型机车用 102 型车钩研制》《GEVO16 柴油机机体、气缸盖等 5 大铸铁件铸造工艺研究》

四方有限公司

《TGC 型铁路公路两用车》

浦镇公司

《AM96 型客车转向架技术引进和国产化》《电务试验车》

二七公司

《NX70 型共用车的研制》《X6K 型集装箱专用平车》

株洲所

《高铁用高性能聚氨酯微孔弹性垫板研制及产业化》《机车无线重联同步控制系统研究及应用》《减振降噪阻尼材料在高速客车车辆中的应用》

戚墅堰所

《200 km/h 动车组用制动夹钳和踏面清扫器》《城市轨道车辆用牵引齿轮传动装置研制》《机车车辆重要零部件表面探伤缺陷图谱》《城市轨道交通车辆用减振降噪弹性车轮》

电机公司

《城轨车辆异步牵引电机研制》《石油钻井平台用交流变频调速电机研制》

【中国南车模范职业技能考核站】

长江公司株洲职业技能考核站

资阳公司职业技能考核站

戚墅堰公司职业技能考核站

四方有限公司职业技能考核站

浦镇公司职业技能考核站

眉山公司职业技能考核站

洛阳公司职业技能考核站

二七公司职业技能考核站

【中国南车“三八红旗集体”】

长江公司株洲分公司工会女职工委员会

资阳公司财务部

戚墅堰公司巾帼天车工队

四方有限公司物流公司仓储部女工班

浦镇公司钢结构支会女职工委员会

成都公司电机公司部件车间包扎组

洛阳公司襄樊分公司电器车间电器班

二七公司工会女职工委员会

石家庄公司转向架车间工会女职工委员会

南方汇通公司财务部

【中国南车五四红旗团委】

长江公司团委

株机公司团委

资阳公司团委

四方股份公司团委

浦镇公司团委

眉山公司团委

二七公司团委

株洲所团委

电机公司团委

南方汇通公司团委

【中国南车五四红旗团支部】

长江公司

武汉分部钢结构车间团支部

株机公司

技术中心分团委

电气设备分团委

制造服务中心分团委

资阳公司

机车事业部分团委

戚墅堰公司

转向架车间团支部

热处理机关团支部

四方股份公司

技术中心团总支

总装分厂团总支

四方有限公司

物流公司团支部

浦镇公司

研发团总支

转向架团支部

眉山公司

货一车间团支部

成都公司

车辆公司空调电器团支部

洛阳公司

襄樊分公司柴油机团支部

二七公司

钢结构团总支

石家庄公司

钢结构车间团总支

株洲所

时代电气公司时菱团支部

北京时代公司制造中心团支部

湖南南车时代电动汽车股份有限公司团总支

戚墅堰所

技术保障团支部

电机公司

风力发电机项目部团总支

南方汇通公司

总装车间团支部

常铁校

材料与信息团总支

【中国南车青年文明号标杆】

株机公司技术中心马来西亚项目组开发部

资阳公司机车电气系统开发室

戚墅堰公司机车分厂总装二车间技术组

四方股份公司转向架分厂动车构架四班

浦镇公司钢结构车间 A 工区顶板工位

眉山公司备料车间风缸班

株洲所时代电气城轨事业部市场开发团队

戚墅堰所试验检测中心化学及材料分析研究室

株洲电机公司牵引电机分厂动车检修班

【中国南车青年文明号】

长江公司产品研究所技术支持室

株机公司城轨屏柜班

四方股份公司总装分厂 EMU 两端壁板二班

四方有限公司配套产品事业部车体分厂下料班组

成都公司电机公司总装车间嵌线组

洛阳公司项目管理中心和谐机车部

二七公司备件车间下侧门班

石家庄公司新造车间侧墙班

株洲所北京时代公司 TR138D 型旋挖钻机整机研究项目组

南方汇通公司财务部

常铁校机械工程系

统计资料

2010年中国南车主要经营指标综合表（表1）

2010年中国南车工业总产值、工业增加值一览表（表2）

2010年中国南车新造、修理机、客、货车产量统计总表（表3）

2010年中国南车新造机车产量明细表（表4）

2010年中国南车新造动车组、城轨地铁、普通客车产量明细表（表5）

2010年中国南车新造货车产量明细表（表6）

2010年中国南车修理产品产量统计表（表7）

2010年中国南车主要财务指标表（表8）

2010年中国南车员工人数统计表（表9）

2010年中国南车设备汇总表（表10）

表 1　2010 年中国南车主要经营指标综合表

名　　称	单位	实际完成	名　　称	单位	实际完成
全年营业收入	亿元	668	新造机车产量	台	998
其中：主营业务收入	亿元	659	其中：内燃机车产量	台	272
营业利润	亿元	30.9	电力机车产量	台	726
资产总计	亿元	788	新造城轨、地铁和动车组产量	辆/列	2138/332
其中：非流动资产	亿元	263	新造客车产量	辆	2136
流动资产	亿元	525	新造货车产量	辆	15320
负债总计	亿元	529	修理机车产量	台	987
期末所有者权益	亿元	259	其中：内燃机车产量	台	796
员工总数	人	89242	电力机车产量	台	191
其中：股份公司	人	82833	修理客车产量	辆	1502
工业总产值（现价）	亿元	763	修理货车产量	辆	27790
工业增加值（现价）	亿元	145	修理动车组产量	辆	832

表 2　2010 年中国南车工业总产值、工业增加值一览表

（单位：万元）

企业分类	单位简称	工业总产值	(1)新造产品产值	(2)修理产品产值	(3)配件与其它产值	工业增加值	(1)固定资产折旧	(2)劳动者报酬	(3)营业盈余	(4)生产税净额
中国南车		7632511	4285351	493919	2853241	1448848	109831	622072	419766	297189
股份公司	(一)股份公司	7498914	4244324	449177	2805413	1408272	103086	602831	409981	292373
	长江公司	363077	281924	41923	39230	64788	12286	55956	-10464	7010
	株机公司	1432171	1308433		123738	168098	10294	72548	38596	46660
	资阳公司	216274	38312		177962	43196	5654	30681	420	6441
	戚墅堰公司	406269	278285	64044	63940	77576	4807	40649	12495	19625
	四方股份公司	1716234	1506695	37255	172284	256929	20255	93171	85063	58440
	四方有限公司	121802		39436	82366	74396	3911	21883	43189	5413
	浦镇公司	686608	583242	28695	74671	92063	6706	47308	23719	14330
	眉山公司	173089	131765		41324	48741	3234	30672	4160	10675
	成都公司	139835		72113	67722	27797	2289	16946	4591	3971
	洛阳公司	123122		100275	22847	30822	2977	19756	3114	4975
	南车电机	365890			365890	55045	2741	15710	34903	1691
	二七公司	152335	100640	12588	39107	39810	3347	24330	4189	7944
	石家庄公司	152982	15028	52848	85106	42885	2498	23208	9880	7299
	株洲所	1138950			1138950	312277	14569	85960	126092	85656
	戚墅堰所	310276			310276	69258	6931	23320	27682	11325
	南车租赁公司					4591	587	733	2353	918
整建制企业	(二)整建制企业	133597	41027	44742	47828	40576	6745	19241	9785	4805
	南方汇通公司	132802	41027	44742	47033	38771	5436	18282	10455	4598
	常铁校	795			795	232	35	175	22	
	投资公司					1573	1274	784	-699	207

表 3　　2010 年中国南车新造、修理机、客、货车产量统计总表

单位简称	新造								修理				
	动车组		地铁、城轨车辆		内燃机车（台）	电力机车（台）	普通客车（辆）	货车（辆）	内燃机车（台）	电力机车（台）	普通客车（辆）	动车组（辆）	货车（辆）
	辆	列	辆	列									
合　计	752	93	1386	239	272	726	2136	15320	796	191	1502	832	27790
长江公司								7460					7535
株机公司			510	91		726							
资阳公司					68								
戚墅堰公司					204				270	4			
四方股份公司	752	93	468	78								832	
四方有限公司											456		
浦镇公司			408	70			2136				458		
眉山公司								3567					
成都公司									160	69	588		
洛阳公司									366	118			
二七公司								2648					2265
石家庄公司								422					9914
南方汇通公司								1223					8076

表 4　　2010 年中国南车新造机车产量明细表

（单位：台）

产品名称	合计	株机公司	资阳公司	戚墅堰公司
新造机车	998	726	68	204
新造电力机车	726	726		
其中：路内用车	689	689		
地方或工矿用车				
出口车	37	37		
新造内燃机车	272		68	204
其中：路内用车	191			191
地方或工矿用车	76		68	8
出口车	5			5

表 5　2010 年中国南车新造动车组、城轨地铁、普通客车产量明细表

产品名称	单位	合计	株机公司	四方股份公司	浦镇公司
动车组合计（列）	列	93		93	
其中：国铁用车	列	93		93	
	8 辆编组/列	92		92	
	16 辆编组/列	1		1	
出口车	列				
城轨、地铁车合计（列）	列	239	91	78	70
其中：国内用车	列	237	91	77	69
	4 辆编组/列	31	19		12
	6 辆编组/列	198	71	77	50
	8 辆编组/列	8	1		7
出口车	4 辆编组/列	2		1	1
	6 辆编组/列	1			1
	8 辆编组/列	1		1	
其中：城轨车	列				
地铁车	列	239	91	78	70
	4 辆编组/列	32	19		13
	6 辆编组/列	199	71	78	50
	8 辆编组/列	8	1		7
新造普通客车	辆	2136			2136
其中：路内用车	辆	2104			2104
地方或工矿用车	辆	10			10
出口车	辆	22			22

表 6　2010 年中国南车新造货车产量明细表

（单位：辆）

产品名称	合计	长江公司	眉山公司	二七公司	石家庄公司	南方汇通公司
新造货车	15320	7460	3567	2648	422	1223
其中：路内国铁购车	9389	4753	2006	1395	112	1123
路内四大公司购车	2241	1030	361	850		
统一招标市场车	3310	1430	1200	380	300	
企业自揽市场车	133			23	10	100
出口车	247	247				
敞车各型	11806	5681	2515	2075	412	1123
平车各型（含集装箱平车）	652	333		309	10	
棚车各型	554	204	350			
罐车各型	1587	1087	400			100
保温车各型						
漏斗和自翻车各型	426	125	301			
家禽家畜车各型						
特种车、专用车及其它各型	295	30	1	264		

表7　　2010年中国南车修理产品产量统计表

产品名称	单位	合计	长江公司	戚墅堰公司	四方股份公司	四方有限公司	浦镇公司	成都公司	洛阳公司	二七公司	石家庄公司	南方汇通公司
修理机车各型	台	987		274				229	484			
修理电力机车各型	台	191		4				69	118			
修理内燃机车各型	台	796		270				160	366			
修理动车组	辆	832			832							
修理动车组	列	91			91							
修理城轨与地铁车	辆											
修理城轨与地铁车	列											
修理客车各型	辆	1502				456	458	588				
修理货车各型	辆	27790	7535							2265	9914	8076

表8　　2010年中国南车主要财务指标表

单位简称		净资产收益率	总资产报酬率	成本费用利润率	总资产周转率	流动资产周转率	存货周转率	应收账款周转率	资产负债率	已获利息倍数	流动比率	速动比率	国有资本保值增值率
		（%）	（%）	（%）	（次）	（次）	（次）	（次）	（%）	（%）	（%）	（%）	（%）
中国南车		12.91	5.64	5.57	0.95	1.44	3.50	7.12	67.11	10.52	1.16	0.76	110.14
股份公司	股份公司	14.71	6.20	5.93	1.00	1.48	3.49	6.19	67.59	12.58	1.17	0.76	113.77
	股份公司总部	6.73	5.24	562.69	0.00	0.00	0.00	0.00	39.37	6.48	1.17	1.17	0.00
	长江公司	-6.15	-1.60	-3.03	0.77	1.84	3.68	4.74	62.18	-2.02	0.80	0.48	93.10
	株机公司	9.14	3.36	2.43	1.38	1.73	4.19	13.51	63.89	57.46	1.37	0.91	112.93
	资阳公司	0.39	0.84	0.19	0.81	1.64	3.77	4.48	67.10	1.23	0.78	0.46	110.71
	戚墅堰公司	11.11	4.74	2.76	1.40	2.13	4.53	5.65	72.94	5.02	1.05	0.69	111.76
	四方股份公司	19.43	6.95	5.32	1.37	1.82	6.86	12.82	72.53	2546.20	1.06	0.76	120.21
	四方有限公司	42.93	14.50	21.55	0.58	1.37	7.54	2.69	65.22	18.20	0.84	0.71	178.55
	浦镇公司	14.26	4.11	3.95	1.03	1.45	3.17	12.01	73.63	22.65	1.01	0.56	113.01
	眉山公司	9.65	3.02	2.23	1.21	2.17	5.13	6.75	72.21	8.71	0.89	0.60	110.10
	成都公司	8.54	3.85	3.74	0.92	1.68	3.93	4.50	69.47	9.05	0.94	0.63	108.72
	洛阳公司	7.13	2.45	2.43	0.72	1.23	4.24	2.90	77.12	4.13	0.84	0.69	108.27
	二七公司	7.26	4.39	2.77	1.18	1.52	4.97	14.55	51.36	4.03	1.57	1.05	104.51
	石家庄公司	17.93	8.98	6.74	1.16	1.90	4.81	6.79	68.26	7.20	1.10	0.76	103.37
	株洲所	17.69	10.58	13.68	0.83	1.15	2.29	5.00	54.17	22.18	1.45	0.96	116.80
	戚墅堰所	19.97	9.32	9.80	0.90	1.69	5.09	6.97	60.93	8.49	0.95	0.71	129.00
	电机公司	30.26	9.82	6.01	1.56	2.17	2.76	10.08	78.47	9.96	0.96	0.34	132.87
	香港公司	4.22	1.64	2819.05	0.02	0.02	0.00	0.00	28.46	0.00	2.27	2.27	0.00
	租赁公司	5.55	2.77	1.08	1.52	1.63	29.51	4.53	82.96	2.43	1.13	1.09	105.63
整建制企业	南方汇通公司	8.29	6.57	6.68	0.92	2.11	5.23	7.15	33.61	19.28	1.48	1.09	105.00
	常铁校	-5.72	-4.60	-8.09	0.40	1.98	19.86	19.32	20.11	0.00	1.12	0.98	94.44
	投资公司	0.09	0.08	3.47	0.02	1.34	66.31	12.38	20.39	23.73	0.68	0.67	166.99

表 9　　2010 年中国南车员工人数统计表

股份公司	员工总数	技管人才	技能人才	整建制企业	员工总数	技管人才	技能人才
公司总部	122	120	2	集团公司总部	4	4	
长江公司	12020	2525	9495	资阳厂	312	132	180
株机公司	8644	2715	5929	成都厂	12	0	12
资阳公司	5428	1513	3915	洛阳厂	627	154	473
戚墅堰公司	5633	1462	4171	石家庄厂	66	64	2
四方股份公司	7852	2634	5218	江岸厂	1587	1	1586
四方有限公司	2881	562	2319	四方资产管理公司	416	247	169
浦镇公司	5686	1662	4024	南方汇通	2936	876	2060
眉山公司	4323	1074	3249	常铁校	218	186	32
成都公司	3035	686	2349	投资公司（铁工经贸公司）	231	20	211
洛阳公司	5047	1099	3948				
二七公司	3749	872	2877				
石家庄公司	3886	822	3064				
株洲所	8633	4967	3666				
戚墅堰所	3244	1014	2230				
电机公司	2623	711	1912				
租赁公司	27	27					
合计	82833	24465	58368	合计	6409	1684	4725

表 10　　2010 年中国南车设备汇总表

序号	项目 设备分类	保有总台数	固资原值（万元）	主要生产设备台数	其中 一级	二级	三级	四级	完好率 %	利用率 %
一	金属切削设备	5734	132988.0	5291	996	3781	358	156	90.3	53.0
	其中：大型、精密	1285	98992.4	1285	283	876	111	15	90.2	51.7
二	锻压、剪冲设备	1157	60336.7	1017	290	668	43	16	94.2	62.5
	其中：大型、精密	366	40902.7	366	118	239	7	2	97.5	56.2
三	动力设备	4381	24066.0	1311	518	744	41	8	96.3	82.9
	其中 锅炉	62	5069.3	62	25	35	2		96.8	36.0
	其中 空压机	521	6278.7	323	92	209	18	4	93.2	72.0
	其中 制氧机	2	158.5	2	2				100.0	85.0
四	电器设备	14150	113025.7	10657	3558	6627	439	33	95.6	62.0
	其中：变压器	612	6856.0	586	128	391	59	7	88.6	98.0
五	起重、运输设备	5602	83578.1	5407	1026	4080	259	42	94.4	48.3
	其中 载重汽车	312	3290.1	312	82	203	19	8	91.3	55.0
	其中 起重机含（1、2 类）	1943	35754.7	1955	388	1487	65	15	95.9	43.6
六	工作炉、金属处理设备	886	21567.6	648	200	410	28	10	94.1	49.0
七	木工、铸工设备	476	21339.7	337	78	246	11	2	96.2	47.6
八	试验设备	2948	42021.9	1657	636	964	30	26	96.6	38.0
九	工程机械	46	274.8	32	4	26	2		92.6	49.0
十	杂项设备	9728	125329.6	4047	830	3068	99	50	96.3	41.3
	合计	45108	624528	30403	8136	20614	1310	343	94.6	56.7
	其中：精密设备	288	57754..5	268	101	141	14	12	90.2	48.2
	大型设备	1493	191746.8	1493	360	995	132	6	90.8	51.9

附 录

国内铁路机车车辆运用概况

国外机车车辆运用概况

中国铁路建设及发展趋势

2010 年铁道统计公报（节选）

国内铁路机车车辆运用概况

一、电力机车

从1958年国内第1台电力机车诞生到韶山系列直流电力机车、HX_D型大功率交流传动机车，从最初的可控硅、晶闸管、GTO技术到大功率IPM模块和IGBT技术，极大地提升了电力机车设计、制造和研发水平。

（一）交直传动电力机车

1．SS_{3B}型电力机车（略）

2．SS_{3B}型固定重联电力机车（略）

3．SS_4型电力机车和SS_4改型机车(略)

4．SS_{6B}型电力机车（略）

5．SS_{7B}型重载货运电力机车（略）

6．SS_{7C}、SS_{7D}、SS_{7E}型电力机车（略）

7．SS_9型电力机车（略）

（二）交流传动电力机车

1.“天梭”号交流传动客运电力机车（略）

注：以上内容详见《中国南车年鉴》（2010）附录《中国铁路机车车辆及其技术发展状况》P307～312

2．HX_D1B型电力机车

该型机车适用于国内平原和山区线路，最多可牵引20节客运列车，轴式Co-Co，轴重$21^{+3\%}_{-1\%}$吨，牵引时轮缘持续功率9600千瓦，最大运营时速200公里。机车基础结构按照-40℃运用环境设计，预留加强防寒设备安装接口和布线空间。机车能够在-40℃环境下存放，加强防寒后能够在-25℃～-40℃环境下正常运用。

机车电气系统主要由主变压器、牵引变流器、三相异步牵引电机、列车供电装置及与之配套的辅助系统和网络控制系统等部分组成，机车装备两台牵引变流器，采用轴控方式，对6台牵引电机供电。2台辅助逆变模块分别安装在两台牵引变流器柜体内，分别以CVCF和VVVF两种方式为不同类型的辅助设备供电。机车装备1台列车供电柜，采用相控整流方式，以两路独立DC600V输出对车辆用电设备进行供电。贯穿全车的分布式DTECS网络控制系统符合TCN标准，为整车提供完备的控制解决方案。

变流器采用模块化结构，包含9个变流器模块（4个整流模块、3个逆变模块、1个辅助逆变模块、1个斩波模块)、二次谐振电容器、传动控制单元（TCU)、接触器、充放电电阻、过压斩波电阻、电压电流传感器、冷却风机、热交换器等部件。

水冷变流器主电路采用二电平四象限PWM整流器＋VVVF逆变器模式,4个PWM四象限整流模块分为两组分别向中间直流回路输出3500伏电压,三个逆变器分别为牵引电机供电，辅助逆变器为辅助回路供电，共用中间直流回路和二次谐振回路，斩波模块与过压斩波电阻对中间电压进行过压抑制以及快速放电。

机车装备的2个变流器都安装了辅助逆变PWM模块，每个模块具有400千伏安容量。在正常运行时，一个辅助系统工作在恒频恒压工况（CVCF)，另一个辅助系统工作在变频变压工况（VVVF)。在一个模块故障时，另一个PWM模块将同时给两个输出变压器供电，提供400千伏安辅助电源容量。当机车过分相分主断时，辅助系统供电不停机，维持输出。

机车网络控制系统包括CCU、TCU、MIO、CIO及IDU等几大部分，采用符合IEC61375标准的TCN总线，易于扩展。系统完成机车全部状态监视、诊断和控制功能。

3．HXD1C 型电力机车

该型机车适用于小于或等于 2500 米海拔高度，适用于-25~+40℃的环境温度，可用于货运干线牵引。轴式 Co-Co，轴重 25 t $^{+1\%}_{-3\%}$，牵引时轮缘持续功率 7200 千瓦，最大运营时速 120 公里。机车所用的阻燃或难燃材料满足 GB6771 或 DIN5510 标准，振动和冲击性能要求满足 TB/T 3058—2002 中 1 类 A 级标准，机车及其电气设备的电磁兼容性满足 TB/T 3034—2002、EN50121 标准。

牵引系统采用直接转矩控制策略的交流传动系统，由牵引变压器、牵引变流器及异步牵引电动机构成。机车装备 2 台牵引变流器，每台牵引变流器向一个转向架的 3 台牵引电机供电。整套牵引系统装有 6 个牵引绕组、6 个四象限整流模块、6 个牵引逆变模块及 6 台牵引电机。牵引变流器为散热效率高的水冷 IGBT 牵引变流器。

变流器主电路采用二电平四象限 PWM 整流器＋VVVF 逆变器模式，三重四象限 PWM 整流器和三个 VVVF 逆变器。三重四象限 PWM 整流器和一个逆变器组成一组独立的供电单元，为 1 台牵引电机供电，3 个主电路单元的直流回路通过隔离开关并联在一起。正常工作时隔离开关闭合，三个单元共用直流回路和二次谐振回路。每个主电路单元有独立的充电短接回路和固定放电回路，当其中任意一个主电路单元（四象限 PWM 整流器或逆变器）故障时，断开相应的隔离开关和充电短接开关，可将该故障单元切除，其余两个单元正常工作，机车只损失 1/6 动力，可将故障造成的影响降至最低。

机车辅助变流器为强迫风冷的中功率 IGBT 变流器，由输入、整流、逆变、滤波、冷却 5 部分组成。当输入端发生短路故障时，快熔熔断，保护主变压器，保障牵引系统此时正常运行；限流充电，在变流器工作前，对其中间支撑电容限流充电，避免对电容及接触器的冲击。整流部分包括储能电感和四象限变流器模块，四象限变流器模块采用两电平单相桥式电压型变流电路，功率开关器件为 IGBT。逆变部分采用两电平三相桥式电压型电路，其作用是将恒定的直流电压转换为三相交流电压，输出为 PWM 波，其功率开关器件为 IGBT。滤波部分将含丰富谐波的三相 PWM 波电压滤成所需的准正弦波电压。冷却系统采用三相离心风机，由外部恒压恒频电源供电，内部设置保护自动开关。

机车网络控制系统遵循 IEC61375 标准，系统集机车监视、诊断和控制功能于一体。机车网络控制系统采用列车级和车辆级控制，列车控制级采用绞线式列车总线 WTB，车辆控制级采用多功能车辆总线 MVB。网络控制系统采用分布式控制技术，由 WTB/MVB 网关模块 GWM、车辆控制模块 VCM、事件记录模块 ERM、数字量输入输出模块 DXM、数字量输入模块 DIM、模拟量输入输出模块 AXM 和智能显示单元 IDU 等组成，通过 MVB 与传动控制单元 TCU、辅助变流器控制单元 ACU、制动控制单元 BCU 等进行通信。网络体系结构采用三级，机车控制级总线为 ESD+通信介质的 MVB，车辆控制级总线为 ESD+通信介质的 MVB，功能控制级总线为 RS485。

4．HXD2 型六轴大功率交流传动货运电力机车（略）

5．HXD3B 型电力机车（略）

注：以上内容详见《中国南车年鉴》（2010）附录《中国铁路机车车辆及其技术发展状况》P309

二、内燃机车

内燃机车技术从最初的液力传动技术，交直流电传动技术发展到涡轮增压、电喷、混合动力技术。经过几代人的技术研发创新，提高内燃机车制造、设计、研发水平，国内也拥有先进内燃机车。

（一）交－直传动内燃机车

1. 东风4B型内燃机车

该型机车采用三相交－直流电传动，可用于铁路干线客货列车牵引。两端设有司机室，均可操纵机车。牵引电机轴悬式安装，轴式Co-Co，最高时速120公里。采用JZ-7型空气制动机，并装有电阻制动装置。

2. 东风4C型内燃机车

该型机车是在东风4B型内燃机车基础上发展的系列产品，分为货、客运机车2种。采用三相交－直流电传动，TQFR-3000B牵引发电机，ZQDR-410C牵引电动机、16V240ZJC型柴油机和VTC254-13涡轮增压器等新部件。轴式Co-Co，最高时速100公里。车体、走行部分、制动系统均与东风4B型内燃机车相同，装有电阻制动装置，机车标称功率2165千瓦。

3. 东风4D型内燃机车

该型机车是交－直流电力传动干线客运机车，采用全悬挂转向架，具有动力学性能、运用经济性能、通用互换性好和耐久可靠性高等特点。轴式Co-Co，机车标称功率2425千瓦，柴油机装车功率2940千瓦。机车车体为内廊框架式侧墙承载结构，两端设有司机室，具有同等操纵功能。机车装用16V240ZJD型柴油发电机组及辅助装置、全封闭独立通风的电器柜和制动电阻柜等电气装置。机车走行部为两台三轴全悬挂转向架，采用每组四个高圆弹簧支承和低位四杆牵引机构的两系悬挂。牵引电动机悬挂驱动装置采用架悬式轮对空心轴全悬挂装置和双级六连杆驱动机构。机车制动系统采用JZ-7型电空制动机。机车基础制动装置采用独立作用的制动单元，端轴制动单元带弹簧停车制动器。为提高机车运行平稳性，机车装有垂向、横向和抗蛇形减振器。

4. 东风4DD型调车内燃机车

该型机车主要用于重载调车编组以及小运转作业，采用交-直流电传动方式。轴式Co-Co，柴油机装车功率2940千瓦，机车最高时速80公里，持续时速23.4公里，起动牵引力504千牛，持续牵引力358千牛。

5. 东风5型调车内燃机车

该型机车适用于编组站和区段站调车作业，也可做为小运转及厂矿作业牵引动力。轴式Co-Co，传动方式为交-直流电传动，机车标称功率1210千瓦，最大时速度60公里，车长18000毫米。

6. 东风6型内燃机车

该型机车装用16V240ZJD型柴油机，采用微机控制、电阻制动系统等多项先进技术。轴式Co-Co，传动方式为交-直流电传动，机车标称功率2425千瓦，最大时速118公里，车长21100毫米。

7. 东风7、东风7B型调车机车

东风7型机车可用于大中型编组场、车站及大型厂矿企业调车及小运转作业，是国内大功率调车内燃机车原型产品。东风7B型机车在东风7型机车基础上加装了电阻制动装置和重联装置，特别适合用于长大坡道和双机重联牵引重载列车的作业。东风7型、东风7B型机车均装用12V240/260系列柴油机，其主要零部件可以和北京型液力内燃机车12V240/260系列柴油机互换通用。

8. 东风7C型内燃机车

该型机车适用于大型铁路枢纽及大型工矿企业铁路专用线和地方铁路调车、小运转作业，也可用于干线货运。机车为外走廊、车架承载式车体，主传动采用传统的交－直流电传动、规范化司机室、压型门、不锈钢管路等新技术。机车装有1台12V240ZJ6D/F型柴油机，该型柴油机为脉冲增压、无级调速。电传动系统采用电子恒功率调节器来进行功率调节、一级磁场削弱。冷却散热采用液力偶合器驱动的冷却风扇。

9．东风 7D 型内燃机车

该型机车采用侧壁承载罩式车体，装有1台 12V240ZJ6C 型柴油机。电传动系统采用电子恒功调节器来进行功率调节，一级磁场削弱，两极电阻制动。机车设有重联装置，可以单机或双机重联牵引列车。重联牵引时，两台机车的 I 端对接联挂。根据需要采取加强防寒措施能满足高寒地区运用，采用油浴滚动式旁承转向架的机车可适用于III级线路区段。

10．东风 7E 型重载调车机车

该型机车为 25 吨轴重重载调车机车，适合繁忙干线运输，有利提高机车调车作业效率。具有机车装车功率大（可达 2200 千瓦），可通过活压铁方式调整分别满足 25 吨轴重需要，起动牵引力最大可达 450 千牛，转向架采用橡胶堆旁承和横向油压减振器、XFD-2 型踏面制动单元等特点，进一步改善机车动力学性能。柴油机采用铸造机体，提高可靠性。

11．东风 7F 型内燃机车

该型机车适用于大型铁路枢纽及大型工矿企业铁路专用线和地方铁路的调车、小运转作业，根据需要也可用于干线货运。机车为外走廊、车架承载式车体，主传动采用传统的交－直流电传机，采用机车微机控制系统和辅助交流传动等新技术。机车装用 1 台 EQ16V240ZJ 型柴油机，最大运用功率为 2650 千瓦。采用 MPC 脉冲转换式增压系统和无级调速，电力传动装置采用功调电阻和电子恒功调节器，二级磁场削弱，无导框式三轴转向架。

12．东风 7G 型内燃机车

该型机车是交－直流电传动内燃调车机车，主要用于大、中型编组站编组及调车作业。采用外走廊式车体，主车架承载的模块化结构，上部设有冷却室、动力室、辅助室、电气室、司机室和制动室 6 个模块。主传动采用无刷励磁主发电机、双整流桥主整流柜，电气室采用正压通风冷却。辅助传动采用交流化，风扇、通风机采用交流电机驱动，设有彩色液晶显示器。牵引电机采用滚动抱轴承安装。装用 12V240ZJ 型柴油机，增压系统采用脉冲增压。轴式 Co-Co，装车功率 1840 千瓦，机车最高时速 100 公里。主要零部件可与东风 4 型机车的柴油机通用互换。

13．东风 10D 型机车

该型机车为外走廊、车架承载式车体，采用交－直流电传动系统和微机控制系统，牵引电机为 ZD-109Z 型，装用 1 台 12V240 ZJD 型柴油机和 TQFR-3000E 型主发电机。机车具有良好的起动、加速和防滑性能，主要适用于大型编组站的列车编组及调车作业，也可用于大型工矿企业的调车及小运转作业。

14．东风 10F 型内燃机车

该型机车由结构完全相同的两个单节机车联挂而成，每节机车各装 1 台 12V240ZJD 型柴油机。具有牵引力大、起动加速性能好、运行平稳、使用成本低和运用灵活等特点，可以根据不同需要将两节机车重联或分解成单节使用。柴油机装车功率 2×2200 千瓦，最大时速 160 公里，轴式为双 Co-Co，传动方式为交－直流电传动。

15．东风 11G 型内燃机车

该型机车装用 16V280ZJA 型牵引用主柴油机、JF204D 型同步主发电机、ZD106E 型牵引电动机、MTU12V183TB12G 型供电用辅助柴油机及 LSA47.1L11-4P 型发电机，柴油机装车功率为 2×3610 千瓦。牵引 20 节客车、时速 160 公里时，仍有 0.0245 米每二次方秒剩余加速度。机车具有向客车供电功能，机车采用微机 Lonworks 网络控制新技术，具有机车逻辑控制、网络重联控制、机车故障诊断和远程监控、诊断功能。

16．东风21型内燃机车

该型机车采用交－直流电传动方式、Co-Co轴式、双司机室（装有司机室空调）、内走廊整体承载式米轨机车。其常用最高时速60公里，通过最小曲线半径70米。动力装置采用CAT3512B型柴油机，其装车功率1455千瓦，是由ZQF-408E型起动发电机通过NM-360型阀控密封式铅酸蓄电池提供电源作电动机运行来起动柴油机。主传动装置采用JF219A型无刷励磁同步发电机与ZD-126型滚动轴承抱轴的轴悬式半悬挂方式牵引电动机，辅助传动系统采用交、直流电传动方式，控制系统采用PLC控制装置对机车进行完全控制。转向架采用Co-Co结构的自导向径向转向架，机车制动系统采用JZ-7C型空气制动机与动力电阻制动装置两套制动系统。

17．"雪域神舟"号青藏高原用内燃机车

该型机车以国内干线装车功率最大的重载货运机车东风8B型内燃机车为基础，进行高原适应性改进设计。机车主传动采用交直流电传动，装用16V280ZJA型柴油机。在海拔5100米处机车功率不小于2700千瓦。为适应青藏高原地理环境特点机车采用许多新技术、新结构。司机室玻璃采用防紫外线镀膜玻璃，并在司机室顶部后端设有制氧机供司乘人员使用；为满足机车电机、电器在高海拔地区使用，蓄电池选用低温性能好的超高倍率碱性蓄电池；冷却水系统采用加压冷却，减振垫采用低温性能好、抗辐射的橡胶减振垫。同时，机车增设防雷设施等新技术。轴式Co-Co，在海拔5100米处柴油机装车功率2700千瓦，在海拔2800米处柴油机装车功率3400千瓦。通过微机和电控技术，随海拔高度自动调整柴油机功率。

（二）交流传动内燃机车

1．东风7J型交流传动调车机车

该型机车采用车架承载式外走廊结构，主传动采用架控式交－直－交电传动。机车最高时速100公里，用于铁路枢纽、大型编组站及大型工矿企业的调车作业，也可适用于小运转作业。机车装有1台12V240ZJ6E型柴油机，标定功率2400千瓦，最大运用功率2200千瓦，脉冲增压。采用交流传动、微机控制、无刷励磁主发电机和辅助交流发电机、异步牵引电动机抱滚动轴承悬挂、单元制动装置等技术。

2．东风4DJ型交流传动内燃机车

该型机车为干线客货两用机车，采用世界上交流传动最新技术，轴式Co-Co，起动牵引力达555千牛，最高时速达145公里，填补了国内大功率干线交直交内燃机车的空白。

3．NJ1型交流传动内燃调车机车

该型机车是国内第一台使用交流传动的内燃机车，1999年8月完成机车组装、调试工作，同年12月进行运行考核。机车起动牵引力470千牛，持续牵引力380千牛，持续速度9公里每小时，最高时速80公里。机车装用8240ZJC型柴油机，装车功率1320千瓦。机车主传动为架控式交直交电传动，采用无刷励磁主发电机、大功率整流元件、IPM牵引逆变器及鼠笼式三相异步牵引电动机。空气压缩机、冷却风扇、通风机采用交流电机驱动。控制系统为多微机处理系统，设有故障诊断、检测、记录等功能。

4．东风8BJ型内燃机车

该型机车采用国产化交流传动、柴油机电子喷射、微机控制和网络重联、轮对防空转和防滑行控制等多项先进技术。在确保机车可靠性前提下，机车牵引变流器、牵引电机、微机控制系统等主要部件均采用国产件。机车电气控制系统采用基于LonWorks网络通讯的多微机控制系统，实现机车从逻辑控制、恒功励磁控制、故障诊断显示到牵引制动控制的所有控制功能。为保证控制系统可靠性，采用两套微机控制恒功调节系统，交流传动系统采用架控控制方式。

5．东风8CJ型交流传动重载货运内燃机车

该型机车装用16V280ZJB型柴油机，具有功率大、粘着利用率高、牵引力大、恒功速度范围宽、维护方便等优点。同时采用许多新技术、新结构，如：进口IGBT交流传动牵引变流器及其控制系统、交流辅机电传动系统、计算机控制系统、交流异步牵引电动机、干式冷却系统、柴油机电子喷射控制系统、承载式燃油箱结构、具有全功率自负荷试验功能的电阻制动系统等，轴式为Co-Co。机车既可满足单机牵引5000吨、最高时速90公里重载货运需要，也可满足最大时速120公里快捷货运需要，具有功率大、速度高、维护工作量小等优点，是理想的牵引动力设备。

6．东风8DJ型内燃机车

该型机车采用内走廊、双司机室承载结构，适用于海拔高度小于700米、周围空气温度环境温度-40℃～+45℃之间区域内的干线货运列车牵引。机车轴式Co-Co，单机牵引5000吨在平直道上最大运营时速100公里，双机牵引5000吨在平直道上最大运营时速120公里。转向架为三轴径向转向架，柴油机装车功率4800千瓦，电子程序控制喷射。牵引电动机采用滚动抱轴承悬挂、强迫风冷鼠笼式三相异步电机。机车还装有SJ-94型通用式机车信号机、LKJ-2000型列车运行监控记录装置、列车无线调度电台的电气布线和基础设施、TMIS车号识别设备、电气控制常用制动和紧急制动接口、路签授受器和轴温报警装置等安全设备。

7．HXN3型交流传动内燃机车

引进EMD公司先进技术，由国内联合设计制造具有世界先进水平的货运机车机车。功率6000马力，轴式Co-Co，在平直线路上单机牵引5000吨，最高时速可达120公里。装用EMD的大功率、低排放、电喷柴油机，采用交流传动系统、车载微机网络控制系统及空气制动系统等11项国际先进、成熟的新技术，并具备三机重联功能。具有持续牵引力大，低油耗，低排放以及运行速度快，耐久、可靠性高等优点。

8．HXN5型交流传动内燃机车

引进美国GE公司先进技术，经消化吸收后制造具有世界先进水平的货运机车。轴式Co-Co，轮周最大牵引功率4003千瓦，最高时速120公里，可三机重联运行。机车主交流传动系统由主发电机、牵引变流器、异步牵引电动机等构成，牵引变流器为强迫风冷IGBT变流器。牵引系统共装有6个牵引逆变模块及6台牵引电机，牵引逆变模块与牵引电机一一对应进行电气连接，并独立进行控制，当其中任意一个主电路单元故障时，可将该故障单元切除，其余单元正常工作。系统采用高性能的交流传动直接转矩控制策略，具有反应迅速、可靠的粘着利用控制。机车可接受调整后的74伏、最大200安直流地面电源供电，机车车体外两侧各安装1个外部电源插座，地面电源可给机车司机室加热，机车控制系统用电，蓄电池充电。

（三）窄轨内燃机车

1．GKD5C型调车内燃机车

该型机车用于矿山、企业、盐场等运输作业，轨距900～1000毫米。采用交－直流电传动，单司机室，双向驾驶操纵台位，轴式Bo-Bo，最高时速65公里。动力源采用美国卡特彼勒公司生产的3412C型系列高速柴油机，主发电机采用中德合资的IFC5系列无碳刷交流发电机。机车采用交－直流电传动，起动加速性能好，操纵灵活方便。采用两轴转向架，能通过65米小曲线半径，适合于曲线多、半径小的作业区使用。

2．CKD7 型内燃机车

该型机车适用于铁路干线客货运输，轨距为 1000 毫米。装用美国 CAT3516 型柴油机，装车功率 1250 千瓦。机车采用内走廊、双司机式，Bo-Bo-Bo 轴式，三台两轴转向架。轴重 12.5 吨，总重 75 吨，最高时速 90 公里，持续时速 17 公里，最大起动牵引力 245 千牛，持续牵引力 185 千牛，机车装有空气－真空双制动系统和电阻制动系统，限界符合缅甸铁路限界。

3．CKD8A 型内燃机车

为尼日利亚 1067 毫米轨距铁路制造的一种窄轨外走廊客货两用电传动内燃机车，轴式 Co-Co。装用 12V240ZJG 型柴油机、增压气和燃油喷射系统，柴油机装车功率 1800 千瓦，转向架采用二系悬挂和牵引杆装置，牵引电动机轴悬式安装。机车采用空气制动，机车最大时速 100 公里。

4．CKD8B 型内燃机车

该型机车用于 1067 毫米轨距铁路干线客货运输，采用内走廊式、双司机室车体。机车装用 12V240ZJD 型柴油机、增压器和燃油喷射系统，传动方式为交－直流电传，柴油机装车功率 2200 千瓦。轴式 Co-Co，轴重 20 吨，最高时速 100 公里，持续时速 24 公里，最大起动牵引力 247 千牛，机车装有真空－空气双制动系统和电阻制动系统。

5．CK1E 型内燃机车

为越南米轨铁路制造的液力传动内燃机车，用于铁路和大型厂矿企业货运及调车作业。机车装用美国 CAT3508B 型柴油机和国产 DH20B 型液力换向传动箱，走行部采用牵引拉杆式三轴转向架，车体为车架承载外走廊式。

6．CKD7F 型内燃机车

为越南制造的干线客货运交直流电传动米轨内燃机车，机车装用美国 Caterpillar 3512B 型电喷柴油机、JF221 型同步或 JF217B 主副发电机及 TQDR-310 型牵引电动机。机车车体采用桁架式侧墙承载结构，内廊式。走行部为两台可互换的三轴转向架，采用低位四连杆机构牵引和滚动轴承轴箱，牵引电机为轴悬式安装。机车采用 JZ-7 制动机，可单独制动机车和整个列车。设有微机控制系统、列车供电控制系统、信号自动接受系统、双管供风系统和电阻制动装置，机车向列车供电功率为 250 千瓦，具有技术先进、性能优良、可靠性高等特点。

（四）混合动力内燃机车

1．混合动力调车内燃机车

机车轴式 Bo-Bo，设计时速 80 公里，以柴油机发电机组和动力蓄电池作为动力源，混合度为 3∶1，柴油机提供 600 千瓦功率，动力电池提供 200 千瓦功率。柴油发电机组和动力蓄电池的两种能量来源将机车区分为纯柴油机工况、纯动力电池工况和混合工况 3 种运用工况。在纯柴油机工况时，柴油发电机组向牵引逆变器、牵引电动机、辅助负载提供动力源，动力蓄电池不投入工作，动力蓄电池接触器断开。在纯动力电池工况时，动力蓄电池向牵引逆变器、牵引电动机、辅助负载提供动力源，柴油发电机组不投入工作，主发励磁接触器断开，该工况使用短途轻负载作业。在混合工况时，柴油发电机组与动力蓄电池联合投入，视牵引功率要求和动力蓄电池容量确定动力蓄电池的充电和放电状态。机车主通信网络采用 TCN 网络，控制设备包括 TCN 网关 GWM，机车级微机控制系统 LCS32、传动控制单元 DCU，显示器 IDU 等，系统预留列车级 WTB 总线。

三、动车组

随着铁路客运三次大提速，中国铁道客运机车、动车装备行业得到跨越式的大发展，中国铁道车辆技术取得令人瞩目的成就。

（一）常规动车组

1.“春城号”交直传动电动车组（略）

2. 时速160公里内燃摆式动车组（略）

3.“中原之星”时速160 公里交流传动电动车组（略）

4. NZJ_1型准高速内燃动车组（略）

5.“新曙光号”准高速内燃动车组（略）

6.“中华之星”时速270公里交流传动电动车组（略）

7.“蓝箭号”动力集中式电动车组（略）

8.“先锋号“动力分散型交流传动电动车组（略）

9.“长白山”号子弹头高速列车（略）

10. NZJ_2型“神州”号双层内燃动车组（略）

注：以上内容详见《中国南车年鉴》（2010）附录《中国铁路机车车辆及其技术发展状况》P310～313

（二）CRH系列动车组

1. CRH_1型动车组

CRH_1型动车组可采用8节短编组（5动3拖）或16节长编组的形式，设计运营时速200公里，最高试验时速250公里。动车组采用鼻形圆锥体流线型头部结构，车体为不锈钢车体外壳，采用整体薄壁筒型结构。车体承载结构采用的材料是奥氏体不锈钢EN1.4301、1.4307、1.4318。车体设计考虑高速、高负载、高固有频率，满足整体强度和刚度的要求。

CRH_1型动车组是交-直-交电力牵引列车，其牵引主回路主要由受电弓、高压开关、主变压器、网侧变流器、电动机变流器以及三相异步牵引电机构成。主回路的能量转换由MITRAC通用计算机为核心的控制系统进行控制。MITRAC通用计算机系统以摩托罗拉68000微处理器为基础，其机械和电气设计适应-40～+70℃温度范围，能够承受强烈振动的牵引环境。

辅助系统包括辅助电源系统和辅助用电设备。辅助用电设备包括HVAC(采暖、通风、空调）系统、空压机、风机、电池充电模块及车辆控制、照明等装置。辅助电源系统是一个连接在各车厢之间的电源供配电系统，提供三相四线制50赫兹、400伏交流电源和110伏直流电源供列车辅助交流和直流设备使用。辅助逆变器是一个完整的逆变器模块，安装在牵引变流器箱中。辅助变流器模块的功率元件为IGBT，三相电压、电流及直流环节的电压测量值送入电子控制设备，来自驱动控制单元DCU的光缆将开关控制信号输入至门极驱动装置（GDU），电子控制设备由蓄电池系统供电。辅助变流器模块通过MVB总线与车辆控制单元通信。

整个动车组的控制和管理是一套高度智能的分布式计算机系统，称作TCMS列车控制和管理系统。该计算机控制系统主要采用的是MITRAC模块化产品，可以分布在列车的各个控制现场，处理动车组的整车控制、单车控制、列车诊断、状态监测、事件记录、人机交互等功能。各MITRAC模块之间的连接与管理通过串行通信总线实现，该通信系统称为列车通信网络TCN。它是一个车载计算机局域网络系统，符合ICE61375-1，负责整列车各个部分信息的发送与接收。其主干网是两层结构的通信总线；在各车辆之间的通信线路为WTB列车总线；在各车辆内部信号的通信线路为**MVB**多功能车辆总线。

2. CRH_2型高速动车组

CRH_2型动车组最高运营时速250公里，可在中国铁路既有线路和客运专线上运行。动车组采用8辆编组（4动4拖），由两个动力单元组成，每个动力单元由2个动车和2个拖车（T-M-M-T）组成。动车组前后两端均设驾驶室，列车通常运行时在前端的驾驶室内进行操作。动车组运行时采用单弓受流，另一受电弓处于折叠状态。两列动车组可联挂运行，联挂时受电弓采取双弓受流。

CRH_2型动车组为动力分散、交流传动电动车组。动车组具有“先进、成熟、经济、适用、可靠”的技术特点。动车组采用铝合金空心型材车体，采用先进的 IGBT 功率元件以及 VVVF 牵引控制方式。动车组的原型车为日本新干线动车组，其主要系统和部件均有长时间的运营业绩。动车组采用流线型设计，各车辆的最大轴重仅 14 吨，牵引和制动能耗低。制动系统采用动力制动与空气制动的复合制动形式，具有极高的制动可靠性及准确性。另外，列车采用再生制动方式，在节能、环保以及减少机械损耗等方面具有独特的优越性。动车组具有速度提升能力，通过调整动车、拖车比例，动车组能够灵活适应时速 200～300 公里各速度等级运行。动车组采用先进的防滑、防空转控制系统和自动列车保护系统，为列车在各种运行环境下的准时性提供可靠的保障。高速、无摇枕空气簧转向架，具有舒适度高、轮轨力低、低噪声、低振动等特点；侧窗采用无框固定式车窗设计，采用隔热双板夹层中空复合玻璃，可防紫外线；分体式空调系统，静压送风，智能调节车内温度，提高整体舒适度。

两级列车通讯网络以及其构架上的分布式模块化微机控制设备，为全车提供了强大的信息传输、列车控制、列车诊断、状态监测、事件记录、人机交互等功能。车辆总线上的远程模块可通过 GSM，建立与地面之间通信通道；贯穿全车的因特网，可提供列车的远程维护和远程服务功能。

3．CRH_3型动车组（略）

注：以上内容详见《中国南车年鉴》（2010）附录《中国铁路机车车辆及其技术发展状况》P314～315

4．CRH_5型动车组

CRH_5型动车组采用 5 动 3 拖的 8 节编组形式，最高运营时速达 250 公里，可以采用 2 列列车联挂的 16 节编组形式。该动车组由车体、车内设备及装饰、转向架、牵引传动系统、制动系统、空调通风系统、给排水系统、辅助供电系统、列车运行及网络控制系统、旅客信息服务系统等组成。

CRH_5 型动车组采用流线型外形，具有良好的高速运行气动特性。车体采用当前国际铁路上最成熟的超轻量化的大截面中空铝合金挤压型材结构。采用独特的体悬式牵引电机和空心轴转向架，有效控制簧下质量，减小车轮对轨道的作用力。

动车组牵引系统采用交流传动方式。5 动 3 拖、动力分散，分成 2 个牵引单元。每个牵引单元由油冷主变压器、IGBT 牵引变流器和 550 千瓦异步牵引电机组成。动车组牵引总功率 5500 千瓦，轮周牵引力 302 千牛。

动车组采用电空制动，优先采用电制动。当时速降至 10 公里后延时 400 毫秒，电制动开始撤销，补充空气制动，然后完全由空气制动取代电制动。当时速降至 1～3 公里，还需继续施加制动力时，则制动系统自动施加保持制动力，直到列车平稳停车。

CRH5 型动车组的高压、牵引、辅助等子系统的控制通过 TCMS 智能单元完成。它通过采集、传输信息和命令管理列车上的大多数主要设备。

客车空调系统采用车顶单元式空调机组，配备有压力保护系统，可防止乘客免受进入隧道或列车会车时所产生的压力波的影响。旅客信息系统为分布于动车组上的分布式信息服务系统，主要由旅客信息显示系统、公共播音系统、列车内部对讲通信系统和音频、视频娱乐节目播放 4 个子系统构成，采用集中控制的方式。

5．0 号高速综合检测列车

该检测列车最高检测时速 250 公里、最大牵引功率 5500 千瓦，8 节编组，5 动 3 拖，集成有世界最先进的专用检测系统，为两个动力单元组成的动力分散型动车组。它由通信信号检测车、会议车、接触网检测车、数据综合处理车、轨道检测车、餐车、卧铺车和信号检测车组成。该检测列车能够对线路轨道、牵引供电、通信信号等基础设施，轮轨和弓网接触状态及列车舒适性指标等进行高速动态实时同步检测；具有实时数据传输、存储和分析处理功能；实现了现代测量、时空定位同步、大容量数据交换、实时图像识别和数据综合处理等先进技术；是提高高速铁路基础设施检测效率、指导养护维修、确保高速铁路运营安全的重要技术装备。

四、磁悬浮列车发展状况

1．上海高速磁悬浮示范运营线（略）

2．青山磁悬浮运营线（略）

注：以上内容详见《中国南车年鉴》（2010）附录《中国铁路机车车辆及其技术发展状况》P315 ~ 316

3．北京市中低速磁浮交通示范线（S1线）

S1线西起门头沟区的石门营站，东至海淀区的慈寿寺站，与M6线及M10线在慈寿寺站相接。经过门头沟区、石景山区、海淀区三个行政区，是北京西部地区一条东西方向的轨道交通线，其中西段工程线路除穿越石景山处264米隧道外，其余为高架线路。

列车采用6节全动车编组，即：-Mc*M*M*M*M*Mc-。Mc车为带司机室的动车，M车为无司机室的动车，“-”为半自动车钩，“*”为半永久牵引杆，所有车辆均配置牵引和电制动系统。车辆部件所采用的防火、耐火及防烟、防毒材料满足DIN5510标准，车辆电磁兼容性应满足TB/T 3073—2003和TB/T 3021—2001等标准。车辆设备和悬挂部件满足TB/T3058（IEC61373）标准，在任何方向所能承受的最大冲击加速度满足EN12663标准。列车牵引及其控制采用车控方式，由头车司机室统一控制。每辆动车设置1台牵引逆变器，该牵引逆变器向该节动车上的10台牵引电机（5串2并）供电。牵引逆变器具有牵引、再生制动和反接制动3种基本工况。每台牵引逆变器配备有一个牵引控制单元，为减少牵引控制单元和IGBT门极驱动板之间的连线，牵引控制单元安装在VVVF逆变器箱内。为加强绝缘和抗干扰能力，牵引控制单元与IGBT门极驱动板之间触发脉冲和反馈信号的传输采用光纤电缆连接。控制单元为带信号处理单元的32位或以上的高速CPU微机控制系统，牵引控制单元设有专门的标准通信接口（如RS485或MVB接口）与车辆总线相连，在牵引控制单元发生故障（如电源短路）时，不影响车辆总线其它用户的正常工作。

（株洲所情报室　供稿）

国外机车车辆运用概况

一、高速列车

国外高速动车组主要厂商，包括西门子、阿尔斯通、庞巴迪、川崎重工、CAF、韩国企业等跨国公司，分别以西门子约13%、阿尔斯通约18%、庞巴迪约24%、川崎重工约9%的国际市场份额占据国际高速列车市场主导地位。

1．法国TGV-POS列车

TGV-POS列车（见图1）是法国为东欧

线高速铁路投入运营而开发，由动车和搭载下一代 AGV 车箱组成特别规格的动车组。2007 年 4 月 3 日在 LGV 高速铁路线创下时速 574.8 公里最新高速列车记录，2007 年 6 月开始作为轨道列车商业运行。

图 1 TGV-POS 列车

动力牵引系统（包括牵引电动机的控制系统整体），采用感应电动机驱动取代自 TGV 大西洋线运营以来就使用的同步电动机驱动。它属于 TGV 高速列车系列，是继"欧洲之星"号高速列车之后，法国新研制的车辆。而且，用交流 25 千伏、50 赫兹供电制式时，可将电动机功率由 1100 千瓦上升到 1160 千瓦，最高运行时速由 300 公里提速到 320 公里。在德国国内运行时，提高了牵引功率。也就是说，在巴黎（法）一阿姆斯特丹（荷兰）及科隆（德）间运行的"泰里斯号"高速列车用的 TGV-PB-KA 车辆，采用交流 15 千伏、16²/3 赫兹供电制式时，主变压器在结构上将轮周功率限制在 3680 千瓦，而在科隆一法兰克福线（德）上有坡度为 40‰的区段，列车无法运行，但由于采用 IGBT，使机器设备轻量化，能够装备大容量的主变压器，故在用 15 千伏、16²/3 赫兹供电制式时，轮周功率可提升到 6800 千瓦，这样也就有希望在 40‰坡度区间实行高速运行。另外，改变了以往只使用发电制动的方式，现在也可采用电力再生制动了。

TGV-POS 开发之时，利用经改造的 TGV-R 的试验车 IRIS 320，开展运行试验，收集时速 320 公里运行必要的技术数据。

TGV-POS 客车是更新改造 TGV-R 客车，将动力改为 3 种供电制式，功率提高到 4640 千瓦（编组列车功率 9280 千瓦），替代专用的动车。现在设计的动车作为双层 TGV-Duplex 的备用车、4 辆编组的动力车，其原因是考虑由于地中海线开业，旅客增加，必须增大运力，在人多拥挤的东南线、地中海线上，要重点投入替代 TGV-R 的双层客车增大运能。由于这一系列举措，属于 TGV 原型的 TGV-SE 列车，也可在北欧线上运营了。

2．法国 AGV 列车

法国阿尔斯通运输公司自主开发的第四代高速列车 AGV（见图 2）与 TGV 相比，AGV 列车的动力更加强劲。两边动力车头比普通的 TGV 动力增强 68%，中间车厢比普通 TGV 动力增强 40%，最高时速达 320 公里。AGV 高速动车组继承了 TGV 使用的、也是当今世界高速列车唯一采用的铰接式车体连接方式，相连车厢间以半刚性横向机械连接，从而可以有效避免列车恶性运行情况下，如列车脱轨，列车的解体。

图 2 AGV 列车

AGV 将是首次使用永久磁铁发动机的列车，而不是此前的电气化铜线圈，来产生磁场。这个设计有效的减少了能量消耗，较小的发动机可以放置在每个车厢底部，而不是在列车两头的引擎里。这意味着 14 个车厢的 AGV 能比 TGV 多载 20%乘客，消耗能量却减少了 30%。转轴在停车时也能产生电力，从而将 8%～12%的能量回收再利用。

AGV 最大的特点是改变了 TGV 集中牵引方式而采用了动力分散式，变原来的前后两点为多点推动，并在动力分散车型中采纳了牵引电机的最新技术成果—永磁电机，大大增加了电机比重功率。高速动车组以三节或四节车厢为单元，每单元只有两个动转向架，在完全不影响列车走行性能的条件下，大大减少了列车动转向架的数量。这也是 AGV 能够取得成功的一个关键所在。

3．德国 ICE-3 系列

ICE-3 型高速列车（见图 3）是由西门子公司与庞巴迪公司联合打造，目前发展到以下 3 个系列车型：东欧线上运营的 ICE-3M；出口到西班牙的 Velaro E 列车；出口到俄罗斯的 Velaro RUS。至 2007 年 4 月，ICE-3 完成 45 个编组；ICE-3M 完成 22 个编组；Velaro E 完成 26 个编组；Velaro RUS 完成 8 个编组；CRH3 完成 60 个编组。除 Velaro RUS 外，其余按 MTMTTMTM（T：动，M：拖）8 辆编组，编组长度 200 米，编组功率 8000 千瓦，最高时速 330 公里，但是，Velaro E 编组功率 8800 千瓦，最高运行时速 350 公里。

图 3　ICE-3 型高速列车

ICE-3 采用交流 15 千伏、16²/3 赫兹的供电制式；ICE-3M 为 4 种供电制式（交流 25 千伏、50 赫兹，交流 15 千伏、16²/3 赫兹，直流 1500 伏，直流 3000 伏）；Velaro E 与 CRH3 为交流 25 千伏、50 赫兹供电制式；Velaro RUS 为交、直流供电（交流 25 千伏、50 赫兹，直流 3000 伏的供电制式）。

ICE-3M 列车采用 4 种供电制式，作为在瑞士、比利时、荷兰及法国开展国际直通联运用列车，装载各国铁路的列车控制系统。ICE-3 编组质量为 409 吨，而 ICE-3M 为 435 吨。2007 年 6 月完成开往巴黎的运行，开往巴黎时遇到若干障碍。2002 年在开往比利时，中途曾因列车卷扬起道碴，非接触式磁轨制动机使信号系统出现故障。当初限速 160 公里/小时运行，从 2004 年起限速 250 公里/小时运行。解决卷扬道碴的对策是在转向架上安装挡板，按照 TSI 规定，要求磁轨制动机对沿线信号系统不产生影响，因为需要安装非磁性体保护盖板，故没有使用磁轨制动。由于确认道碴挡板的效果、解决电磁钢轨制动方面的问题，所以在东欧线上时速 320 公里运营得到法国当局的认可。

Velaro E 是以 ICE-3 为基础，用于马德里（西班牙）—巴塞罗那线（630 公里）上运行，时速 350 公里。设定功率 8800 千瓦，尽管功率增加，由于采用交流 25 千伏、50 赫兹的供电制式，故编组质量控制在 425 吨以内。2005 年制成车辆，2006 年 7 月在试验运行中创造了西班牙国内时速 403.7 公里最高速度记录。

Velaro RUS 则是为投入莫斯科—圣彼得堡区间、时速 250 公里运营而研制的车型。2006 年，德国接受了 8 个编组列车的订单，适应俄罗斯铁路轨距 1524 毫米，为交、直流供电制式，计划 10 辆车为 1 个编组，编组长 250 米，设座位 600 个。并且，列车需适应严寒的外部环境。

4. 日本 N700 系高速列车

N700 系（见图 4）的总车高度与原 700 系车相比低 5 厘米。N700 系与原 700 系车在外观上最大的差异，在于其被称为“气动双翼”的独特空气动力造型车鼻。利用原本是用来开发飞机机翼的遗传算法技术，再辅以实际的风洞测试而设计，N700 系的车鼻较 700 系拉长不少，长度达到 10.7 米。改良过的车鼻造型不仅拥有较低阻力的优点，更重要的是它能大幅降低新干线运行时长期为人所诟病的外部噪音，尤其是在隧道中的音爆问题。但由于 N700 系采用了不同的前方车门设计，因此纵使车鼻占去不少长度，N700 系的一号车仍能乘坐与 700 系或 300 系一号车相同的乘客数。

图 4　N700 系高速列车

N700 系的另一个改良重点，在于乘坐舒适性的提升。原本在部分 700 系列车上使用的半主动悬吊系统，在 N700 上变成全面配置的装备，能有效抑制行车时的路面振动问题。在 700 系的车厢联接处，原本就已配置了非线性弹簧与避振阻尼系统，除了继续在 N700 上沿用之外，更进一步由原本只有左右晃动缓冲的版本，改良为上下左右晃动都有缓冲的全方向性设计，对车厢晃动与噪音的抑制很有帮助。N700 系是日本新干线系统第一辆采用数位自动列车控制系统的车辆，这套系统不仅能提升列车加速度 30%的水平，而且配置上新型的刹车，也具有让 N700 系的减速动作更缓和的功能，因此间接地提升了 N700 系在纵向运动上的舒适性。

由于采用轻量化的铝合金挤出加工大型材所成的双皮层构体材料制造车体，因此 N700 系较 700 系在总重上轻了 1%的水平。动力表现方面，N700 系采用 14M2T 的动力车/拖车比（M/T 比）设定较 700 系的 12M4T 分散，每架电动马达的输出约 305 千瓦，因此整列列车 16 辆的编成拥有 17080 千瓦的超高输出表现（700 系只有 13200 千瓦）。虽然输出较高，但因为 N700 系在空气阻力等方面表现较佳，不需在进弯前减速浪费动能，再加上新的刹车系统具有制动时利用再生制动发电回充，其总体的营运耗能反而比 700 系还少，是新车型的主打特色之一。

5. 意大利 Penelolino ETR600、ETR610

2000 年阿尔斯通公司兼并菲亚特公司，开发 ETR600（见图 5）、ETR610，这是意大利继 Pendolino ETR460、ETR470 之后开发的新车型。ETR600 采用意大利国内用的交、直流供电制式（交流 25 千伏、50 赫兹，直流 3000 伏），ETR610 则是用于开往德国、瑞士的“Tisalpien”号用的列车，使用 3 种供电制式（交流 25 千伏、50 赫兹，15 千伏、16⅔ 赫兹，直流 3000 伏），列车最高时速均为 250 公里。

图 5　ETR600

7 辆车为 1 个编组列车，按 MMRTTMM 结构布置，而 MMT3 车为 1 个单元，T 车上搭载受电弓与主变压器；M 车上搭载整流器/逆变器以及牵引电动机。2 台牵引电动机安装于地板下，分别驱动两侧转向架的内侧车轴。电动机功率为 700 千瓦。1 台整流器/逆变器控制 2 台牵引电动机。为了符合 TSI 规定的装备利用率，即便 1 辆电动车出现故障，也要求对列车运行不构成障碍。此外，构建了一种辅助电源系统，即编组中 4 台辅助电源装置中，即便 2 台出现故障，采用剩下的辅助电源装置与 7 台蓄电池承担供电。

车体倾摆机构为电气液压系统，并容纳于转向架之内，受电弓用连杆与转向架相连接，以补偿车体倾摆时的倾斜度。

车体制成铝合金双壳结构，编组长 187 米，车体宽 2.83 米，最大轴重为 17 吨。ETR600 座位数 432 个，编组质量 443 吨；ETR610（Tisalpieno 号）座位数 431 个，编组质量 450 吨。在头车的司机室前部、乘降口处设置“防冲撞车头结构”，即使列车遭遇碰撞时，也可吸收冲撞能量，将乘客蒙受的伤害程度降至最低限度。这些结构与装备均符合 TSI 的规定。车顶上搭载 2 台制冷装置，利用关闭减振器方式以应对列车进、出隧道时的空气压力变动。

移动通信采用欧洲标准的 GSM-R，车内传输则采用阿尔斯通公司标准的 W-LAN。

Trengitalia（意大利国铁）购入 12 个编组的 ETR600，从 2006 年起投入商业运行；而 Tisalpieno 号列车用 ETR610 为 14 个编组，从 2007 年开始商业运行。

6．西班牙 Talgo 列车系列

西班牙为了在连续小半径曲线区间使列车能高速运行而开发单轴铰接式车辆。采用可变轨距系统，有效利用可变轨距的特性，应用于法国与西班牙的国际联运列车，以及西班牙境内的高速线与既有线的直通运转（不需换乘，可高速直通运行）。但是，动车（机车）因不能变更轨距，所以，只有客车直通运转，为此开发了 Talgo XXI 型车。而且，开发了高速新线专用、时速 350 公里运行的 Talgo350 型车（见图 6）。同时，也提出了方案：为城市轨道交通用制造双层的 Talgo 系列车。

图 6　Talgo 350

● Talgo 350（标准轨距线路专用）

Adtranz 公司与 Talgo 公司共同开发 Talgo 350 型高速车，是与 Talgo XXI 同时进行开发。Adtranz 公司后来被庞巴迪公司接收，由庞巴迪与 Talgo 公司共同开发。该车于 2001 年 3 月在马德里—塞维利亚（西班牙）间的高速线上创造了时速 359 公里的记录。从 2002 年 5 月起投入马德里—巴塞罗那线上运营，2004 年 6 月 Talgo 350 列车创造时速 365 公里的西班牙最高速度记录。

RENFE（西班牙国铁）于 2001 年 3 月订购 16 个编组列车，2004 年 5 月订购 30 个编组列车，属于高速新线的一部分，即马德里—莱里达区间，于 2005 年 2 月开通。Talgo 350 列车开始以时速 200 公里商业运行。因信号设备出现故障，没有进行提速。

Talgo 350 是高速新线专用，属于标准轨距，交流 25 千伏、50 赫兹供电制式。用 2 辆动力车，最多可连接 12 辆单轴铰接车投入运行。最大编组长度 200 米，可与前述的 Velaro E 混编运行。

动力车为 Bo-Bo 四轴车，车体长 20 米、宽 2.9 米、高 4.0 米，功率 4000 千瓦，轴距 2.65 米，轴重 17 吨。

编组两端的客车为铝合金车体，车体长 7.5 米或 9 米、宽 2.94 米、高 3.36 米，地板面高 755 毫米。为在新线区间的隧道以高速运行，采用气密性结构的车体。设置一等车、酒吧车、普通客车 3 个等级，300 个座位。

● Talgo XXI

Talgo XXI 本车是为弥补上述 Talgo 车辆的不足而开发的样车，于 1988 年 11 月公布，经反复试验运行，于 2002 年 7 月，作为内燃动车组创造了时速 256 公里的世界记录。

适应的轨距有 3 种：西班牙轨距 1674 毫米，俄罗斯轨距 1524 毫米，标准轨距 1435 毫米。可变轨距方式为：西班牙轨距—标准轨距，俄罗斯轨距—标准轨距。计划用内燃（柴油机）与电力 2 种动力系统，而目前只使用柴油机作牵引动力系统。动车功率 1500 千瓦，轴重 18 吨，车体长 15 米，轴式 BoT，其动车的可变轨距技术，与日本的可应对不同轨距而变换轮对内距技术在持续开展竞争。

二、城轨车辆

在国外的城市轨道交通中，除了大运量的地铁与城际快速铁路外，一些中小运量的轨道交通正在受到关注。

1．低地板轻轨交通系统

近年来，低地板轻轨系统在欧洲得到大力发展。日本的低地板轻轨系统在引进国外技术的基础上，推动国产化的进程，经过几年的发展，已在若干城市投入营业运行。

低地板轻轨车辆有 70%低地板轻轨车辆和 100%低地板轻轨车辆 2 种。100%低地板轻轨车辆吸纳了很多新技术，如独立车轮动力转向架、模块化结构、铰接式连接、迫导向、纵向耦合导向等，是目前世界上最先进的城市轻轨车辆。

100%低地板轻轨车辆结构型式多种多样，有单车型（如 GT6N、Combino Plus 等轻轨车辆）、浮车型（如 Combino、Jtram、Eurotram、Incentro 等轻轨车辆）、铰接型和单、浮车组合型等。浮车型更适合国内自主研发 100%低地板轻轨车辆采用。浮车型如图 7 所示，全车由 2 辆动车、2 辆浮车、1 辆拖车组成。其中，动车和拖车分别由动力转向架和拖动转向架支撑，浮车依靠铰接装置“挂”在与其相邻的车体上。浮车型是目前 100%低地板轻轨车辆采用最多的型式，如西门子公司的 Combino 轻轨车辆、庞巴迪公司的 Flexity Outloo 系列轻轨车辆、阿尔斯通公司的 Citadis 系列轻轨车辆、Ansoldo Breda 公司的 Sirio 系列轻轨车辆以及日本 Jtram 系列轻轨车辆等。该型轻轨车辆 5 辆编组、只使用 3 个转向架，大大降低车辆制造成本。同时，浮车内的座椅安排不受转向架限制，可以纵向安排长座椅，使车辆容积增大，车内空间更加宽敞，提高乘坐舒适性。另外，浮车型技术相对成熟，运用经验丰富。

图 7　浮车型 100%低地板轻轨车辆

2．直线电机地铁

二十世纪八十年代，加拿大首先成功开发线性电机驱动的新型轨道交通车辆。之后线性电机技术在加拿大、日本、美国都取得较大的成功，由此研制的线性电机列车也相继投入使用。世界上只有加拿大和日本拥有直线电机车辆的核心技术和运营经验。整体上看，加拿大车辆注重技术的先进性和良好的景观效应，而日本车辆性能指标一般，更追求经济实用。国内广州地铁 4 号、5 号线是加拿大和日本 2 种车辆技术的组合。

直线电机系统利用了直线电机（安装在

车辆上）和轨道中间安装的感应板之间的电磁效应产生的推力作为列车的牵引力或制动力，无需传动齿轮箱。直线电机为扁平设计，并采用了径向转向架和自动控制等高新技术，与轮轨系统兼容，综合造价节约近 20%。由于线性电机列车具有车身矮、重量轻、噪声低、通过小半径曲线和爬坡能力等优点，可以轻便地钻入地下，爬入高架，是地下与高架接轨的理想车型。

图 8　运行在吉隆坡的 MKⅡ车型

加拿大庞巴迪推出 MKⅠ和 MKⅡ2 种车型的直线电机车辆。MKⅡ车型（见图 8）1998 年在吉隆坡 PUTRA 首次应用以来，各项技术不断完善，已成为庞巴迪直线电机车辆的主流产品。日本由日立公司牵头，曾先后开发 12 米、16 米和 20 米 3 种车型，但仅有 16 米车型投入商业运营。

3．跨座式单轨交通系统

日本运营的单轨交通系统共有 14 条线，总长 115.1 千米，其中，跨座式 92 千米，悬挂式 23.1 千米，分布在东京、大阪、名古屋、北九州、广岛、冲绳等城市。韩国、马来西亚、新加坡、澳大利亚、英国、德国、意大利、俄罗斯、巴西和美国等 10 个国家共有 32 条线路，127.1 千米的单轨交通系统（用于城市轨道交通、机场捷运或游乐园，都采用跨座式）。

4．新交通系统（即自导向轮胎式交通 AGT）

目前包括中国台北、新加坡、法国、意大利、美国 5 个国家和地区，共有 12 条新交通系统的线路，长度 187.2 千米。日本现有 15 条、总长 105.7 千米的新交通系统线（其中 7.4 千米长的桃花台线已于 2001 年废止），分布在京、横浜、名古屋、大阪、神户、广岛等城市。

三、货车及其主要零部件

为降低成本，增加运量，国外铁路货运仍以发展重载为主，如俄罗斯、美国、南非等许多国家。美国铁路采用 F 轴（轴重 29.8 吨，单车总重 119.3 吨）的大型货车已占铁路货车总数的 65%。

1．美国各主型货车

棚车：棚车是美国的主型货车。其特点是具有特殊的内部尺寸，车内设有隔热层和专门道轨，有特殊的车门布置及缓冲装置。

敞车：美国的敞车安置有滑动中梁和用于车辆端部的缓冲装置，以确保货运的安全。

漏斗车：重力卸货有盖漏斗车的数量最多，其制造尺寸各异，但多装有齿条滑动移门。一些真空卸货漏斗车在底部或角部还装有充气垫，以便快速卸货。

重型平车：美国的重型平车经运行 40～50 年后，现已到了报废的峰期，部分尺寸的平车已严重短缺，预计重型平车的需求增长将要持续 15 年。

罐车：美国、加拿大、墨西哥每年有 22 万辆罐车、运输 300 万批货物。主要发展趋势是新车的疲劳寿命要达到 16.9 万公里，对罐车的每一个牵引梁都要进行失效容限分析并加大安全阀和排气口的释放压力。

冷藏车：美国现有机械冷藏车每年以 3%～5%的速度报废，数家公司正在开发深冷铁道车辆。从多种制冷剂中发现，低温二氧化碳是最好的制冷剂。深冷车优点是装载量大于机械冷藏车且无需机械供电。因这种车无机械运动部件，所以保养费用低廉。

2．美国货车零部件

最近，美国 ABC-Naco 公司研制的轴重 22.5 吨、运行时速 160 公里的转向架已在芬兰、瑞典等欧洲国家运用，并被批准成为在欧洲联运使用的、唯一的大轴重转向架。

车轮踏面疲劳剥离和裂纹脱落是全球的共性问题，美研究人员已研制出计算机模型，正在进行的试验表明：轨道缺陷、车辆自重、轮轨粘着、制动功率直接与车轮裂纹脱落有关。

在钩缓装置方面，在普遍采用关节式连接器和小间隙车钩的基础上，近来又开发了一些其他非常规的连挂装置，如研制出适用于小间隙车钩的缓冲装置。AAR 要求所有新造和改造的车辆都使用 E 级钢车钩、钩尾框及从板，并且所有车钩都不设磨耗板，在新造和改造车上的 E60、E67 型车钩必须采用下止挡和双止挡结构。此外，美国还开发出新一代电子控制的货车制动装置。

（株洲所情报室　供稿）

中国铁路建设及发展趋势

“十一五”期间，铁路基本建设投资近 2 万亿元，投产新线 1.4 万公里以上，是 2010 年高铁运营总里程的 30%。既有线复线、电气化铁路分别投产 8000 公里、2 万公里，分别达到 4.1 万公里、4.7 万公里，复线率、电化率分别为 45%、51%。铁路建设实现历史性突破，路网规模和质量大幅提升，并为“十二五”持续发展打下了坚实基础。

统筹新线和既有线运力资源，优化列车开行方案，增加动车组开行数量，日开行动车组 1000 多列；创新售票方式，推广联程、往返和异地客票发售，旅客日发送人数连创新高，2010 年 10 月 1 日达到 830 万人。加强路网干线和重点区域货运组织，优化调整车流径路，提升区域间重点物资运输能力；推进战略装车点建设和路企直通运输，深化大客户战略，大幅提高运输效率。大秦铁路实现年运量 4 亿吨目标，繁忙干线普遍开行 5000～6000 吨重载列车，实现时速 200～250 公里动车组、5000 吨级货物列车、25 吨轴重双层集装箱列车共线运行，创造了客货共线铁路运输速度、密度、重量的世界纪录。

从 2005 到 2010 年，全国铁路旅客发送量由 11.56 亿人增长到 16.7 亿人，增长 44.5%；货物发送量由 26.83 亿吨增长到 36 亿吨，增长 34.2%；总换算周转量由 26788 亿吨公里增长到 35795 亿吨公里，增长 33.6%；运输收入由 2614 亿元增加到 4450 亿元，增长 70.2%。超额完成“十一五”预期运输目标，对经济社会发展的保障作用显著增强。预计到 2015 年，全国铁路营业里程将达到 12 万公里以上，其中高速铁路主骨架 1.6 万公里左右，西部铁路网达到 5 万公里以上，复线率和电化率分别达到 50%和 60%作用。以高速铁路为骨架的快速铁路客运网基本建成；以煤炭运输为主的区际大能力通道布局成网；集装箱运输系统及重大客货运枢纽配套设施进一步完善。路网布局和技术结构更加合理。

1. 构筑“四纵四横”高速铁路主骨架

建成北京～上海、北京～武汉、北京～沈阳、哈尔滨～大连、天津～秦皇岛、厦门～深圳、济南～石家庄、徐州～郑州、西安～宝鸡～兰州、武汉～宜昌、重庆～利川、成都～重庆、杭州～宁波、杭州～长沙～昆明，形成“四纵四横”高速铁路（客运专线）主骨架。

2. 扩大高速铁路网覆盖面

建成蚌埠～合肥～福州、北京～张家口～呼和浩特、大同～太原～西安～成都、成都～贵阳～广州、广州～茂名、南京～杭州、杭州～黄山、哈尔滨～齐齐哈尔、吉林～图们～挥春、沈阳～丹东等高速铁路（客运专线）；建设商丘～合肥～杭州、南昌～吉安～赣州、黄石～九江、哈尔滨～佳木斯、哈尔滨～牡丹江、重庆～万州～郑州高速铁路（客运专线）等。

3. 推进城市密集区域城际铁路建设

建成长三角、珠三角、环渤海、长株潭、中原城市群、武汉城市圈、成渝城市群、关中城市群、海峡西岸城市群以及呼包鄂、北部湾、环鄱阳湖、滇中等城市密集地区建设城际轨道交通。主要建设北京～唐山、武汉～黄石、南京～安庆、池州～九江、青岛～荣成、柳州～南宁、长沙～株洲（湘潭）、长沙～益阳～常德、广州～东莞～深圳、东莞～惠州、佛山～肇庆、南通～苏州～嘉兴、兰州～张掖等城际铁路。到2015年，城际铁路营业里程将达到5000公里左右。

4. 建设区际干线网，形成大能力通道

在繁忙干线实现客货分线基础上，进一步强化东西、南北区际干线网，区际干线总规模达7万公里，主要通道基本实现复线电气化。煤炭通道总能力达到30亿吨；南北过江通道能力达到5亿吨以上；进出关通道能力2.5亿吨；西北地区东、南通道能力4.5亿吨；西南地区东、南、北通道能力4.5亿吨。大宗物资实现重载化，高附加值物资实现快速化。

5. 未来铁路运输发展趋势

对“五纵五横”综合运输大通道内既有铁路干线进行扩能改造，实现复线、电气化。强化路网及区域性编组站，建设动车组、大功率机车、基础设施检修基地和调度所等。中、长途城市间客流将是铁路客运量稳定增长的重要保证，短途城市间客流将是铁路客运具有较大扩展空间的潜在增长点，旅游客流将是铁路客运持续增长的重要补充。在坚持巩固煤炭、冶炼物资等传统优势货源的基础上，将积极争取目前市场份额偏低、潜在增长空间较大、经济效益较高的集装箱等高附加值货源，通过周密的市场调查与市场营销，建设开行特定径路的高附加值快捷运输通道，大力扩大集装箱等高附加值货源的市场份额。在大力修建客运专线的基础上，利用既有线的腾出运力，将货运重点放在集装箱等高附加值快捷货物运输。积极研究高附加值货源的需求特点、要求，制定富于竞争力的运价、运输时间以及灵活的运输方式。在西部要把重点放在煤炭、矿石等能源、原材料运输，在稳定既有市场份额的基础上，结合国家节能减排新政策，进一步扩充铁路在中西部担当国家重点物资运输主力的重任。随着国内能源资源西移，西部将承担更多的煤炭原材料运输任务。其货运潜在增长点在于新疆等西部煤炭外运或替代接力运输，扩大铁路在传统大宗物资的市场份额，充分发挥铁路在中长距离与区际通道运输的绝对优势。铁路西部运量将会有大幅度增长。预计到2015年铁路客运量将完成35亿人左右，铁路货运量完成50亿吨。到2020年铁路客运量将达到50亿人，铁路货运量将达到65亿吨左右。

（戚墅堰所信息管理部　供稿）

2010年铁道统计公报（节选）

一、运输生产

旅客运输。全国铁路旅客发送量完成167609万人，比上年增加15158万人、增长9.9%。其中，国家铁路164761万人，增长9.3%；非控股合资铁路1211万人，下降1.9%；地方铁路477万人，增长13.8%。全国铁路旅客周转量完成8762.18亿人公里，比上年增加883.29亿人公里、增长11.2%。其中，国家铁路8725.72亿人公里，增长11.3%；非控股合资铁路30.15亿人公里，下降9.1%；地方铁路6.31亿人公里，增长11.9%。

全国铁路客运量

指 标	单位	2010年完成	比上年±%	"十一五"完成	比"十五"±%
旅客发送量	万人	167609	9.9	727579	35.9
国家铁路	万人	164761	9.3		
非控股合资铁路	万人	1211	-1.9		
地方铁路	万人	477	13.8		
旅客周转量	亿人公里	8762.18	11.2	38258.10	45.5
国家铁路	亿人公里	8725.72	11.3		
非控股合资铁路	亿人公里	30.15	-9.1		
地方铁路	亿人公里	6.31	11.9		

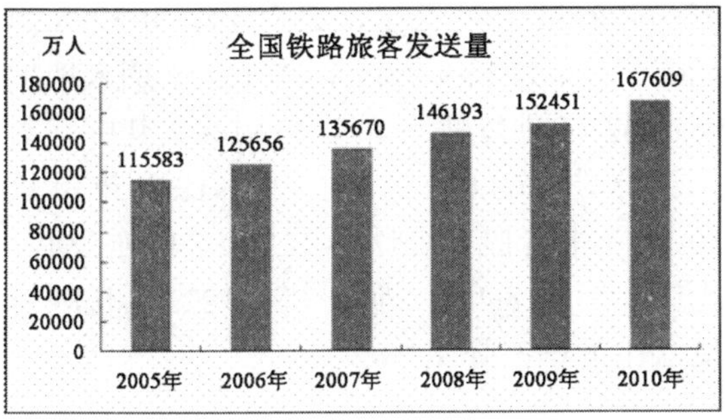

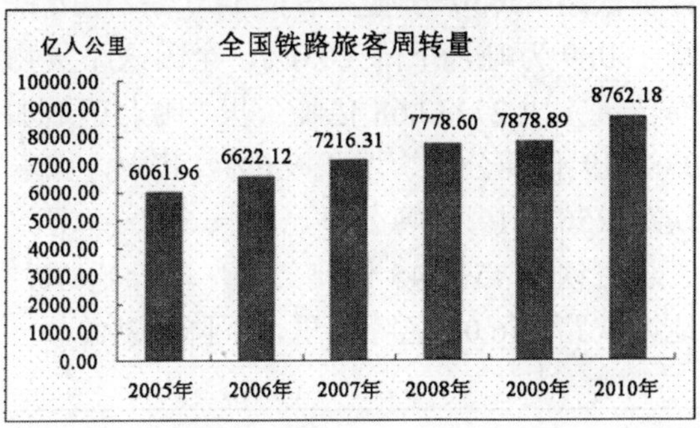

货物运输。全国铁路货运总发送量（含行包运量）完成364271万吨，比上年增加30923万吨、增长9.3%，增量首次突破3亿吨。其中，国家铁路309541万吨，增长11.5%；非控股合资铁路35641万吨，增长11.7%；地方铁路19089万吨，下降20.0%。全国铁路货运总周转量（含行包周转量）完成27644.13亿吨公里，比上年增加2404.96亿吨公里、增长9.5%。其中，国家铁路25937.35亿吨公里，增长9.7%；非控股合资铁路1590.72亿吨公里，增长8.8%；地方铁路116.07亿吨公里，下降8.3%。

全国铁路货运量

指 标	单位	2010年完成	比上年±%	"十一五"完成	比"十五"±%
货物发送量	万吨	362929	9.3	1624118	42.9
国家铁路	万吨	308209	11.6		
非控股合资铁路	万吨	35630	11.7		
地方铁路	万吨	19089	-20.0		
货物周转量	亿吨公里	27332.68	9.6	122344.44	40.9
国家铁路	亿吨公里	25626.19	9.7		
非控股合资铁路	亿吨公里	1590.45	8.8		
地方铁路	亿吨公里	116.04	-8.3		

全国铁路货物发送量完成 362929 万吨，比上年增加 30887 万吨、增长 9.3%。其中，国家铁路 308209 万吨，增长 11.6%；非控股合资铁路 35630 万吨，增长 11.7%；地方铁路 19089 万吨，下降 20.0%。全国铁路货物周转量完成 27332.68 亿吨公里，比上年增加 2389.19 亿吨公里、增长 9.6%。其中，国家铁路 25626.19 亿吨公里，增长 9.7%；非控股合资铁路 1590.45 亿吨公里，增长 8.8%；地方铁路 116.04 亿吨公里，下降 8.3%。

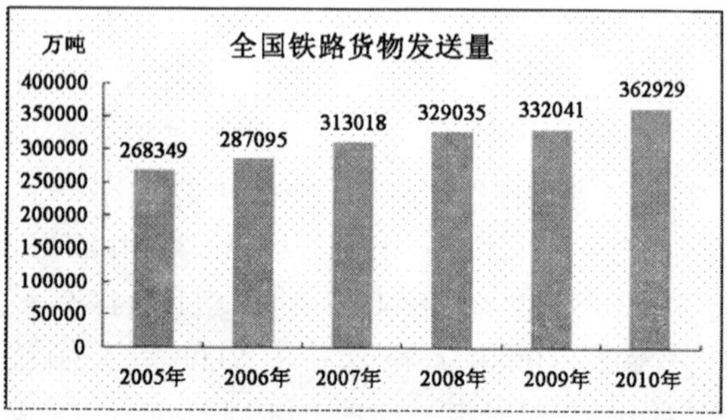

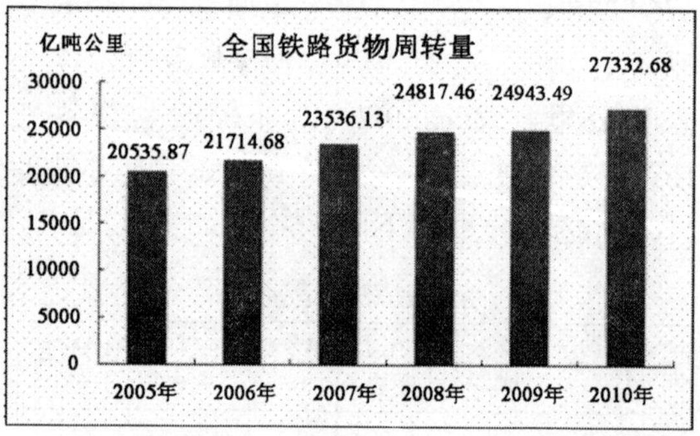

全国铁路行包发送量完成 1342 万吨，比上年增加 35 万吨、增长 2.7%。其中，国家铁路 1332 万吨，增长 2.7%；非控股合资铁路 10.27 万吨，下降 2.2%；地方铁路 0.3 万吨，增长 11.7%。全国铁路行包周转量完成 311.45 亿吨公里，比上年增加 15.78 亿吨公里、增长 5.3%。其中，国家铁路 311.16 亿吨公里，增长 5.3%；非控股合资铁路 0.27 亿吨公里，下降 2.3%；地方铁路 0.03 亿吨公里，下降 8.0%。

重点运输。全国铁路**煤炭**运量突破 20 亿吨大关，完成 200043 万吨，比上年增运 24972 万吨、增长 14.3%。**冶炼物资**运量完成 85500 万吨，比上年增运 7818 万吨、增长 10.1%。**石油**运量完成 13834 万吨，比上年增运 596 万吨、增长 4.5%。**化肥及农药**运量完成 8618 万吨，比上年增运 259 万吨、增长 3.1%。集装箱运量完成 8612 万吨，比上年增运 1439 万吨、增长 20.1%。

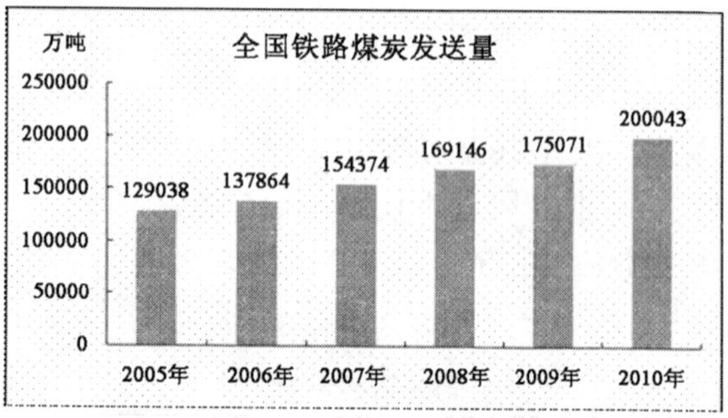

全国铁路主要品类

指　标	单位	2010 年完成	比上年 ±%	"十一五"完成	比"十五" ±%
煤	万吨	200043	14.3	836499	61.4
冶炼物资	万吨	85500	10.1	372789	48.1
粮食	万吨	10109	-0.3	54737	8.4
石油	万吨	13834	4.5	72619	10.3
化肥农药	万吨	8618	3.1	42352	29.6
集装箱	万吨	8612	20.1	37146	33.9

换算周转量。全国铁路总换算周转量完成 36406.31 亿吨公里，比上年增加 3288.25 亿吨公里、增长 9.9%，比"十五"期末增加 9618.32 亿吨公里、增长 35.91%。其中，国家铁路 34663.07 亿吨公里，比上年增长 10.1%；非控股合资铁路 1620.87 亿吨公里，比上年增长 8.4%；地方铁路 122.37 亿吨公里，比上年下降 7.4%。

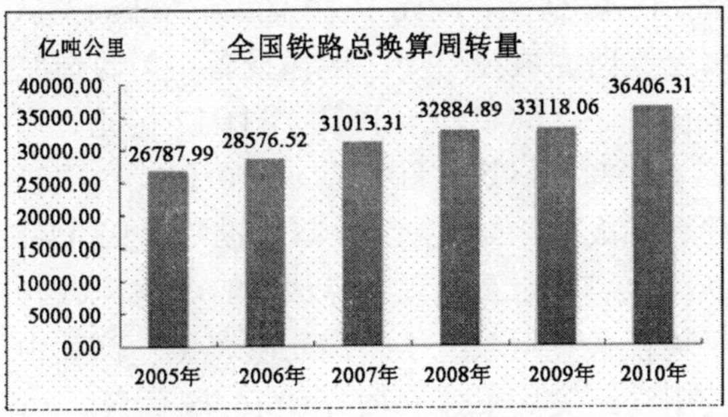

运输效率。国家铁路（不含控股合资铁路）日均运用机车14268.6台，比上年增加779.0台、增长5.8%；机车总走行公里29.06亿公里，增加1.06亿公里、增长3.8%；货运机车日车公里489公里，延长2公里、增长0.4%；货运列车平均总重3467吨，提高76吨、增长2.2%；货运机车日产量135.0万吨公里，提高6.4万吨公里、增长5.0%。全国铁路日均装车完成157277车，比上年增加11954车、增长8.2%；国家铁路货车平均静载重完成63.1吨，提高0.5吨；国家铁路日均卸空车达到135247车，比上年增加13155车、增长10.8%。货车周转时间完成4.48天，缩短0.20天。

主要运输效率指标

指　标	单位	2010年完成	比上年±%
日均运用机车	台	14268.6	5.8
机车总走行公里	亿公里	29.06	3.8
货运机车日车公里	公里	489	0.4
货运列车平均总重	吨	3467	2.2
货运机车日产量	万吨公里	135	5.0
全国铁路日均装车	车	157277	8.2
国家铁路货车平均静载重	吨	63.1	0.8
国家铁路日均卸空车	车	135247	10.8
货车周转时间	天	4.48	-4.3

运输安全。全年消灭了责任重大及以上铁路交通事故，责任行车一般A类及以上事故同比下降33.3%，铁路交通事故路外死亡人数同比下降11.78%。

二、固定资产投资

全国铁路固定资产投资（含基本建设、更新改造和机车车辆购置）完成8426.52亿元，比上年增加1381.25亿元、增长19.6%。

全国铁路固定资产投资　　单位：亿元

指　标	2010年完成	比上年±%	“十一五”完成	比“十五”±%
合　计	8426.52	19.6	24309.98	387.5
基本建设	7074.59	17.8	19787.09	529.1
更新改造	285.43	-12.5	1209.07	34.8
机车车辆购置	1066.50	35.5	3313.82	250.8

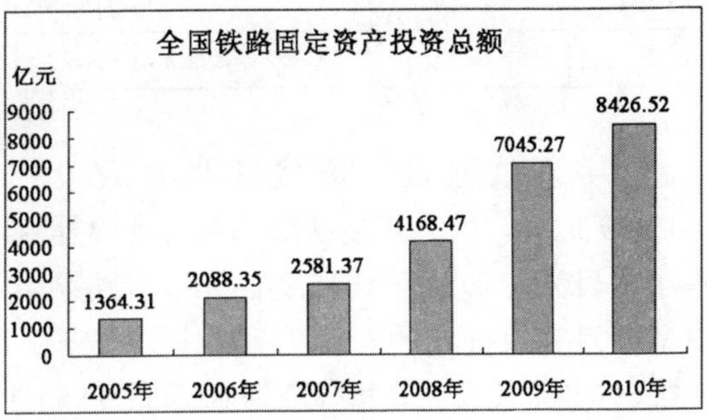

基本建设。全国铁路共完成投资7074.59亿元，比上年多1070.12亿元、增长17.8%。国家铁路和合资铁路完成投资7008.60亿元，比上年多1038.42亿元、增长17.4%。路网大中型项目316个，完成投资7005.33亿元，比上年多1045.9亿元，增长17.5%；其中，新建铁路完成投资5612.89亿元，既有线扩能改造完成投资1392.44亿元，分别占80.1%和19.9%。地方铁路完成投资65.99亿元。

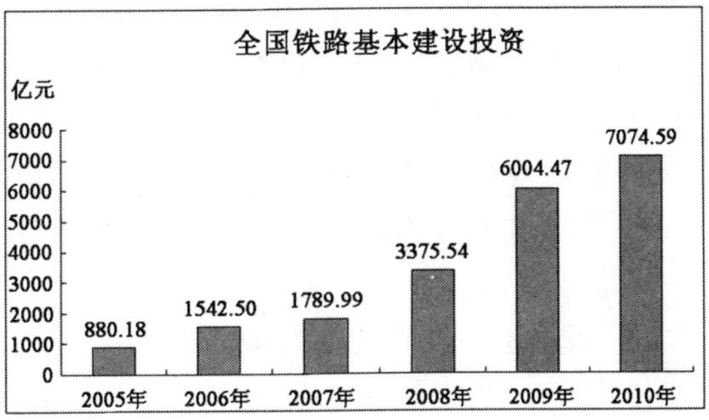

基本建设全年共投产新线4908.4公里、复线3792.4公里、电气化铁路6029.7公里。完成新线铺轨7514公里、复线铺轨6794.4公里，分别比上年增长38.6%和61.3%。

新开工项目情况

项　目	项目个数	投资总规模（亿元）	建设总规模（公里）		
			Ⅰ线	Ⅱ线	电气化
总计	97	12789.0	13332.6	12479.8	14095.3
高速铁路	18	8974.0	8129.0	7933.2	8213.2
新建铁路	28	2250.4	4390.7	2328.1	3703.6
复线	21	995.7	631.1	2045.3	1818.5
电气化	1	9.9			156.8
枢纽	29	558.9	181.8	173.2	203.2

——新线建设。新建铁路完成投资5612.89亿元，其中高速铁路项目（含收尾和筹建项目）完成投资4415.9亿元，占路网大中型项目完成投资的63%。建成投产沪宁、沪杭、广珠、长吉、昌九等高速铁路共1554.3公里；新开工沪昆、合福、大西、云桂、兰新等高速铁路，建设规模8100公里。太（中）银、包西通道、宜万铁路等区际大能力通道相继于年底建成通车。

——既有线改造。既有线增建复线和电气化改造完成投资753.92亿元，比上年多17.2亿元、增长2.3%。南同蒲、新菏兖日、蓝烟、达万、长荆等电气化改造和南疆线库轮段、通霍线等复线扩能改造项目建成投产。

——枢纽建设。枢纽及客站建设完成投资638.51亿元，比上年多109.13亿元、增长20.6%。29个枢纽客站项目开工。石家庄货运系统迁建、成都货车外绕线、满洲里国际货场等枢纽建成投产。成都、杭州东、深圳福田、哈尔滨西等客站以及昆明枢纽加快建设。

更新改造。全国铁路完成更新改造投资285.43亿元，其中国家铁路更新改造完成投资245.47亿元，同比多13亿元、增长13%。国家铁路完成投资中，运输设备更新改造完成投资192.68亿元，同比多31.17亿元、增长19.3%。部管项目完成60.10亿元；局管项目完成132.58亿元，生产性投资占95.1%。铁路地震灾后重建项目完成18.66亿元（含运输设备更新改造铁路局配套资金），其中使用铁路灾后重建专项资金16.75亿元。

全国铁路营业里程

指　标	单　位	年末数	比上年±%	
营业里程	万公里	9.1	6.6	
复线里程	万公里	3.7	12.9	
复线率	%	41.1	百分点	2.3
电气化里程	万公里	4.2	19.1	
电化率	%	46.6	百分点	4.9

路网规模。全国铁路营业里程达到9.1万公里，比上年增加5660.7公里、增长6.6%，里程长度居世界第二位。路网密度95.0公里/万平方公里，比上年增加5.9公里/万平方公里。其中，复线里程3.7万公里，比上年增加4292.4公里、增长12.9%，复线率41.1%，比上年提高2.3个百分点；电气化里程4.2万公里，比上年增加6811.5公里、增长19.1%，电化率46.6%，比上年提高4.9个百分点。西部地区营业里程达到3.6万公里，比上年增加3212公里、增长9.8%。

移动设备。"和谐号"动车组累计投用480组。全国铁路机车拥有量达到1.94万台，比上年增加509台，其中和谐型大功率机车3372台。内燃机车占56.6%，电力机车占43.1%，主要干线全部实现内燃、电力机车牵引。全国铁路客车拥有量达到5.21万辆，比上年增加2776辆；其中空调车3.66万辆，占70.3%，比上年提高5.4个百分点。国家铁路货车保有量达到622284辆，比上年增加27896辆。

全国铁路机、客、货车拥有量

指 标	单位	数量	比上年±%
机车	台	19431	2.7
客车	辆	52130	5.6
货车（部属）	辆	622284	4.7

三、科技创新

高速铁路技术。在工程建造、高速列车、列车控制、客站建设、系统集成、运营管理、调度指挥等领域形成了一批具有自主知识产权的高铁技术。在上海虹桥站成功应用太阳能光伏发电系统与建筑一体化技术。

机车车辆装备技术。车体头型优化、转向架、牵引传动、制动系统、弓网关系、智能化、气密性、减振、降噪、舒适性等十大技术创新成果已在高速列车上应用。成功研制大修列车等大型养路机械。国产 6 轴 7200 千瓦、8 轴 9600 千瓦和 6 轴 9600 千瓦大功率电力机车，以及 6000 马力大功率内燃机车实现大批量生产。

铁路运营维护技术。搭建了弓网系统设计分析平台，实现弓网冲击、振动、扰动等的精确仿真。研发了隧道内除尘装备。实现了 CTCS-3 级列控系统车载数据下载后自动分析及故障单元自动检测。GSM-R 网络监测维护技术已应用于武广、郑西高铁。研发了雪深监测系统。

科学技术专利成果。形成了具有自主知识产权的高铁技术体系，目前已获得专利授权 1418 项，正在受理中的有 301 项，有 29 项技术正在办理国际专利申请。“遂渝线无砟轨道关键技术研究与应用”和“六轴 7200 kW 大功率交流传动电力机车的研发及应用”2 个项目获得 2010 年度国家科技进步一等奖。

四、合资合作

合资建路。2010 年，已签订的合资公司合同中吸引地方政府、社会资金等各类投资 1300 亿元，共成立合资铁路公司 35 家，登记注册的合资铁路公司已达 180 家。

五、劳动效率

劳动用工。年末国家铁路从业人员为 211.36 万人，比上年末减少 0.98 万人；运输业从业人员为 150.41 万人，比上年末减少 3.26 万人。职工人数为 212.31 万人，比上年末减少 0.75 万人；运输业职工人数为 149.86 万人，比上年末减少 4.95 万人。

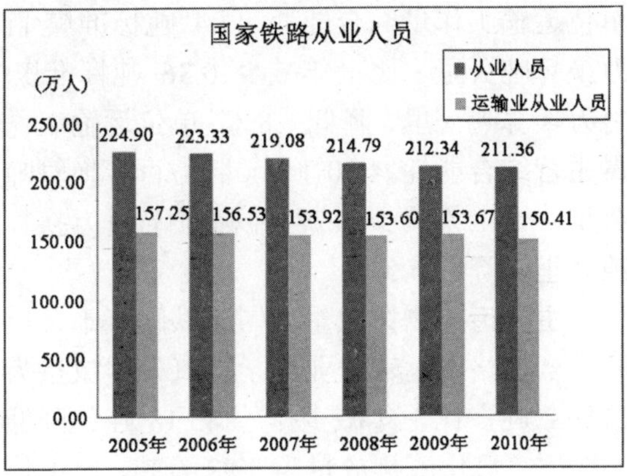

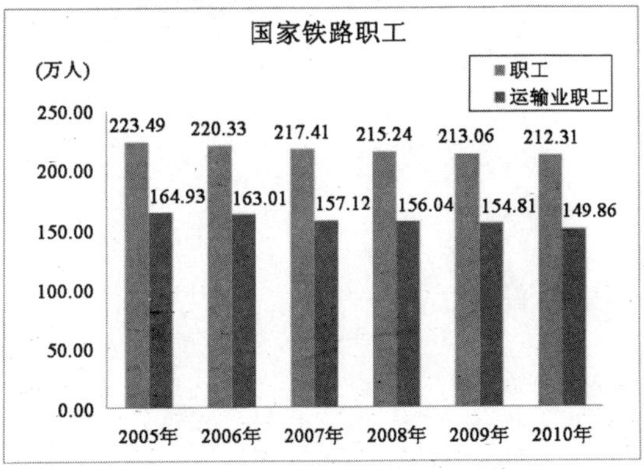

劳动生产率。国家铁路运输业劳动生产率分别完成 29.72 万元/人年、229.8 万吨公

里/人年，比上年分别增长 18.7%、10.2%。

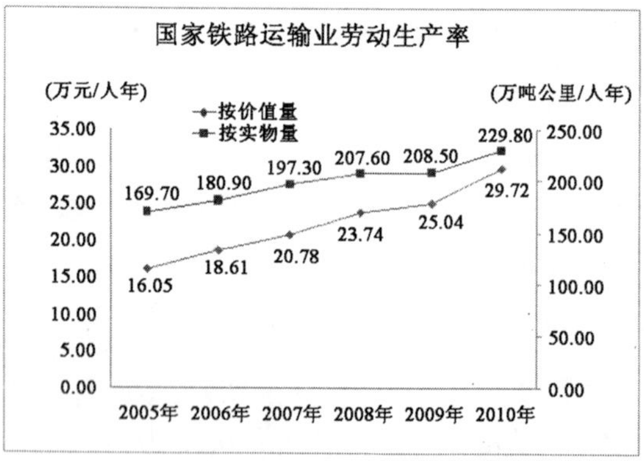

六、节能减排

综合能耗。国家铁路（不含控股合资铁路）运输企业能源消耗折算标准煤 1615.73 万吨，比上年增加 18.18 万吨、增长 1.1%。单位运输工作量综合能耗 4.94 吨标准煤/百万换算吨公里，比上年减少 0.36 吨标准煤/百万换算吨公里、降低 6.8%。单位运输工作量主营综合能耗 4.00 吨标准煤/百万换算吨公里，比上年减少 0.28 吨标准煤/百万换算吨公里、降低 6.5%。

主要污染物排放量。国家铁路（不含控股合资铁路）运输企业化学需氧量排放量为 2169.2 吨，比上年减少排放 45.18 吨、降低 2.0%。二氧化硫排放量为 3.92 万吨，比上年减少排放 0.10 万吨、降低 2.4%。

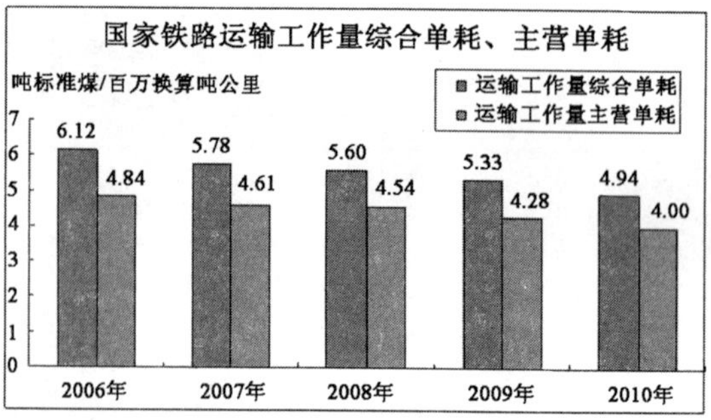

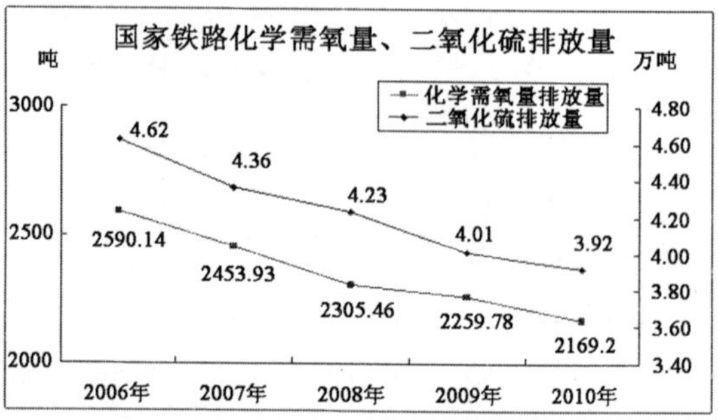

沿线绿化。国家铁路（不含控股合资铁路）绿化里程已达 3.63 万公里，比上年增加 0.10 万公里、增长 3.0%。

注：1. 国家铁路含控股合资铁路。

2. 统计范围不含港澳台。

文/铁道部统计中心，原载《人民铁道》报 2011 年 5 月 11 日刊

索 引

使用说明：

1. 本索引采用主题条目分析法编制，除本年鉴中综述类条目重复出现不列入索引范围外，年鉴中凡有实质检索意义的内容均予以标引，以便检索使用。

2. 本索引标引按照现代汉语拼音音序排列，同音字依据声调顺序排列，首字相同则以第二个字排列。

3. 索引标目后的数字表示内容所在的页码。

A

B

C

D

E

F

G

P

Q

R

S

T

W

X

Y

Z

图书在版编目（CIP）数据

中国南车年鉴．2011/《中国南车年鉴》编委会编．北京：中国铁道出版社，2011.8

ISBN 978-7-113-13314-6

Ⅰ.中… Ⅱ.中… Ⅲ.南车－中国－2011－年鉴 Ⅳ.F426.472-54

中国版本图书馆 CIP 数据核字（2011）第 147793 号

书　　名：《中国南车年鉴》（2011）
作　　者：《中国南车年鉴》编纂委员会

责任编辑：罗桂英　　电话：51873027
责任校对：张玉华
责任印制：李　佳

出版发行：中国铁道出版社（100054，北京市宣武区右安门西街 8 号）
网　　址：http://www.tdpress.com
印　　刷：大连内燃机车研究所科技服务公司印刷厂
版　　次：2011 年 8 月第 1 版　　2011 年 8 月第 1 次印刷
开　　本：787 mm×1092 mm　1/16　印张：21.75　插页：64　字数：502 千
印　　数：0001～1000 册
书　　号：ISBN 978-7-113-13314-6
定　　价：200 元